アヴィ・スタインバーグ 著
金原瑞人・野沢佳織 訳

ハーバードを出て司書になった男の日記

刑務所図書館の人びと

Running the Books: The Adventures of an Accidental Prison Librarian

柏書房

ぼくの家族に

刑務所図書館の人びと
ハーバードを出て司書になった男の日記

目次

第一部◉届かなかったもの

第一章　マジな話

第二部◉届いたもの

ボストン周辺図

チェルシー
ハーバード大学
ケンブリッジ
チャールズタウン
リバティ・ホテル
マサチューセッツ工科大学
ボストン市庁舎
ボストン
ボストンコモン
ボストン市立図書館
ボストン美術館
ボストン医療センター
サウスボストン
サフォーク郡
サウスベイ矯正施設
ブルックライン
ロクスベリー
ジャマイカプレイン

ボストン
ニューヨーク
ワシントン
アメリカ合衆国

刑務所図書館の人びと

ハーバードを出て司書になった男の日記

二月十九日　希望？

二月二十日　注目に値しない人生。注目に値する失敗。

二月二十五日　一通の手紙。

——フランツ・カフカの一九二二年の日記より

第一部◉届かなかったもの

第一章 マジな話

受刑者の中で、いちばん司書に向いているのが風俗の男《ピンプ》。逆にまったく向いていないのがサイコキラーと詐欺師。ギャング、銃器密輸人、銀行強盗は群衆整理がうまく、小人数の協力者と手を組んで、慎重に練った計画を抑え気味のテンションで実行するのが得意。ということは、司書の基本的技能に長けているといっていい。ダフ屋や高利貸しも悪くない。しかしピンプには、ほかのどんな連中にも備わっていない名状しがたい資質がある。それを当のピンプたちは「愛」と呼ぶ。

ピンプは図書館や図書室を愛してやまない。愛していないとしたら、そのピンプはきっとまだ図書館にも図書室にもいったことがないんだろう。しかし短い——あるいは長い——刑期をつとめることになればきっと、ふらっと刑務所の図書室を訪れることになる。そして、まさに「優美と明知」(原語はsweetness and light。英国の文人ジョナサン・スウィフトが初めて用い、詩人マシュー・アーノルドが提唱した言葉。美と知性の理想的な結合を意味する)に遭遇する。ずっと前から求めていたのに存在さえ知らなかった様々な本を発見する。ピンプにとって本は、やり手のセールスマンにとっての必須アイテム、同韻語辞典のようなものだ。ピンプは久々に会った親類でも抱きしめるみたいに新たな語彙を抱きしめる。人類学に生物学、哲学に心理学、ジェンダー研究に音楽理論、美術史に薬理学、経済学に詩歌。フランス語。原生粘菌。レズビアンのボノボ。ヴェネツィアの娼婦とソルベを食べるルソー。人間の動物的抗争の完璧な記録（注釈つき）。

しかも、図書室（本書の表題では、「刑務所図書館」という一般的呼称を使っているが、本書の舞台である刑務所では第三棟内の一部に設置されているため、本文中では「図書室」と呼ぶ）の魅力は本だけじゃない。楽しみの少ない刑務所で、図書室ほど楽しい場所はない。だれかをみかけたり、だれかにみかけられたり。本棚のあいだでは、年配の受刑者が定期的に集まって討論したり、新しい笑いのネタをためしたり、熱弁をふるったり、思い出話をしたり、情報を交換したり、知恵くらべをしたりしている。古顔が回想録《メモワール》を書いていたり、野心家が大ヒット間違いなしのピンプ映画の脚本を書いていたりもする。

図書室には、ダイスのような受刑者の図書係もいる。ダイスにいわせると、ワシントン州立ワラワラ刑務所の懲罰房で二年間も正気でいられたのは、こっそり持ちこんだシェイクスピア劇のアンソロジーを暗記していたおかげらしい。そして、その証拠にと、長ぜりふを暗唱してみせる。サングラスをかけたダイスは理論家で、「悪徳の美徳」は存在する、と相手を説き伏せようとする。刑務所の図書室は「善き道へ導く場じゃなくて、悪しき道に進む方法に詳しくなる場」だといい、相手にむりやりシェリーの『フランケンシュタイン』を読ませ、それこそ「おれたちの物語《ストーリー》」だと信じこませる。おれたち、つまりピンプの物語だ。ダイスによれば、ピンプは人間の中でも特殊な階級に属する聖職者みたいなもので、自然の摂理に従って生きている。

ダイスは大真面目にそういう。多くのピンプが大昔からのテーマに心を奪われるが、ダイスも古典を重視している。エマソンが提唱した「自己信頼」という理念に共感し、アメリカの多くの大学がシェイクスピアやギリシア・ローマの古典作品を必修科目から外したといって憤慨する。ダイスがその事実を知ったのは、「高等教育クロニクル」という専門紙の記事からだった。

「冗談だろ?」ダイスはいらいらしている通勤客みたいにその新聞をたたみ、サングラスの上の眉をひそめていった。「これではっきりした。この国は地獄に堕ちる」。

ダイスは、伝統の価値を理解することこそが重要なのだと断言する。伝統とは、マシュー・アーノルドが「これまでに考えられ語られてきた最高のもの」と表現したものだ。では、「これまでに考えられ語られてきた最高のもの」を学ぶことはなぜ重要なのか? ――それを学ばなければ、それを超えられないからだ。

以上はきいた話で、真偽のほどはわからない。ぼくはピンプじゃない。別の意味であやしげな職業についている。名前はアヴィ・スタインバーグ――だが、刑務所内ではブッキー（本好き、本に詳しい人、という意味。賭けの胴元、という意味もある）と呼ばれている。このあだ名をくれたのはファット・キャットことジャマール・リッチモンドだ。ファット・キャットは有名なギャングで、ときどき女の斡旋もしていたらしいが、今はとびきり優秀な司書だ。三十歳で、体の二ヵ所に銃創があり、すでに古顔受刑者の貫録を身につけている。超肥満――身長一七五センチ、体重一三〇キロ以上――で、受刑者用の褐色のシャツには合うサイズがなく、規定外の青いTシャツを着ている。キャットが収監されているユニット（多数の房が集まった刑務所の一区画）で、そんな格好をしている者はほかにいない。しかし、体がでかいのは、中身がぎっしり詰まっていて真面目な証拠だ。デブ専用Tシャツは、ある意味ステイタスでもある。そんなキャットはぼくの右腕だが、ふたりの立場は逆にみられることが多い。

キャットは自分の前に列を作った受刑者にいう。「ブッキーにきけよ。図書室のボスはあいつだから」。

「図書室のボス」とはうれしい。思わず頬がゆるんでしまう。喘息《ぜんそく》持ちのユダヤ系の若者にとって、この肩書きは魅力的だ。ぼくはボストンの刑務所に図書室の司書として雇われ、常勤講師として創作のクラスも持っている。突拍子もない夢が現実になった気分だ。本をピストルがわりに、巧みに世を渡る保安官で、本の虫であると同時にちょいワルでもあるという妄想。このイメージのお陰で、カクテルパーティでの人気は上々だ。

刑務所では、ファット・キャットやダイスのような連中は知的エリートで、受刑者の図書係という役割を与えられている。しかし、刑務所の図書室自体はエリートとはほど遠い。重罪を犯せばだれでも入れる。そして、少なくともぼくの勤務する刑務所では、重罪人の大半が図書室にやってくる。毎日くる者も多い。受刑者の中にはほとんど字が読めない者もいるが、刑務所の図書室は混みあっている。いきおい、そこは禁酒法時代のもぐり酒場みたいな雰囲気になり、読書のための静かな空間とはいいがたい。結局のところ、この図書室はどんな連中のためにあるのかといえば、「あらゆる悪党、ごろつき、狡猾《こうかつ》な手口で人を欺く者、不法な商売や賭け事をする者、ありふれた笛吹き《パイパー》、ヴァイオリン弾き《フィドラー》、逃亡者、手に負えない若者、大酒飲み、夜の徘徊者《はいかいしゃ》、こそ泥、娼婦、みだらな者、大声でののしる者や口論する者」のためなのだ。もっとも、これは連邦政府が十九世紀に作成した報告書からの引用で、ぼくはフィドラーにはひとりしか会ったことがないし、ありふれていようがいるまいがパイパーなんてひとりも知らない。そのかわり、ラッパーとMCにはよく会う。あと、銃器所持のギャングとコカインの売人を加えれば、十九世紀のリストもそのまま使える。

要するに、刑務所の図書室はシャバの図書館とは大きく異なる。たしかに読書クラブもあるし、詩の朗読会もやるし、たまにはそこで静かに考え事をすることもある。だが、しんと静まり返っていることはほとんどない。刑務所の図書室は交差点みたいなもので、大勢の受刑者が差し迫った問題に対処するためにやってくる。刑務官やその他の職員が立ち寄ってたむろして、物事をややこしくすることもある。大勢の人間が入り乱れ、あわただしく時が流れる。ぼくも走り回っていることが多い。

カオスはいきなり始まる。これほど強烈な目覚ましはないだろう。そろいの囚人服を着た二十五人ほどの受刑者が朝一番で押し寄せてくるのだ。

まずはあいさつ。これにしばらく時間がかかる。受刑者たちは複雑な握手を交わし、正式な肩書きで呼びあう。OG（一人前のギャング）、ヤングG（駆け出しのギャング）、ブー（かわいいやつ、親友）、ブロ（兄弟）、ベイビーボーイ（友だち）、ブルーサ（親しい友）、ドゥードゥ（「よう」）、カズ（仲間）、ドーグ（親友）、P（かわいいやつ）、G（ギャング）、ダディ（おやじ）、ピンピン（しゃれ者）、ニッガ（黒人）、マン（「おい」「おまえ」）、サグ・シズル（元ギャングの料理人）、マイボーイ（友だち）、マイマン（兄弟、友だち）、ホミー（仲間）などなど。あだ名で呼びあうこともある。フリップ（フィリピン系）、フッド（殺し屋、強そうなやつ）、リル・ハイチ（ハイチ出身）、メサイア（救世主）、ブリーチ（漂白剤）、ボンベイ（インド系）、K＊シャイン、リブ（あばら骨）、

SWI $$（スイス出身）、トゥシェ（接触）、ザ・トゥルース（真実）、ブラック（とくに肌の黒い黒人）、ボート（ギャングの船担当）、フォーティ（大酒飲み）、フィフティ（超大酒飲み、ちなみに「シックスティ」はなし）、ギズ（精液。イズ、リズ、フィズ、シズも同じ）、リル・シズ（少量の精液）、フレンチー（フランス系）、Pーリコ（プエルトリコ系）、カントリー（田舎者）、ドロ（ドレイパーの短縮形）、ターク（トルコ系）、T（テレンスの短縮形）、アフリカ（アフリカ出身）、などなど……。

ときおり、「ブッキー」とぼくを呼ぶ声もきこえる。ちなみに、ぼくは刑務所でブッキー以外にもいくつかあだ名をもらった。スリム、ハーバード、ジュー＝フロ（「アフロのユダヤ人」という意味だが、ぼくの髪は針金なみの直毛）など。しかし、これらはあまり使われず、たいていは「アーヴィン」とか「ハーヴィー」と呼ばれる。

さて、あいさつのあとは仕事だ。どの受刑者も、雑誌か新聞かその両方を読みたがる。また、たいていの受刑者は「ストリート系の本」を求める。廉価版の「ヒップホップ小説」は大人気で、タイトルに「ハスラー（詐欺師、または俗に「やり手」を意味する）」という言葉が入っていることが多い。この手の本の貸し出しはファット・キャットにまかせてある。キャットは何冊か隠し持っていて、ひそかにちょっとした商売をしているようだが、ぼくは――おもに自己本位の理由から――みてみぬふりをしている。キャットとぼくのあいだには互恵的な暗黙の取り決めがあるのだ。

それから、受刑者はいっせいに雑多な要望をぶつけてくる。まともなものもあれば、そうでないものもある。たとえば、内緒で電話をかけさせてくれという要望。電話の相手は裁判所、仮釈放監

査委員会、「外の仲間」、母親、自分の子どもの母親、恋人、マジな恋人と様々だが、どれも却下する。小声で、エイズや血尿について教えてほしいとか、手紙を読んでほしいといってくる者もいる。その手の要望にはすべて応じる。ぼくのパソコンで「一瞬」インターネットをみせてほしいという要望は、はねつける。あんたイスラエルのスパイだろう、という糾弾はかわし、あんたほんとにハーバードを出たのか、という問いに対しては、たしかに出た、と答えるが、なのになぜ刑務所なんかで働いてるんだ、という関連質問には答えない。受刑者から自分のラップ・アルバムのウェブサイトをチェックしてほしいと頼まれれば、真面目に対応する。なんといっても、ぼくはこの刑務所のCGO、つまり最高検索責任者《チーフ・グーグル・オフィサー》を自任しているのだから。

法律関係の質問にも応じる。よくきかれるのは、殺人と故殺の法律上の相違点、保護監察の条件、量刑のガイドラインなど。自分の子どもの誘拐、国家間の犯人の引き渡し、手榴弾を使った強盗などに関する法律についてきかれることもある。知恵の回るやつもいて、アンティークの銃や弾薬に関する国の規制について知りたがったりする。アンティークの武器弾薬を取り締まる法律なら、緩くて抜け道があるんじゃないかと思っているのだ。みんなの質問に答えながら、ぼくは横目でちらっとひとりの受刑者をみる。顔に三銃士風の口ひげをマーカーペンで描いた男が、インチキくさい英国上流階級風の英語でひとりごとをいっている。あの男は薬を飲む必要がありそうだ、とぼくは頭の中にメモする。

視聴覚室でシャーバートをきけってすすめてくれてありがとな、と礼をいってくる受刑者もいる（シューベルトといいたかったのだ）。ロックバンドのニルヴァーナに関する本はないか、とか、涅槃《ニルヴァーナ》に関する本はないか、ときいてくる者もいる。ほかには、父親のための自己啓発本、ヨガの教本、「化学薬品の混ぜ方」が書いてある本、不動産の入門書などなど。ぼくは化学薬品の混ぜ方の本は無視して、かわりに「おバカのために《フォー・ダミーズ》」という入門書のシリーズをすすめる。その際、「ダミー」という言葉を強調しないよう気をつける。以前にこのシリーズをすすめたとき、ばか《ダミー》呼ばわりされたんじゃないかと誤解した受刑者がいたからだ。ともあれ、そんなやりとりをしていると、いきなりケースワーカーが現れる。この女性はちょっと頭がおかしいんじゃないかと思うほどひっきりなしにしゃべり、ヨーロッパの王族とデートしたとかいう嘘を並べたてる。彼女はトラに関する本を借りたいという。一方、辛抱強く待っているのはリッキー・トゥー・スイートという薄毛の陽気なピンプだ。回想録を執筆中で、原稿を書き直したからみてくれないか、といってくる。

いちばん難しいのは、目の前の仕事に集中して、ピンプやハスラーの雑談にひきこまれないようにすることだ。連中の話はいつもおもしろくて、ときに微妙な議論にまで発展する。年配のピンプが新米に「おれは赤ん坊の姿で生まれてきたんじゃない、卵からかえったんだ」といっているのが耳に入る。しかし、その会話を最後まできききとどけないうちに、タイという若い受刑者がみんなを押しのけて列の先頭に出てきたかと思うと、ちょっと話していい?とていねいにぼくにきく。いますぐ話したいんだ、という。

長身のタイは十八歳で童顔だが、あごはクルミの殻を一発で割れそうなほどごつい。今日のタイはなんだかおどおどしている。ぼくがオフィスに招き入れてドアを閉めた——これはめったにしない——とたん、タイは泣きだす。きけば、母親が先月亡くなったが、州外で行われた葬儀に出られなかった。そして昨日、長いこと疎遠だった父親が刑務所に訪ねてきたという。そういうことは刑務所ではめずらしくない。以前にも同じような話をきいたことがある。にもかかわらず、ぼくはタイにどんな言葉をかけたらいいかわからない。

タイの話をききながら、ぼくはオフィスの窓ごしに図書室をちらちらみる。席をはずしているあいだにどんな悪事が行われていないとも限らない……。こんなふうに気をもむことを、ぼくはプリズンＡＤＤ、つまり刑務所内注意欠陥障害と呼んでいる。ひとところにじっとしていられないのだ。なぜなら、常に何かしらいまわしいことが身の回りで起こる可能性があって、しかも十中八九、責任を問われる羽目になるから。それにしても、タイは慰めようもないほど落ちこんでいる。

タイが泣いているあいだ、ぼくは考えをまとめようとする。デスクトップ・コンピュータの横の壁に一枚の紙が貼ってある。「言葉さがし」のパズル。ある受刑者が作って、一問五十セントで他の受刑者に売っているものだ。三十八の単語が、一見でたらめにみえる文字の塊の中にかくれている。単語はほぼアルファベット順に紙の端にリストアップされている。ぼくはそのリストをミニ・マントラのように使って、こういうときに考えをまとめるのに役立てている。

「刑務所でみかけるもの」というタイトルの下に並んでいる単語は、次のようなものだ。attitude（偉そうな態度）、bail bondsman（保釈保証代行業者）、booking（容疑者逮捕手続）、contraband（禁制品）、count time（点呼の時間）、canteen（食堂）、cellie（cellmateと同じ。同房者）、drama（大騒ぎ）、depression（落ちこみ、うつ病）family（家族、マフィア）、fence（塀）、grievance（不平のもと）、gossip（うわさ話）、hunger（空腹）、habe（habeas corpusの略。人身保護令状）、

handcuffs（手錠）、indigent（貧困者）、ID card（IDカード）、isolation（隔離）、lawyer（法律家）、medication（薬物）、meditation（瞑想）、mail（郵便物）、noise（騒音）、officer（刑務官）、PIN number（暗証番号）、prayer（祈り）、quarantine（隔離所）、recreation（レクリエーション）、rules（規則）、shower shoes（シャワーシューズ）、sheriff（保安官）、solitude（孤独）、telephone（電話機）、tears（涙）、uniforms（制服、囚人服）、worry（心配事）、yard（中庭）。——ぼくはしかたなく、タイとは日を改めて会うことにする。さしあたっては、手榴弾を持ってリカーショップに押し入るのは名案じゃなかろうかと考えている男の相手をしなければならない。刑務所の図書室では、先着順に受刑者に対応することになっているのだ。

……hunger, habe, handcuffs, indigent……

やがて一時間が過ぎると、緑の囚人服の受刑者たちはようやく図書室を出て所属するユニットにもどり、チェスをしたり、「ジャッジ・ジュディ（もと判事のジュディス・シェインドリンが裁判官をつとめる裁判形式のリアリティ番組）」や「愛の病院日誌（一九六五年から放映され続けている昼の連続ドラマ）」をみたりする。ほぼ一時間ごとに、違う受刑者のグループが図書室にやってくる。司書は二交代制で夜の九時まで働く。九時になると受刑者は全員テレビの前に——自然と人種ごとに——集まり、「プリズン・ブレイク（刑務所からの脱出をめぐって展開する人気ドラマ。二〇〇五年から二〇〇九年にかけて放映された。）」をみる。そして、ぼくはやっとひと息つく。もっとも、吸いこむのは刑務所内を循環している空気だが。

……rules, shower shoes, sheriff, solitude, telephone, tears……

ひとつのグループが去って次のグループがくるあいだの時間に、マローンという刑務官がやってきて、ぼくといつもの仕事に取りかかる。本棚や図書室の隅々を見回って、禁制品が置かれていないか、あるいは何か、とくに武器に改造できそうなもの（ほぼどんなものでも武器になる）が紛失していないか調べるのだ。また、受刑者が他の受刑者あてに書いた手紙やメモが本にはさまれていないかも調べる。そうした手紙の多くは、別の時間帯に高層棟《タワー》からやってくる女性受刑者にあてたものだ。その手のラブレターを、ぼくは毎日何通か回収する。それらは純然たる文学とみることもできて、読むと受刑者の秘められた生活や関心事について深く考えさせられる。できのいい手紙は、あえて回収しないこともある。

やがて、マローンもぼくも同時にひざまずき、祈りをささげるイスラム教徒みたいな姿勢になる。といっても、神に願い事をするためじゃなく、棚と床のあいだのすきまをなでて禁制品が隠されていないか調べるためだ。

……mail, noise, officer, PIN number, prayer……

マローンは話好きだ。軍隊にいた頃の話や、製紙工場で働いていた頃の話をする。あんたも自転車なんか売っぱらって、おれと同じフォードＳ１５０を買いなよ、という。女房がまた学校にいきだしたんだ、なんて話もする。あいつはおれより頭がいい、という。マローンは何ヵ月にもわたってぼくと断続的に交わしてきた会話を続けようとする。ぼくの力になりたいと思ってくれているのだ。あんたはいいやつみたいだ、とマローンは肩をすくめていう。もっと給料を上げてもらって、休みも増やしてもらって、ゆくゆくは退職金もたっぷりもらえるようにしないとな。あんたの入ってる組合はひどい。おれの入ってる組合に入って、刑務官になればいい。

だってあんた、もうほとんど刑務官になってるじゃないか、とマローンはいう。

それこそがぼくの抱えている問題だ。二年近くもフルタイムで刑務所で働いているうちに、自分でもなんだか刑務官になったような気がしてきたのだ。本で武装した保安官という顔はカクテルパーティでは依然人気を呼んだが、現実のぼくは胃酸が逆流しそうなほど参っていた。ぼくはこの刑務所をたまたま訪れたのではない。刑務所内に自分のオフィスを持ち、鍵も持っていて、そのせいで心身をむしばまれつつあった。正直、ボロボロで、精神的にも肉体的にも崩壊しかかっていた。

自分がヤバそうだと気づくのは、受刑者から同情のまなざしを向けられたときだ。ブルー・ラインというあだ名の眠そうな目の受刑者は十三歳のときからヘロイン中毒で、養い親の家、グループホーム、依存症の更生施設、保護施設などを転々としてきた。彼が陰惨な人生を送ってきたことは、体のあちこちに残る傷跡をみればわかる。そんなブルーにちらっとみられて、「大丈夫か？　具合悪そうだけど」といわれたら、これはもうまさにヤバい状態だ。

しかも、ブルーはひかえめな表現を使っていた。正確にいうと、ぼくはいまにも死にそうな顔をしていた。だれにも打ち明けてはいなかったが、刑務所のせいで心身ともにガタガタだった。ぼくがこの仕事に就いた大きな理由は健康保険に入れるということだったが、じつはそれまで医者にかかることなどなかった。ところがこの仕事に就いたとたん、医療のプロのドリームチームなしでは生きられなくなってしまったのだ。世話になったのは、アレルギー専門医、伝染病専門医、眼科医、皮膚科医、整形外科医、非番の看護師、カイロプラクター、インターネットのインチキ療法士、体の後側をみる医者、体の前側をみる医者、精神科医。なんと産婦人科医からも薬をもらっていた。

　毎日、ぼくの体は仕事を終えて刑務所の門を出たが、心は高い塀と有刺鉄線の中の混沌とした世界に囚われたままだった。そして背中の激痛に悩まされるようになった。家主の産婦人科医は、男性にも更年期があるのよ、とさりげなくいった。「ごくまれにだけど」といって、チャイをひと口飲み、「ほんとうにあるのよ」と結んだ。

　彼女はなぜそんなことをぼくにいったんだろう。

　ぼくはしだいに嫌われ者になり、友だちからつまらないやつだと思われるようになった。「あなたと一緒にいると、ひいおばあちゃんを訪ねてるみたいな気分になるわ」といったのは、友だちで同僚のメアリ・ベスだ。前の家主は留守電にちょっとヤバいメッセージを残していた。最近あまり顔をみせてくれないわね、と。もう長いこと交際していて目下遠距離恋愛中の恋人とも、連絡がとだえつつある。そしてもちろん、ブルー・ラインはぼくをみて「具合が悪そうだ」と思った。

　そのうえ、ぼくは情緒面の発育が止まったままの刑務官からにらまれ、面倒に巻きこまれるんじゃないかとびくびくすることになった。その刑務官とのいざこざは、初めは小学生のけんかレベルだったが、しだいに手に負えないほどこじれた。そしてある日突然、ぼくは懲戒処分をつきつけられた。よりによって、刑務官に「暴行を加えた」という理由で。

　いかにも！　刑務所の図書室の司書であるこのぼくが、「暴行を加えた」かどで訴えられたのだ。しかも相手はベテラン刑務官、暴力的な重罪人を抑える訓練を受けた男ときている。まったくあり得ない訴えだ。しかし、刑務所には「あり得ない」ことなんてない。その訴えが虚偽である——正確には、おおむね虚偽である——なんてことは関係ない。刑務所には、虚偽の告訴をされたと主張する人間があふれている。ぼくも正式にその仲間入りをはたし、「訴訟をひいた」阿呆《あほう》のひとりとなったわけだ。

「訴訟をひく《キャッチ・ア・ケース》」というのは刑務所言葉で、法にふれる問題を起こすということ。よく使われる「風邪をひく《キャッチ・ア・コールド》」という言い回しにかけた表現で、気をつけていても避けようがないという意味を含む。まったくついてなかった、という感じだろうか。実際、刑務所に収監されている多くの人間にとって、それこそが肝心な点なのだ。たちの悪い風邪をひくみたいに、銃器を保持してしまったり、第一級殺人を犯してしまったり、刑務所内でヘロインを売ってしまったり、刑務官に暴行を加えてしまったりして、訴訟に巻きこまれる——まあ、そんな日もあるさ、という言葉が、訴訟をひいてしまった連中のあいだで繰り返される。悪いときに悪いところに居合わせたんだ、と。刑事事件は病原体みたいに空中に浮遊していて、いつなんどき感染するかわからない。だれもが年がら年中訴訟をひいている。それは日常生活の一部で、風邪と同じくらいありふれたこと。ぼくも軽い訴訟をひいてしまったというわけだ。ちなみに、刑務所には昔から、特有の病気（発疹チフス）があった。それは近代の初めには「監獄熱」と呼ばれ、受刑者や刑務官はもちろん、刑務所の改装に雇われた作業員までが感染した。だれも免疫を持っていなかったのだ。

　ぼくの監獄熱は、単純だがしつこかった。精神科医からは、ぼくは「仕事を仕事として割り切ることができない」でいて、「ほとんどは精神的なものからくる症状」なので、少しリラックスする必要がありますね、といわれた。

そこで、ぼくはある晩、映画をみることにした。一月のとりわけ陰気な週の最後の勤務を終えたあと、何か徹底的に現実を忘れさせてくれる映画をみようと思ったのだ。運よく、「ジャッカス　ナンバー2」が安い映画館にかかっていた。ぼくは（その時点の）知り合いの中でいちばんバカっぽいやつに電話して、映画館で待ちあわせた。そいつは道に迷ったが、とにかくやってきた。

ぼくが刑務所の仕事に疲れきっていたせいか、その映画への期待度が低かったせいか、一緒にみたやつがほほえましいほど子どもっぽく夢中になったせいか、「ジャッカス　ナンバー2」はリラックス効果抜群だった。かなり虚無的な底意がこめられている点はあえて無視して、ぼくは「ジャッカス」の国の一夜にのめりこみ、軽くて気ままで男っぽい妄想の世界を嬉々として受け入れた。スケボーに乗ってフルスピードで煉瓦塀に突っこんでいく男に、だれがとやかくいえる？　目かくしをされたパンツ一枚の男が、ネズミ捕りがあちこちに仕掛けてある巨大な部屋をはい回ったり、ラリった連中がゴルフ場をカートで突っ走って何度も衝突し、それがどんどんエスカレートしていったり。とにかく最高だった。まるで、イドが超自我を森の奥深くに追いやって置き去りにしたみたいだった。そこには道徳的な真面目さなどなく、いくら罪を犯しても責任を問われたりしない。刑務所もないのだ。

映画をみたあと、家に帰ろうとT（ボストンの地下鉄の通称）の駅に向かい、運よく最終列車に間に合った。車両は陽気な酔っぱらいや一夜の恋を楽しむカップルで混みあっていた。家の最寄り駅、オレンジラインのグリーンストリート駅で降りたとき、ぼくは上機嫌だった。ところが、そんなときに限って、ふと受刑者や刑務官のことを考えてしまう。その夜、ぼくは街で楽しく過ごし、あちこち歩き回って十ヵ所に立ち寄ったが、刑務所の連中はそのあいだ一インチも移動していない。蛍光灯の下にじっと座り、公共施設らしい地味な色に塗られたブロックの壁をみつめ、刑務所のあの空気を吸っていたはずだ。数時間が深い淵に消えていっただけのこと。刑務所に閉店時間はない。

ぼくはボートという受刑者にいわれたことを思い出した。ボートはボストン出身の事情通の年配の男で、もとはギャングで銀行強盗だった。最近図書係になり、ファット・キャットやダイスやほかのみんなと一緒に働きだしたが、何かにつけぼくに助言したがった。ある日、一緒に本にスタンプを押しているときにボートはいった。「ここの空気はろくでもないものでいっぱいだ。窓がふさがれてるから、空気がよどむ。あんたもおれたちと同じ、病んだクソみたいな空気を吸ってるんだ」。そんなことはいわれなくてもわかっていたが、ボートは続けた。「あんた、ここで働きだしてもう長いだろ。ここの空気を吸い続けると、どうなると思う？　体の細胞やなんかの中に入りこんじまった悪い空気を持ち歩くことになって、二度と体から出せなくなるぞ」。ぼくは、この公共メッセージみたいな助言をくれたボートに礼をいった。ぼくのためを思っていってくれたんだろう、たぶん。

ぼくは地下鉄の駅を出て、冷たい夜気の中を歩きだした。ジャマイカプレインというその地区に住みだして、まだ二ヵ月にもなっていなかった。冬の澄んだ空気の中、東のほうにボストンの市街地がきらめいていた。ネオンサインがふと目にとまった。PRUDENTIAL《プルデンシャル》という警告めいた言葉がひとつだけ、空の高み、高層ビルのてっぺんに標識みたいに輝いている。思慮分別《プルデンス》という古風な言葉は、ぼくが暮らすこの街に昔から漂っている不安と悲観主義を端的に物語っている。ぼくは首に手早くマフラーを巻き、帽子を目深にかぶり直して、コートのジッパーを上げた。

家をめざして道を左に曲がったとき、後ろで声がした。かろうじて聞き取れる、くぐもった声。

「公園へいけ」。その声はいった。

声の主がぼくの背中を押して、さらにいう。

「逃げるなよ。銃を持ってる。ふつうに歩いて、公園に着いたら金をよこせ」。

ぼくは相手をみないようにした。大きく息を吸う。すぐそこの角に警察署があるというのに、大胆なやつだ。それでよけい怖くなった。しかし、ぼくは冷静に振舞い、相手も手荒なことはしてこなかった。少なくとも、そこまでは。

「あの、金を出すから」。ぼくはそう断ってから、片手をポケットに入れた。

ところが、そこに金はなかった。必死に装っていた冷静さが冷たい汗になって流れ出す。反対側のポケットに手を入れると、今度は紙幣にふれた。そうだ、映画館の外のＡＴＭで金をおろしたんだった。四十ドルある。ぼくはほっと息をついた。

「冷静にいこう」。そういってみたが、相手にというより自分に言い聞かせた感じだ。相手は答えない。

公園に入ると、ぼくは立ち止まり、後ろ手に金を差し出した。二十ドルの新札が二枚。それと、一ドル札が二、三枚。全部小さくたたんで、もっとたくさんあるようにみせた。落ち着いているつもりだったが、両手が震えていた。下をみると、相手が持っている武器がちらっとみえた。銃ではなく、刃渡り十五センチほどのナイフで、刃の縁が少しさびている。それをボロボロの長袖の下に隠し持っている。ふと、相手にじっとみられているような気がした。相手は金を取ったが、動こうとしない。

なんで立ち去らない？

「あれ？」相手が唐突にいった。なぜか、声の調子が少し変わっている。「あんた、刑務所《ベイ》で働いてる？」

ぼくの体の関節という関節が緊張した。喉《のど》が締めつけられる。ほらみろ。仕事が家までついてきたじゃないか。監獄熱は妄想なんかじゃなかった。

この場合、こう答えるのが正解だ。「ベイ？　なんのことかな？　シーフードの店？　きいたことないな」。

しかし、そうは答えず、振り返って相手をみた。背が高く、やせている。長い腕にがっしりした肩。青い目出し帽をかぶり、その上にすりきれた黒いフードをかぶっている。

ぼくはいった。「うん、図書室の司書をしてる」。

「そうだ！」男はもろスペイン語なまりでいった。「思い出した。本の人だろ！」

「ああ、本の人だ」。ぼくはため息まじりに答えた。

もしこれが感動的な監獄ものの映画だったら、このタイミングで相手はぼくに金を返し、涙ながらに「おれを信じてくれてありがとう」というだろう（バックには「リーン・オン・ミー」が流れだす）。ぼくも涙ぐんで、立ち去ろうとする彼の肩をつかみ、もうこんなことはやめろ、という。

彼はさらに泣く。そして生き方を変える。ぼくも大切なことを学ぶ。本には人生を変える力があるとか、人には本来善良さが備わっているとか、いろいろ。ラストシーンで、ぼくはダサいツイードのジャケットを着ている。顔には少しシワが増え、髪にも白いものが混じっている。ぼくは国連の式典に出席し、改心した元強盗が人道的活動に生涯をささげたことをたたえる。――しかし、現実にはそうはならなかった。

一瞬がとても長く感じられた。相手が目出し帽の下でニヤニヤ笑っているのが、手にとるようにわかる。やがて、そいつは少し離れたところにいるだれかに合図を送ると、向きを変え、ゆるい駆け足でさっさと公園の奥に去っていった。ぼくが刑務所で稼いだ四十三ドルを持って。その刑務所に、あの男は最近まで囚われていたのだ。これが正義ってものなのか。ぼくにはなんともいえない。

だが、強盗のほうは最後にひとこと残していった。

数メートル向こうから、大声でこういったのだ。「そういや、まだ二冊、本を借りてたっけ」。

そして、そいつはゲラゲラ笑いながら夜の闇に消えた。

ボートは苦労人らしいしゃがれ声をアル・パチーノ風に張り上げては、ぼくのことを何週間も笑い続けた（強盗にあったことを受刑者に話すんじゃなかった、とあとになって気づいた）。そしてことあるごとに、「あれ？　あんた刑務所《ベィ》で働いてる？」と繰り返した。ボートは杖をつき、撃たれた後遺症の残る脚をひきずりながら図書室を歩いてきて、仕事をしているぼくにわざとらしい口調で「あれ？　あんた刑務所《ベィ》で働いてる？」と話しかけて邪魔をするのだ。

ボートには「くよくよ考えるな」といわれた。

ボートは杖に体重をあずけ、真顔になっていった。「肝心なのは、そのゲス野郎があんたの喉を刺さなかったってことだ、な？　やつがあんたに個人的な恨みを持ってたとしても不思議じゃない。ほんとだぞ。とにかく、物事はいいほうに考えるんだ」。

ぼくは完全には同意できなかった。それに、すぐ新たな事実がいくつか生じて、それらに取り組まねばならなくなった。ぼくの不安感はすでに体までむしばんでいたのだ。幸い、それはある午後、図書室で起こった。本の入った段ボール箱を運んでいたとき、いきなり背中が激しく痙攣《けいれん》したと思うと、膝《ひざ》ががくりと折れ、箱から何十冊という本が滝のように流れ落ちた。それは、ぼくの大好きな「古典」の棚に並べるはずの本だった。背中がガチガチに固まった。まるで怒りの鉄拳だ。息をすると、腰と両脚と両腕に焼けるような痛みが走り、手足の先まで達した。すぐそばの床に落ちた自分の眼鏡さえ拾えず、一ミリも動けない。一年半も刑務所で働いたあげく、このざまだ。

目を上げると、若い受刑者が褐色の囚人服を着て立っていた。闇で手に入れた棒つきキャンディをなめながら、ものめずらしそうにぼくを見下ろしている。

「ありゃりゃ」。その男はキャンディを口から出すと、たぶん同情のしるしに首を振っていった。「ひどくやられたな」。

ぼくはナイフで刺されたのか？

そう思うほどの痛みだった。刑務所ではその可能性も除外できない。しかし、その刺すような痛みは精神的なもの、ぼくが自ら創り出したものだった。神経はこんなこともやってのけるのだ。かつての顔見知りでもあったあの強盗は、あの夜、駅前でぼくを刺す必要なんかなかった。おまえを刺せるんだぞ、とほのめかすだけでよかった。あとはぼくの体が喜んでその仕事を引きついだ。ボート、ダイス、ファット・キャットといった忠実な図書係たちに励まされて立ち上がるまで、ぼくはちょっとのあいだひとりで床にのびていた。

宗教はなぜ床にひざまずいて祈る者を導くのか、その理由がわかった気がした。床にはある種の抗しがたい力が、人の心を動かす力があるからだ。床に座ったり倒れたりしていると、素直に物事をみずにはいられなくなる。ぼくは少し前にある受刑者からきいた話を思い出した。彼は一九九〇年に作業員として現在の刑務所の建設現場で働いた。そして、自分が鉄材を組んだまさにその建物、第三棟に、いま収監されている。

彼はいった。「まったくひでえ話だ。せまっ苦しい房に閉じこめられてるだけでも最悪の気分で頭が変になりそうだってのに、『クソッ、この建物はおれが建てたんだ』って思ってんだから」。

人は自分で自分の監獄を築く。たいていは、偶然に。だから、刑務所の汚い床に横たわり、ろくに動けず、目もまともにみえず、乱雑に積み重なった古典的名作の山に囲まれて、ぼくは実存的な疑問を抱かずにはいられなかった。それは刑務所で働く者、つまり受刑者と違って刑務所で過ごすことを自ら選んだ者にとっては、とりわけやっかいな疑問だ。この一見簡単に答えられそうだがじつは手ごわい疑問は、シルヴィア・プラスの「看守」という詩の奥深くに埋められており、その詩はぼくのすぐそばの床にできた本の山の中の一冊に収められている。

どうやってわたしはここにたどり着いたのだろう？　と詩人は問うているのだ。

✲ウサギちゃん《バニー》の記号表現《シニフィアン》

強盗にあった夜から約二年前の、四月。かつてマサチューセッツ湾植民地だった土地に太陽が長い影を作り、ほっそりした木々がピンクや白の薄手の服をふんわりまとってくつろいでいる暖かい午後、ぼくはマサチューセッツ州ケンブリッジのハイアット・ホテルに到着した。高校時代の友人の結婚式に出るためだった。その時点で、ぼくの元クラスメートはほとんどが結婚しており、子どもがいる者も多かった。一方、ぼくには出来の悪いかつらみたいな髪型と、いっこうに進まない書きかけの小説しかなかった。小説のタイトルは『失いやすいもの《イージー・ゴー》』。『得やすいもの《イージー・カム》』とどちらにするか何週間も悩んだ末に、やっと決めた。出だしは「ぼくは脚と女のことを歌う」で、これはウェルギリウスの『アエネイス』の冒頭、「わたしは戦と男のことを歌う」へのオマージュだった。しかし、ぼくの小説のいいところはそこまでで、あとは急激な下降線をたどった。

かつらみたいな髪の下の頭の中はぐちゃぐちゃで、中途半端なアイデアがひしめいていた。バル・ミツバ（ユダヤ教で、十三歳になった男子を成人として認める儀式）の録画映像（実況解説入り）をノンストップで放送するケーブルテレビ局を開設するとか、デート相手の気をひきたい人のために子犬を時間貸しする商売を始めるとか、『失いやすいもの』の新しい展開とか……。そういう非現実的なことばかり考えていたせいで、ぼくはぼうっとしているなんていう段階は通り越し、機能的に老衰していた。

そんな春のある日、軽いめまいを覚えながら向かっていたハイアット・ホテルは、チャールズ川ぞいにたたずむ立派な建物で、ジッグラト（古代メソポタミアの階段式の聖塔）に酷似しており、酒に酔っていなくても薬物でハイになっていなくても壮観だった。しかし、ぼくは酒に酔い、薬物でハイになっていた。大学を出て二、三年たっていたが、ぼくはまだ将来について熟考中だった。いや、訂正しよう。将来について悩むあまり、薬物の影響もあって、パニック発作をときどき起こすようになっていた。ぼくは息を切らし、広場恐怖と破滅の予感からくる極度の緊張が胸に押し寄せるのを感じつつ、しわくちゃの上着のポケットからしわくちゃのヤムルカ（正統派ユダヤ教徒の男性が着用する、直径十五センチほどの平たくて小さい布の帽子）を引っ張り出し、髪にとめて、その晩のためにひとつだけ、ひかえめなルールを自分に課した。昔世話になったラビ（ユダヤ教の指導者。祭式を司り、説教を行う）の面々とは、接触しないこと。

　ぼくはすっかり目的を見失っていたので、昔の知り合いが集まっている場所にいくのが不安でたまらなかった。また、その手の結婚式に出ると、不愉快で拒絶された気分になった。ぼくはユダヤ教の律法に平然とそむいていたので、正統派ユダヤ教徒の友人の結婚式に出ても、律法に関わる重要な役目につかせてもらえなかったのだ。たとえば、立会人になって結婚契約書《ケトゥバー》に署名することはできなかった。ごく親しい友人の結婚式で、本来なら間違いなく立会人をつとめるはずのときでも、取るに足らない役目しかもらえなかった。そんな役目でももらえば、式に参加している気分は味わえたが、同時にあらためて思い知らされることになった。自分は「好ましくない人物」で、一人前の男ではなく、タルムード（ユダヤ教の聖典のひとつ。口承で伝えられてきた聖書の解釈などの集大成）で劣った者とされている、子ども、奴隷、同性愛者、精神異常者、女性などの仲間に追いやられたのだということを。

　しかし、ぼくが生まれ育った共同体《コミュニティ》では、宗教的な背信行為以上に重大な罪とみなされていることがあった。それは好ましくない職業に就くことだ。通っていたユダヤ教の学校《イェシバー》のハイスクールのバスケットボール・チームの名前は、よくある「タイガーズ」や「ホークス」ではなく、医学部大学院進学適性テストを表すＭＣＡＴに複数のＳをつけた「ＭＣＡＴＳ」だった。これは一種のジョークだが、単なるジョークと笑いとばすこともできない。正統派ユダヤ教徒のコミュニティでは、法律家か実業家か医者になる見込みがなければ、つまり大学を卒業したあと大学院に進むか銀行に職を得る見込みがなければ、バアル（旧約聖書などに登場する異教神。新約聖書以降は悪魔ベルゼブブとして描かれる）を崇拝する（少なくとも野心的な営み）よりも重大な罪を犯したことになるのだ。ぼくは過去何ヵ月ものあいだに様々な結婚式に列席した経験から、雑談がどんな具合に展開するか、ほぼ予測できるようになっていた。二、三ヵ月前に元クラスメートの父親と交わした以下の会話が、およその定型といっていいだろう。

金持ちのハゲ親父（Rich Bald Guy）　ところで、きみはどんな仕事をしているんだ？

ぼく　死亡広告を書いているとか？

ＲＢＧ　死亡記事です。

ぼく　同じだろう？

ＲＢＧ　死亡記事はちゃんとした記事ですが、死亡広告は亡くなった人の名前を並べただけのものです。

ぼく　だが、亡くなった人に関する記事を書いているんだろう？

ＲＢＧ　ええ。

RBG　まあ、きみは好青年のようだから、そのうちきっとうまくいくさ。
ぼく　どうも。
RBG　死亡広告を書く仕事で、食べていけるのかね？
ぼく　死亡記事です。
RBG　ああ、それだ。
ぼく　まあ、なんとか……。
RBG　しかし、子どもをユダヤ教の学校にやる余裕はないだろう？
ぼく　どうでしょう。子どもは持たないかもしれません。あるいは、ユダヤ教徒の子どもは持たないかもしれません。

この絶妙にアナーキーな答えは、ねらい通りの効果があった——が、あと何回そんな精神的負担に耐えられるかはわからなかった。いっそのこと、オードブルを食べている列席者の中を、物乞いが持つみたいな長ったらしい文章の看板でも掲げて歩き回ってみようか。看板にはこう書く。「こんにちは。ぼくは罪にまみれて生きています。トーラー（ユダヤ教で、旧約聖書の最初の五つの書のこと。また、ユダヤ教の教え全般をさす）を捨て、正統派ユダヤ教徒のコミュニティからも遠ざかりました。ラビの方々がハーバード大学についておっしゃったことは当たっていました。あそこでぼくがしたことといえば、女の子を追いかけ、クスリをやり、バッグス・バニーについて入念に論じたタイプミスだらけの皮肉っぽい卒業論文を書いたくらいです。ぼくはこう書きました。『この論文では、ウサギちゃん《バニー》の図象学的記号表現《シニフィアン》を戦時中の映画に照らして探求する。戦時中の映画は資本家の金儲けの場であると同時に、審美的イデオロギーの発露の場でもあった』。最近は、フリーランスの死亡記事ライターとしてわずかな収入を得ています。髪を切る必要があることは自覚しています」。

ぼくの大学時代は、ユダヤ教の学校《イェシバー》でたたきこまれた道徳劇そのものの展開をみせた。つまり、「世俗の」大学がなぜユダヤ教徒にとって徹底的に不適切《テレファ》であるかという訓話に似ていた。大学に進学したとき、ぼくはベン・トーラー、つまり学問好きで敬虔なユダヤ教徒の若者で、すばらしく高い目的意識を持ち、こう心に決めていた。日に三回祈り、適切《コーシャー》なものを食べ、安息日《シャバット》を守り、ユダヤ教の休日を守り、断食をし、毎日X時間トーラーを学び、ヤムルカもツィツィート（ユダヤ教徒が祈禱のときに肩にかけるタリートという布についている房）も誇りを持って身につけ、女の子には手を出さない——とくに、天よ助けたまえ！　シクサ（ユダヤ人でない、または正統派ユダヤ教徒でない女性）には絶対に手を出すまい、と。ところが、やがて、ベン・トーラーも酔っぱらい、金曜の夜、しかもよりによってヨム・キプール（ユダヤ新年のあと、十日目にくる贖罪日。敬虔なユダヤ教徒はシナゴーグで祈ったり、家で静かに過ごす。また、断食をするなど禁欲的に過ごす）の夜に学生寮の床にはいつくばって、ペンシルヴァニア州の田舎出身の一年生の女の子がつけているでかいブラのホックを外したりするようになった。その女の子とは、イスラム教関係の基幹科目の授業で知り合った。あとは、ラビの言葉を借りれば、あえて語るまでもない。

前兆がなかったわけじゃない。大学一年の頃、遠方に住む祖父母を訪ねたときに、東欧のかつてのユダヤ人村《シュテットル》生まれで食料品店を営んでいるぼくの大好きな祖父が、感じのいい中西部なまりで祖母にこういっているのを立ち聞きしてしまった。

「おい、アヴィはシェイクスピアを読んどるぞ。心配だ。誤った方向へいきかけとるんじゃないか？」

「そうかもしれないわね」。祖母のエドナが、ハダサ（シオニストの女性で構成されるアメリカのボランティア団体）の発行している雑誌をめくりながら答えた。

「それに、ビート族みたいな格好をしとる」。祖父がまたいった。

いや、前兆ならもっと前からあった。イェシバーのハイスクールの卒業記念アルバムの「将来」という欄で、クラスメートたちはぼくの運命をこんなふうに予見している。「アヴィの将来……ネゲヴ砂漠で羊飼いになる」。十七歳で宗教に夢中になっていたぼくは、これを読んで喜び、青くさいあこがれの気持ちを認めてもらったみたいに感じていたが、いま読み返すとほんとうの意味がわかる。つまり、ぼくはやや孤独癖があって夢見がちで、身入りのいい仕事には就けそうにないし、二十一世紀に重要な役割を演じられそうにもない、とみられていたのだ。

最近の憂慮すべき状況について、親しい友人のヨニは、昔ぼく以上に無目的だったのを棚に上げて、おまえこれからどうする気だ、と懸念を表明した。今回の結婚パーティの前にマリファナを水パイプで吸っていたとき、死亡記事なんか書いてて幸せなのか、ときいてきたのだ。

ぼくがしばらく黙って考えていると、ヨニはしびれを切らしていった。

「だからさ、どう考えたってそれは、おまえがほんとうにやりたかったことじゃないだろ？　一生その仕事を続けたいとは思ってないだろ？」

金持ちのハゲ親父ならまだしも――ヨニがいうか？　ヨニは以前、幻覚をみている人間が書いたとしか思えないｅメールをアムステルダムから送ってきたことがある。彼は空港での乗り継ぎ時間に変なメールを送るくせがあった。たとえばこんな文面だ。「時間の感覚がなくなった。無理もない。睡眠を規則的にとらず、公園のベンチで三十分ぐらいずつ眠ってるんだから。体がだるい。おれに必要なのは尊厳だ。ヴァン・ゴッホの美術館ではすばらしい体験をした。クズみたいな絵もあったが、ほんとにすごい絵も何枚かあった。おれは自分がいくべき場所を書きとめてる。でないと迷子になる。ときどき、おれは臨床的には精神異常じゃないと自分に言い聞かせなきゃならない。飛行機の出発時刻は二時五十分。まあ九十五パーセントの確率で乗るだろう」。

死亡記事を一生書き続けたいわけじゃないだろうときかれて、なんと答えたらいいかわからなかった。だから黙って考えこんでいると、ヨニがじれて、ぼくが冷静に判断できるようにと、共通の友人の名前をいくつかあげた。ぼくが選んだ職業分野でぼくより成功しているとヨニが思う友人たちの名前だ。ヨニはこと細かに並べたてた。だれそれはもっといい仕事にありついているとか、もっと好条件の保険に入っているとか、もっといいパーティによばれているとか、名の知れた賞をもらったとか、本がけっこう売れているとか、有名な映画会社に脚本が売れたとか、「ニューヨーク・タイムズ」紙で絶賛されたとか……。なのにおまえときたら、無名なうえに、もう死んじまった人間の記事をフリーランスで書いてるだけだろう、とヨニはいった。

「おまえは夢を実現してない。どんな気分だ？　最悪か？」

ここでヨニについてひとこと。たしかに彼は空気を読むのが得意じゃないし、他人の心の機微を察したり尊重したりするのも苦手だ。しかし、悪気はない。ただ好奇心が旺盛なのだ。ヨニが日々生存のために摂取しているのは、六〜二十杯のコーヒーと、缶詰のインゲン豆を炒めて、異常な量の香辛料が入っている魔女の秘薬みたいなドレッシングであえた食い物だ。大学時代はほとんどいつも放心状態で、シャワーもろくに浴びず、薄汚れたどぎついオレンジ色のスウェットパンツのすそをふくらはぎの真ん中へんまで引っぱり上げて、ハーバード大学の中庭を歩き回っていた。ヨニの現在の仕事は、着ぐるみに入って体長一八〇センチを超えるピューマになり、深南部のハイスクールのフットボールの試合を応援することだ。ミドルスクールの生徒が小隊をなしてヨニに押し寄せ、カミカゼ特攻隊なみの勢いでからかってくると、ヨニは撃退しようとするが、徒労に終わる。ヨニはまた、自分が痔で苦しむのは「異常に小さい肛門」のせいだと、小さいときお祖母さんにいわれたことを鵜呑みにしている。そのお祖母さんは、野次の飛ばしすぎでボストン・レッドソックスが本拠地にしている球場から追い出されたことがある。また、ヨニが失業中に地下鉄で「オブラディ・オブラダ」をアコースティックギターでスローに演奏するのをきいたときには、文字どおり感涙にむせんだということだ。

ヨニは他人を批判したりしない。彼のあけすけな態度と、短気で熱心で話を引き出すのがうまいのに乗せられて、ぼくは本音を口にした。

「ああ、最悪の気分だ」。

「そうか。そりゃかなり重――」ヨニはいいかけたが、結論を飲みこんで水パイプの煙を大きく吸いこんだ。

最悪だってことは、自分でも認めざるを得なかった。フリーランスだから、記事一本あたりの原稿料は微々たるもので、がむしゃらに働かないと家賃も払えない。安定した職もなければ医療補助も受けられず、ぼくは生活保護申請寸前だった。

さらにやっかいなことに、ちょっとした降格を経験したばかりだった。こんなケチくさい仕事でも降格はあるのだ。ぼくは地元紙の「ボストン・グローブ」に街のニュースや特集記事を書いていたのだが、非現実的な理由——死亡記事を書くのが楽しいという理由——から、街の生活に関する記事を減らし、もっぱら街の亡くなった人に関する記事を書こうと決めてしまった。これで収入はさらに減った。まったく、説明のしようもない奇妙な転向だった。

そこへまた新聞社から悪い知らせが入った。これ以上正社員を雇わないことにしたというのだ。どんなに必死に仕事をしても「ボストン・グローブ」の正社員になるという昇格はあり得ないから期待しないように、といわれた。新聞報道という船はもうガタガタで、みるみる沈没しつつあった。だれもが「脱出できるうちに脱出しろ」とぼくにいった。ある記者はこう宣告した。ぐずぐずしてると、しまいに書ける死亡記事は二本だけになるぞ、「ボストン・グローブ」の死亡記事か、自分自身の死亡記事か。——ぼくは彼のジョークを自分らしく冷静に受け止めたが、ストレスで軽い蕁《じん》麻《ま》疹《しん》が出た。

死亡記事を書く仕事が長続きしないことはわかっていたが、仕事自体は楽しかったので、新しい職をさがすのを先延ばしにしていた。やがてある日、いいやつだが要領の悪い、家族ぐるみで親しくしている無政府主義者《アナーキスト》の青年の職さがしを手伝っているときに、ウェブの求人サイト、〈クレイグズリスト〉にちょっと変わった求人広告をみつけた。それは短い広告で、「ボストン、刑務所の図書室司書、フルタイム、組合加入可」とあった。刑務所がフルタイムの司書を雇うとは知らなかった。また、図書室と刑務所は対極にあるように思えた。ちぐはぐといってもいい。海軍の練兵場にパイの焼き方を教える教室があるみたいなものだ。どこかうさんくさい求人だったが、ぼくは純粋な好奇心から問い合わせてみることにした。

ところが、その職について知れば知るほど、興味が増した。初め、死体番をやめて刑務所で働くというのは、実存的な観点からいえば水平移動だと思っていた。しかし、刑務所の女性職員から電話で仕事の内容をきくうちに、その職にはいまの仕事に欠けているものがあると気づいた。それは確固たる社会的側面だ。大勢のスタッフの一員として働き、人に何かを教えるという役割を担うのだから。じつをいうと、死亡記事を書く仕事を続けるうちに、ぼくは孤独に陥り、社会から切り離されたみたいに感じていたのだ。

何よりありがたいのは、それが安定した職で健康保険に入れるということだった。それでも、なかなか転職を決断できなかった。これもまた、「バル・ミツバ専用チャンネル」なんかと同じ中途半端なアイデアに過ぎないかもしれない、と迷っていた。

以上のような疑問が熱くなった頭の中でわきたっているのを感じながら、ぼくは結婚パーティの会場を歩き回っていた。ちょうどオードブルが饗されているところだった。その種のごちそうは、正統派ユダヤ教徒のあいだでは愛情をこめて「シュモーグ」と呼ばれている。スカンジナビアの立食式料理を意味する「スモーガスボード」を縮めた呼び名だが、実際のシュモーグはスモーガスボードの十五倍くらい豪勢だった。

ぼくはのびすぎた前髪の下から、かつてのクラスメートを観察した。彼らは銀行家、医者、法律家、教授、ラビなどになりつつあった。結婚してすでに第一子をもうけた仲間も多かった。だれもが地主だったり、駆け出しの慈善家だったり、地域社会の柱だったりした。退職基金や、子息のための大学基金に入っていた。みんな何かしらに真剣に取り組んでいて、信仰を大切にしていた。

ぼくは、パニック発作に襲われてお先真っ暗の状態だったが、それでもなお、よき正統派ユダヤ教徒の医者とよき正統派ユダヤ教徒の法律家にだけはなるまいと、決意を新たにしていた。なぜなら、近年で最も悪名高いふたりのユダヤ人テロリスト、バルーフ・ゴールドシュタインとイーガル・アミールは、それぞれよき正統派ユダヤ教徒の医者とよき正統派ユダヤ教徒の法律家だったからだ。ゴールドシュタインは一九九四年に、ヨルダン川西岸地区のヘブロンで祈禱中のパレスチナ人を二十九人射殺し、アミールは一九九五年にイスラエルのイツハク・ラビン首相を暗殺した。一方、元正統派ユダヤ教徒の死亡記事ライターがだれかを射殺したという話は、きいたことがない。

しかし、宗教的理由から政治的暴力をふるうことはしない、ということをのぞけば、ぼくは自分が何を望んでいるのかわからなかった。しかもへこむことに、ここにいる元クラスメートたちがアルバムで予言したことは、びっくりするほど当たっていた。「アヴィはネゲヴ砂漠で羊飼いになる」。――あれから七年、ぼくは閑職《アウト・トゥ・パスチャー》に甘んじて、その日暮らしをしている。さらに気がかりなことに、いつかは文字どおり牧野に放たれる《アウト・トゥ・パスチャー》日がくるんじゃないかと、いやな予感がしていた。もし羊飼いの募集があったら、ぼくはきっと履歴書を送っていただろう。

だがありがたいことに、こうした不安の波を頭からかぶるところまではいっていなかった。シュモーグのごちそうがたっぷり、きちんとふるまわれて、単純に胃袋が満たされていたおかげだ。悔いることなく前進あるのみのユダヤ系アメリカ人の楽観性が、並んだ料理にもよく表れていた。ミニサイズのソーセージとマスタードソース、摩天楼か遠洋定期船みたいに盛られたスシ、シリアルやホウレンソウやマッシュルームの小山、串に刺した韓国風焼き肉とハワイ風グリルチキン、コーンビーフ、ビーフパストラミとシチメンチョウのローストを切り分けてくれるコーナー、パン、春巻、クレープ、パスタ、サラダ、魚料理、トーフ、ニューヨークの平均的なアパートの部屋ぐらいあるバスケットに入った果物の数々。そして酒。それらはすべて、「どちらのシナゴーグ（ユダヤ教の会堂。礼拝だけでなく、教育や集会の場でもある）にいらしてるの？」「最近適正《コーシャー》になった食品は？」といった会話の潤滑油となる。また、ある既婚女性が着用している正統派ユダヤ教会推奨のかつら（「あの方、信じられないような金額を払ったのよ」）に関する噂話を楽しくきけるようにしてくれる。日曜の晩を過ごすのに、ここはそう悪いところじゃない。

　それでもなお、ぼくはその晩自分に課したルールを貫こうとしていた。ラビを避けるというルールだ。それ以前にもいろいろな場でラビと激しく議論したあげく、不信心をなじられるという結果に終わっていたからだ。

　ぼくはハイスクール時代の恩師たちを失望させてしまった。ぼく自身はその人たちの大半をいまでも尊敬しているというのに。ぼくはユダヤ教の律法に従わないどころか、ことごとく破っている。完全な異端者だ。恩師たちの失望がひときわ大きかったのは、ぼくがかつて将来有望な、少なくとも熱心なイェシバーの生徒だったからだ。

青春時代、トーラーを学びたいというぼくの情熱は幾度かピークを迎えた。十四歳のときにはバスケットボールのチーム――強豪、MCATS――をやめて、トーラーの勉強に専念しようと決めた。ポケット版のミシュナー（三世紀に編纂されたユダヤ教の律法書）を持ち歩き、表紙が取れてしまうほど勉強した。一日中いつでも、文字通り一秒でも時間が空けば、ミシュナーを取り出して読んだ。廊下を歩いているとき、バスを待っているとき、授業と授業のあいだの五分間の休み。教師が前回の授業で教科書のどこまで進んだか確認する十五秒間さえ、むだにしなかった。ラビの「一瞬たりともむだにせずトーラーを学びなさい」という言葉を、そっくりそのまま実践していたのだ。

　それだけでは終わらなかった。学校の授業は朝八時から夕方六時までだったが、ぼくはタルムードの授業が一日九十分しかないのが不満で、学校にかけあい、水曜の夜の六時から七時半まで、自由選択の授業を新たに設けてもらうことに成功した。また、ボブ・ディランのコンサートのチケットを人に譲ってまで、土曜の夜の（ぼくが作った）トーラーの討論グループの勉強会に出たこともあった。さらに、トーラー研究のための新聞を作って定期的に発行した。女性との握手は拒んだ。卒業時にはトーラー研究の熱心な活動を認められ、表彰された。十代のあいだ、膨大な時間を黙禱に費やした。

　夏には中東へ飛び、ヨルダン川西岸のイスラエル人入植地のイェシバーで毎日十四時間勉強した。古代ユダ王国の中心地、別名イスラエルの「占領地区」で行われるタルムード・キャンプは、ぼくにとって楽園だった。うちの両親は信心深いが、さすがに息子の異常なまでの熱意を心配していた。

　ハイスクールの卒業プロジェクトにぼくが選んだのは、新聞社や研究所での実務研修でもなければ、ホームレスの人びとのための無料食堂でのボランティア活動でもなかった。ひとり机に向かって、タルムードの体罰を扱った巻を研究したのだ。「鞭」という、胸がすくほどわかりやすい題名が示すとおり、その律法書にはぞっとするほど詳細に、どういうときにラビが律法にそむいた者を捕まえて脱糞するまで鞭打つ（実際、第三章にそういう例が出てくる）ことができるのか書かれていた。その例は何十もあげられていて、その具体的な方法も書かれていた。ぼくが「鞭」の巻を細かく研究していて不思議だったのは、その研究を少しも奇妙に感じなかったことだ。それはぼくの指導にあたったラビたちも同じで、むしろ励ましてくれた。

ハイスクールを卒業したあと、さらに二年間イェシバーで学んだ。一年目はヨルダン川西岸地区で、二年目はニューヨーク市内で。しかし、いまではユダヤの律法などひとつも守っておらず、正統派ユダヤ教徒としては最悪の落伍者になっていた。

ラビを避けるというぼくの計画は、パーティ会場のトイレでいきなり頓挫《とんざ》した。個室のドアが開いて、ラビのブルーメンソール師が現れたからだ。それまで一度も気づかなかったが、ブルーメンソール師はスズメフクロウにそっくりだった。小柄で引き締まった体つきをしていて、短く切りそろえたきれいなあごひげが短い髪とすんなりつながり、まん丸い顔を白い光輪のように縁取っている。それと対照的に顔は浅黒く、目はまばたきが少なく、鼻は小ぶりだが、とがっていてよくきそうだ。これだけだとこぢんまりとして利発そうな容貌を思い浮かべるだろうが、師には相手を威《い》嚇《かく》するような雰囲気があった。口は、ひげに隠れてみえない。両目は対象をとことんみつめて観察するばかりで、何の感情も浮かばない。

何年も前、このブルーメンソール師がぼくたちに詩を教えてくれたことがあった。崇高で教訓がたっぷりつまった、預言者イザヤに関する詩だった。教室はカオスそのもので、生徒はだれも師の話などきいていなかった。みんなだらけきって、なかには師に背を向けてしゃべったり笑ったりしている者もいた。勝手に歩き回り、教室の前のほうに教師がいることなど完全に忘れているみたいだった。

ちゃんと話をきいていたのは、ぼくともうひとり、神童なみにトーラーの知識が豊富で天才的に数学ができる、やはりアヴィという名の生徒だけだった。同じ名前を持つふたりの熱心な生徒は、いちばん前に座り、たがいの机をぴったりつけ、さらにラビの机にもぴったりつけていた。ぼくたちはまるで、鉢に植えた三つの球根みたいだった。そこから一本のトーラーの木がのびて、風に揺れている……。

トイレで遭遇したブルーメンソール師は、昔と同じでまばたきが少なく、考え深げだった。師は外科医みたいにきちょうめんに手を洗い、ぼくと慎重に雑談を始め、ぼくがハイスクールを卒業したあと数年間、どこにいたかをきいた。ぼくはバッグス・バニーと死亡記事と漠然とした野心について語った。さらにラリっていた勢いで、太陽だっていつかは消滅するのだからほんとうに重要なことなんてありはしない、と余計なことをつぶやき、近々刑務所に就職するかもしれない、といった。

ラビはタカかワシが獲物をみる目でぼくを見据えると、口を開いた。

「刑務所だって？　なぜそんな職につくのかね？　やめなさい」。

「なぜですか？」とぼく。

「きみはユダヤ人のコミュニティにもっと関わるべきだ。なぜそんな仕事をして時間をむだにする？」

　師は不愉快そうだが職業的な態度で次々と質問を放ち、ぼくはそのひとつひとつに答えた。ぼくは告白した。いえ、祈ってもいませんし、テフィリン（聖書の文句を書いた羊皮紙が入っている革製の小箱で、祈りの際に頭と腕に革ひもで巻きつける）もつけていません。いえ、安息日も守っていませんし、コーシャーでないものも食べています。――そして自分からつけくわえた。はい、エビは好きです。大好きです！　シュモーグにも出すべきです。

「いったい何があったんだね？」ブルーメンソール師は問うた。


　何があったのか？　それは記者が答えようとする最初の問いだ。死亡記事のライターであれば、「この人の人生にはどんなことがあったのか？」という問いになる。事実をさぐり、その事実が意味するところをさぐるのだ。毎朝、だれかしらの死を知らせるeメールがぼくのパソコンの受信トレイに入る。件名は人の名前だ。マクマーン、コヴァー＝スレッテン、モンタギュー、グルカジアンなどと、亡くなった人の名前が記されている。ぼくはその人たちの世界にしばらく身を置く。一日の仕事を終えてベッドに入ってから、その人たちの夢をみることもよくある。

　編集者からのeメールには、「この女性はちょっとおもしろそうだから、調べてみたら？」などと書かれている。だれかの全人生を「ちょっとおもしろそう」というありきたりの表現に圧縮しているこの手のメッセージを読む瞬間、ぼくはその日最初の胸の痛みを感じる。記事を書くにあたっては、できるだけ多くの人から話をきく。だれかと会って話すたび、故人の人生という物語は広がり、新たな様相をみせる。話し手はときに涙ぐみ、ときに笑う。辛辣《しんらつ》な批判を差しはさんだり、秘密を暴露したり、後悔を口にしたりもする。いろいろなことを打ち明け、予定よりはるかに長く話す。ときどき、ぼくはラビか司祭になったみたいに感じる。信者を訪ね、彼らが人生、死、悲しみといった問題に向きあうのを手伝っているような気分になる。とくに、家を訪ねて話をきくときはそうだ。ぼくは残された人びとと一緒に座って、写真や古い手紙をみせてもらい、故人の人生をつなぎあわせていく。

しかし、時間には限りがある。ぼくはやむなく話を切り上げ、家にもどって机に向かい、故人の生涯についての矛盾する説、ばらばらな詳細、秘密、準秘密、要領を得ない筋、謎、偶然の一致、真実の瞬間などをまとめて、全人生を千語で紹介する。死亡記事はひとりの人間の人生の物語だが、つまるところ、あまり意味のない名前のリスト、つまり残された人たちの名前のリストだ。そのリスト——長いにしろ短いにしろ——とそこに欠けている名前が、どんなコメントよりも雄弁に故人の人生を物語っている。

死亡記事を書いていると、死について考えずにはいられない。もっと正確にいえば、ある人生の全体像を考えずにはいられない。なぜそうなったのか、そうでなかったとしたらどうなっていたか、ある出来事が次の出来事にどうつながったか（たいていは偶然ということになる）、どんな試練に直面し、どんな決断を迫られたか、そして何が残されたのか。ところが、ぼくは多くの人の人生をつなぎあわせてきたが、自分の人生をつなぎあわせることはなかった。

ホテルのボールルームから音楽が流れてきた。

正統派ユダヤ教徒の喜びに満ちた結婚パーティは、集団ヒステリーと紙一重だ。あっという間に、まず個人単位で、やがてグループ単位で躁《そう》病の発作みたいなものを起こし、全体にヒステリー状態が広がり、しまいにいくつもの小規模な暴力行為を招く。そうやって、この集団が数千年にわたって抱いてきた最悪の恐怖を究極的に解消する。つまりこういうことだ。ユダヤ人は常に迫害されていると感じてきたが、その感覚はあまりに深く、しばしば感覚のみで終わらず現実となったので、その恐怖自体が一種の迫害になってしまっている。結婚式は新たに誕生した若い家族を祝福する儀式だが、その新たな家族によって以下のことが保証される。少なくともあと一世代のユダヤ人が、衛兵として力をつくし、歴史の流れをくいとめ、いつ起こってもおかしくない集団虐殺に抵抗すると。虐殺をもたらすのは、激しい憎しみを抱く者たちだ。たとえばファラオ、ハマン（ペルシア王アハシュエロスの宰相でユダヤ人の敵）、ヒトラー、スターリン、アフマディネジャド（二〇一一年三月時点でイランの大統領。イスラエルに対して過激な敵対発言を繰り返してきた）、メル・ギブソン（アメリカの映画俳優・監督。イエス・キリストの最期を描いた監督作品『パッション』が反ユダヤ的感情をあおるとしてユダヤ人団体から抗議を受けた）など。さらにもっとやっかいな例として、ユダヤ人コミュニティの内部にも自己嫌悪を抱く者たちがいる。そういう連中は非ユダヤ人と結婚したり、小エビのカクテルを食べたり、イスラエルの右翼を批判したり、ホロコーストをネタに冗談をいったりして、虐殺に加担する。

ともあれ、正統派ユダヤ教徒の結婚パーティには強烈な感情の噴出がつきものだ。そこへ、比較的小柄でふだんあまり飲まない人びとにアルコールが及ぼす影響が加わると、がぜん乱痴気《らんちき》騒ぎになる。

いくらもたたないうちに、西欧風の結婚式の虚飾ははがれ、真実が姿を現す。真実とは、ユダヤ教徒の結婚パーティはバカ騒ぎで、汗だくで、同族意識が色濃く現れるということだ。ボタンをいちばん上までとめた服――月明かりのベランダでカクテルを飲むためにデザインされた服――は、たちまち邪魔くさくなる。男たちはブラックタイをゆるめて上着を脱ぎ捨て、女たちはドレスのすそを（ひかえめに）たくし上げる。立派な医者やCEOがジャグリングをし、肩車しあい、互いを空中に放り出し、ブレイクダンスを踊り、腕を組み、やじり、見も知らぬ相手と抱きあう。そのあいだ、給仕人たちは傍観し、目くばせを交わしている。

そのとき流れてきた音楽は低音のユダヤ系伝統音楽、クレズマーで、歌詞は極端に聖書風だった。会場では、男女はまだ別れたまま――ダンスフロアの片側に男性、もう片方の側に女性がいて、両者のあいだにはついたてがある――だが、それぞれ輪になって踊りまくっている。それはおとなしいサークルダンスとは違う。日曜の朝にユダヤの民謡ハバナギラを歌いながら公園でのんびり踊るのとも全然違う。熱狂的で過酷でダーウィン的淘汰《とうた》を伴う、男性ホルモン過多の回転木馬みたいな踊りだ。

踊りながら、だれもがしきりに押したり押されたりしていた。踊りの輪はしだいに小さく、生存競争は激しくなった。人を押しのけて前へ進もうとするうち、輪の中にもうひとつ輪ができた。だが、そこも結局は押しあいを始めた。物理的、心理的、神学的理由により、内側の輪の踊りは人体が耐えうる最も攻撃的で狂騒的なものになり、その輪を回転させるべく、また押しあいが生じた。

ぼくが青春時代をともに過ごした人びとが騒々しくて強引だといいたいわけじゃない。彼らはただ熱心なのだ。どんなこともおざなりにせず、何事にも全力投球する。ラビから「新郎新婦を喜ばせてあげなさい」といわれたら、それはふたりを狂喜乱舞させたあげくボコボコにして、ボールルームの端に放り出すぐらい徹底的にやれということなのだ。ぼくもその点は十分承知している。なぜなら、かつてはぼくも進んでこの手のバカ騒ぎに身を投じていたから。

実際、あの頃のぼくの真剣さといったら、あごひげをたくわえたハシド派（ハシディズム派ともいう。十八世紀の敬虔主義運動から生まれた。正統派ユダヤ教徒の一派で、現在はアメリカとイスラエルに多い。黒いコートに黒い帽子を着用している）の男が十人束になってもかなわないほどだった。ぼくは数多くの正統派ユダヤ教徒の結婚パーティに出て、押したり押されたりした。何百人、いや何千人という仲間の正統派ユダヤ教徒を押した。安息日にも押したし、その他の日にも押した。だれかを押しつけられたり、だれかを別のだれかのほうへ押しやったりもした。子どもに押され、老人にも押された。子どもを押し、老人を押した。それはごくふつうのことだし、いまも後悔していない。これからだってやるだろう。しかし、熱意はすっかり冷めていた。

その日はクスリをやっていたせいか（いまはもうやめている）、旧知のラビやクラスメートと会ったストレスのせいか、もうユダヤ教はたくさんという気持ちが極限に達していたせいかわからないが、ぼくは押しあいへしあいがうまくできなかった。やや無防備といってもいいほどに、気がゆるんでいた。それは命取りになる。

いきなり右からパンチが飛んできた。まったく予測不能だった。汗まみれの毛むくじゃらの拳が生々しくぼくの頬にぶつかってきたかと思うと、そのまま鼻にめりこみ、拳と顔、骨と骨がぶつかって鋭い音がした。首がガキッと音をたて、部屋がさかさまになった。ぼくは世界と垂直に、寄木張りの床に頬から倒れこんだ。

だれも気にとめなかった。薄情だからじゃない。ただ気づかなかったのだ。踊りの輪は止まることなく回り続けた。盛装した人の脚やピカピカに磨いた靴が、ぼくの目の前の床を踏み鳴らす。二、三度踏まれもした。人が多すぎ、押しあいが激しすぎて、立ち止まってぼくを助けるなんて不可能だった。もし止まったら、その人も倒れるか、ぼくのように殴られてしまっただろう。そんな危険を冒す人間がどこにいる？

ぼくもルールは知っていた。男性ホルモン過多の回転木馬には、勝者と敗者がいる。ぼくは負けた。ここでは適応力に長けた者だけが生き残る。ぼくは当然の報いを受けたにすぎない。そうわかっても、気分は上向かなかった。

目を上げると、淡々とした表情で踊っているブルーメンソール師がみえた。ふと、ぼくを殴ったのはこの人じゃないかという疑念がわいた。ラビらしい見解を示して「不信心者」をこらしめ、「ぶん殴った」（ユダヤ教の過越し祭〔ペサハ〕で唱える祈りの中に、信仰心の乏しい息子を殴って出エジプトの意義を説くという一説がある）んじゃないか？　一瞬、師に飛びかかってたたきのめそうかと思った。しかし、それはまずい――それまで抱いた考えの中でも最悪の部類だと気づいた。そして、もし師がぼくにパンチを見舞ったのだとしても、それは正しいことだったと気づいた。

ぼくにとって顔にパンチをくらうことは教育的効果があるらしいと、認めざるを得なかった。以前にも同じようなことがあったのだ。

ハイスクールの修学旅行でカナダのトロントにいったとき、みんなでレーザータグ（赤外線レーザー銃で戦うサバイバルゲーム）をやった（ほかにトロントで何をするというのだ？）。会場は屋内にあり、主なルールは「走るな」で、ぼくたちは繰り返し「絶対に走ってはいけません」と注意を受けた。ぼくはそれをきいて腹の中で爆笑し、そんなルール守れるか、と思った。トロントは恐ろしく退屈な街だったが、やっと憂さ晴らしのチャンスに恵まれたのだ。ぼくは興奮し、戦う気満々で、早く戦場に出て有利な場所に陣取り、レーザー光線による殺戮《さつりく》を始めたくてたまらなかった。めざすはミッドウェー海戦なみの圧勝だ。

ぼくは我を忘れ、敵を片っぱしから撃った。場内を走り回り、機嫌の悪いテキサス人みたいに撃ちまくった。終盤、残る戦士がわずか二、三人になったとき、ぼくはちょうどいい高さのスポットをみつけ、大声で仲間に援護を求め、援護されながら当然のように走ってそこに向かった。その時点で、走るなというルールは完全に忘れていた。

危険に気づいたときはもう遅かった。その男はぼくに向かってまっすぐ、猛スピードで突進してきた。そいつと全速力で正面衝突する寸前、こう思ったのを覚えている。ちくしょう、だれだ、突っこんでくるこのイカレた野郎は？　ぼくはあおむけにひっくり返り、眼鏡は顔の上で割れ、鼻血が噴き出し、センサーユニットは敵の直撃を受けてブザー音を発した。顔を上げると、自分のボコボコになった顔がみつめ返してきた。ぼくはレーザー戦を制したいとあせるあまり、光学の基本原理を無視して鏡張りの壁に激突したのだ。「突っこんでくるこのイカレた野郎」は、ぼく自身だった。

しかし、それがぼくの学び方だ。頑固に自分流にことを運び、しまいに顔面から壁に激突する。

正直、あの壁には感謝している。

結婚パーティの会場で、ぼくはふたたびトイレに入り、鏡に映る自分の顔をみた。鼻血はそれほどひどくはなくて、きれいに拭き取ることができた。頭は痛かったが、久しぶりに、もしかしたら何年かぶりにさえていて、人生の決断をしたくてたまらなくなった。

髪を切らねば。歯医者にいかねば。体を鍛えねば。もっとてきぱきしなければ。税金を納期内に払わなければ。人生の答えをみつけなければ。ビート族みたいな格好をやめなければ。しっかりしなければ。そしてたぶん、『失いやすいもの』を書くのはあきらめなければ。

鏡の中の自分をみているうちに、昔から知っているお気に入りの祈りが頭に浮かんだ。救世主が到来したときや、久しぶりに友と再会したときに唱える祈りだ。

「神を讃えよ、神は死者を蘇《よみがえ》らせたまう」。

顔への一撃がブルーメンソール師によるものかどうかはともかく、それは心を決めるきっかけになった。しばらく、とびきり清澄な精神状態がつづいた。自分には何がわかっていて何がわからないのかがはっきりした。

ブルーメンソール師はぼくをしっかり教育して、預言者の言葉を真剣に受け止めることを教えてくれた。ただ、さきほど師はいった。「きみはユダヤ人のコミュニティにもっと関わるべきだ」と。なぜ、刑務所で働くなんてむだなことをする？それはよきユダヤ人の青年に適した職なのか？と。

しかし、師も知っているとおり、預言者はみな犯罪者や浮浪者の中で過ごしたことがある。それどころか、自ら犯罪者だった者も多い。しかも、革新的な思想のせいで罪に問われたケースばかりではない。イザヤは、多くの立派な預言者と同様、公然猥褻罪《こうぜんわいせつざい》に相当する行為が大好きだった。エリシャは薄毛をからかわれて第一級殺人を犯した。アブラハムは投獄された経験を持つ。ヨセフも、エレミヤも、ダニエルも、サムソンも投獄されたことがある。ヤコブは兄を欺き、長いあいだ逃亡生活を送った。モーセとエリヤはそれぞれ殺人を犯して逃亡生活を送ったことがある。ダビデも、忠実な無法者たちを引き連れてイスラエルにもどるまでは逃亡の身だった。預言者ホセアは娼婦好きで有名だった。ほとんどすべての預言者が、犯罪者であったか、犯罪者の中で過ごした時期があったのだ。預言者たちは明らかに、監獄にも学ぶべきものがあると考えていたと思う。ブルーメンソール師はそう考えていないかもしれないが。

ぼくは刑務所の図書室の司書の職に応募することにした。その気持ちは何週間も前からあったが、ついに、自分はそうしたいし、そうする必要があると、はっきり認める瞬間がきたのだ。なぜかはよくわからない。ただ、ぼくの受けた教育と関係があったんじゃないかと思う。ハーバード大学はすてきな介護付き施設みたいなところだったから、そこを出たとき、ぼくもクラスメートも入ったときより愚かで自信家になっていた。ぼくにはまだ学ぶべきことがたくさんあったが、大学院に進んだとしてもバッグス・バニーのニンジンの図象学について長々と理屈っぽい脚注を書くのが関の山で——自分はちっとも大学の役に立たないし、逆もまた真なりだと思った。ゆえに、頭の中では選択肢をしぼりこんでいた。ロースクールか、刑務所か。迷うまでもなかった。

ぼくは走って結婚パーティの会場にもどり、ヨニをみつけた。ヨニは汗だくで、どこかの部族のかぶりものを頭にのせ、よれよれのタキシード姿でヘブライ語の騒々しい歌をがなっていた。歌詞は、救世主に向かってただちに大神殿をエルサレムの「神殿の山」に再建してくださいと求める内容だった。

「例の仕事に応募することにした」。ぼくはいった。

「なんだって?」ヨニが大声で聞き返した。音楽が大音量で流れていた。

「刑務所にいくよ」。ぼくはヨニの耳元でどなった。

ヨニは、ニカーッと笑い、大声で答えた。

「やったね。そりゃいい。きっとおまえのためになるよ」。

✻毛髪検査

ぼくは履歴書の添え状にくどくどと書いた。「私は図書館学の学位は取得していませんが、刑務所の図書室司書として働くために必要な技能と熱意を持っています」。しかし、これは履歴書用のはったりで、じつのところ、ぼくは刑務所に一度も足を踏み入れたことがないし、司書として働いたこともなかった。例の求人広告をみるまで、刑務所勤務の司書なんていう職が存在することさえ知らなかった。

面接で、ぼくは三人の面接官から質問を受けた。刑務所の教育センター——この部署名は個人的には不気味にきこえる——のセンター長（女性）と、組合の委員長（男性）と、人事課長（女性）。

直球の質問を投げてきたのは、一般職員の組合の委員長をしているチャーリー（ボストン流では、真ん中のrを無視して「チャリー」と発音する）だった。

「育ったのはどこ？」

「クリーヴランドに少しいましたが、ほとんどボストンです」。

「ほう、ボストンのどのへん？」

「ケンブリッジです」。

チャーリーは眉をひそめた。「ケンブリッジはボストンとはいえないな」。

チャーリーはアイルランド系移民の多いドーチェスターの公営住宅で育ち、組合員であることに誇りを持っていた。その彼が口にすると、その言葉は特別な響きを持った。要するに、ぼくにケンカを売っているのだ。おまえなんか、ケンブリッジの特権階級の生まれで、アイビーリーグの飛び地で育ったくせに、労働者階級の住む大都会に生まれ育った都会っ子のふりをしているだけだろう、と。

ぼくは答えた。「たしかに。けど、うちのアパートからはボストンの市街がとてもよくみえます」。

チャーリーはぼくの答えが気に入ったようだった。

「じつは、われわれは新聞記者が好きじゃないんだ。とくに物知り顔の『グローブ』紙の連中はね。

そんなわれわれがきみを雇うと思うかい？」

チャーリーは笑顔で質問していたが、大真面目だった。そして鋭い質問だった。ぼくは核心には触れず、自分はこのところ生きている人間の記事は書いていないので、たいした脅威にはなっていないと思う、といった。

チャーリーがひととおり質問を終えると、教育センター長がぼくにいくつか例をあげて、それぞれにどう対処するかたずねた。どれに対してもぼくの答えは同じで、「警備の方におまかせします」だった。

「ここではチームプレーが必要ですからね」。センター長はいった。

「その点は大丈夫です」。ぼくは答えた直後、はからずもより深い真実に気づいてしまった。そのときまでぼんやりとしか意識していなかったが、自分はあまりチームプレーに向いていない、という心理的自己洞察に到達したのだ。

ようやく最後の質問になった。ほかに、あなた自身についていっておきたいことがありますか？

ぼくは目を輝かせないよう懸命にこらえながら、このメチャクチャうれしい質問の答えを考えた。選択肢はたくさんある。ぼくが「キャット・ファンシー」という愛猫家向けの雑誌を読んでいることを彼らは知りたいだろうか？　ぼくの足がアヒルみたいに扁平《へんぺい》だってことは？　ぼくのイニシャルがA・S・S（英語のassは「尻」の意で、ののしり言葉にもよく使われる）だってことは？　それとも、何か特定の情報を求めているんだろうか？　ぼくがゲイかどうか？　シオニストかどうか？　だが結局、何もいわないことにして、「いえ、必要なことはすべてお話ししたと思います」とだけ答えた。

この答えが功を奏したらしく、ぼくはその職——図書室の司書兼創作クラスの講師——に採用されることになった。ただし、これから行う身元調査に問題がなく、薬物検査をパスすれば、という条件つきだった。

「問題ありません」とぼくはいった。

実際、問題ないと思ったが、やがて問題は大ありだとわかった。面接のあとで気づいたのだが、あの結婚式の前、つまり二ヵ月ほど前にヨニとやったマリファナの一服が、間違いなく問題になりそうだった。薬物検査にひっかかったら、どうなる？ 相手はふつうの雇用主じゃない。天下の保安官事務所だ。ヨニにマリファナを売ったやつがあの刑務所に収監されている可能性だってある。いやな予感がした。

しばらくして、刑務所の人事課長から電話があった。彼女は福利厚生や賃金の支払方法について説明したあと、単刀直入にきいてきた。「検査は大丈夫そう？」

ぼくは反射的に答えた。「はい、大丈夫です」。

しかし、なんでそんなことをきく気になったんだろうと不安になった。ぼくにまずいところでもあるのか？ このだらしないモップ頭とか？ 人事課長はほんとうに、ぼくが麻薬中毒者《ジャンキー》なのかどうかを大っぴらに話しあいたいのか？ ——おめでたいことにぼくは、刑務所内に内部調査部門があることも、そこの連中が常習的に電話を盗聴していることも知らなかったので、人事課長に正直に話すことにした。たぶん大目にみてくれるだろうと思ったのだ。

「じつは、やりました……マリファナを。一度だけ。というか、一番最近やったのもかなり前で

——あるパーティのときでした。というか、結婚式だったんですけど、結婚式の前にやったんです。つまりその、結婚パーティの前です」。ぼくはひるんだ。「けど、それは問題にはなりませんよね?」

相手はだまりこんだ。

「もしもし?」

「ヘヤテスがね」。ようやく人事課長がいった。

電話だったし、うろたえていたせいもあって、ぼくはボストンのアイルランド系住民特有のなまりをうまく聞き取れなかった。

「あの、いまなんて?」ぼくは問い返した。

相手がため息をつくのがきこえた。このことはもうこれ以上話したくないらしい。

「ヘヤテス」。彼女はそういうと、すぐに話題を歯科保険のことに変えた。

その夜、ぼくはネットで薬物検査に関する情報を検索した。すると、マウスを三度もクリックしないうちに、あの人事課長はこっそり大事な情報を伝えてくれていたんだとわかった。ぼくは毛髪《ヘア》検査《テスト》を受けることになる、といっていたのだ。そこで、毛髪検査について詳しく調べた。すると、尿検査は精度が低くてごまかしがきくのに対し、この検査は驚くほど正確な結果が出るうえに、尿検査よりも長い期間について調べられるということがわかった。尿よりも毛髪のほうが、持ち主の悪行を赤裸々に語るらしい。

それは驚くに値しないことだった。ぼくは昔から髪の毛にひそかな信仰を抱いていた。髪には悪魔的ともいえる油断ならない一面があって、魅力的なだけにいっそう不吉だと、ぼんやりとだが、ずっと思っていたのだ。人が死んだあとも髪はみごとに伸びる。そこが不気味だ。髪は信用できないと、ずっと感じていた。

何か手を打たねば。有罪を示すデータは、ぼくの髪の毛一本一本の、ある一部にだけ隠されている。その部分をみつけて、証拠を取り除く——保安官事務所での仕事の手始めとしては、おあつらえむきだ。

証拠を取り除く確実な方法はひとつしかない。髪を完全に剃ってしまうことだ。しかし、礼儀をたたきこまれて育ったぼくとしては、髪がまったくない状態で毛髪検査を受けにいくのは礼を失しているようで気がひける。ここは少々危険を冒し、床屋のマニーにできるだけ短くカットしてくれと頼もう。そして、有罪の証拠が店の床に落ちたことを願おう。

床屋を出ると、守りの薄くなった頭にそよ風が涼しく、ぼくは破滅の予感に震えた。かりに検査をパスしても、有罪の烙印《らくいん》を押されてしまう。新しい上司たちは、毛髪検査の日にぼくの髪が極端に短くなっているのをみたとたん、事情を察するだろう。ぼくは刑務所の仕事に応募した犯罪者ということになる。いっそ検査の日には、特大の$マークのペンダント（ドラッグ・ディーラーがよくつけている）を首からいくつも下げて、「I ♥ drugs」《アイ・ラブ・ドラッグズ》というロゴ入りのTシャツを着ていったほうがいいかもしれない……。実際には、頭がやけに無防備な気がしてベースボール・キャップをかぶっていったから、ぼくが罪人であることはだれの目にも明らかだったと思う。こんな仕事を選んだこと自体間違っていたんじゃないか、という気持ちをぼくは振り払いきれなかった。もしかして、あの人事課長が電話で伝えようとしていたのは、おとなしく身を引け、ということだったのかもしれない。

回れ右して逃げ出したい衝動と戦いながら、ぼくは刑務所の正面入口に近づいた。しかし、逃げるという選択肢を検討する間もなく、運命に導かれるようにロビーに足を踏み入れていた。そして、たちまち警備の刑務官から帽子を取るようにいわれた。そういう規則なんだろう。刑務所ではかぶりものは禁止。ここでは身分を明かさないわけにいかないし、逃げも隠れもできない。

ぼくは帽子を膝にベンチに腰かけ——このしぐさはヴィクトリア朝時代の紳士みたいで、妙になごむ——これから自分の上司になるかもしれない女性を待った。身を固くして、この極端に短くなった髪に彼女がどう反応するか、見逃すまいと思っていた。ほほえんでくれるだろうか？　それはどんな種類のほほえみだろう？　何もいわれないほうがいい？　何かいわれたほうがいい？　これが新しい仕事を始める気持ちだろうか……。

しかし、上司はなかなか現れなかった。ぼくはしばらく周囲を観察していた。ロビーには太い灰色の柱が何本も、教会のろうそくみたいに並んでいて、その柱をみていると上から大変な重量がかかっているのに気づいた。コンクリートと鉄でできた高層棟が上にのっかっているのだ。これはすごく重苦しい建物だ。入った瞬間から監視される。自分の姿が記録され、そのことをいやおうなく知らされる。中央制御室はあそこだな、となんとなくわかる。光がまたたいたりブザーが鳴ったりする様子が、濃い色のガラス窓ごしにみてとれる。その窓の隣には監獄に通じるドア——または監獄のドアに通ずるドア——がある。ロビーのいちばん奥だ。そのドアを見張っている刑務官は、布製の名札によるとグライムズという名前で、身につけたピストルのホルスターや手にした金属探知機をいじっている。お決まりの、禅僧のような無表情で持ち場についている。

ちょうど三時、勤務交代の時刻だった。大勢の刑務官のグループがいくつも、冗談を大声で飛ばしあいながらゆきかい、ロビーに大勢いる子どもたちをよけていった。子どもは走り回ったり、おかしなダンスを踊ったり、隠れんぼをしたりしていて、それを母親や祖母が気遣わしげに身守っている。子どもたちは刑務所のロビーに慣れ親しんでいる様子で、太い柱を遊びに使う方法も熟知している。あの子たちはここで、父親なり母親なりに会う順番を待っているんだろう。

ぼくのそばに刑務官が二、三人立っていた。正面階段の横、「禁煙」の標識の隣でタバコをふかしながら、ゆきかう女性を無遠慮にながめ、暗号めいた言葉で組合がらみの噂話をしている。

「おい、きいたか、フィッツィが罰を受けるって話？」

「ほんとか？　それって……」。

「ああ、例の件だ」。

「マジでか？」

「ああ、大マジ……」。

そしてみんなで笑った。

ひとりの刑務官がぼくに伝言を持ってきた。上司との面談は取りやめになった、ついてきてほしい、という。どういうことだ？　上司が監視カメラの映像でぼくの短くなった髪をみて、犯罪者だと決めつけたとか？　だとしたら、どこへ連れていかれるんだろう？　ぼくは恐怖におののきながらその刑務官について歩き、建物の奥の廊下に入った。刑務官はオシェイという名の男のところへ案内するといった。その男が毛髪検査をするという。なんのことはない。上司はただ予定が重なってぼくに会えなくなったのだ。この髪型で再会する気まずさを味わわずにすみそうだ。

その廊下は刑務官組合の〈四一九支部〉が使用しているエリアに通じていた。自販機があり、がらんとした談話室の壁には巨大な保安官バッジが描かれており、テレビでは昼間のトークショーをやっていて、スタジオの観客がドロドロした家庭問題についてあれこれ意見をいっていた。

その先の廊下にはドアに何の表示もないオフィスがいくつかと、男性用と女性用のロッカールームが並んでいた。だれもいないトレーニングルームでは、トランジスタ・ラジオが大音量で古いロックミュージックをがなりたてていた。陳列用のガラス戸棚には、昔ディア島にあった刑務所の遺物や写真が飾ってある。ほかに、埃《ほこり》をかぶった十九世紀の手錠《てじょう》と枷《かせ》（どちらも往年の奇術師、ハリー・フーディーニを想起させる）、容疑者が写真を撮られるとき体の前に掲げた旧式の番号札、棍《こん》棒《ぼう》、かなり昔の催涙ガス吸収罐などがある。そのそばには従軍中の刑務官の栄誉をたたえる盾が並んでいる。さらにその隣には手書きの標識があって、「受刑者がしていいのは、刑務官が許可したことのみ」と書かれていた。

ぼくはオシェイのオフィスの前で二、三分、帽子を片手に待った。もう引き返せない。ようやくドアが開き、丸刈りの大柄な男が現れた。いたずらっぽい笑みを浮かべている。男はぼくにウィンクして「幸運を」というと、いってしまった。あの男も毛髪検査を受けたんだろう。

オシェイのオフィスは狭苦しく感じられたが、中にたいしたものはなかった。オシェイは背が低く、ぶっちょう面の男だった。彼はあいさつもそこそこに、ぼくの髪をはさみで数本切り取り、封筒に入れて封をした。それは妙に親密な感じのする動作で、まるでオシェイがぼくの髪をひと房、ロマンティックな思い出の品としてとっておくことにしたみたいだった。そのせいか、ぼくたちは話題をスポーツに転じ、ボストン・レッドソックスの今後について意見を交換した。オシェイはぼくの楽観的な意見に真っ向から反対した。

「去年の成績がどうあれ」、オシェイは前の年にレッドソックスがワールドシリーズを制したことをさしていった。「レッドソックスはレッドソックスだ。ピンチになりゃヘタっちまうに決まってる。どんなヘタレにも、たまにはツキが回ってくるってだけのことさ」。

ぼくは不安に震え、極端に短い髪でオシェイのオフィスに座っていたので、すぐに同意した。ぼく自身、まさに彼のいうヘタレで、せめて今度くらいはツキが回ってきますようにと祈っていたのだ。

軽い恐怖を抱えたまま二週間が過ぎ、ようやく刑務所の人事課長から電話がきた。できるだけ早くきて仕事を始めてほしい、と彼女はいった。毛髪検査についてはひとことも触れず、「おめでとう、薬物検査はパスよ！」なんてこともいってはくれず、型どおりの通知だった。しかし、これでぼくは天使の側に立ったのだ。警官、サツ、デカ、おまわり、その筋《ビッグブルーマシン》の側に。

ぼくはたちまち変貌した。採用の電話をもらった直後の週末には、思わずくるくる回ってみたり、鏡に向かってしかめっ面で「警察だ」とか「何をみてる？」といってみたりした。初めは恋人のケイラを楽しませるためにやっていたが、じきにだれのためでもなく勝手にやるようになった。

「きこえてるわ」。ケイラが隣の部屋から大声でいったのは、こっそり……のつもりで何度めかのパフォーマンスをしていたときだった。「でも大丈夫。あなたがやりそうなことだってわかってるから」。

月曜日、ぼくは刑務所に——というか仕事に向かった（どちらの言い方が正しいのか、よくわからなかった）。ポケットには真新しい保安官バッジ。そのバッジについている写真は、毛髪検査の日にオシェイが撮ってくれたものだった。そのときはまだ先がみえていなくて、丸裸にされたような、容疑者として写真を撮られるような気分でいたから、極端に短い髪の自分は、とまどってゆがんだ笑みを浮かべている。しかし、常に身につけるようにいわれたその写真こそが、刑務所でのぼくの公式イメージとなるのだった。

❋職場見学

ボストンでは、正義は夫婦経営の専門店が扱っている。ボブが犯罪者を刑務所にぶちこみ、その先は妻のパティが引き継ぐ。パティは刑務所の教育センター長で、ぼくの上司だ。彼女の夫のボブはボストンでナンバー・ツーの警官で、警察本部長の職に幾度となく立候補しては落選してきた。パティはボブが「街の警官にしておくにはもったいないが、無愛想すぎて政治家には向かない」という一般的認識に同意していた。そう語るとき、パティの口調にはあきらめも少し感じられたが、誇らしさのほうが圧倒的に勝っていた。

　パティ自身は、夫よりもずっと人当たりがいい。友好的で、服のセンスもよく、ボブカットの髪にハイライトを入れている。ドーチェスターで週に一度集まる五十代女性の編み物サークルでは、明らかに光っているだろう。初出勤の日、ぼくは見学者みたいにパティにあちこち案内してもらった。ぼくたちはいくつもある教室をみて回ったあと、図書室に入った。そのとたん、ひとりの受刑者に出くわした。いや、その男が突進してきたといったほうがいい。彼は奥の部屋から、書類をたくさん脇に抱えて足早に出てきた。パティは疑わしそうな目でその男をみると、声をかけた。

「あら、クーリッジさん」。

　長身でがっしりした体つきのクーリッジは、さっと短気そうな笑みを浮かべた。ごく細い口ひげは、でっかい角顔に不似合い、というより似合いすぎていた。大きく賢そうな目は、まばたきするたび相手を値踏みしているようだった。着ている3-2ユニット収監者用の褐色の囚人服はくたびれていて、ビジネススーツみたいにみえる。襟元から老眼鏡を下げている。いいにおいがふわっと、四角い顔から立ちのぼった。まさか、刑務所で香水をつけている？

　クーリッジはぼくをみたとたん、大げさなマンガっぽい身ぶりで立ち止まり、書類を空中にばらまきかけた。そしてわざとらしくのけぞった。意外なことに、彼の発したバカ笑いの声は甲高かった。パティがクーリッジをにらんだ。

　クーリッジはまだ笑いがおさまらない様子で、ほとんど叫ぶように「冗談だろ？」といった。それからぼくに向かって質問した。「あんたいくつだ？　学生か？」

「いや、学校は終えました」。ぼくは答えた。

「学校は終えたってか？　そりゃめでたい！」

パティがぼくをそっと押して向きを変えさせようとした。クーリッジはそれを鋭く察していった。

「わかった、わかった。真面目に話そう。あんた、黒人は好きか？　黒人と一緒に過ごしたことはあるか？」クーリッジは明らかに楽しんでいた。

「ありますよ」。ぼくはぎこちなく答えた。一度目よりもはるかに厳しい二度目の面接があるとは、思ってもいなかった。「大きくなるまではクリーヴランドのいろいろな人種が住んでいる地区で過ごしたし、その後も頻繁にアフリカ系の人たちと接してきました。記者になってからはとくに」。

パティがそわそわしているのがわかった。ぼくは個人情報を開示しすぎて、いろいろなわなに足を踏み入れようとしているらしい。

「若いけど、けっこういろいろ経験してます」。ぼくはしめくくった。

クーリッジはそれ以上、からんでこなかった。

「ちょっとからかっただけだ」といって片手を差し出す。「おれはロバート・クーリッジ……」。

ぼくがクーリッジと握手を交わすと、パティはそっぽを向いてはっきり不快感を示した。クーリッジも気づいただろうか？　それとも、わざとパティの神経を逆なでしている？　彼は温かい、職業的な笑みをぱっと浮かべた。その表情をみるかぎり、「……弁護士をしてる」という言葉が続くのは間違いないように思われた。実際、それは正解に近かった。彼はこういったのだ。「この図書室で働いてる。法務関係を担当してるんだ」。

パティが、あきれた、というように目をぐるりと上に向けた。

クーリッジは続けて、図書室のおもな仕事について説明した。分野別の本の位置や、並べ方の原則。そして奥にある法律関係の蔵書は「この図書室の最も重要な部分」なのだという。

刑務所の図書室に法律関係の本をそろえておくことは「法律で義務づけられている」のだとクーリッジはいった。「いつか判例集をみせてやろう。ちゃんと覚えておくよ」。さらに講釈は続いた。図書室の本の貸出しに関する細かい点について。日課とは別の不規則的な業務について。しかし、クーリッジが歩きだし、隣の「おれのオフィス」にぼくを案内しようとすると、パティが断固たる口調でいった。「もう結構よ、クーリッジさん。この人はわたしが案内するわ。あなたは自分の仕事にもどってちょうだい」。

クーリッジは不満そうに唇をすぼめた。そうすると、口ひげがゆがんで小さな結び目みたいになった。彼が懸命に怒りを抑えようとしているのをぼくは強く感じた。彼の怒りは、両肩のこわばり方からみて相当なものだった。あとで知ったことだが、クーリッジは長年のムショ暮らしから「戦いは慎重に選ぶべし」と学んでいたものの、実際に十分慎重になれることはまれだった。しかし、そのときは冷静さを失わず、愛想笑いさえ浮かべていった。

「そうか。なら失礼するよ。書いてしまいたい申請書が何通かあるんでね。また話そうや。アルヴィー、だっけ？」

「アヴィです」と、ぼく。

「ハルビー？」

「いや、ア・ヴィです」。

「ア・ヴィか。なるほど。しかし、なんだその名前は？　フランスの名前か？」

「いや、ヘブライ語です。ユダヤ系の名前なんです」。

「おやおや。これはぜひともまた話さないと……」。

その後、パティの案内で図書室を出て、教育センターのほかのいろいろな部署をみて回ったが、クーリッジが発散していたにおいはずっと残っていた。それは間違いなくコロンの香りで、ぼくの右手からなかなか消えなかった。握手をしたときについたらしい。刑務所に入ってほんの少ししかたっていないのに、ぼくはすでににおいづけ《マーキング》されていた。

❋実務研修

最初の一週間、パティはいろいろな職員をかわるがわる図書室に送りこんで、ぼくを指導させた。そうした業務は超過勤務とみなされ、職員たちは代休をもらえるというメリットがあった。

ひとり目の講師はリンダだった。ちょっと浮わついた印象のあるリンダは、髪を金色に染めているイタリア系アメリカ人で、イタチの子どもに似ていて、裏地がフェイクファーのヒョウ柄のフロックコートを着ていた。リンダはマフィアの一員だった元カレの話をした（「ディーノっていうの。だれも知らないけど、ディーノはとてもかわいいところがあったわ。ひどく短気だったけどね」。）

顔をそっと傾けて、リンダはゴシップを相手の耳に注ぎこんだ。彼女が受刑者に不満を持つことはなかったが、あまり関心も持たなかったようだ。リンダは刑務所で読解力テストを担当していた。

一方、ダイアナは少し離れたところから部下を監督するタイプだった。彼女は肝のすわった年配のアルバニア系アメリカ人の教師で、一九七〇年代には時代の先端をいくフェミニストだった。いまは子育て支援のスローガンがプリントされたウィンドブレーカーを着ている。苦笑いを浮かべたひとくせある女家長という雰囲気だが、怒ると火を噴く。反対意見をつぶすというより、むしろ強引に同意を求める。何かいうときは、ぼくの腕をつかむ。ここが聞かせどころというときは驚異的な力でぼくの手首をつかんでねじり、柔道でもやっているみたいにぼくを組み伏せる。

ぼくが着任してまもない頃、ダイアナはよく図書室をのぞいてぼくの「様子をうかがった」。たぶん、殴られたり刺されたりしていないか、あるいはその両方をされていないか、チェックしていたんだろう。そのときのぼくの助っ人はリンダだったが、受刑者が列をなしてやってくると、リンダの愛想のよさはどこかへ消えてしまった。彼女はカウンターの中の椅子に座り、「スター」や「アス」といった雑誌をひと山、脇に置いて、トリ・スペリングの体重に関する衝撃的な記事に熱中した。ぼくは自分で自分の身を守るしかなかった。

そのうち、また別の刑務所職員がぼくの助っ人として現れた。彼女はみた目が人なつっこいハトみたいだった。ぽっちゃりした体つきと、体格のわりに小さくて愛嬌のある顔のせいだ。性格は男っぽく、ぱりっとしたポロシャツのすそをぶかぶかのカーキ色のズボンにたくしこんでいた。首からストラップつきの身分証を下げ、いつもプラスティックのコーヒーカップを手にしていた。百メートル向こうからでも、彼女が刑務所勤務のケースワーカーであることはわかった。態度は職業的で気負いがなく、握手のときは相手の手をがっちり握ったが、それ以外のときは腕をつかんだりしないし、昔の恋人のことをしゃべったりもしなかった。そもそも、マフィアとつきあうタイプにはみえなかった。彼氏は学校の校長だったんじゃないかという気がしたが、彼女は多くを語らなかった。ただ、ぼくにこういった。この仕事をするには刑務官よりタフにならなきゃだめ、と。

「司書っていうのは不利なんだよ」と彼女は教えてくれた。「刑務官の制服を着てないから。権威を示そうと思ったら行動で示すしかないね。あたしは、ここの職員は全員、制服を着るべきだと思うけど」。

刑務所の図書室では、受刑者のグループが入ってきて最初の二、三秒が重要なのだと、彼女はいった。その二、三秒のあいだに、こちらは権威を確立しなきゃならない。それから彼女は正しい姿勢を教えてくれた。背すじはまっすぐ、胸を突き出すようにして、腕を組む。

「笑っちゃだめ。〈GAP〉のポスターじゃないんだから」。

これをきいて、ぼくは笑ってしまった。

彼女はぼくに立ち方を練習させた。ぼくはとびきり意地の悪そうな顔をつくった。警官風のしかめ面をたっぷり練習しておいてよかった。彼女はぼくの態度を厳しくチェックしたあと、ひとつだけ忠告をくれた。

「真剣な顔をするの。悲しい顔はだめ。それじゃいまにも泣きだしそうで、よくないよ」。

さらに、彼女はぼくの身長も心配してくれた。クロッグとか、背が高くみえる靴を履いたら？と助言をくれた。ぼくは、いっそ七〇年代風のレジャースーツに厚底靴で出勤しようかと考えた。やがて、受刑者たちがやってくると、彼女は顔から笑みを消し、ぼくを軽くたたいた。ぼくは使命を理解した。戦闘配置につけ！

受刑者たちがどっと図書室になだれこんできたとき、ぼくはすでに彼女と定位置に立ち、肩を並べて──正確にいうと、ぼくの肩は彼女の肩の五センチほど下にあった──各自腕組みをしていた。彼女は受刑者の最初の一団を撃退した。ユニットにもどってランニングをするよう命じたのだ。受刑者たちが抗議すると、彼女は厳しい口調でいった。「もどらないと懲罰房いきだよ」。

それがトラブルの始まりだった。彼女は受刑者の図書係のひとりと派手に対決することになったのだ。その受刑者は囚人服のシャツを裏返しに着ていた。彼女は他の受刑者たちがみている前で、大声でその男にシャツを直すよう命じた。彼は明らかにメンツを保とうとして、房にもどったら直すと答えた。

「だめ。いま直しなさい」。彼女はいった。

ふたりはにらみあい、その状態は一分ぐらい続いたように思えた。彼女が「懲罰房にいきたいの？」といったが、相手は彼女をにらむばかりで、小声で「くそガキみたいに扱うんじゃねえ」といったのがきこえた。

「それからポケットの中身もみせなさい」。彼女はいった。内側になっている、大きくふくらんだ胸ポケットのことをいったのだ。

彼はシャツの内側に手を入れて小さな讃美歌の本を取り出すと、得意そうな笑みを浮かべた。しかし彼女はつけあがる隙を与えなかった。「奥にいって、シャツを直しなさい。いますぐ」。

だが、彼は奥にいかなかった。図書室の真ん中にいき、何十人もの受刑者が足を止めて見守る中、囚人服のシャツを脱ぎ、情けない半裸の状態でしばらく立っていた——無言の抗議だ——が、ようやくシャツをひっくり返した。さらに抗議を続けるため、図書室のカウンターの後ろの彼の定位置にはいかずに、反対側の棚の前にいって本を並べだした。ものすごい勢いで、みたところ順番なんか考えてもいないようだった。そのあいだ、ぼくの指導係のケースワーカーはひるむ様子もみせず、腕を組み、口をきつく閉じていた。しかし、紅潮した頰が本音を物語っていた。

助言はあらゆる方面からもらった。組合の親切な委員長、チャーリーは、ぼくが着任した週に図書室に立ち寄ってくれた。チャーリーは表向きパティのアシスタントだが、実際はそんなものじゃない。議会政治を行っている政府が「無任所大臣」と呼ぶ、特定の任務を持たない大臣みたいなものだった。昔コネで採用された彼は、刑務所の職員という仕事が専門性をおびる前の旧体制の構成員だった。つまり、刑務所がたいした仕事もせずに給料のもらえる職場だった時代、どんな人脈を持っているかが重要で、どんな経験や訓練を積んでいるかは関係なかった時代に刑務官になったのだ。チャーリーはまた、人柄はいいが政治的に正しくない発言を連発する老紳士みたいな存在でもあった。全員の名前を覚えていて、人をまとめる力を持ち、刑務官とも一般職員とも親しかった。

着任して三日目に、ぼくはチャーリーに脇に呼ばれた。彼は廊下から大きなガラス窓ごしに（刑務所では保安上の理由から、あらゆるものが文字通りできるだけ透けてみえなくてはならず、どの部屋にも廊下に面して大きな窓があった）ぼくのことを観察していたといい、まずいよ、というように首を振った。

「ちょこまか動きすぎだ。しかも動作が速すぎる。新記録でも打ち立てるつもりか？　そんなにあくせく働いちゃ、いかんよ」。

チャーリーはひっきりなしにジョークを飛ばすタイプだが、そのときは大真面目だった。ぼくは組合の定めた労働時間にそって働き、組合の定めた給与体系によって給料をもらう。どんなに一生懸命働こうと、どんなにいい仕事をしようと、給料は上がらない。チャーリーにいわせれば、何かを成し遂げることより、定時に出勤して定時に帰るほうが重要なのだ。ちょっとでも早すぎたり遅すぎたりしてはいけない。

チャーリーはいった。「夢を抱いちゃ、いかん。決められた仕事をこなして、体をこわさず、面倒に巻きこまれないようにすることだ」。

それと、組合によって保護されている休憩を取ること。これについては最初の面接のときにチャーリーが自ら示してくれた。ぼくを案内して刑務所内を歩いていたとき、正門のところでしばらく立ち止まったのだ。そのとき、ぼくにはまったく理解できなかった。なぜふたりしてそんなところに突っ立って、金網のフェンスと空をながめているのか。チャーリーは黙って考え事でもしているようだったが、一分ほどするとこういった。「ここが、あんたが休憩するときにくる場所だ。雇用契約書にそう書いてある。だからちゃんと休憩してくれ」。一方、ウェイターみたいに走り回って「記録を打ち立てようとする」ことは、ぼくの雇用契約書には書かれていないのだった。

チャーリーのほかに、夜間に図書室の前で警備にあたっているギルモアという刑務官からも助言をもらった。

「ここじゃ、できるだけ目を開けとくことだ。ボクシングと同じさ。ノックアウトされるのは、飛んでくるパンチがみえてないからだ」。

おれは調べてみたんだが、とギルモアはいった。この図書室には安全確認用のでかいミラーがいくつもあって、角の先までみえるようになってる。貸出しカウンターの中のある地点に立つと、図書室をほとんどくまなく見渡せる。彼はそういって、その地点の床に貼るようにと、テープまで何枚かくれた。

「ここがあんたの場所だ。あと三十年、ここに立ってさえいれば、無事に退職して幸せな老後を過ごせる」。

ギルモアはぼくの背中をやさしくたたいた。


そんな意見をいろいろきいているうちに、でっかい疑問が浮かんできた。刑務所の図書室の役割って、なんだろう？　仕事を始めて数週間のあいだ、いろいろな人にこの問いを投げかけたところ、それぞれ違う答えが返ってきた。図書室なんて百害あって一利なしで、最悪の場合は受刑者を甘やかし、彼らが犯罪を企てて実行する場を提供する、といった人たちもいた。一方、受刑者に囚われているという現実を忘れさせ、神経を落ち着かせるために有効だといった人たちもいた。図書室があることで、刑務所がだれにとっても多少は暮らしやすい場所になるというのだ。ある上級刑務官は、見張られているとは思ってもいない受刑者から情報を引き出すのに格好の場所だといった。また、クーリッジが好んで指摘するように、刑務所の図書室の中心をなすのは、厳密にいえば法律関係の本だった。受刑者たちには法律関係の書物を閲覧する権利がある。

職員の中には、図書室は受刑者たちを目覚めさせる場であって現実を忘れさせる場ではない、と考える人たちもいた。図書室とは、受刑者が人生を変えたり、教養を深めたり、何か生産的なことができるようになるための場所だという。実際にそういうことを成し遂げた人間はめったにいないが、たとえばマルコムXは刑務所の図書室で大変貌を遂げた。しかも、ぼくが働いている刑務所と同様、マサチューセッツ州にある刑務所で。マルコムXは、この図書室にも置いてある自伝の中でこう述べている。「刑務官十人と刑務所長が束になっても、わたしを本から引き離すことはできなかった。何ヵ月ものあいだ、わたしは収監されていることすら忘れて読書に没頭した……あんなに真の意味で自由になれたのは、生まれて初めてだった」。

ある若い黒人の刑務官はこういった。刑務所の図書室は、九九・九パーセントの受刑者にとっては無用の長物だが、マルコムのような人間を再び輩出する可能性があるというだけで存在価値がある。

その一方で、ホワイティことジェイムズ・バルジャーという凶悪な男の例もある。彼はボストンのアイルランド系犯罪組織のボスで、殺人罪等に問われており、ＦＢＩの最重要指名手配者リストに名前が載っている。彼にかけられた懸賞金は二百万ドルで、同リストの中でもウサマ・ビン・ラディンに次ぐ額だ。バルジャーがその悪名高い無情な戦術と、計画的で残忍な弾圧の方法にみがきをかけたのは、軍事史を詳しく研究したからだった。刑務所の図書室でのことだ。現に、ＦＢＩが作成したバルジャーの指名手配ポスターには、「大変な読書家で歴史に興味があり、図書館を頻繁に訪れるので有名」と書かれている。ホワイティもマルコムと同様、最初に本と出会った場所は刑務所の図書室だった。本棚の並ぶ静かな図書室の中で、彼は初めて、とことん勤勉に知的努力をした。マルコムもホワイティも、刑務所の図書室に足を踏み入れたときには若くて無学な街の悪党にすぎなかったが、出てきたときは人の上に立つ才覚を身につけていた。——ただし、ふたりが思い描いた権力の構図は正反対のものだった。

この仕事を始めてまもなく、ぼくはホワイティとマルコムの名が頻繁に受刑者たちの口にのぼることに気づいた。彼らはふたりに関する本を読みたがり、ふたりがかつて読んだ本を読みたがった。あるいは単にふたりの話をしたがった。マルコムのように、精神的指針を求め、自らの政治的良心を伸ばそうとする人間がいる一方で、暴力を効率的に用いた残忍な犯罪行為の方法を追求する、冷酷な実利主義者も存在するのだ。そう、ホワイティのような人間が。

刑務官のギルモアほか数人から、ぼくは「しっかり目を光らせておくように」といわれた。「目を光らせる」とはどういう意味かとギルモアにたずねると、そのままの意味だといわれた。「あんたの気持ちもわかるよ。バカバカしい忠告だと思ってるんだろ、絶えず他人を見張ってろなんてな」。ギルモアは肩をすくめてみせた。「実際、バカバカしい。けど、あんたもじきに慣れる。しじゅう見張っていないわけにはいかない。ここではプライバシーを持つこと自体が問題なんだ」。

プライバシーを持つことが問題となる刑務所でも、本を読んでいるあいだは自分の世界にこもることができる。そして、二、三日働くうちにわかってきたのだが、この漠然としたプライバシーの形態には問題があるのだった。それは、人が本とだけ向きあうときに生じる類の問題だ。つまり、ホワイティとマルコムをどう見分けたらいいか、はっきりわからない、いや、ぼくには全然わからないということだ。

この点こそ、一部の同僚が刑務所の図書室に関して懐疑的になる原因だった。しかも、そうした懸念はいまに始まったことじゃない。一八二一年に、刑務所の歴史をまとめたジョージ・ホルフォード（十九世紀イギリスの国会議員。刑務所の改革を推進した）は書いている。受刑者たちが作業をしているのか賭け事をしているのかは見分けがつかないし、歴史書や牧師からもらった讃美歌の本を読んでいるのか、まるで違う種類の物語や詩歌を読んでいるのかも見分けがつかない、と。本と刑務所との緊張関係は、きっと刑務所というものができて以来続いているんだろう。

職員用カフェテリアで昼食をとっているとき、ぼくはダイアナにきいてみた。刑務所の図書室の目的ってなんだと思う？　すると彼女は笑いだした。

「何いってるの」。ダイアナはテーブルの下でぼくの手首を握った。「あまり考えすぎないで。ここにいる人たちは時間を持てあましてるの。本を読むのはいい時間つぶしになるわ。刑務所では昔からそうだったのよ」。

ダイアナが手に力をこめると、銀の指輪がぼくの橈骨《とうこつ》動脈に食いこんだ。ぼくはうなずいて、まさにそのとおりと同意を示した。しかし、彼女の答えは単純すぎて、ぼくはますますその問題について考えてしまうのだった。

✼ホッブズの女たち

女性受刑者を対象にした創作クラスの初回、高層棟の教室でぼくが抱いた第一印象は、決していいものではなかった。目の前にいるのは、かなり荒っぽそうな女性ばかりだった。一瞬、間違えて「首の傷大会」にきてしまったかと思ったほどだ。首に傷のある者が三人いて、残るふたりのうちひとりは首にタトゥーをしていた。最後のひとりは傷もタトゥーもないが、髪を品のないカップケーキ型に結い上げていて、すごく意地が悪そうだった。

その一団をみていると、『リヴァイアサン』の有名な一節を思い出した。作者のトマス・ホッブズは、強力な君主のいない恐ろしい世界、「すべての人間がすべての人間と戦う」世界を想定し、そこで暮らす人びとの人生は「孤独《ソリタリー》で、貧しく《プア》、不快《ナスティ》で、粗暴《ブルティッシュ》で、短い《ショート》」だろうと述べた。そのホッブズの言葉を体現しているような五人がひとつの部屋に会し、ぼくのまん前に座っていた。ソリタリー、プア、ナスティ、ブルティッシュ、ショートの五人だ。

最初に口をきいたのはショートだった。ショートは背が低くやせていて、囚人服が五サイズくらい大きいので、とても華奢《きゃしゃ》にみえた。そういうタイプの女性にはありがちなことだが、ショートはずいぶんケンカ腰だった。ぼくが、輪に並べた椅子のどれかに座ってくださいというと、彼女は飛び上がり、あごを突き出していった。「それ、強制？」

ぼくがどっちともとれる「うーん」という返事をすると、ショートは笑って態度をやわらげた。

「冗談だよ」。そういって、椅子の輪のほうに飛んでいった。

　しかし、彼女は本気だった。ぼくはすでに知っていたが、ショートは常に戦う機会を求め、たいていはみつけていた。ぼくは講習に備えて、ショートについて書かれた懲戒報告書をいやになるほど読んでいた。その多くには、彼女が「このアマ、乳首《ティティーズ》切り落としてやる」「クソ女、おまえのまんこはここでいちばんくせえんだよ」などの表現を使ったと書かれていた。創作のクラスにはおあつらえむきだ。ぼくは「乳首《ティティーズ》」というところにやられてしまった。

　次はナスティ。彼女は髪をカップケーキみたいに品悪く結い上げていて、実際にかなり不快《ナスティ》だったが、それより陰気くさいほうが問題だった。じっと前方をにらんで、三十分間ひとこともしゃべらず、表情は一秒ごとに憎悪を増していく。彼女の憎悪の度合いをみれば時刻がわかるほどだった。講習中にナスティが発するのはたいていひとことだけで、最後に総括するような感じですごく意地の悪いことをいった。

　ブルティッシュのことは、正直に認めるが、ぼくはややひいき目にみていた。たしかに、彼女には粗暴《ブルティッシュ》なところがあった。閉鎖的な社交クラブの若者みたいに振舞い、周囲に溶けこむ努力はほとんど、あるいはまったくしなかった。椅子にどかっと座ると、囚人服のズボンに両手を深く差し入れ、体のある部分をまさぐり、手の位置を少しずらして軽く愛撫した。また、頭に浮かんだことをそのまま口にした。神を汚すようなことも、愚かなことも、期せずして人を傷つけることも。「あんたのシャツ、ボロいね」とか、「あんたの髪型、クソ《シット》みたい」など（これらはほんの一例で、ぼくがいわれたことだ）。ブルティッシュにかかると何もかもが「クソ《シット》」で、その言葉は彼女の通貨であり羅針盤であるらしかった。まずい展開は「バッド・シット」で、好ましい展開は「グッド・シット」。冬はクソ寒く、夏はクソ暑い。ブルティッシュは鼻をほじり、屁を放ち、信頼を裏切った。だが悪気はなく、かえって彼女の持ち前の愛嬌を証明する結果になった。彼女が品評会で賞を取ったブタみたいに振舞っても、なぜだかみんな許してしまうのだ。

ブルティッシュはプアと仲がよかった。奇妙な組み合わせだ。ブルティッシュは太って肉感的なのに対し、プアは棒線画の人物みたいにやせている。ただし、プアは細くはあっても丈夫そうで、絶えず人に何かをせびり、びくびくしていた。目には常に破滅の予感を宿していた。ブルティッシュはプアのがつがつしたところを口汚くののしったが、一方で気にかけてやっていた。あるいは、そのようにみえた。

ソリタリーは、ぼくにはとても気になる存在だった。彼女はいちばん後ろの席に、もちろんひとりで座り、窓の外をじっとみていた。後日、いろいろなことがあったあとでも、ぼくの脳裏には依然、あのときの彼女の姿が焼きついていた。背すじをぴんとのばして椅子に腰かけ、脚を組み、両手を行儀よく膝の上で重ねあわせ、まぶしそうに日差しに顔をしかめているソリタリーは、縫い物に没頭しているベッツィ・ロス（十八世紀後半から十九世紀初頭にかけて室内装飾業の分野で活躍したアメリカ人女性。最初にアメリカ国旗を縫製した人物、という説もある）といった雰囲気だった（ベッツィ・ロスがくたびれた元ストリッパーだったら、の話だが）。ソリタリーはとっつきにくく、誇り高く、つんとすましていて、初めの頃は全然しゃべらなかった。

ところが、ソリタリーの口から最初のひとことが飛び出した瞬間から、ぼくは彼女をいとしく思うようになる。初めの二回の講習で、ぼくは教材に三編の短い読み物を使った。フィリップ・ラーキンとアミリ・バラーカの詩と、トニ・モリスンの「ビラヴド」という小説の抜粋だ。それらを読み、内容について討論した。ぼくがそうしたのはおもに、受講者たちがどの程度の読解力を持っていてどんなことに興味を示すか、知りたかったからだ。彼女たちはしかたなく討論に参加しているという感じだったが、感触は悪くなかった。そんな中、ソリタリーはひとことも発しなかった。

二度目の講習の最後に、ぼくはやっと要求水準を上げた。宿題《ホームワーク》――じゃなくて「房題《セルワーク》」でしょと、プアに訂正された――に、フラナリー・オコナーの短編小説を一編、読んでくるようにと告げたのだ。

すると、ソリタリーが手をあげて質問した。

「まず、その作家の写真をみせてもらえる？」

「作者の写真をみてからでないと本を読まないのかい？」ぼくは問い返した。

「ええ」。ソリタリーはにこりともせずに答えた。

ぼくは「ライブラリー・オブ・アメリカ」叢書のオコナー短編集をめくり、作者の写真が載っているページを広げてソリタリーに渡した。彼女はその写真をじっくりとみた。

「いいわ」。ソリタリーは本を返してよこした。「読むことにする」。

フラナリー・オコナーの容貌のどこに納得したのかたずねると、彼女はいった。

「さあ……。その人、どこか壊れてる感じがするでしょ？　それに美人すぎないし。だから信頼できる」。

＊図書係のあれこれ

ひとりで図書室の業務を仕切ることになった初めての日、出勤すると、囚人服を着た五人の男――そのうちひとりは特別支給のTシャツ姿――がこっちをみて指示を待っていた。ぼくはそのとき初めて、口の渇きを覚えながら、自分が選んだ仕事がどういう性質のものか理解した。何よりもまず、刑務所のボスのひとりになったのだ。ぼくのおもな仕事は、本を貸出したり創作を教えたりすることではなく、受刑者の図書係を仕切ることだった。ぼくはそれまでだれのボスにもなったことはなかったし、まして重罪人のボスになるなんて考えたこともなかった。最初の面接のときにそのことを告げられてはいたが、実際にどういうことか、ぴんときていなかった。

実際にどうだったかというと、少なくとも初めは、なすすべもなく図書係たちの後ろに突っ立って、彼らが仕事をするのをみていた。図書係は全部で六～八人。うち男が四、五人、女が二、三人だった。もちろん、男女が一緒に働くことはない。受刑者たちはこの仕事で二ドルの日当をもらうが、その金は即、各自の受刑者用口座に振込まれる（借金がある場合をのぞく）。受刑者はこの口座の金を使って刑務所の食堂で食べ物を買ったり、医療費の自己負担分や裁判所から課された罰金を払ったり、その気があれば刑務所外の個人なり団体なりに送金することもできる。また、刑務所外の人間が受刑者の口座に入金することもできる。ときには、口座が違法取引に使われることもあった。

図書係は、受刑者の作業の中でいちばん楽だ。刑務所の図書室——そこには本、雑誌、映画のビデオがあり、仲間もいる——で働くのは、自分の収監されているユニットの床にひとりでモップをかけるよりはるかに魅力的だ。ただ、図書係になるには、ある程度の教養か、図書室で役に立つ技能を持っていなくてはならない。受刑者の評価をする刑務官のトップに立つ男——ちなみにこの男は余暇にエロティックなミステリを書いている——の言葉を借りれば、刑務所の図書室は「エリートの職場」だ。図書室にはよく、職員に推薦された受刑者が働きにやってくる。受刑者が自分で応募書類を持ってくることもある。

ぼくはたいてい、午後一時半から九時までの遅番の勤務時間帯に働いていた。朝七時半に始まる早番の時間帯には、フォレストという別の司書が勤務していた。フォレストはぼくと違って司書の訓練を受けており、ニューヨーク市の公立図書館で働いた経験もあった。図書室には毎日、一時間から一時間半単位でユニットごとに受刑者がやってくる。3‐1ユニット（第三棟一階のユニット）から4‐3ユニット（第四棟三階のユニット）までの受刑者だ（第一棟は高層棟で、ひとつの階に複数のユニットがあり、1‐2‐1ユニットとか1‐11‐2ユニットと呼ばれていた）。一度に図書室に入れる人数は三十人までだから、受刑者は前もって自分のユニットの図書室利用希望者リストに名前を登録しなければならない。希望者が多いと、二、三日待たねばならないこともある。

午後三時になると——チャーリーが明言したとおり、一秒も遅れずに——フォレストは大方の一般職員と同じく、その日の仕事を終えて去っていった。たまに、ぼくはフォレストと勤務時間を交換した。たいていは、ぼくが金曜の夜に社交生活を送れるよう、フォレストが勤務を代わってくれるというパターンだった。とはいえ、ぼくはほとんど毎日、午後から夕方・夜にかけて刑務所にいた。たぶん、自分でも遅番のほうが居心地がよかったんだと思う。その後、ぼくは何度かトラブルに巻きこまれたが、それらはすべて、たまたま早番で働いていたときに起こったか、少なくとも早番のときに原因が生じた。

遅番で働いていたおかげで、ぼくは日々女性受刑者と接するようになった。毎晩六時半になると、男たちは房に閉じこめられ、女たちが高層棟から下りてきた。ロジスティックス上の理由——女性受刑者が少ないということ——から、女たちはめったに棟を離れることを許されず、離れていられる時間も限られていた。だから、いったん棟を離れるとはしゃいだ。毎晩一時間半、図書室には元気な女性受刑者たちがあふれた。

女は男よりずっと社交的で話好きだった。図書室の空間の使い方に関する男女の文化的相違を、グラフ用紙に図示することだってできそうだ。女たちは二つか三つの大きな輪を作って座るが、男たちは各自勝手に隅にひっこみ、せいぜいカウンターのまわりに小さなグループを作る程度だ。女たちはグループを作ろうとする傾向がとても強く、男の受刑者のようにばらばらにはならない。女同士のデートも珍しくなく、それをみとがめる者もいない。人種の異なる者どうしが友だちになることもよくある。ギャング的な活動は、かりにあったとしても男より少ない。男と違って、女たちは互いのことに深く関わる。ゴシップは基本通貨みたいなものだ。女性受刑者のグループを二、三回受け入れただけで、そうした違いがわかった。本棚の陰で行われている性行為をやむなくやめさせたことが二、三度あった。殴りあいのケンカも二、三度あった。男どうしだと、そこまでおおっぴらに派手なドラマが繰り広げられることはないし、とくに図書室の中ではありえない。

ぼくが着任したとき、女性の図書係はふたりいた。若い妊婦と、「ママD」と呼ばれている年配の風俗店経営者《マダム》だった。最初の一週間、妊婦のほうは自分の友だちを図書係に雇うようぼくを説得にかかり、いうとおりにしないと生まれてくる子どもにあんたの名前をつけるよ、とおどした。「根も葉もない噂を立てられたくないでしょ?」と彼女はいったが、ぼくは冗談だったと信じている。

彼女は自分の友人をほめて、「風俗嬢は司書にうってつけ」だといった。なぜ?とたずねると、「風俗嬢は感じよくふるまう方法を知っているけど、いきすぎたことをするやつはぶん殴るから」と答えた。ぼくは、たしかにそういう意味では有能な司書になる素質があるね、といった。ところが、このやりとりを小耳にはさんだママDが異議を唱えた。マダムこそ司書にうってつけよ、「事業を切り盛りする」方法を知ってるから、というのだ。それもたしかに一理ある。

男性の図書係も、ぼくが着任したときにはもうメンバーが固まっていた。クーリッジ――ベテランの泥棒で、ペテン師で、法務書記――は、図書係の長老政治家を自任していた。彼の手助けがあったからこそ、ぼくは初めからなんとか図書室のかじ取りができた。クーリッジは大変なほら吹きで、四度も改宗していた。キリスト教のいろいろな教派とイスラム教とのあいだをいったりきたり。彼はまた独学の人で、刑務所内では学者的存在だった。実際に法律関係の業務を担当している職員は正規の法律家だが、その職員が、クーリッジは法律をじつによく理解しているとぼくにいった。クーリッジは語彙がとても豊富だが、しばしば拡大解釈をした。話していて、ふいにいじめっ子みたいになることもあった。しかし、ぼくはクーリッジと話すのが楽しかった——初めの頃は。

図書室と刑務所に関するクーリッジの知識は貴重だった。実際の日々の図書室業務について、ぼくの上司たちよりもよく知っていたし、時間をかけて熱心に説明してくれた。しかしその結果、ぼくは少しばかり彼の被害妄想の影響を受けることになった。

彼はぼくに警告した。「ここじゃ、だれもがあんたを目の敵にする。気をつけな」。

それはどういう意味かとたずねても、「いまにわかる」という答えしか返ってこなかった。

クーリッジは現在服役中の刑のほかにもう一件、窃盗罪でも起訴されていて、有罪の判決がくだれば、成人後すでに数えきれないほどの年月を囚人として過ごしているのに、さらに二、三十年の懲役が科される可能性があった。だから彼はせっせと、精力的かつ徹底的な法的防御を準備していた。

「これは法的防御じゃないんだ、アヴィ」。クーリッジは、ぼくとふたりで訴訟事件摘要書が印刷されるのを待っているときにいった。「法的攻撃なんだ。おれは怒りを糧に立ち上がるぞ。いいか？ナポレオンのロシア遠征みたいなもんだ。ナポレオンと違っておれは勝つがな」。

ナポレオン・コンプレックス（俗に、背が低いなどの劣等感を埋めあわせるため、権力、闘争、征服等を求める傾向をいう）が身長一八〇センチ以上の男に発現するとどんなことになるのか、予測もつかなかったが、きっといずれわかるだろうと思った。

クーリッジは自分の法律問題に集中して取り組んでいたので、ほかの図書係と接することは少なかった。これはだれにとっても都合のよいことのようだった。クーリッジは奥のコンピュータ室に自分の仕事場を設けていて、彼がそこにいるとき、ほかの受刑者たちは邪魔をしないようにしていた。とはいえ、クーリッジにはなかなか寛大なところがあって、時間帯を決めてほかの受刑者の法律関係の質問に答えてやったりもしていた。

ファット・キャットはクーリッジより十歳あまり若いが、気持ちの上では三十歳ほども離れていたんじゃないかと思う。彼は八〇年代、ボストンが荒れに荒れていた時代の申し子で、街頭で強い薬物を使い、銃をぶっぱなした最初の世代だった。そして九〇年代、歴史に残るボストンのギャング全滅捜査の際に、ＦＢＩによって仲間とともに一斉検挙された（一方、南ボストン出身のアイルランド系ギャングのボスでＦＢＩの二重スパイだった「ホワイティ」ことジェイムズ・バルジャーは、依然として組織的非合法活動を続け、奇跡的に勢いが衰えなかった）。キャットの仲間の多くは重い刑に服したか、依然服役中だったが、なかには街にもどって再び暗躍しだした者もいた。キャットの刑期は残り二年ほどだった。

クーリッジとキャットは仲がよく、判例集が大好きという点でも共通していた。クーリッジは、キャットを息子のように思っているとぼくにいったことがある。だが、キャットも同じように感じていたかどうかはわからない。

無邪気だが頭のいいファット・キャットは、自慢めいたことはひとことも口にしなかったが、大きな野心を隠そうともしなかった。彼は、どのブティックがＮＢＡのどの選手から注文を受けて特大サイズの革の燕尾服を仕立てたか、というようなことを知っていた。裁断やボタンや飾り鋲のひとつひとつについて論理的に説明できたし、なぜ接着芯地を使うのか、なぜコントラストステッチをするのかについて構造上の理由をあげることもできた。また、最新流行のスニーカーを集めていて、その数は百足に達していた。ヨットについても延々と語ることができた。しかし、自意識過剰気味なのが災いして、専門知識をひけらかしても決まって惨めな結果に終わった。

キャットはため息まじりにいった。「おれはガキの頃貧乏だったから、こういうものが必要なんだ。少なくとも、そう思っちまうんだ」。

彼は「ゲームから脱け出したい」ともいっていた。そうした望みや欲求が将来どうなるかは不明だったが、望みをかなえ、欲求を満たす方法があるなら必ずみつけると、彼自身は確信していた。受刑者も職員も、彼のことを心から尊敬していた。茶目っ気たっぷりで、ベジタリアンで、「ナショナル・ジオグラフィック」誌の愛読者で、カナダのケベック州の森に住みたいと夢みている、そんなファット・キャットをみていると、ストリート・ギャングのイメージを単純に描けなくなった。

エリアは穏やかでおっとりした感じの四十代の男だった。髪を小さいポニーテールにまとめていて、額に深いしわが何本かある。照れたように笑うと、大事な歯が何本か欠けているのがわかった。かつては奔放な暮らしをしていたんだろうと思わせる、人当たりのよさ。態度は穏やかで礼儀正しい。エリアはアラバマ州で生まれ、若い頃ボストンにやってきて、ハーバード・スクエア（ケンブリッジ市の中心、ハーバード大学の前にある広場）のミュージシャンたちと親しくなった。そして「スペア・チェンジ」という地方紙の発刊を手伝った。ホームレスの人びとが記事を書いて街頭で売る地元紙だ。エリアは収容施設で過ごしたこともあるが、そのことを恥じてはいないとぼくに語った。飲酒の問題を抱えていることも恥じていないという。妻との仲を修復しようとしていて、妻に引っ張られるようにしてバレエやオペラにいった頃が懐かしいといっていた。その妻とのあいだにもうけた四歳のかわいい娘の写真を、いつも囚人服のポケットに入れていた。

ぼくは刑務所の懲罰報告書を読んで、エリアが周期的に暴力を振るうことを知っていた。彼は穏やかで、異様に興奮しているところをみたことはないが、潜在的に怒りを抱えているとしても驚きはしなかった。その繊細な自尊心が少しでも傷つけられたとき、彼がどう反応するかは想像がついた。きっとすさまじい嵐のように荒れることだろう。

エリアは低い声で話し、図書室のカウンターのまわりでほかの連中と騒ぐこともなかった。カウンター付近はいつも騒がしくて、だれもが大声でしゃべったり、政治をネタに討論したり、ピンプどうしが舌戦を繰り広げたり、宗教に関する論争が起こったり、チェスをしながらむだ話をしたり、いろいろなくだらない騒ぎが起こっていたが、エリアは本棚のあいだにひっこんで黙々と本を並べ直していた。

エリアとは対照的に、ピッツは何かにつけ論争に加わりたがった。この男は囚人服を着ていてもなぜかおしゃれで、人の目を引いた。ハンサムで、甘やかされて生きてきたせいか、金使いが荒かった。ノースカロライナで育ち、子どもの頃からタバコの葉を摘んでいたという。ピッツは三十五歳独身で、海軍にいたこともあった。子どもはいない。結婚しないかぎり子どもはつくらないといっていた。きょうだいみんなでそう誓いを立てて、一族の無規律な傾向を断とうとしているのだという。

ピッツの最も親しい飲み仲間は、徹底的に飲んで騒ぐのが好きな警官たちだった。彼らはピッツにいろいろなことを教えたが、酒気検知器《ブレサライザー》による検査をうまくごまかす方法まで教えた。悪癖という意味では、ピッツの傾向は古典的だ。飲む、打つ、買う、そして食べ放題のビュッフェ。かつてラスヴェガスの空港に着いたときには、泣きそうになったという。そこに立てたことがあまりにうれしかったのだ。

「マジで涙ぐんじまった」と彼はいった。

ピッツはキリスト教原始教会の本質を見極めるべく、聖書外典や聖書の編纂に関する本をいろいろ読んでいた。そしてキリスト教の正統派とは何かを探求したものの、どの本からも納得のいく答えは得られなかったようだ。生来のセールスマンであるピッツはユダヤ教を拒否した。「罪人にすぐれた補償プランを提供していない」というのがその理由だ。宗教は携帯電話会社みたいには機能しないよ、とぼくがいうと、「なら、機能するようにしたほうがいい」と答えた。

ピッツは図書室のカウンターの中に座っているときも分厚い神学書を読み、その深い意味を理解しようとしていたので、利用者のありふれた要求は無視した。彼はしばしば読んでいる本をバタンと閉じ、首を振って、「どうもわかんねえ」というようなことをつぶやいた。彼が求めている答えは、どれも得られそうになかった。

ピッツは黒人の受刑者相手の床屋としても働いていて、機知に富んだ受け答えがうまく、やさしかった。ぼくはすぐに彼と親しくなり、信仰の本質について楽しく議論した。ピッツは洗礼を受けるべきかどうかで悩んでいた。神学校で学ぶことまで考えているらしく、ぼくに助言を求めた。堕落した神学生のぼくに……。ところが、聖書の真実を探求する彼の情熱は結局しぼんでしまい、次にはチェスとむだ話にかなりの情熱を傾けるようになった。
トマスは超短髪で、考え方は公平だが短気だった。やせぎすで、分厚い丸い眼鏡をかけていて、やつれた、いつも怒っているような顔をしていた。わりと年配で、ひげは生やしていないがイスラム教に改宗しており、礼儀にうるさく、年上の受刑者を必ずＯＧ（オールド・ギャングスタの略）と呼び、年下の受刑者をヤングＧと呼んでいた。どんな人生を送ってきたのか、その詳細は不明で、ましてぼくが知るよしもなかった。彼はキャット、ピッツとともにカウンター業務を担当していた。
ジョンは血気さかんで饒舌《じょうぜつ》な白人だった。いろいろなコンサートやスポーツイベントにいったときの武勇談や、その前後や最中にやったいろいろなクスリのことを勝手気ままにしゃべった。昔「めっちゃハイだった」ときの話になると、目が飛び出してギラギラ光り、その話をするだけで昔のハイな感覚を少し味わえるのがよくわかった。麻薬常用者は灰だって吸う。彼の話はいつも陽気で、無鉄砲で一歩間違えたら死にかねない英雄的行為と、名誉の敗北を期した戦いに満ちていた。そして最後には、ちょっと個人的な頼みをきいてくれという要望になった。ジョンはぼくと同盟を組みたがった。互いに孤独な白人だからというのがその理由だ。また、法律については覚えが早く、よくクーリッジと話しこんでいた
まあ、ざっとこんな感じだ。各自が図書室の中で演じる役割には、人柄や犯した罪と通じるところがあった。経営者や犯罪組織のボスといったタイプがカウンター業務を仕切り、詐欺師は小さな法律事務所を切り回し、社交的なドラッグ常用者は定位置を持たずにあちこち走り回ってなんでもこなし、陰気でアルコール依存症のホームレスはひとりになれる片隅で白昼夢にふける。ここの図

書室にはどうやら、様々なタイプの人間を受け入れるのに十分な広さがあるようだ。

そしてぼくは腕組みをして立ち、すべてを把握し、自分の役割はなんだろうと考えていた。先輩職員のダイアナは、図書室はちっとも複雑な場所ではなく、みんなが本を読んで時間をつぶす場所にすぎないといった。たぶん、昔はそのとおりだったんだろう。昔の刑務所では、本は各房の個人に届けられることになっていて、そのやり方が何百年も続いていた。しかし、いまの図書室は違う。それはひとつの場であり、活気に満ちた社会的環境だ。そこにはグループができ、人と人のあいだにつながりができていく。と同時に、受刑者ひとりひとりが実際に独自に探検できる空間でもある。これは重要な事実に思われたが、実際にどういうことなのか、ぼくにはよくわかっていなかった。しかし、手がかりは得られそうだった。

❇偉大なるアマート

ギルモア刑務官は、あたりが静かになると廊下の定位置から外れて図書室に入ってくる。目的は次のうちのどれかだ。スポーツ紙を読む、保安関係の変更事項をぼくに伝える、お偉いさんが視察にくるぞと警告する、辞書か類語辞典《シソーラス》を――事件の報告書を書く助けに――使う、あるいは雑談をする。ふたつ以上の目的を兼ねていることも多かった。ある火曜日の午後にやってきたときなど、単語が思い出せなくてすごくイライラしていたが、『ロジェ類語辞典』を開いてまもなく、目当ての単語をみつけた。「けんのんな《プリケリアス》」だった。ギルモアはようやく落ち着きを取りもどした。

「これはほんとにいい本だ。百発百中さ」。ギルモアは類語辞典を棚にもどした。

そのとき、廊下の何かに目をとめたらしく、背をそらして確かめると、ぼくの肩を軽くたたいてから、あごでそちらを示した。

「あんたの会いたがってた男がすぐそこにいるぞ」。

「あの男がかい？」

「いかにも。有名なドン・アマートだ」。

アマートというのはぼくの前任の司書で、彼の話はさんざんきかされていた。しかし、そのアマートがあそこまで……派手な男だとは意外だった。服装が、いかにもイタリア人のボス《イル・パドローネ》といった感じで、とても地元の司書にはみえない。てかてかしたグレーのダブル仕立てのスーツを着て、シャツの袖口にカフスボタンをつけている。間違いなく、シシリー島以西で最も派手な司書だった。きっちり刈り整えた髪は櫛でオールバックになでつけてある。底が革張りのバルモラル型のごつい靴が、カツカツと小気味よいリズムで刑務所のリノリウムの床をたたく。アマートは通り過ぎざま、こちらをみて軽く会釈した。周囲の熱烈な要望にこたえて、「それでいい」とかすかに伝えるようなしぐさだった。そして去っていった。両手をポケットの中で握り、唇を突き出し、めかしこみ、タイヤレバーみたいに真面目くさった表情をしていた。

「ほんとうにあれがアマート？」ぼくはギルモアに確認した。

「そうとも」。ギルモアは鼻を鳴らした。「ほかのだれだっていうんだ？」

悪名高いアマートがいまでも刑務所に勤務していたとは、知らなかった。じきにわかったのだが、彼が受刑者職業訓練センターのセンター長に昇進したため、司書の職に空きが出たのだった。ぼくはそれまでにもアマートをみかけていたが、顔と名前が一致しなかった。だが、たしかに彼こそアマートだった。袖口にカフスボタンをつけた男は、図書館学の修士号を取得している。おそらく、みた目ほど司書にそぐわない人物じゃないんだろう。それに、刑務所の図書室で働くには、タフガイであることが学位と同じくらい大事な資格なんだろう。

ここの刑務所に図書室が設置されたのは、そう昔のことじゃない。まだ施設がボストン港のディア島にあった一九八〇年代に、一室が整理されて図書室となり、初めて受刑者が公式に図書室を利用した。現在の施設は一九九一年に完成したが、その設計図には初めから図書室用の空間がとってあった。

しかし刑務所では、ひとつ空間が増えたとたん、頭痛の種になる。とくに図書室は保安上の頭痛の種になった。刑務所の中で図書室は、中庭《ヤード》をのぞけば、大勢の受刑者が行き来する数少ない場所のひとつであり、監視するのが難しいつくりになっている。棚という棚——なかには天井から床まで達しているものもある——が死角を作り、本という本が受け渡す物品の隠し場所になる。刑務所内で悪さをするにはうってつけの場所で、手紙や禁制品をしのばせたり、受刑者の図書係にゴシップを伝えてそれぞれのユニットで広めてもらったりもできる。

そうした理由から、図書室は常に独裁者によって切り回されてきた。すでに退職しているフキアウ・ブンセキという人物が、ディア島の刑務所で刑務所図書室の基礎を創ったといわれている。ブンセキは学究肌で、間違っても大声を出したり卑劣な行為に及ぶことはなかったが、尊敬を集めていた。ぼくは刑務所の図書室の役割についていろいろききたいと思い、ブンセキに電話したのだが、留守番電話のメッセージをきいただけで必要なことはすべてわかった。そのメッセージは極端に短く、強いコンゴなまりで「手短に《イン・ブリーフ》」とだけ録音されていた。そのバリトンの声による短いメッセージをきいて、ぼくは心底ぞっとした。ほんとうに手短にいわなくては、と思わせる何かがあったのだ。

そしてアマートが登場する。ブンセキから図書室を引き継いだアマートは、第二の独裁者になった。しかしブンセキとは違い、決して静かなる独裁者ではなかった。小指に指輪をはめた独裁者アマートは、みんなの話によると、ときに大声をあげ、常にはっきりとものをいい、しばしばケンカ腰だったという。受刑者からも職員からも、アマートの話はたっぷりきかされた。「縄張り意識が強い」という言葉がよく出てきた。彼は伝説の人物で、その名前を口にしただけで相手は「ああ、あの男か」というふうにちょっと笑ったり、彼にまつわる恐ろしい体験談を語ってくれたりした。ある女性のケースワーカーなどは、アマートの靴音がリノリウムの床に響く音がきこえるたび、文字どおり机の下に隠れたという。アマートがオフィスのドア口に現れたら、ろくなことにならない。それが意味するのはただひとつ、きつく叱責《しっせき》され、叱責されるようでどうすると、さらにきつく叱責されるということだった。しかもアマートは、ネクタイを緩めることなくそれをやってのけたという。ぼくもついに彼の姿を目の当たりにして、みんなのいっていた意味を理解した。まさに情け容赦のない紳士という印象だった。

受刑者の図書係たちによると、アマートは図書室のありかたを決め、蔵書を広範囲に増やし、きちんと並べたそうだ。コミュニケーション能力には問題があったかもしれないが、指示を飛ばす能力は確かだったとみえる。その点には敬意を払わずにいられない。一方、フォレストとぼくにとってはすべてが新しい経験だった。ふたりとも刑務所で働くのは初めてだったし、さらに悪いことに、ともに生まれつき温厚で、知識は豊富だが現実的な処理能力に乏しかった。フォレストはとても内気で愛すべき人物だし、ぼくはひょろっとした文芸部員タイプだ。刑務所職員にふさわしいタフさなど、まったく持ちあわせていない。

アマートによる統治の特徴は、ルールの提示、いや掲示だった。彼の定めた法をすべて大文字で書いたものが図書室のあらゆるところに貼られていて、しかも使われている紙が業務用としか思えない超強力なシール紙だから、はがそうとしても全然はがれなかった。しかし、ぼくもフォレストも着任初日から、アマートのルールを施行しようなんて考えもしなかった。決してはがれないアマートの標語は、秩序が重んじられた過ぎ去りし黄金時代の遺物として残ると同時に、笑えるほど対照的なぼくたちの手ぬるい管理体制のアイロニカルな象徴にもなっていた。

ギルモア刑務官からあれがアマートだと教えてもらった次の週に、アマートがぼくのオフィスにやってきた。図書室の大きな窓ごしにみていると、アマートは中庭から図書室のある棟に入り、廊下をこちらへやってきた。例の硬そうな革の靴底が床をたたく音が近づいてくると、正直、ぼくはパニックに襲われた。真面目な話、机の下に隠れようかとも考えた。しかし、思い切った回避行動などいっさいとれないでいるうちに、アマートはぼくの前に立っていた。光沢のあるスーツが刑務所の照明にギラギラ光っていた。彼は蛍光灯の明かりの中に立ち、カフスボタンを直していた。

じつは、アマートはぼくに会いにきたわけじゃなく、図書室に置いてある法令書式を取りにきたのだった。「おれの教え子《マイ・ガイズ》のひとり」に代わってきたのだと、彼は説明した。ぼくたちは少し話した。

「あんたが新任の司書か？」

「はい」。

「仕事は順調かね？」

ぼくは肩をすくめ、「ええ、まあ」と答えた。

それをきいて、アマートは心配そうな顔になった。

「ひとこと助言させてくれ。ここを秩序ある状態に保ってうまく切り回していくのは、容易じゃない」。

「それは実感しています」。

「どこで働いているかってことを、忘れないことだ。真面目な話、ここを何でもありの場所にしてはいかん。きみはまだ学生かもしれないが、ここでは物事をしっかり監督するようにな。さもないと深刻な問題が起こる。ここは刑務所だ。そのことを一秒たりと忘れるんじゃないぞ」。

アマートはそれから、図書室の警備が不十分だとどんなことになるか、という話を始めた。そこにはギャングやナイフや盾や、ひょっとしたら槍《やり》まで出てきたかもしれないが、よく覚えてない。その時点でぼくはろくにきいておらず、アマートの頭にすっかり注意を奪われていた。至近距離でみられたので、自信を持って結論が出せた。彼の髪はすばらしい。猫毛のようにやわらかいが、しっかり整えられている。フランス語で髪型を表すコワフュールという言葉こそがふさわしい。まさにプロの仕事だ。どこの店のなんというスタイリストに整えてもらったのか、どんな整髪料を使ったのか、失礼な印象を与えずに聞き出す方法があれば、ぼくはきっときいていただろう。

アマートは話をしめくくろうとしていた。やがて話し終え、深くうなずくと、靴音を響かせて去っていった。

アマートがいってしまうと、ぼくは彼が貼った標語のひとつに近づいた。「受刑者はカウンターのまわりにたむろしないこと」と書いてある。ぼくはそれをはがそうとした。必死に試みた。しかし、それはびくともしなかった。アマートの遺産は決して消えないのだ。

❊ソリタリー、去る

高層棟で行っている女性受刑者向けの創作クラスは、いくらか前進していた。作品を読む前に作者の写真をみるという習慣も、すっかり定着した。ぼくは作者の写真のコピーを彼女たちに回し、講習の初めか終わりの五分間を使って写真の印象を短い文章にまとめさせた。文章の最後には、その作者の作品を読むか否かについての意見も書かせた。それは文章を書く練習になった。

ショートはトニ・モリスンについて、「このおばさんの本なら読んでもいいよ、ハーヴィー」と書き、ガルシア・ロルカ（スペインの詩人・劇作家。一八九八―一九三六）の若い頃の写真については「この男はヤバい。読むほうに一票」と書いた。ブルティッシュはガルシア・マルケスは気に入らなかったようで、「この男は嘘つき」と書いた。ナスティはひとこと、「読まない」と書いた。ウォルト・ホイットマン

について は、ブルティッシュが「もちろん読む!!」と書いていた。

女たちがとくに心を奪われたのは、ウィージーこと写真家のアーサー・フェリグのポートレートだった。蛇腹式《じゃばらしき》の大型カメラの向こうから、火のついたタバコをくわえてこちらをじっとみている写真だ。

「この男は口のうまいゲス野郎」とショートは感想を書いた。

これは賛辞で、ウィージーが耳にしたらきっと喜んだだろう。ぼくたちは彼の写真集を開き、一九三〇年代の深夜のニューヨークを撮った写真を何枚もみた。そこに写っているのは、売春婦、ストリッパー、品のいい婦人、サーカスの見世物、犯行現場、一連の住宅火災など。ある写真には、ボクサーショーツ一枚でズボンをつかんで非常階段を駆け下りる男が写っていた。彼の顔にはふいに現実に引きもどされた人特有の張りつめた表情が浮かんでいて、自らの幸運を喜んでいるようにもみえた。もう一枚、ぼくが手早く繰ったページに載っていた写真には、火事で家族を亡くして泣いている女性がふたり、写っていた。

最後は、ふたりの消防士が天使像を運んでいる写真だった。天使は天を見上げてダルシマー（箱形の共鳴体に張られた多数の金属製の弦をばちで打って演奏する弦楽器）を弾いている。燃えている教会から運び出されたところだ。ぼくは女たちに、一連の火事の写真について書くよう、課題を出した。そして、最後の一枚、ウィージーが「天使を救出する消防士たち」と題した一九三九年の写真に焦点を当てるよう、条件をつけた。女たちは写真をみてエッセイを書くのが気に入っていたとみえ、熱心に取り組んだ。

しかし、ソリタリーだけは退屈そうだった。講習のあと、彼女はぼくの前を通り過ぎざま、小声で「ごめん」といった。「何が？」と問い返したが、彼女は肩をすくめただけだった。ただ申し訳ないと思った、それだけだったんだろう。

もしかしたらソリタリーは、講習に興味を示さなくてごめん、と謝っていたのかもしれない。ぼくは彼女の無関心ぶりにずっといらだちを覚えてはいたが、許していた。だいたい、受刑者が刑務所のユニットを出たいというだけで講習をとったとしても、それはそれでいい、ずっと自分のユニットにばかりいても、何もいいことはないと思うからだ。とはいえ、ぼくには講習を進める責任があった。孤立して窓の外をながめることをひとりの受刑者に許せば、残りの受刑者たちが騒ぎだすのは当然だ。

実際、ソリタリーの態度が問題になるまで、時間はかからなかった。

「なんであいつは窓際にばっか座るんだよ？」ブルティィッシュが文句をいった。

「決まってるじゃん、下の中庭にいる男どもをみるためさ。そうすりゃ、あとで思い出して……」。ナスティが呼び名にふさわしくみだらな身ぶりをしてみせた。

ブルティィッシュも笑って、「なるほど！　そうか！　なら、あたしも窓の外をみたいよ！」といった。

このグループの非公式スポークスマンであるプアが、悲しそうに妥協案を出してきた。「最初の五分間だけ、あたしたちに窓の外をみさせてくれない？　そしたら、もっと講習に集中するから」。

ぼくはほんの一瞬、この申し出を頭の中で検討したが、「だめだ」と答えた。まだ講習を始めて二、三回目だったが、プアがいうのとは反対の結果になるだろうことは、すでに経験からわかっていた。

彼女たちに五分間窓の外をながめさせたら、残りの時間もずっと注意力を欠いてゴシップに興じるに決まっている。

「あーあ」。ショートが細い腕を組んでいった。「あんたが悪いやつじゃないってことはわかってるけど、氷の心臓を移植されちゃったらしいね」。

うまい言い回しだ。ぼくにはちょっと思いつけない。もちろん、この会話のあと、ぼくはしかたなくソリタリーを窓辺から引きはがしてみんなの輪に入れた。しかし、ソリタリーは部屋の反対側の席に移っても、窓をみつめるか、その向こうの何もない空をみつめるかしていて、前よりもっと講習に無関心になったみたいだった。

例によって、講習のあと、ソリタリーはぼくの前を通り過ぎざま、小声でぶつぶつと謝罪の言葉を口にした。次の講習を彼女は「弁護士と会うために」休み、その次は面会（その時間帯にはめったにないことだが）のために休んだ。そのあとも、診療所にいくとか、シャワーを浴びるとか、理由をつけて休み続けた。言い訳はどんどん説得力を欠いていき、彼女がこなくなって何週間も過ぎた。ぼくは名簿から彼女の名前を消した。彼女をさがそうかとも思ったが、やめておいた。ソリタリーは最初から講習に無関心だったし、率直にいって、わずかながらクラス内に存在していたやる気をそいでばかりいた。彼女が抜けたことで、ぼくたちは「貧《プア》しく、不快《ナスティ》で、粗暴《ブルティッシュ》で、短い《ショート》」だけの状態になった。これは進歩かもしれない。

ソリタリーは創作のクラスをやめて以来、図書室にもこなくなった。これは残念なことだったが、しかたない。刑務所ではどんなことも悪くとられてしまう。とくに女性受刑者にはその傾向が強い。

彼女たちの多くは境界性人格障害を持っていて、人の好き嫌いが激しく、相手も同じだと思っている。ソリタリーは、おとなしくしてぼくとは顔を合わさないようにしよう、と決めたにちがいない。そのせいで、刑務所内で息抜きのできる場所のひとつだった図書室が、禁じられた場所になってしまった。ぼくはある程度信頼できる受刑者に彼女への伝言を頼んだ。ぼくに気兼ねせず図書室にきてほしい、ぼくは腹を立てていないし、彼女が図書室にきて面倒に巻きこまれることもない、と。同じメッセージをケースワーカー経由でも伝えてもらったが、結局、効果はなかった。

しかし、女性受刑者たちのあいだに秘密はなかった。したがって、ぼくがソリタリーの秘密を知るのも時間の問題だった。

✻日々のこと

刑務所の図書室では本の貸出しもしていて、受刑者は一度に三冊まで本を借りられることになっていた。本を借りるたびに受け取る貸出票が、その本を必ず図書室に返すという契約書の役目も兼ねていた。しかし、本の返却が遅れたり、いっこうに返却されなかったりしても、受刑者に罰金を科すことはめったになかった。これもまた、アマートが図書室を支配していた頃とは違う、危険な自由化のひとつだった。

ぼくやフォレストが怠慢だったというだけじゃない。刑務所では、貸出した本が消えることなど——刑務官が悪意から、またはむとんちゃくに持っていったにせよ、受刑者が盗んだにせよ——日常茶飯事だった。本を紛失した者に罰金を科せば、正直な者たちの本を借りようという気持ちまでそいでしまう。しかも皮肉なことに、ここの刑務所の図書室には――利用者の中に盗っ人の占める割合が世界中のどんな図書館よりも高いというのに――盗難防止装置が設置されていない。つまりぼくたちは、棚に並んでいるどの本もいつかは刑務所の消耗品になってしまうだろうという、情けない予測を前提に仕事をしているのだった。

図書室にはペーパーバックもあればハードカバーもある。教育センター長のパティは、ハードカバーも貸出しが認められていると主張したが、刑務官の多くは強硬に反対した。ある刑務官などは、図書室に入ってきて棚にハードカバーがたくさん詰まっているのをみたとたん、息が止まるほど驚いた。ハードカバーは武器になり得るというのだ。

「冗談だろ。こんなもの、貸出せるわけがない」。その刑務官はいった。

実際、ハードカバーは貸出さないという刑務所も多い。しかしここの刑務所では、理由は定かでないが許可されている。同時に、管理部門が図書室利用に関する指針を活字にするのを怠ったせいで、ハードカバーの貸出しの是非は依然、論議の的だ。刑務官はこのグレーゾーンを勝手に解釈して、ハードカバーを没収したり、多くの場合処分したりしている。せめぎあいはずっと続いている。

図書に関するそれ以外の指針は、はるかに明確だった。受刑者は通信販売で本を買うことができるが、それは出版社からの直接購入に限られている。だれかが送った本が受刑者の手元に届くことは決してない。また、刑務所の規則により、受刑者が房内に所持していい本は六冊までとされている。だから、本を注文した受刑者はしばしば古い本を処分して、合計冊数を六冊以下に保たねばならなかった。そうした場合、余分な本をほかの受刑者に売る――違法取引にあたるが――者もいれば、図書室に寄付する者もいた。

図書室に割り当てられた予算は極端に少なかった。しかもお役所的な理由から、オンライン書店で安価な本を購入することは禁じられていた。フォレストとぼくは、ガレージセールやコインランドリーや古本屋をあさり、たいていは自腹を切って本を調達してきた。しかし、本のおもな供給源は、気ままにやってきて大量の本を寄付してくれる一般の人びとだった。頼もしい寄贈者にはいろいろな人がいた。服が犬の毛だらけのヒッピー、にこやかな福音主義者、地元の変わり者など。地元の変わり者とは、たとえば、日本の正式なお辞儀の複雑さ(「ゴルフのスイングを調整する感じを思い浮かべればいい」)について頼みもしないのに三十分間も講釈したあげく、刑務所の入口付近、タバコ休憩をしている同僚たちの目の前でめんどうくさいお辞儀のやりとりにつきあわせるような人物だ。しかし、ぼくはそうした寄贈者の熱意にとても感謝していた。寄贈書が持ちこまれると、フォレストもぼくも季節外れのクリスマスみたいにわくわくして整理した。

刑務所では物が不足しているのがふつうで、個人の所有物はごく少数のつまらないものに限られているため、本がいろいろな機能を代用するようになっていた。本の使い道は無数にあるみたいだった。たとえば、ハードカバーで防弾服を作ることもできた。本を袋に入れて振り回せばフレイルと呼ばれるヌンチャクに似た武器に、テープで二、三冊束ねれば筋トレ用のウェイトになった。本はまた禁制品の隠し場所にも使われた。ほかにも、ページを破って紙として使ったり、イラストを利用したり、房の壁に物を立てかける支えにしたり。そういう様々な機能があるので、本は物々交換の対象にもなった。

ある女性受刑者は、眠るときベッドに本を持ちこんでいると告白した。本がそばにあると安心して眠れるらしい。

一方、本来の使い方をする人びともちゃんといた。教養のため、娯楽のため、癒しのため、そして世の中を理解するためだ。図書室の貸出しカウンターに座っていると、何人もの女性受刑者が涙を浮かべて、長いこと目にすることのなかったお気に入りの児童書を借りていった。『シャーロットの贈り物』『ひとまねこざる』といった本だ。受刑者の多くにとって、子ども時代の思い出はつらいものか、まったく存在しないものかのどちらかだ。

本を貸すということは、他者とじかに触れあうことでもある。政治や宗教の問題について議論しているうちに、受刑者どうし、ときには受刑者と職員が、相手に読んでほしい本を書き出して交換することもある。多くの場合、その場でむっとしながら、相手の間違いを正すために本をすすめあう。着任した最初の週に、ロバート・ジョーダンという受刑者がぼくのいったひとことに腹を立て、あんたがW・E・B・デュボイスの『黒人のたましい』を読むまでは口をきかない、といった。ぼくは、その本ならもう読んでる、と言い返した。

「もう一度読め。あんたは肝心なところを見落としてる」。ジョーダンはいった。

ジョーダンは次に図書室にきたとき、その本を直接ぼくに手渡した。この男はデュボイスではなく自分の何かを理解してほしがっている、とぼくは気づいたので、その観点から『黒人のたましい』

を読み直した。ジョーダンもぼくも、言葉にこそしなかったが、自分の気持ちを本に代弁させようとしていた。そこでぼくも、彼に読んでほしい本を渡した。カフカの「シナゴーグの獣」という短編だ。青緑色の謎の生き物が崩れかけたシナゴーグのバルコニーにすみついて……という物語で、もちろんぼくのお気に入りだった。

本を通じてのそうした会話を、ぼくは幾度となく受刑者と交わした。ぼく自身が読む本も受刑者にすすめられたものが多くなり、気がつくと、暗殺や密輸がらみの陰謀や秘密結社に関する本をたくさん読んでいた。

しかし全体的には、刑務所の図書室における読書傾向は、アメリカ国民全体の読書傾向と似通っていた。ある棚には、オプラ・ブッククラブの推奨本が並んでいた。ジェームズ・パターソン、ダン・ブラウン、ジェームズ・フレイの本は、棚に並べてもたいてい十五分ともたなかった。そうした人気本はカウンターの後ろの棚に並べて、目を離さないようにした。受刑者たちは、不動産関係や小規模な事業を始めるためのハウツー本も好んだ。一方で、それほど具体的でないことにも興味を示した。夢解釈に関する本は幅広い人気があったが、この分野は大昔の監獄でも人気があったようだ。聖書に、ヨセフが仲間の囚人たちの夢を解釈してみせて名をあげる、というエピソードが出てくる。受刑者たちは目下、不運な境遇にいるので、未来に特別な投資をしているのだろう。占星術の本も需要が高い。ぼくは元受刑者に夜道で襲われ、おまけに本を二冊借りたままだと自慢されたあと、調べてみた。最近釈放された身長一八〇センチ前後のラテン系の男で、まだ本を二冊借りているのはだれか？　すると、その条件を満たすのはただひとり、アーネスト・カサノヴァという男だとわかった。そして、彼が借りたままの二冊の本とは、『占星術入門』と『人間関係の占星術』だった。

実際の犯罪を扱った本も明らかに人気があって、その手の本はないかと毎日のようにきかれた。けちなマキャベリといった雰囲気の受刑囚たちから決まって求められたのは、孫子の『兵法』とロバート・グリーンの『権力（パワー）に翻弄されないための48の法則』（原題は『権力の法則〔Laws of Power〕』）。射殺されたラッパーのトゥパック・シャクールが獄中生活を送っていたときにマキャベリの著作を読んで感銘を受け、アーティスト名を「マキャベリ」と改名したおかげで、ニッコロ・マキャベリの作品を求められることも多かった。トゥパックは「トレイディン・ウォー・ストーリーズ」という曲の中でこんなふうにいっている。

……伝説をおれの言葉で
ニガーが小声でつぶやく
マキャベリがおれの師匠

しかし、『君主論』を読んだ受刑者の大多数は、かなりがっかりした様子でもどってきた。十六世紀の文章は、とても歯が立たなかったのだ。

「ヒップホップ小説」も人気の高いジャンルだったが、受刑者たちは図書室にその手の本がほとんどないのが不満らしく、この図書室には「おもしろい本がちっともない」と文句をいった。本がぎっしり詰まった棚のすぐそばに立って、「ここには全然本がない」という者もいた。

ぼくはしだいに知恵をつけ、ヒップホップ小説が少ないことを逆に利用するようになった。それとなく、受刑者に人気の高い本が図書室で闇取引されるように仕向けたのだ。その手の本を読みたければとにかく図書室にくるべし、というわけだ。元ギャングのファット・キャットが「おれたちはやつらと張りあいたいんじゃない。やつらに闇取引を廃業させるんだ」と指摘したが、ぼくも同意見だった。刑務所内の本に関しては、ぼくたち以外だれも仕切れないという状況を作りたかった。

週に二、三度、ぼくはフォレストと一緒に、ペーパーバックを段ボールに二、三箱と新聞・雑誌をカートにのせて、図書室にくることを許されていない囚人たちの棟を訪ねた。不法入国や不法滞在で捕まった連中がいるウィング（ここだけでも大きな刑務所くらいの規模がある）、裁判前に拘留されている者たちのユニット、診療所、新たに収監された受刑者が正式な所属ユニットに送られるまで置かれている「ニュー・マン」というユニット。

そうした訪問を機に、ぼくたちは刑務所のいろいろな部分を知ることができた。ユニットの重いドアの前までいって、警備の刑務官に手を振り、延々と待たされたあげくドアを開けてもらうと、カートを押して中に入り、決められた場所に本や新聞を置く。最初の二、三回のデリバリーでは、ぼくたちが到着したときはすでに房がすべて開いていて、受刑者たちが談話室《デイルーム》の中を歩き回っていた。

そんな時間帯にいったのが間違いだった。ユニットには何かを渇望する空気が、手に触れそうなほど濃く立ちこめていた。ほぼ完全に世間から遮断されている受刑者たちは、飢えた獣みたいに荒々しく、磁力で引っ張られてでもいるかのように、そこらじゅうからぼくたちのもとへ押し寄せた。本や新聞をいきなりぼくたちの手からもぎ取った者も二、三人いた。まるで、ぼくたちが透明人間で、その向こうをみているみたいだ。ほしいものしか目に入らないらしく、それめがけて突進してくる。あっという間にぼくたちは、頑強でがっついた受刑者に四方を囲まれ、震え上がった。

勤務中の刑務官たちからすれば、これはとても愉快な場面だったようだ。たしかに端目にはそうだろう。ぼくたちがニュー・マンに到着すると、入口を警備している刑務官は決まって、ニターッと笑った。そしてドアを開ける前に相棒の刑務官の肩を軽くたたいた。世界共通の「よくみとけ、これからおもしろくなるぞ」という身ぶりだ。実際、彼らの期待が裏切られることはなかった。ぼくたちが受刑者に取り囲まれ、本や新聞をもぎ取られている様子を、刑務官たちはニタニタしながらそばでみていた。あるひょうきん者の刑務官などは、両腕をバタバタさせてカモメみたいにクワー、クワー、クワーと声をあげ、さらに大声で「ほらみろ、リヴィア海岸（ボストンの北、六キロくらいのところにある海岸）みたいだ。カモメの群れが舞い下りてくるぞ！」といった。その意地の悪いたとえに、ぼくたちはさらに不快になった。ある意味、真実をついていたからだ。それに劣らず不快だったのが、同じ刑務官がいった言葉だった。いっそ本や新聞をテーブルにぶちまけりゃいい、ちゃんと並べようなんて思わないで、動物園の飼育係が餌を桶にぶちまけるみたいにやりゃいいんだ、といったのだ。

カモメという言葉はたちまち刑務所中に広まった。みんながぼくたちに「今日はもうカモメに襲われてきたのか？」ときいたり、「向こうでカモメの餌食になるなよ」と警告したりした。

短くも華々しかったカモメの時代は、じきに終わりを告げた。受刑者が房に閉じこめられている時間帯にデリバリーをするという名案を、ぼくたちが思いついたからだ。しかし、特別危険だったカモメの時間にぼくは大切なことを学んだ。刑務官たちが見物に夢中でぼくたちに指一本貸そうとしなかったとき、ぼくは自ら事に当たった。大声をあげて――自分でもそんなことができるとは知らなかった――目の前にいる受刑者たちに後ろに下がれと命じたのだ。いますぐ下がれ。ぼくは、とくにしつこい若い受刑者に向かって繰り返した。その男は一歩下がり、腕を組んで笑った。

「バーカ、おまえが心配しなきゃなんねえのはおれじゃねえ。おまえの後ろにいる連中だ」。

振り返ると、ひとかたまりの受刑者がぼくの後ろにいて、満足そうににたついていた。

この体験こそが、着任直後の数週間にぼくが感じたことを端的に物語っていた。大丈夫、状況がはっきりみえた、と思うたび、もっと深刻な状況が、新たなニタニタ顔がぼくの肩を後ろからたたく……そんな感じだった。

✻マジな話

マーズ・バーは新入りの女性受刑者で、妊娠テストの結果が陽性だった。恋人のシズもわりと新入りの受刑者で、おまえ浮気したなとマーズ・バーを責めた。

「相手はあいつだな！」シズはいった。

マーズ・バーは、あんただって自分の子どもの母親としょっちゅう会ってたでしょ、とシズに思い出させ、浮気なんかしてない、あんたがお腹の子の父親よ、と言い張った。

「あんたが逮捕される前の夜のこと、忘れたの？　あんたの子じゃなかったら、妊娠したなんてあたしがいうわけないでしょ！」

そうか、とシズは思い出した。あの夜、ジャマイカ料理の安レストランで食事して、おれの部屋で寝たんだった。シズの気分はがらっと変わった。急にうれしくてたまらなくなって、マーズ・バーとの将来の計画を立て、おまえのもうひとりの息子の父親よりもいい父親になる、と約束した。マーズ・バーはその息子を父親の元から誘拐したのだ。

ところが、結局、マーズ・バーは妊娠していないことがわかった。

妊娠騒ぎがおさまりきらないうちに、今度はマーズ・バーがシズを責めだした。ＨＩＶに感染してるくせにあたしに黙ってた、と。シズは激怒し、どこでそんな話をきいた、とマーズ・バーに迫った。噂できいただけ、とマーズ・バーは認めた。

シズは約束した。検査を受けて、ＨＩＶになんか感染してないって証明書をみせてやる、それから、そんな噂を広めた卑劣漢を見つけ出す。ふたりは再び仲直りをして、思い出にふけった。一緒にラリったり、ベイクド・ジーティ（マカロニを大きくしたようなパスタのジーティとトマトソースなどを重ね、チーズをのせてオーヴンで焼いた料理）を作ったり、テレビゲームをしたときのことを語りあった。

ぼくはこのメロドラマを毎日、一ヵ月近くにもわたって鑑賞し続けた。ドラマはすべて、ごくふつうの参考書の中で繰り広げられた。『フェデラル・リポーター』という分厚い判例集のシリーズの第五十七巻を即席の郵便箱がわりにして、シズとマーズ・バーという刑務所内で決して顔を合わせることのないカップルが嵐のような恋愛関係を続けていたのだ。ふたりの手紙のやりとりはある日突然終わり、ぼくは、あの複雑なロマンスはどうなったんだろうと気になってしかたなかった。

日に一度、図書室をみて回ると、いろいろなメモや手紙——なかには数ページに及ぶものも——が本にはさまれているのがみつかった。美術書や、女性の健康に関する本や、テニスン卿の著作の分厚い用語索引の中に。本が分厚ければ分厚いほど好都合だ。

「次のは退屈な本のどれかに入れておくよ」と、ある受刑者は女性のペンフレンドに書いていた。「退屈な本」とは『ブリタニカ国際大百科事典』のことだ。

そうした手紙を読むうちに、刑務所内でやりとりされる手紙は「凧《カイト》」と呼ばれていることがわかった。カイトという言葉はいたるところに出てきた。初めて収監された十九歳のスティックスは、いつも手紙の最後に「来週またきみにカイトを飛ばす」と書いていた。

ぼくはカイトという言葉の暗示的な意味を気に入った。刑務所で発信される手紙にはとりわけふさわしい隠喩だ。すごく大切だが頼りない感じもする創作物——実体のあるところが、いまどきの大方の手紙《メール》とは違う——が、折りたたまれ、世の中に送り出される。遠くにいるだれかにみてもらうために。手紙には特定の人物にあてたものもあれば、だれでもみつけた人が読んでくれればいいというものもあった。そして多くの場合、みつけるのはぼくだった。

みつけた手紙をそのままにしておくこともあった。収監されて間もない男性受刑者が高層棟にいる妹に、つい最近母親が亡くなったと知らせている手紙をみつけたときには、当然ながら回収はしなかった。

彼は書いていた。「いいか。おまえにはまだおれがいる。そのことを絶対に忘れるな」。

しかしたいていの場合、無害にみえる手紙も禁制品と同様に扱った。職務内容説明書と、図書室を「なんでもありの場所」にしてはいけないというアマートの警告に従ったのだ。ぼくは定期的に本棚とそこに並ぶ本を調べ、あやしい場所を徹底的にさがし、受刑者が手紙を残していないか目を光らせていた。コンピュータのデスクトップやディスクも調べて、eメールならぬeカイトをみつければ削除した。だが、他人のメッセージを勝手に没収するのは気がひけた。他愛ない手紙にみえても、その裏にどんな意味がこめられているかわからない。手紙を取り除くほうが、手紙を入れておくことよりも罪深いような気がした。

その一方で、ぼくはひそかにカイトに感謝していた。それらを読むと、自分の職場の文化や言語についていろいろなことがわかるからだ。ふつうの凧《カイト》と同じく、図書室のカイトにはあらゆる形や大きさのものがあった。そして、図書室の棚に並ぶ読み物の中でも最高の部類に属した。カイトというジャンルの名作、「偉大なアメリカのカイト賞」の有力候補もいくつかあった。ある男は元の恋人を取りもどそうと、神の声を真似て、五ページ目に「見よ、なんじに今日、祝福と呪いを授ける」と書いていた。この手紙から学べる手短な教訓は、「神の名を借りて語るなら、綴りをあまり間違えるな」ということだった。

ほかに、英語とスペイン語を交互に使って書く女性受刑者もいた。ひとつの段落に英語とスペイン語が同居していることもあった。スペイン語のときはやさしくなだめるような口調なのに、英語になると怒りくるった口調になった。

しかし、ほかのどんなカイトもかなわないほど型破りでおどけたカイトが、あるわびしい午後に経済学の教科書のあいだからはらりと落ちた。ある女性が別の女性にあてたこの手紙――署名はないが、あらゆる手がかりからみてブルティィッシュ女史の作品にちがいない――こそ、アメリカが待ち望んでいた声かもしれない。まるでレズビアン仕様のハイブリッドカーみたいで、何と何のハイブリッドかといえば、ソール・ベローの小説『オーギー・マーチの冒険』とスヌープ・ドッグの楽曲「ドギー・スタイル」のハイブリッドだった。


最近どうよ?

あんたがカイトでいってたとおり!!　あんたってほんとイカレてる。きついクスリでもやってんだろ!

けど、とにかく、あたしは言葉には困らない。あたしみたいな女は、(旋盤の)固定具につかまれたまんまじゃいられない。固定具がどっかいっちゃったみたい。あたしはやり手、欲しいものを求めて、たいていは手に入れる。さっと!……で、あんたはディックで責められ、舌で責められたくてたまんないって?　うん、最初のはあたしには無理だけど、あとのほうのはすごーーーく上手いっていわれたことがあるよ。あんたの発情ホルモンの調整は、プロにまかせなって。プロは女に現実を忘れさせ、太古の言葉で語らせ、でもって……。けど、前にもいったように、あたしはだれの気持ちも傷つけたくない。そういうタイプの女じゃないから。けど、マジな話、あきらめないからね。だって、後悔することになるだろ。でたらめな話だよ。何がほしいかわかってるくせに、それを手に入れるために頑張らないなんてさ……。あんたはすごく魅力的だから、黒人男に銀行強盗だってさせちまう。あんたの輝きを受けてあたしも輝きたい。きっとそうなるってわかってる。あんたみたいなイタリアの姫は当然、いつもキラキラしてないと。でもって、浮気したいって思うなら、あたしを相手に選んで。選ぶのはあんた……あーあ、チェッ！　いつもどおり答えてね。あんたってほんと最高。

じゃ、質問、いくね。

1. あんたの彼氏が出所するのはいつ？
2. 3Pはしたことある？
3. 4Pはしたことある？
4. 「ガールズ・ゴーン・ワイルド（ソフトコアポルノのビデオシリーズ。出演者は素人の女性）」に出てっていわれたら、ポーズを取る？
5. 刑務所支給のパンティなんかはかずに、ノーパン（最高！）で生活できる？
6. 男が泣くのをみたことある？
7. あんたのオフィスにはふたり分の広さがある？
8. サイバーセックスはしたことある？
9. 自分には将来があると思う？　いままで考えてたのとは違う将来があると思う？
10. あたしとヤッてくれる？
11. あたしたち、友だちになれる？

12. あたしたち、恋人以上になれる？
13. あたしの口から出る言葉をわかってくれる？（クリス・タッカーから借用）
14. 好きな映画は？
15. 好きなフレーバーは？
16. あたしと一緒にL（マリファナを詰めた葉巻タバコ）を吸いたい？
17. あんたをここにぶちこんだ裁判官を消したい？

＊ソリタリーの秘密

ある夜、マーサがふらっと図書室にやってきた。風俗嬢のマーサは何にでも首をつっこみたがり、図書室のカウンターにやってきてはべらべらしゃべるので有名だった。新聞の警察記録の欄を朗読したり、最近の事件についてあれこれコメントすることもあった。そうした事件の犯人はたいてい、マーサの親戚か親しい友だちか隣人か、「ティミー」「ジョン・ジョン」なんていう名前の数限りない知り合いのだれか、ということになっていた。

「あの女、きっとぶちこまれると思ってたよ！……おやまあ、なんでティミーが！……トニーの大バカが！」

そんな調子で延々としゃべり続けたが、マーサにはどこか憎めないところがあった。少しでも信頼できそうだったら、図書係に雇っただろう。

「ちょっと、アーヴィン、いいこと教えたげようか?」

その夜もマーサはそんなことをいって、わざとらしい笑みを浮かべた。

「いや、いいよ」。

「あんたの友だちのジェシカだけど」。マーサはソリタリーの洗礼名を口にした。「あんたのクラスにこなくなっちゃったのは、窓から外をみられなくなったせいよ」。

「それは残念だな。いつか『窓から外のながめ方』っていう講習を受け持ったら、真っ先に彼女を入れよう」。

「ふん、おもしろい。けど、ジェシカにはちゃんと理由があるの」。

「へえ、どんな?」

「窓の外をみたいのは、息子が中庭にいるから。あんたのクラスと同じ時間に、3-3ユニットの囚人が中庭に出てるでしょ。かわいそうなジェシカは、息子をひと目みるために講習に出てたってわけ。わかる?」

ぼくは疑い深そうな表情を浮かべていたにちがいない。マーサは背すじをのばし、片手を心臓のあたりにあてた。「忠誠の誓い」を暗唱するみたいに。ゴシップを重要な義務だと思っているのだ。

「ほんとだって《オネスト・トゥ・ゴッド》」。マーサはゆっくりと、きついボストンなまりでいった。オウネスタ・ゴワッドときこえた。「十年も会ってなかった息子が、突然現れたのよ、青い囚人服を着て」。

✻ライムベージュのチェック柄のジャケットを着た男

意外な登場人物は、ジェシカの息子だけではなかった。ぼくの親しい友人のヨニは、長いあいだ――もしかしたら生まれつき――刑務所に縁があった。ヨニには放浪癖があって、同じ傾向を持つ多くの先輩と同じく、その冒険はみじめな終わり方をした。あるとき、ヨニがテネシー州の寂しいハイウェイを車で走っていると、バックミラーにパトカーの点滅光がまぶしく反射したので、車を路肩に寄せて停めた。パトカーの警官はヨニの車を一瞥《いちべつ》した。スモークガラスの窓には、「軍隊を《サポート・》応援しよう《ザ・トゥループス》」とロゴの入ったバンパー・ステッカーが（警官の機嫌を取るために）貼ってあった。警官は次に、ヨニのヒッピー風の服装といたずらっぽいえくぼをちらっとみた。そして車を調べた。運悪くトランクの中には、ゼブラ柄の生地でアフリカ大陸の形をアップリケした小型の鞄が隠してあり、その中に自家栽培のマリファナが入っていた。その量は「販売の意図あり」とみなされるほどに多く、それはD級重罪（重い罪から順番にA級重罪からE級重罪までがあり、D級重罪には五年以上十年未満の懲役が科される）に相当した。

ヨニが何の罪も犯していないという事実は考慮してもらえたかって？　マリファナが入っている鞄も「販売の意図あり」の中身も、ヨニの知りあったばかりの友だち、つまり助手席に座っている五十代の男の持ち物だということは、考慮してもらえたかって？　（ちなみにその男は、元ブラックパンサー（黒人解放運動の急進的結社。一九六六年結成）の党員で、目下失業中の教師兼自給自足農業者だった）。答えはもちろん、ノーだ。ヨニが有罪か無罪かを判断するのは裁判官の役目であって、警官の仕事じゃない。古い南部の民謡の歌詞にも、こんなのがある。

保安官に捕まって、警官に殴られて
気がつけば、牢の中

ヨニはその場で逮捕され、拘置所に入れられ、保釈金を払って釈放されたが、夏のあいだ夜も眠れず、最長一年くらいの懲役をくらうんじゃないかとびくびくしていた。そしてようやく無実が認められたが、そこにたどりつくまでが容易じゃなかった。なぜなら、ヨニの人生の出来事は旧約聖書なみのスケールで展開する傾向があるからだ。ヨニの神は怒れる神なのだ。裁判所へは、ハリケーンのカトリーナが吹き荒れる中、オンボロ自動車を運転して出頭する羽目になった。雨が横なぐりに吹きつけ、水中を走っているようだったという。しかし、ようやく無実の罪は晴れ、容疑者として撮られた顔写真も抹消されて、ヨニの汚名はそそがれた。今回もまた。

ヨニに対する嫌疑がぬぐい去られた回数は、ファミリーレストランのテーブルの汚れがぬぐい去られた回数さえ上回る。しかも毎回、ぬぐい去られたそばからまた脂っこい料理が並べられる。ヨニはトラブルに目がない大食漢みたいだった。ミシシッピ・デルタに住んで高校で国語を教えていたとき、ヨニは南部特有の温かいもてなしというやつを実践しようとしていた。だから、ある日、ライフル銃を持ってミシシッピ川の岸辺を歩いていたカウボーイ風の流れ者に「町で何かおもしろいことはないか」ときかれると、すぐにその男を自宅へ招待し、純粋な気持ちで夕食をふるまった。

ところが食後、性的欲求不満を抱えていたカウボーイは性器を露出してヨニに迫った。ヨニ自身は、旅に出るとユースホステルどころか公園のベンチで眠って旅費を節約するタイプだった。ヨニはほかにも、まだトラブルには発展していないがいつか毒のある果実を結びそうな、邪悪な種みたいなものを抱えていた。この嘘によって、なかなか手に入らないひとり部屋を確保するという当面の目的は達成したものの、「夜尿症」を記載したその書類がそのうち、渡ってはいけない人物の手に渡るんじゃないかという不安を、ヨニはいまだに抱いている。たとえば終身在職権審査委員会や、議会の委員会などの手に。そんな日がきたら、ヨニはまた汚名をそそがなくてはならない。

ヨニは人生の大部分、冤罪の危険にさらされてきた。身なりがだらしなくて変わり者だったので、大学のある管理者から（まったくの濡れ衣だが）ヘロイン中毒を疑われ、尋問されたことがあった。また、その管理者のオフィスに呼ばれて、人種差別がらみの犯罪の疑いをかけられたこともある。これもまたとんでもない誤解だった。ヨニは管理者に説明した。たしかに自室の窓から、人が多勢いる寮の中庭に向かって大声で「おい、アヴィ、くそユダヤ野郎！」と叫んだが、それはユダヤ人同士のジョークにすぎないと。そのほか、生物学的レベルでも無実の罪をきせられかけた。なぜか梅毒の検査で陽性と判定されたのだ。これも間違いだった。

しかし、ヨニは負け犬のレッテルを貼られても決してくじけなかった。リトルリーグの選手にしては太りすぎていて、二十打席連続三振という記録を作ったが、それでもバッターボックスに立つとベーブ・ルースばりにバットで外野フェンスを指さして、次こそホームランを打つぞとアピールした。また後年、機内誌で実業家ドナルド・トランプの記事を読み、その偉大な人物の忠告を心にとめて、仕事のときには常にネクタイを着用した。ヨニは徹底した楽観主義者だった。

のちに、ヨニはテレビの「ジェパディ」というクイズ番組に出演し、九百万人の視聴者の前で最高の瞬間を迎えることになる。前半三十問の「ジェパディラウンド」と後半三十問の「ダブルジェパディラウンド」が終わった時点で、スタジオの観客はヨニに敵意こそ示さなかったものの、明らかに見限っていた。たしかに、ヨニのマヌケな態度——紹介されるとみだらな投げキスをしてカメラにウィンクしてみせるし、おかしな声でしゃべるし、やたらに拳を振り回すし、ライムベージュのチェック柄のジャケットなんか着てるし、シャツの襟はバイロン風だし、ベルトを通していないズボンはずり下がってるし、どこをとってもだらしない印象だし——をみれば、この男は勝手に余興を演じているだけだと思われてもしかたなかった。なかでも、スタジオの観客席にいるヨニの母親を初めみんなが言葉を失ったのは、司会者とヨニのやりとりが全国放送のフロイト流心理分析みたいになったときだった。

アレックス・トレベック（司会者）　ハーバード大学在学中に、毎年恒例の「プライマル・スクリーム」というイベントで、全裸でオレンジ色のかつらをつけて中庭を走り回ったそうですね。それをお母様もみていらしたとか？

ヨニ　ええ、うちの母は理解があるんです。あと、母の友人と、ぼくの兄と、祖母もそうでした。

トレベック　みなさん全裸で走られたんですか?
ヨニ　いえ、みてただけです。
トレベック　お祖母さまの反応はいかがでした?
ヨニ　傍観者として楽しんで、こんなことをいってました。知らなかったよ、あんなにいろんな形や大きさの……
トレベック　はいはい、なるほどね……

生涯で最も多勢の観客を前に、ヨニはまんまとバカを演じきったのだ。その役回りをさらに印象づけるかのように、二ラウンドともクイズの出来は散々で、「ファイナルジェパディ」に入ったとき、ヨニの持ち金は解答者の中で最も少なく、二番目に少ない解答者とくらべても一万一九〇〇ドルも負けていた。スタジオの観客はだれひとり、このちんけな、派手なジャケットを着た道化が底力を持っているとは思わなかった。ところが、「ファイナルジェパディ」のシンキングタイムの音楽がやんで明かりがついたとき、「ウォーレン委員会のメンバーで後に暗殺されそうになった人物は?」という問題に正解したのは、ヨニひとりだった。ジェラルド・フォード大統領と彼を暗殺しようとしたスキーキー・フロムおよびサラ・ジェーン・ムアのおかげで、ヨニは二万五七九九ドルを獲得し、喜びのあまり全国放送のテレビ番組でおかしなジグを踊ってみせた。そのあいだ、プレッピー風のこぎれいな服装をしたほかの解答者たちは呆然と立ちつくしていた。ヨニは再び、「バカが勝つ」という自説が正しいことを証明したのだ。

しかし、全国放送のジグにたどりつくまでには長い時間がかかった。その数年前には、ヨニは保釈中の男にすぎず、借金を山と抱えて職をさがしていた。ハロウィーンが終わり、お化け屋敷での仕事——邪悪なドイツ人科学者——もなくなると、ヨニはいろいろな半端仕事に応募した。果物売り、ストリートミュージシャン、自転車のツアーガイド、ダンキンドーナツの店員、バル・ミツバを迎える少年にヘブライ語などを教える家庭教師、ストリッパー。最後の三つのほかはどの仕事にも採用されたが、収入はわずかで、ヨニの職さがしは続いた。

やがて幸運にも、ぼくが働いている刑務所のある職に空きが生じた。ヨニは無実の罪が晴れ、体内から違法な残留物がいっさい排出されるのを待って、ひげをそり、面接を受けにやってきた。

そして、二、三週間後のある晴れた昼下がり、刑務所暮らしをからくも逃れたほんの数ヵ月後に、ヨニは刑務所の中庭からぼくのいる棟に入り、廊下をこちらに歩いてきて、警備の刑務官たちの前を通り過ぎ、図書室のドアを大きく開いた。さっそうと入ってきたヨニは、契約職員の身分証明書をシャツにとめ、皮肉っぽい笑みを顔中に浮かべていた。

「元気か、ピンプ」。ヨニはおどけて、拳でぼくの拳にふれた。集まっていた図書室の常連たちは、それをみて喜んだ。

「あんたのダチか?」ファット・キャットがニカーッと笑っていった。

「らしいな」とダイス。

ぼくはいった。「ええと、こちらはヨニ。生活技能の新しい講師だ」。

❇カトリーナ募金騒動

ある日、ぼくはサリーポート——刑務所の正面の防護ドア二枚（決して同時には開かない）にはさまれたせまい空間——にいた。そこには六、七人の職員が詰めこまれていたが、中のひとり、年上の女性職員が妙になれなれしい笑顔をぼくに向けた。間違いなく、初対面の相手からおせっかいなことをいわれるパターンだ。ぼくはよくそういう目にあう。

「ボランティアの人？」その女性がきいてきた。

「いえ、ここの職員です」。

ぼくはピカピカのＩＤカードを彼女にみせた。そこに添付されている写真のぼくは、有罪ですといわんばかりの短髪で、おどおどした表情を浮かべている。

「変ね」。女性は、中央制御室の刑務官がもうしばらくは自分たちを通してくれそうにないとわかると、また声をかけてきた。「児童労働法ってものが、この国にはあったはずだけど」。いい終えるか終えないうちに、喫煙者特有のガラガラ声で爆笑する。

「あなたいくつ？　十二歳？　十三歳？」これには、会話をきいていないふりをしていた人たちまで、ニヤリとした。

その日、ぼくは初めて刑務所の「カジュアルフライデー」という方針（これは職員向けの方針。受刑者にこれ以上カジュアルな格好をさせたら、パンツ一枚になってしまう）に従って、ジーンズ、レッドソックスのTシャツ、コンバースのスニーカーという服装をしていた。そのせいで大柄な十歳児にみえたんだろう。カジュアルフライデーを実践するのはこれで最後にしよう、と思った。

しかし、そのガラガラ声の女性と同じような態度を取る人は、ほかにもいた。ぼくは職員の中で最も若く未熟な人間で、みんな、ぼくにそのことを思い出させるのが楽しいらしい。「気をつけて、だれも信用しちゃいけないよ」と七人ぐらいから忠告されるにおよんで、自分には特別頼りなさそうな雰囲気があるんだろうか、と思うようになった。

そんなわけで、ぼくには刑務所内である程度の敬意を獲得する必要があったが、いろいろ考えてみても結局、それまでに受けた教育の影響から脱け出せなかった。つまり、世界の諸問題を解決すべく精一杯努力すべし、という点に行き着いた。よし、ハーバード流でいこう。ぼくが先頭に立つんだ。

ぼくは上質の光沢紙を使った雑誌からハリケーン・カトリーナによる難民の写真を何枚か切りぬいて貼り合わせ、募金を呼びかけるポスターを作った。受刑者のあいだでも、被害にあったニューオーリンズの黒人貧困層の援助に政府が無関心すぎるという憤りが高まっていたので、不満を唱えるだけじゃなく何か行動を起こそうと受刑者たちに訴えるつもりだった。ハリケーンの救済基金に募金をしよう、それによって敬意を受けよう、と。

そのアイデアを上司のパティに話したが、すぐには賛成してもらえなかった。ぼくは考えもしなかったが、受刑者から募金を集める、とくにひとつの集団として募金活動をするというのはかなり急進的な考えだし、いうまでもなく実行にあたってはかなりの困難が予想されるというのだ。しかし、それは単に技術的な問題でしょう、とぼくはくいさがり、自分が上に立ってしっかりまとめていきますと自信満々に請け合った。パティはこの計画を気に入ってはいなかったが、ぼくの熱意をそいではいけないと思ったんだろう、青信号をともしてくれた。いや、黄信号だったかもしれない。もっともボストンでは、黄信号は「アクセルを踏みこめ」という意味だ。

ぼくはポスターを貼り出した。専用の同意書の書式を作り、受刑者がそれに署名すれば刑務所の各自の口座から赤十字のカトリーナ基金に募金が振込まれるようにした。同意書のコピーをとって受刑者に渡せば、領収書がわりになる。また、刑務所のユニットごとに受刑者の名簿も作った。ぼくは計画に不備がないか確認し、募金を呼びかけるチラシを作って刑務所中にばらまいた。

すべて順調にいっていたが、ある日、もじゃもじゃの濃い髪をしたラインバッカーなみにでかいベテランのケースワーカーが、重そうな黒い革ジャケットを着て、募金のチラシを一枚握りしめて図書室に入ってくると、ガムをかみながらにこにこして、きついギリシア語なまりでいった。

「ほーんきか、これ?」彼はチラシを高く掲げた。

ぼくは、いたってほーんきだと答えた。

「へーえ、そうかい」。彼は首をふり、声をあげて笑った。「まあ、せいぜい頑張れや」。

彼は人なつっこく背中をたたいたが、すごい力だったのでぼくは思いきり前につんのめり、はいていた〈ロックポート〉の靴がすっぽ抜けそうになった。

職員の反応はみな似通っていた。別のケースワーカーは、日課どおり休憩時間に日刊紙を読みに図書室にきたとき、受刑者は募金の見返りに何がもらえるのかときいてきた。役に立つことをしたという実感です、とぼくは論理的に答えた。相手はうっすら笑みを浮かべて落ちを待ったが、落ちはないとわかるとゲラゲラ笑いだした。

「いいねえ、じつにいい」。

そのケースワーカーがニヤニヤしながらいってしまったあと、クーリッジがぼくのところにきた。近くの席で分厚い「注釈・マサチューセッツ州一般法」を熟読しながら、いまのやりとりをきいていたらしい。

クーリッジはいった。「あいつらのいうことに耳を貸しちゃだめだ。わかってるんだろ、いいことをしてるって」。

「ありがとう」。ぼくは礼をいった。

「手伝ってやるよ。おれなら、ユニットの中に入ってみんなの署名をもらえる。まかせとけ」。

「大丈夫、自分でできる」。

「いやいや、手伝うって。ここの流儀はよく心得てるんだ」。

「いやいや、大丈夫だって」。

実際、大丈夫だった。同僚たちはうまくいかないだろうと思っていたようだが、募金はぽつぽつ集まり始めていた。なかには、自分も破産寸前、という募金者たちもいたが……。ぼくはいい気分だった。受刑者から募金を集めるのが急進的だというなら、ぼくはきっと急進主義者なんだろう。

じつをいうと、ぼくはちっとも急進主義者なんかじゃない。チェ・ゲバラの写真を部屋に貼るなんて、死んでもいやだ。それに、昔出会ったウェスレー派（十八世紀英国の神学者・ジョン・ウェスレーの福音主義を信奉するプロテスタントの一派）

の女子学生から、クスリをささっと売って手に入れた金を刑務所の教育プログラムに寄付した、ときいたときはおもしろいと思ったが、ぼく自身は革命的行動をとる人間じゃなかった。

しかし、ふと野心が頭をもたげた。寄付金の目標額は低めに設定してあったが、計画を実行するからにはきちんとやりたかった。できるだけ多くの寄付を集め、できるだけ多くの受刑者に印象づけたかった。

だから、クーリッジの申し出に心を動かされた。彼のいうとおりだ。彼なら、図書室にきそうにない受刑者たちにも接触できるし、ぼくみたいな十代前半にしかみえない白人の若造よりも説得力がある。クーリッジに手伝ってもらえば、この運動への協力者は二倍（あるいはそれ以上）に増えるだろう。

迷っているうちに一週間が過ぎ、少しずつ集まってくる寄付は日に日に減る一方だった。ぼくはクーリッジにチャンスを与えることに決め、彼が「オフィス」と呼んでいる奥の参考書籍室兼コンピュータ室に近づいた。ぼくが入り口でためらい、そのまま進むべきか迷っていると、クーリッジが気づいて声をかけてきた。

「入ってこいよ。そんなに忙しくないし」。

「うん。じつは頼みたい仕事があるんだ」。

これは、「あんたの助けがいるんだ」よりもいいだろうと思って選んだ言い回しだった。

「へえ、なんだい？」

「カトリーナの募金活動に協力してくれるっていう件、よく考えてみたんだけど、やっぱり各ユニットで署名を集めてもらおうかと思って」。

「そうするっていっただろ」。

クーリッジはファイルを開き、署名がたくさん書きこまれたしみだらけの用紙を何枚も引っ張り出した。

「もう始めてたんだ」。クーリッジはこちらがうんざりするほど得意そうだった。「どうだい？」

ぼくは気に入らなかった。クーリッジはぼくを裏切っていたのだ。しかし、驚くほどたくさんの署名を集めてくれたことは、認めないわけにいかなかった。

「いいね。その調子で続けてくれ」。ぼくはいった。

❋刑務所のドア・小史

この刑務所が立っているのは、以前にゴミ捨て場と焼却場があった場所だ。刑務所まで車でたどり着くのはすごく難しい。まず、エッシャーのだまし絵の迷路みたいな通りを抜けていかなきゃならない。西へ曲がったはずが東へ向かっていたり、東に曲がったはずがどこにもたどり着けなかったりする。刑務所があるブラッドストン・ストリートに入るには、いきなり超鋭角に右に曲がる必要がある。そこで曲がりそこねると、たちまち州間《インターステート》高速道に乗ってしまう。まるでこの地区を設計した人間が警告を発しているみたいだ。いいか、ここで曲がりたくなんかないだろう、さあ立ち去れ、ここを離れて遠くへいくのだ、と。

とはいえ、ぼくは車ではなく、マサチューセッツ・アベニューを通るバスを使って通勤していた。当時住んでいたところに近いハーバードヤード（ハーバード大学内の緑地帯のひとつ）の門の前でバスに乗り、ボストン医療センターで降りる。そこから歩くこと十五分、ハイウェイの巨大なインターチェンジを突っきって、サウスベイ地区の暗黒街に入る。

道路標識によるとそこはニューマーケット・スクエアという地区だが、だれもそんな名前で呼んではいない。そこは工業地区で、周囲にはボストンで最も物騒な、急速に再開発の進む地区が広がっている。ロクスベリー、ドーチェスター、サウスエンド、サウスボストン（別名サウジー）。ケンブリッジに住むぼくの友人・知人のほとんどは、サウスベイという地名さえ耳にしたことがなかった。車でわずか二十分しか離れていないというのに。

よく刑務所は倉庫にたとえられるが、単なるたとえとは言い切れないことがわかった。この刑務所のあるサウスベイは、実際に倉庫地帯だったのだ。もちろん、自動車修理工場、石材置き場、麻薬中毒者の診療所、崩れかけたいろいろな建物、ボストン消防署の本署、交通警察などもあったが、大方の通りには倉庫が立ち並び、配達用トラックがバックするときのブザー音がいくつも重なって響いていた。ときどき、地区全体がじりじり後退しているんじゃないかと思ったほどだ。

それはある意味、当たっていて、サウスベイ地区は海に沈没しつつあるという、もっぱらの噂だ。埋め立てられてもう百年以上になる陸塊だが、いまも空にはカモメが群れ飛んでいる。海水面が上昇しているのがカモメにはわかるのかもしれない。

終末の予感はいたるところにある。刑務所の前の広い集積所はさながら都市の墓場で、道路標識

――コモンウェルス・アベニュー、ビーコン・ストリートといった大通りにあったものもある――の曲がったりねじれたりしたものが廃棄されている。ほかにも、裂けた木の電柱が乱雑に積まれていくつもの山をなしていたり、ボロボロの街灯、へしゃげた信号機、フィッシャープライス社製の真新しいキッチンままごとセットなんかが捨てられている。

刑務所の周囲を見回すと、もとは船舶用貨物集積場《シッピングヤード》だったことがすぐにわかる。周辺の通りには古いレールが不規則な間隔で残っているし、通りそのものは迫撃砲でもくらったみたいに穴がたくさん空いている。車で刑務所から遠ざかるときには、思い切りスピードを落とさないといけない。猛スピードで逃げるのはとても無理だ。

現在のサウスベイの刑務所には、「ユニット」と呼ばれる比較的小さい房の集合体がいくつかあって、それぞれのユニットは受刑者の交流の場であるデイルームを囲むように設計されている。それとは対照的なのが、昔ディア島にあったオーバーン（ニューヨーク州立刑務所）風の刑務所だ。悪名高い直線的な設計で、何本もの長い廊下の両側に房が並んでおり、受刑者を最大限に孤立させるという意図があからさまだった。現在の「モダンな」刑務所が一九九〇年に建設されたとき、マサチューセッツ州知事に立候補していた共和党のウィリアム・ウェルド（後に知事就任）は反対運動を展開し、次のように主張した。

「このタージ・マハルのような刑務所は、現州政府が犯したあらゆる過ちのいまわしい象徴であり、マサチューセッツ州の納税者のみなさんに対する永遠の侮辱となるでしょう。わたしは受刑者に岩を打ち砕く喜びを再び味わってほしいと考えています」。

ウェルドは伝統的な観点から刑務所の建築をとらえていた。十九世紀初頭の百科事典によると、刑務所の設計には「負の想像力をかきたて、最大限の嫌悪感をもよおさせるのに効果的な方法」を用いるべきであり、「ゆえに刑務所の外観は重苦しく威圧的で、みる者をいやおうなく憂鬱な気分にさせ、恐怖に怯えさせる」ものであるべきだという。

ベンジャミン・ラッシュ博士――この人は独立宣言に署名しただけでなく、刑務所の改革者であり、やや目立ちたがり屋だった――にいわせると、刑務所のドアには視覚だけでなく聴覚に訴える工夫も必要だった。「この建物に通ずる道を、山々や沼地によって困難かつ陰気なものにしよう。ドアは鉄製で格子を入れ、開閉のたびにその反響が魂を深く刺し貫くようにしよう」。当時、これは進歩的な考え方だった。魂を刺し貫くほうが遺体を切り刻むよりも人道的なアプローチだったからだ。

しかし、サウスベイの刑務所の設計者たちは違う考えを持っていた。設計の初期段階で、スタッビンズ・アソシエイツ社――ボストンの連邦準備銀行、ニューヨークのシティコープ社のビル、レーガン大統領図書館などの設計で有名――の設計士たちは、様々な古い刑務所の写真をケンブリッジの日当たりのいいオフィスの壁に貼り出した。どれも陰気すぎる建物だったが、ただひとつ異彩を放つ写真があった。すでに神話的存在となっていたヴェネツィアの〈ため息橋〉の写真だ。同社のある上級設計士が「ボストン・グローブ」紙に語ったとおり、〈ため息橋〉は「総督邸兼政庁であるドゥカーレ宮殿と監獄とを宮殿の裏でつないでいて、この種の建物の社会的役割を示唆しており……社会に広く知られた正義の顔と、拘禁・処罰の現実との架け橋となっている」。

知事と設計者は、刑務所の設計のねらいという点では意見が違ったが、昔からのある認識を共有していた。つまり、刑務所の外観は、中にいる受刑者だけでなく外からながめる市民にも影響を及ぼすべきである、という認識だ。知事も設計者も、刑務所の外観は重要であり、重要な公の……何かを象徴すべきだと考えていた。

ある日、ぼくは勤務に就く前に刑務所の前に立って、建物の正面をながめていた。おそらく、仕事を始めるのを二、三分遅らせたいという気持ちもあったんだろう、ぼくはちょっとした実験をしてみた。いったん両目を閉じて、開ける。そのあいだに刑務所の建物がぼくに魔法をかけて、何らかの感情的反応を、感覚を引き出してくれるかもしれない。

そうしたところ……何も感じなかった。陰気さも恐怖も感じない。鉄格子の音もなし。魂が深く刺し貫かれることもなかった。目の前の建物は、知事がいったようなタージ・マハルのような刑務所でも、いまいましい象徴でもなかった。かといって、建築家たちのいう高度に概念的な「正義の橋」でもなかった。また、どんなものにせよ、「想像力をかきたてる効果的な方法」などなかった。目の前の建物はあらゆる想像をはねのけた。それは二個の巨大なシリアルの箱にすぎなかった。なんの印象も残さず、ほうっておいてくれといっているみたいだった。ただただ機能的な建物。しかし、どんな機能なのか――それはよくわからなかった。

だが、かつてはそうではなかった。『緋文字』の忘れ難い第一章、「監獄の扉」で、作者のナサニエル・ホーソーンは述べている。あるいは想像している。これと同じ施設、つまりボストンの監獄が、ごく初期に出現したときにはどんな様相だったか。新世界に初めて造られた監獄はどんなだったか。以下に、冒頭の一節を引用する（ちなみに『緋文字』は、現在の刑務所の図書室では、「古典」と「小説」、両方の棚に置かれている）。

ひげののびた男たちの一団は、くすんだ色の服に身を包み、灰色のとがった帽子をかぶっていた。女も何人か混ざっていて、フードをかぶっている者もあればかぶっていない者もいた。彼らは木造の監獄の前に集められていた。その分厚い扉は樫材でできており、鉄の忍び返しがいくつも打ちつけてあった。

新たな植民地を築いた者たちは、人間の美徳と幸福にあふれた理想郷をどんなふうに思い描いていたにせよ、一様に次の事実を認めざるを得なくなった。早い段階で現実的に必要なものとして、処女地の一部を墓地に、別の一部を刑務所に当てねばならない……。町ができて十五年から二十年もすると、木造の監獄には早くも、風雨がもたらす変色その他、経年による傷みが目立ち、ただでさえむっつりと陰気な正面の外観にさらに暗さが加わった。樫材の扉に打ちつけられたごつい金具に生じた錆は、新世界のどんなものより古びてみえた。罪に関係のあるものはみなそうだが、その建物には若かりし時代などなかったかのようだった。

まっさらの新世界で何より古びてみえたという監獄の扉はきわめて強烈な象徴物だったため、ホーソーンは罪と罰の本質をめぐる物語の冒頭で、読者にこの扉に注目させ、そのあとで主な人物を登場させた。監獄の扉は、そこから出てきた罪人と同様、ここの主役になっているのだ。

かつて恐ろしい罪の象徴だった監獄は、進化してぼくの目の前の建物になった。現在の刑務所は、何も明確に主張せず、役割を明言することもない。街の景観に溶けこむよう設計され、ハイウェイを車で走る人びとから気づいてももらえない。これは進歩なんだろうか？

現在の刑務所には鉄の忍び返しも、陰気な鉄格子も、胸壁みたいな塔もない。そして分厚い扉もない。ホーソーンが描いた監獄の扉は、刑務所の図書室の棚に並んだ本の文章の中にしか残っていないような気がする。その扉があった場所には現在、ロビーに続く入口がぽっかり空いているだけだ。

いまはホーソーンの監獄の扉のような具体的な象徴物がないので、だれもがそのぽっかり空いた空間を自分なりの意味で自由に埋めることができる。受刑者に読み書きを教える講師やヨニのように社会復帰した講師には、講師用指導書がある。刑務官や補助職員には退職基金がある。ジェシカには家族をめぐるドラマがあるとわかった。ではクーリッジは？　彼は監獄の扉があった空間をいつものように陰謀説で埋めていた。多くの受刑者と同様、クーリッジも、ここはいったいなんのための場所なんだ、と疑問を口にした。そしてあざけるような口調で、アメリカの刑罰制度では「矯正《コレクション》」という言葉がどこかジョージ・オーウェルの『一九八四年』風に使われている、と指摘した。「矯正省」「矯正院」「矯正施設」、そして彼自身が気に入っている「矯正官」という言葉。

「そもそもどういう意味なんだ？」とクーリッジにきかれたことがある。「『矯正』ってなんなのか、教えてくれよ」。

クーリッジは訴訟事件摘要書の裏に「おれは正すことが好きだ（I like to right）」と落書きし

たあと、それを線で消して「おれは書くことが好きだ（I like to write）」と書き直して、いった。「これが正す、矯正するってことだろう。けど、ここはただのムショだ。『矯正施設』なんかじゃない」。

クーリッジのとりとめのない話の中には、しばしば真実の種がある。だれも「矯正」のほんとうの意味なんて知りはしないのだ。それは虚しい言葉で、かつて監獄の扉があった空間と同じように空っぽだ。

現在の刑務所の入口ドアは建物の中にあって、外からはみえない。よほど気をつけていないと見落としてしまう。ロビーの金属探知機の後ろに、スチールとガラスでできた二重のスライディング・ドアがみえる。透明で目立たないドアだ。しかしその重いことといったら、ピューリタン教徒が作った樫材の扉なんか比較にもならない。この監獄のドアは昔の扉よりもはるかに陰気で、はるかにみえにくい。

組合委員長のチャーリーが、組合によって保護されている休憩をとりに外に出てきて、ぼくが高層棟を見上げているのに気づいた。

「遅刻するぞ」。チャーリーはいつもどおり冗談半分にいった。「何をみてる？」

「別に何も」。

ぼくはチャーリーと一緒に空っぽの空間を抜けて、またロビーに入った。

✻クーリッジの暴走

ハリケーン・カトリーナの募金活動を始める前から、クーリッジは恐ろしく忙しい男で、いつもいちばんに図書室にきて、帰るのは最後だった。同世代の受刑者の中でとくに法律に明るいというだけでなく、クーリッジはいろいろな役目を自任し、勝手に肩書きまで考えていた。まずは「法律コーディネーター」。これはときによって「法律相談員」「法律調整員」「法務書記」などに変わった。ほかにも、「教育カウンセラー」「社会復帰アドバイザー」「バプティスト派礼拝コーディネーター」などなど。クーリッジには架空の肩書きがたくさんあって、ついでにハーバード大学卒業見込者の偽履歴書を持っていてもおかしくないくらいだった。

こうした数々の（架空の）役割のおかげで、クーリッジはさらに高い（架空の）地位を獲得していた。刑務所のドンというか、受刑者全員の代表のような地位だ。一部の受刑者は彼のことを軽蔑まじりに「大統領《エル・プレジデンテ》」と呼んでいた。クーリッジ大統領の政治活動の軌跡は、様々な形で詳細に残された。訴訟事件摘要書を書いていないときには、様々な公式メモ、論説、正式な質問書、新聞・雑誌への投書、経過報告書などを書いていた。特別な機会にはプレスリリースまで出した。刑務所にマスコミのカメラを入れることが許されていたら記者会見だって開いたろうが、現状では無理なのでプレスリリースを書くだけでがまんしていた。

クーリッジは名文家とはいえないが、論調は常に強気だった。メモの世界のマーク・トウェインとでもいうか、堅苦しい書類さえ気迫満々に、ときおり機知を折り混ぜて書いた。ぼくのところへ最近書いたものをチェックしてくれと持ってくるのだが、ぼくが何かアドバイスをするとことごとく拒んだ。もう少し「！」を減らしたら？といったこともあるが、感嘆符満載の口調で反発された。「冗談じゃない！」クーリッジは両手をあげてみせた。「おれが感嘆符を発明したんだぞ！　おれがこいつを有名にしたんだ！　こいつを商標登録したのもおれだし、使用料だってもらってんだ！」

　クーリッジは様々な企みと感嘆符を武器にあらゆる方面の人びとを苦しめ、困らせた。裁判所、仮釈放監査委員会、新聞の編集委員会、有名作家、刑務所の管理部門、市役所、有名人、聖職者、そして郵便のあて先になる住所を持っている人間ならほとんどだれでも。だが、ぼくはいっさい気にしなかった。クーリッジが受刑者の署名をたくさん集めてくれたおかげで、カトリーナ募金に寄付金がどんどん流れこんできていたのだ。いうことなし、という状況だった。

　しかし、クーリッジの仕事ぶりにやや疑問を抱くようになったのも、一枚のメモがきっかけだった。より正確にいうなら、クーリッジがたまたま図書室に置いていったメモの下書きだった。それはカトリーナ募金活動に関する、いや、彼のカトリーナ募金活動に関するメモだった。

　その中でクーリッジは刑務所の管理責任者に対し、「女性受刑者が収監されているユニット（高層棟）において寄付を募る許可を、謹んで要請」していた。ぼくは思わず、このひかえめな要請に笑ってしまった。そんな要請は違法であり、はねつけられるに決まっていることは、クーリッジだって知っているはずだ。男の受刑者が女の受刑者のいるユニットを訪ねたいと要請するのは、受刑者がひと晩、刑務所を出て友だちの独身さよならパーティに出席したいと要請するようなものだ。

さらにクーリッジは「計画のまとめ役」として、しかるべき「刑務所スタッフの付き添いのもとで」女性受刑者のユニットにおいて募金活動を行いたいと、謙虚に書いていた。もしそれが実現すれば、募金額が大幅に増え、募金活動への注目度も上がり、刑務所の管理責任者諸兄にとっても大いなるPR効果が期待できるでしょう、とも書いていた。また、多少脅迫めいた論調でこう述べていた。受刑者たちはカトリーナの被害者の救済策に人種的不公平が生じていることに激怒しており、そのもっともな怒りをおだやかな形で表出できる場が不可欠である、と。さらに、女性受刑者を募金活動に参加させなければ、多くの受刑者はそれを当活動への妨害とみなすだろうとさえ書いていた。暴力をにおわせて脅しをかけているのは明らかだった。

メモの最後はこう結ばれていた。自分はこの活動を立案・計画したことを大変誇りに思っており、活動の完了時には「メディア向けイベント」を企画する許可をいただきたい、そのためには尽力を惜しみません、プレスリリースも作成します。――そして、経費の一覧表が添えられていた。

これはまったく愉快な提案で、真面目な顔で妄想を綴った文章の傑作だった。あまりに愉快だったので、ぼくは自分のアイデアをクーリッジに横取りされたこともほとんど気にならなかったくらいだ。

その週の金曜日、早番についていたときにオフィスの電話が鳴ったので、受話器を取った。

「クーリッジを首にして」。

パティの声だった。

「なぜですか？」ぼくはたずねた。

答えが返ってこない。

「上からの命令。クーリッジに図書係は首だって伝えて。いますぐ」。パティがようやくいった。

「なんていえばいいんです？」

「だから、首だって」。

「ですが、その……」。

「それと、ただちに自分の房へもどるように伝えて」。

「理由をきかれたら、どうすればいいですか？」

受話器の向こうから不快そうな物音がきこえてきた。ため息、鼻をすする音、ペンで机をたたく音。

「これは命令だって伝えてちょうだい。理由はそのときがくればわかるからって」。

最後のひとことはぼくにも向けられていたので、腹が立った。しかし、ぼくにはもっと差し迫った心配事があった。人を首にするのなんて初めてだ。まして乱暴者の重罪人を首にするなんて。そのときになって初めて、ぼくはなんの職業訓練も受けていないのに気づき、これは実地訓練だと思った。

クーリッジはぼくのオフィスに入ってきたとたん、何か変だと気づいたらしかった。こちらが何もいわないうちに、陰気な角ばった顔をぼくのほうに向けてこういってきた。

「おれは募金活動とは無関係でいいよ。全部あんたの手柄ってことにして、カメラに向かってにっこりしてくれ。おれは横でみてる。それでいいんだ」。

「それはどうも」とぼく。「だけど、カメラがくることはなさそうだよ」。

そして、クーリッジにひとこともしゃべる隙を与えず、ズバッといった。

「さっき上司から電話があって、あんたを首にしろといわれた。ただちに房にもどるように、ってことだった」。

クーリッジの顔がゆがみ、歯がむきだしになった。自分の首が床に転がる情景がぼくの頭に浮かんだ。たぶん、痛いのは一瞬だろう。ひょっとしたら痛みを感じる間もないかもしれない。あっという間の死は、いつだって悪くないプランBだが、いま必要なのはプランAだ。ぼくはさっとオフィスを見回し、武器をさがした。コンピュータのでかいモニターを持ち上げ、やつの頭にたたきつけて逃げる。それか、モニターを盾に戦う。問題は、モニターを持ち上げると同時にコンセントからプラグを引き抜くという動作を、一瞬でできるかだ。

クーリッジはたてつづけにいろいろな妙な動作をした。椅子から飛び上がり、オフィスの中をいったりきたりし、拳を掌に打ちつけ、髪を乱暴にかきあげ、また椅子にどさっと座る。そしてとうとう、顔を両手で覆った。

「なぜだ?」クーリッジがぼくにきいた。

「わからない。理由は教えてもらえなかった。きみは知ってるのかと思った」。

クーリッジはぼくをにらみつけ、ぼくはモニターに手をかけた。

「頼むよ」。クーリッジが泣きそうな声でいう。「おれにはこの仕事が必要なんだ。自分の訴訟事件の対策を練らないと、最低でも七年はぶちこまれる。最低でも！　二十年になったっておかしくない。笑いごとじゃないんだよ。これはおれの人生だ。自分を弁護する権利はあるはずだ」。

ぼくは、クーリッジが娘と交わしたという約束を思い出した。娘が赤ん坊を、つまり彼の孫娘を産むとき、そばにいてやるという約束だ。クーリッジが受刑者仲間に読み書きを教えてやっていたことや、ぼくが着任したての頃に助けてくれたことも思い出した。

「ぼくの一存ではどうにもならないんだ」。みじめな思いでいった。

クーリッジは出ていきざま、ささやくような低い声でいった。「自分や自分の部下を守れないやつは、だれからも踏みつけにされるぞ」。

その日、あとになって別の受刑者からきいたところによると、クーリッジは自分の房にもどって泣いたそうだ。

二、三日たって、ぼくはようやくクーリッジが首になった理由を知った。やはり悪名高いメモのせいだった。クーリッジはとうとう一線を越えてしまったのだ。最近の彼は職員気取りがはなはだしく、管理部門も警戒していたらしい。そこへとどめになったのが、クーリッジの書いた一通の手紙——上のほうに「所内メモ」と記されているもの——だった。それは宗教プログラムの充実を求める手紙で、クーリッジが計画した（とされている）バプティスト派の洗礼のためにタオルやバスローブをもっとたくさん用意してほしいという内容だった。実際の儀式に雇われている聖職者は、クーリッジが自分をとばして上層部に直訴したことに激怒した。どうやらそれが初めてではなかったらしい。

ぼくとしては、クーリッジのメモを迷惑に感じることもあったが、大体はおもしろがっていた。彼は弱い者いじめもするし、とんだ職員気取りだったが、少なくとも何かを成し遂げようとしていた。そんな人間はほかの受刑者にはいなかったし、職員にだって多くはない。クーリッジが罰を受けたのは自発的に行動したからだと、思えてならなかった。

また、ぼくは気がとがめてもいた。クーリッジは自分でいっていたとおり、自分の訴訟事件にたゆまず取り組んでいた。窃盗罪で訴えられているいくつかの事件で有罪の判決がくだれば、かなり重い刑罰を科されることになる。法律は、彼のような「常習犯」に寛大ではない。受刑者の中には、殺人罪で裁判にかけられていて終身刑の可能性もあるのに、図書室にきてもチェスをしたりベン・スティラーの映画をみたりするだけ、という者もいた。クーリッジはたしかに人生を棒に振ったが、少なくともプライドを持って自分自身を真剣に弁護しようとしていた。

それに、彼が去り際にいったひとことには、いくばくかの真実がある。ぼくは少し「上」に従順すぎた。クーリッジに首を言い渡したあと、ぼくはパティのオフィスにいき、クーリッジを図書係にもどしてほしいと訴えた。彼の法律の知識は図書室にとって大きな資産だからと。しかし、その訴えは一瞬も考慮されずに却下された。ぼくは気に入らなかった。管理部門はぼくの有能な部下を首にするにあたって、ぼくの意見をききもせず、事情を説明してくれさえしなかったのだ。刑務所のヒラ職員は、この程度の扱いしか受けられないのか。

しかし、少なくとも、ぼくはいくらか前進した。カトリーナの被害者のために二千ドルほどの募金を集めた（その多くはクーリッジが走り回って集めてくれたのだが）。まあ、その点は自慢していいだろう。

ぼくがカトリーナ募金活動の最終報告書をまとめているとき、ある受刑者がタイプしたメモをよこした。同じユニットの別の受刑者から預かってきたのだという。そのメモには、クーリッジが募金運動中に不審な行動をしていたと書かれていた。受刑者の個人情報を盗んで募金を着服したり、一部の受刑者に力ずくで募金をさせたり、といったことだ。最後に、この件についてもっと詳しく知りたければ、自分の刑務所の口座に金をいくらか振込んでほしいとぼくに要求していた。

その男に金を払って情報をもらう気はなかったが、メモの内容は気にかかった。ぼくは二週間ほど前にクーリッジと交わした会話を思い出した。そのとき、募金活動はとても順調に進んでいた。「かすめ取ってやしないだろうね？」ぼくはクーリッジにきいた。冗談のつもりだった。

するとクーリッジはいった。「おいおい、マジできいてんのか？　おれがそんな汚いことをすると思うか？　よりによって図書室の仕事で？　ありえないね！　頼むぜ」。

ぼくはほかの図書係にもきいてみた。クーリッジはほんとうにそういう汚い手を使っていたのか？　だれひとり答えなかった。受刑者どうしは沈黙のおきてで結ばれている。しかし、彼らは否定もせず、クーリッジをかばおうともしなかった。

その日遅く、図書係のひとりがぼくのオフィスに入ってきた。そして、自分はクーリッジがやっていたことについては「何も知らない」が、受刑者から集めた金を募金先に送金するのはやめたほうがいいと思う、といって、わけ知り顔でうなずいた。そんなわけで、ぼくのカトリーナ募金活動は違法行為の影が色濃くなった。クーリッジを首にした罪の意識なんて、一瞬で吹き飛んでしまった。

その図書係はぼくをなぐさめようとした。「ここはそういうところさ。ここじゃ、だれも信用できない」。

「あんたのことは？」

彼は首を振って笑い、ぼくに背を向けた。

それから振り向いていった。「信じるのは自分だけにしたほうがいい。それだって、ここじゃ、かなり難しいけどな」。

＊新参の保安官

ぼくは自分を信じていた。と思う。少なくともかなり自信はあった。たとえば、自分は絶対にマイク・デ＝ルーカのような人間とは違う、と確信していた。デ＝ルーカは、昼間図書室の入り口の横で警備についている刑務官だ。背の低い短気な男で、風貌が少なからずナポレオンに似ており、ミスター・ビーン（イギリスのコメディ俳優、ローワン・アトキンソンが演じる喜劇的人物）にも少し似ていた。コマーシャルソングを口ずさむのと雑学クイズが好きで、暇さえあればこのふたつを組み合わせ、「曲名あてゲーム」を剣闘士なみの情熱で行っていた。感情の激しさは恐ろしいほどだったが、わかりやすくもあった。レッドソックスが勝った翌朝は感じがよく、負けた翌朝はイワン雷帝みたいになる。単純そのもので、新聞のスポーツ欄さえみればデ＝ルーカ予報ができた。デ＝ルーカは勤務中、たいてい組合仲間に囲まれていたが、その連中は全員怒りっぽかった。刑務所内のギャング組織としては最古参の一派で、「怒れる七人」を自称していた。

デ＝ルーカの仕事は、図書室のある教育センターの秩序を守り受刑者の往来を仕切ることだったが、すぐにかっとなり、目をむいて口から泡を飛ばしてどなった。それが自分の「流儀」だといっていた。

受刑者のグループ別図書室利用時間が終わると、デ＝ルーカはドアをさっと開けてずかずか図書室に入ってきた。そしてわなにかかったキツネみたいに殺気立った目で、すばやく室内を見回した。「退出！」とひと声かけても無視する受刑者には、容赦がなかった。両腕を振り回したり手をパタパタ振ったりしながら、だれかを殴りたくてたまらないという形相で、居残っている受刑者に突進し、出ろ、出ろ、出ろ出ろ出ろ、とっとと出ろ！　と叫んだ。デ＝ルーカの強みは常に、いきなりハイテンションで攻めるところだった。受刑者には嫌われていたが、彼のハイテンション攻撃はたいてい成功した。

何ヵ月もあとになって、免職になったデ＝ルーカがある刑務官にこういっているのをぼくは耳にした。「お偉いさん方はおれの流儀が気に入らないらしいが、おれがちゃんと仕事をしてないとはいえないのさ」。そのとおりだった。

多くの受刑者や職員からきいたところによると、デ＝ルーカはアマートの時代には図書室を襲撃したりしなかったそうだ。彼はアマートを尊敬していたし、いずれにせよ、アマートによる鉄の支配の時代には、刑務官が図書室の運営に干渉する必要などなかった。デ＝ルーカの猛攻撃は、図書室にリーダーシップが欠けていることを示していた。フォレストもぼくも支配力が足らないので、受刑者たちは好き放題にふるまっていた。そこをデ＝ルーカが言葉による攻撃で補ったため、フォレストとぼくはますます頼りなくみえ、図書室は刑務所の一ユニットみたいになった。図書室の一利用者になったクーリッジは、何度もこの状況を指摘してぼくをからかった。ついにぼくが、アマートとは違うやり方で図書室を仕切ってるんだというと、クーリッジは弁護士っぽく片眉を上げてみせた。

「そうともアヴィ、それこそがおれのいいたいことだ。そしてそれこそが、最終的にはあんたの首をしめるんだ。いいか、デ＝ルーカはあんたのボスじゃない。だが、あんたが主導権を握らないと、やつがボスになっちまうぞ。たしかにアマートは人非人だったが、権力ってものを心得てた。そいつを無視してると、いまに百人ものデ＝ルーカが現れて、図書室を肉みたいに切り刻み、あんたの机の上でバーベキューを始めるぞ」。

クーリッジがそのへんを承知しているのは当然だった。そのとおりのことを自分がやってたんだから。アマートがきて厳しく管理しろと警告して以来、ぼくは図書室の実態が本来の目的からずれているのに気づいていた。受刑者も刑務官も図書室をトラックショップ（労働者が引換券で物品を交換する店）みたいに扱っていて、いろいろなことがずさんになりつつあった。ときにはまるで無秩序になることもあった。いろいろな物品がいたるところで紛失し、その中には武器になりそうなものも多数含まれていた。落書きも増え、クスリの売買に関するメモがゆきかい、売春その他の違法行為も増えた。受刑者のグループがひとつ去るたび、大量のゴミがテーブルや床の上に残った。収監されているユニットの中での争いがそのまま図書室に持ちこまれることさえあった。図書室はいいときでも近所のパブ、悪いときは辺境の酒場の様相を呈した。何か手を打つ必要があった。そう、図書室には保安官が必要だった。

折よく、受刑者のひとりがすりきれた『君主論』を返却してきて、彼が使っていたしおりがその本から落ちた。そこには四十八の権力の法則が書いてあった。マキャベリに触発されてロバート・グリーンが書いた『権力（パワー）に翻弄されないための48の法則』（一九九八）の内容を抜書きしたものだ。グリーンのこの著作は、図書室でいちばんリクエストが多かったかもしれない。ぼくは『権力（パワー）に翻弄されないための48の法則』にざっと目を通し、『君主論』も読み返した。

そして、なるほど、と思った。

高層棟で行っている女性受刑者向け創作クラスがうまくいっているのに勢いづいて、ぼくは男性受刑者向けのクラスも始めることにした。毎週月曜と水曜に図書室の奥の奥の部屋で講習を行うことになり、十人の受刑者が受講を申し込んできた。

ある水曜の午後、ぼくは貸出しカウンターの前に立ち、創作クラスの受講者が一列になって入ってくるのを待っていた。ちょうどそのとき、正面のドアがさっと開いて、受講者のひとりであるジェイソンがずんずん入ってきた。まっすぐ前をみて、なんだか動揺しているみたいだった。その後ろから刑務官のデ＝ルーカが現れた。相変わらず「オレ流」に両腕を勢いよく振り、首も激しく振っていて、爆発寸前といった感じだ。

「おい、こっちにもどれ！」デ＝ルーカが大声でいった。

ジェイソンは振り返ったが、「講習だ」とそっけなく答え、教室に入ろうとした。

「いいや、だめだ……」。デ＝ルーカはほとんど駆け足で追った。

ぼくはその場の緊張をやわらげようとしていった。「大丈夫です、刑務官。彼はこのクラスに登録してますから」。

すると、デ＝ルーカはぼくをろくにみもせずにいった。「だめだだめだだめだ……こいつ、おれをコケにしやがった。ユニットへもどす。でなきゃ懲罰房だ」。

ぼくはむっとした。

ふたりのあいだに何があったのか、みてはいなかったが、大方、ジェイソンが何かくだらないことをデ＝ルーカにいったんだろう。しかし、デ＝ルーカも例の好戦的な「流儀」でジェイソンを挑発したにちがいない。ぼくはジェイソンをよく知っていた。こちらが敬意を持って接しさえすれば、態度もおだやかできちんとした男だ。それに、ジェイソンには図書室に入る権利があるし、デ＝ルーカはジェイソンを責めて追い出すことで男同士のパワーゲームに勝ちたいだけだ。保安上の問題なんてまったく関係ない。かりに保安上の問題があるとすれば、デ＝ルーカが状況をエスカレートさせているからにすぎない。

怒りがこみあげてくるのがわかった。耳たぶがピリピリする。ぼくの持ち場である図書室をデ＝

ルーカにグアンタナモ（キューバ南東部の都市。米海軍の基地があり、軍法のみが適用される治外法権区域）みたいにされるのは、もううんざりだった。それに、たったいま、やつがぼくの言葉をはねつけたのも気に入らなかった。しかも、ひとかけらの敬意もなしに――それは刑務所ではやってはいけないことだ。この件以外にも、ぼくの頭の中には道理に合わない出来事がいろいろと渦巻いていた。クーリッジにだまされやっかいな立場に追いこまれたことにもまだ怒っていたし、上司たちがぼくにひとことの断りもなく部下を首にしたことも気に入らなかったし、すべてのことにあれこれ干渉されるのにもうんざりしていた。そのせいか、十人の受講者と四人の図書係がみている前で、ぼくはふいに気が大きくなり、どうにでもなれという衝動に駆られた。

　刑務所で見聞きした雑多な情報が頭の中にどっと流れこみ、そのまま血液に溶けこんだ。「権力の四十八の法則」の、法則十七――他人を宙ぶらりんの恐怖に陥れておき、予測不能な雰囲気を作るべし。法則三十七――人をひきつける見せ場を作るべし。ほかに、カイトに綴られた自信たっぷりな文章もよみがえった。「あたしは言葉には困らない。あたしみたいな女は、（旋盤の）固定具につかまれたまんまじゃいられない。固定具がどっかいっちゃったみたい。あたしはやり手、欲しいものを求めて、たいていは手に入れる。さっと！」それだけじゃない。ドン・アマートの精神までがぼくに乗り移った。ぼくの唇はゆがんでかすかに冷笑をおび、瞳は刑務所史上まれにみる利口者らしく傲慢な光を放った。保安官的司書の誕生だ。「マジな話……選ぶのはあんた」。法則二十八――行動を起こすなら、大胆に。

ぼくはデ＝ルーカを真正面から見据えて、いった。

「なるほど。けど、あんたもおれをコケにしてるぜ。こいつはおれのクラスの受講者だ」。デ＝ルーカが、ぼくを初めてみるみたいな目でみた。その顔つきは怒っているというより、情けないほど混乱していた。まるでぼくがいきなり虚空から現れたみたいに。ふと思った。この男はほんとうにただの一度も、ぼくに注目したことなどなかったんだ。みたこともない男が、大学に入りたての新入生みたいな格好でどこからともなく現れてタフガイみたいな口調でしゃべったら、そりゃびっくりもするだろう。

「なんだって？　いや、だめだ」。デ＝ルーカはいった。「こいつはおれが連れていく」。それからジェイソンに向かって、「立て。ユニットにもどるぞ」。といった。

それで終わりだった。ぼくはそれ以上、事を荒立てる気はなかった。いいたいことはいったのだ（権力の法則、法則四十七――いきすぎてはいけない。勝っているときは引き際をわきまえること）。刑務官には面目を保たせておくのが肝心だ。なんといっても、デ・ルーカは刑務官であり、刑務所で危険な責任を負っているのは、ぼくではなく彼なんだから。

デ＝ルーカがジェイソンを連れて出ていったとたん、ほかの受刑者たちがぼくをほめた。「やったな、アーティ！」「あのろくでなしを言い負かしたぞ」。「この恩は忘れないぜ、兄弟」。――どの言葉にもぼくはうんざりした。とはいえ、それは敬意であり、ぼくが蓄えておける政治資産だった。そしてたぶん、デ＝ルーカも「怒れる七人」も受刑者たちも、これからはこの保安官的司書に簡単には逆らえなくなるだろう。

✻生活技能講師からみたデ＝ルーカ事件

ヨニは1－2－1ユニットの講師として大好評を博していた。人一倍だらしのないヨニが「生活技能」の講師になるとは皮肉だが、そんなことはどうでもよかった。ヨニは履歴書の書き方、就職面接のコツ、タスクマネジメント、計画的な仕事の進め方などをクラスの受講者に教えるとき、天性の才能を発揮した。彼には講師としてのカリスマ性と、持ち前の聡明さと、受講者たちへの深い思い入れがあったので、じつは彼自身、計画的に仕事をするのが苦手だなどという事実は帳消しになった。ヨニはあっという間に、やる気のない受講者たちをとりこにしてしまった。受刑者たちは、ヨニが講習のたびに即興でやってみせる十分間トークを気に入った。トークのテーマは、履歴書の「連絡先」の欄にjizz_baby@yahoo.comと書く（実際、ある受刑者はそう書こうとした）とどんな不利益が生じ得るか、というものだった。

しかし、教室の外ではそううまくいかなかった。ヨニとオフィスを共用しているふたりの女性職員は、ヨニの数々の悪癖にうんざりしていた。机の上で爪を切ったり、卓上スピーカーでグレイトフルデッドの曲を聴いたり、スピーカーフォンで声を張り上げて、銀行の窓口係やチケット売り場の責任者やクレジットカード会社の担当者にしつこくかけあったり、家族とだらだらしゃべったり……。

ふたりの女性職員のうちひとりは、ヨニは一度痛い目にあえばましになるのに、といった。なんといっても、ここは刑務所なのだ。はみだした行動を取れば、必ずだれかから叱責される。ヨニにとって、それは意外に早くやってきた。

まず、とくに失敗の多い一週間があった。ある日、ヨニは重要な仕事相手と電話で話しながら、重要な電話番号を書いた紙きれをさがしていた。机の上をくまなくさがしてもみつからないので、ヨニは思わず「クソッ《ファック・ミー》」とつぶやいた。すると電話の相手は気分を害し、その一件を上司に報告した。だが、それはほんの始まりにすぎなかった。ヨニはオフィスを共用している女性職員と友好的な会話をしようと思い、ふたりのうちのひとりにこうきいた。1－2－1ユニットでいちばんセクシーな受刑者はだれだと思う？　相手はこの質問に気分を害し、やはり上司に報告した。

しかし、最悪の瞬間は、ヨニが講習で「黒んぼ《ニガー》」という言葉を使ったときだった。ヨニは犯罪の経済的側面を教えていて、犯罪とはまさに割に合わないものだと受講者たちに納得させようとしていた。そこでスティーヴン・レヴィットとスティーヴン・ダブナーの共著、『ヤバい経済学』の一節を読んできかせたのだが、なぜ麻薬の売人の多くが実家暮らしかということを説明している部分で、登場する黒人のクラックの売人が「黒んぼ《ニガー》」という言葉を使っていた。ヨニは明らかに教育的な意味合いでその部分を読み上げたのだった。しかし、それをきいて腹を立てた受刑者が、このクラスに登録したのは白人からニガーと呼ばれるためじゃない、と文句をつけたとき、ヨニはそれまで何度も経験したように窮地に立たされたことに気づいた。

刑務所の管理責任者はだれひとりヨニをかばおうとせず、こういった。「その言葉は絶対に刑務所で使ってはいけない」。「教育的な意味合いだろうとなんだろうと関係ない」。ヨニを雇ったNPO、犯罪者社会復帰計画の会長は激怒した。ヨニの軽率な行動によって組織全体の信用が損なわれたというのだ。

ヨニは正式に譴責《けんせき》を受け、正式な譴責書に署名させられた。そこには彼の犯した違反行為が列挙されていた。電話で悪態をついた、不適切な質問をした、黒んぼ《ニガー》という言葉を使った、などなど。その書類は彼のファイルに永遠に保存されるだろう。とにかくひどい一週間だった。

しかし、罰を受けたかいあってヨニは行動を慎むようになり、オフィスを共用するふたりの女性職員も進んで彼を許し、水に流してくれた。事態は収束に向かい、同僚もクラスの受講者もヨニに好感を抱き始め、彼のことを愛すべき変人としてみるようになった。その矢先、ニンニク事件が起こったのだ。

ヨニは少し前に一ガロン容器入りのニンニク（皮がむいてあるもの）を買った。節約のためだったが、もちろん食べきれず、ニンニクは腐り始めた。ヨニは金をむだにしたくなかったので、残ったニンニクの小片を素揚げにした。そしてこんがりきつね色に揚がったニンニクをボールにどばっと入れ、座ってひとつ残らず食いつくした。その数、約三十個。それがヨニの夕食だった。五百グラムほどの腐りかけたニンニクの素揚げ。ほかには何も食べなかった。

ヨニは睡眠中に死にはしなかったが、その一歩手前までいった。苦しい一夜が明けた朝、ヨニは通勤途中でぼくの携帯電話に一行だけのメールをよこし、近況を報告してきた。「おれ、すげえ腐敗臭がしてる。おもしろい」。

未来の人類学者ヨニにとっては、おもしろかったのかもしれない。しかし彼以外の人類にとって、そのにおいは耐えがたいものだった。ニンニク三昧の夕食から約十二時間後、ヨニは刑務所に出勤したが、そこでは窓が開かないようになっていて、空気が建物の中を循環しているのだった。ヨニはロビーに入り、サリーポートを抜け、廊下を二、三本歩いて1－2－1ユニットを抜け、せまい共用オフィスに入った。一見、すべて順調だった。

いや、何ひとつ順調じゃなかった。ヨニには事の重大さがわかっていなかったのだ。悪臭はヨニの身体中の毛穴、分泌器官、開口部から噴出し、もやっとした毒性の霊気みたいに彼を取り巻いていた。しかも、においは時間がたっても消えるどころか、きつくなっていった。ヨニは歩く有毒物放出体であり、彼が足を踏み入れた空間にはことごとく、すさまじい悪臭が充満した。

ヨニは自分のオフィスに入り、机に向かい、同室のペギーににっこり笑いかけておはようといった。ペギーは信じられないという顔でヨニをみると、鼻を手で覆っていった。

「ああ。もう、やだ。どういうつもり？」

正式な譴責を受けてからひと月もたたないというのに、ヨニはまた上司のオフィスに呼ばれた。もうおしまいだとヨニは思った。上司の女性は鼻をつまみ、深い絶望を顔に浮かべていった。「ヨニ、いったいどう話しあったらいいのか……」。そしてすぐ言い直した。「っていうか、とても話しあいなんかできる状態じゃないわ」。ヨニはいった。もうこれきり、ご迷惑はおかけしません。これからはしっかりします。

その日の午後、ありがたいことに、毒性の悪臭を放つヨニはいつもと違って図書室にはやってこなかったが、ぼくは電話で彼と話した。ヨニはみじめな一日を語ったが、ぼくがいちばん驚いたのはその話のあとのぼくへの忠告だった。

「ニンニクはほんとうに大失敗だった」。ヨニは認めた。「けど、おれよりおまえのほうがずっとアホだし、イカレてるぞ。デ＝ルーカともめたんだって？」

ぼくは反論してヨニと言い争ったが、らちがあかなかった。ニンニクを三十個も一気食いした男は、大方の人間が踏み入ったことのない神秘的な境地に達していて、人間の愚かさについて禅的な悟りを開いていた。禅師の権威にはかなわない。師に行いをとがめられたら、聞き入れるしかない。

しかも、ヨニのいうことは正しかった。ぼくはデ＝ルーカとの関係を損ないかけたが、なんといってもデ＝ルーカは、いないと困る協力者なのだ。ぼくは一日反省し、ヨニから形而上学的な導きをもらって、ようやく認めることができた。自分の行動は思慮に欠けていただけでなく、弱さから生じたものでもあると。それにデ＝ルーカは、好戦的な「流儀」を持ち、「怒れる七人」のような下品な連中とつるんでいるものの、コマーシャルソングを歌うのが好きなほんとうにいいやつなのだ。ぼくは、デ＝ルーカとの関係を修復しなければ、と思った。だが、こちらがきっかけをみつける前に、向こうが歩み寄ってきた。

そのとき、ぼくはカウンターの中に立っていて、まわりにはだれもいなかった。現れたデ＝ルーカはひどく気まずそうで、だれかにいわれて話しにきたようだった。彼はぼくをちゃんと名前で――どこかできいてきたのは間違いない――呼び、ぼくに謝った。あんたのクラスの受講者を追い出し、あんたの「領分を侵して」悪かった、と。その上で、自分はあの受刑者に対処する必要があったのだ、と説明した。ぼくは大筋で合意し、失礼なことをいって悪かったと謝り、今後は互いに協力して誤解が生じないようにしよう、とデ＝ルーカのいったことを繰り返した。会話の一部始終が、やけに政治家っぽかった。

その後数日間、ぼくは保安官的司書の顔を維持し、嬉々として受刑者たちに規則を守らせ、受刑者を追い払い、刑務官には威厳を持って接し、何かにつけだれからもバカにされないよう振舞った。アマート流だ。するとファット・キャットがぼくを脇に呼び、忠告をくれた。

「あんたのやってることはわかる」。ファット・キャットは笑みを浮かべていった。「それはいいことだと思う。だがくれぐれも気をつけたほうがいい。それから二度と、絶対に、デ＝ルーカにしたようなことはするな。でないと、次にはとんでもないことになるぞ。それにデ＝ルーカはいいやつだろ？　ここで調子に乗らないことだ」。

ぼくは肩をすくめてみせた。

「いいか、あんたはいっぱしのワル気取りでいるのかもしれないが、そいつは違う。あんたはせいぜいツッパリってとこだ。だから司書の仕事に専念したほうがいい」。

デ＝ルーカも図書係の受刑者たちも、ぼくのことを頭でっかちな若造だと思っていたにちがいない。刑務所におけるタフガイ同士の争いなんていう現実については何ひとつ知らない若造だと。それはまったくそのとおりだ。しかし、彼らがぼくのことをほんの少しでも恐れるか、何をしでかすかわからない危険なやつだと思ってくれたら、それで十分だ。ぼくは「権力の四十八の法則」のいわんとするところがようやくわかった。

ぼくはキャットにいった。「ダーティ・ハリーもいってるが、おれは街のために仕事をする」。

「ダーティ・ハリーだって？　わかったよ、アヴィ」。ファット・キャットは立ち去りざま、声をあげて笑った。「覚えておこう」。

❋ジェシカ、復帰する

カトリーナ募金活動にケチがついたり、デ＝ルーカともめて恥をさらしたりしたあと、ぼくはひかえめに振舞うことにした。そして、比較的おだやかな、ソリタリーことジェシカの問題に目を向けた。ぼくは彼女のことを何週間も考え、彼女はほんとうは何を求めていたんだろうと頭をしぼっていた。ジェシカは息子と連絡を取ろうと思えばできるはずだ。居場所は知っているんだから。手紙を送ったっていい。実際に送ったかもしれない。あるいはほかのみんなと同様、図書室の本の中に手紙を、カイトをしのばせたかもしれない。しかし、ジェシカはそういうことはしていないんじゃないかと、ぼくはにらんでいた。彼女が窓の外の息子をみたがるのは、直接連絡できないから、せめてひと目でも姿をみたいという思いからではないのか。

しかし、ほんとうのところ、ジェシカはどんな思いであの窓際に座っていたんだろう？　単に、長いこと会っていなかった息子のいまの姿をみたかった？　それとも、自分を責めていた？　何かしら手がかりをみつけて息子を理解しようとしていた？――この件の成り行きやジェシカが抱いている切望は、ぼくの人生経験からはまったく理解のおよばないもので、不可解そのものだった。

ただ、ひとつ確かなことがあった。あの最初の日、まぶしい日差しに顔をしかめ、背すじをのばして座り、両手をひざの上で重ねていたジェシカは、窓ごしにみているものに心を奪われ、ほとんど催眠術にかかっているみたいだった。教室にいるほかの連中のことなど、目にも入っていない様子だった。だからぼくはしかたなく彼女を目覚めさせ、そっけない態度で接した。だがすぐに自分の忍耐のなさを反省した。年上の人間に対して露骨に権威をふるったので、なおさら後悔した。しかし、その後悔の根本にはもっと曖昧な理由があったように思う。それは、自分にはわからない何か別のことが起こっているんじゃないか?という感覚だった。ぼくはほんとうの事情を知りもしないのに、ジェシカの邪魔をしているんじゃないか? そんな気がしたのだ。

しかし、それは曖昧な感覚のまま残った。創作クラスのほかの受講者とくらべても、ぼくはジェシカのことをあまりに知らなさすぎた。彼女がクラスで発言したのはたぶん二度くらいだし、書いたものを提出するのをほとんど毎回拒んだ。提出しても、そっけない文が二、三行書いてあるだけで、全体主義者が書いて自己検閲を行った文章みたいだった。一度、エッセイの宿題を出したら、ジェシカはこんな文章を提出した。「初めて逮捕された日のことを思い出す。寒くて曇った日だった。それ以外のことはあまり覚えていない」。四つ目の文を書く気にはならなかったらしい。エッセイというより俳句みたいな作品だった。

とはいえ、ジェシカが寡黙なのは何も感じていないからじゃないとわかっていた。彼女はフラナリー・オコナーの写真をみて、作品を一語も読まないうちからオコナーの感性を簡潔に述べてみせたのだ。「この人は美人すぎない。だから信用できる」と。ぼくがジェシカについて知っていることはごくわずかだが、それだけでも彼女が鋭い洞察力を持っていること、自分の考えに自信を持っていることがわかった。たぶん、だからこそ、ぼくは知りたかったんだろう。彼女があの窓ごしに何をみていたのか？――そのことは何度も考えた。そして、もっと不思議だったのは、なぜこんなに気にかかるんだろう？ということだった。

ぼくはジェシカに会いに高層棟にいくことにした。これは刑務所で教える人間にとって数少ない利点のひとつだが、受刑者である受講者たちは逃げられるが隠れられない。ふつうに学校をサボるようなわけにはいかないのだ。しかし、ぼくは高層棟のエレベータに乗ってからも、自分がなぜそんなことをしているのか、よくわからなかった。

1－11－2ユニットのドアが開いてもまだ、ぼくはジェシカになんというか決めていなかった。決められないでいるうちに、大勢の目がこちらに向けられた。死ぬほど退屈していた女性受刑者たちが寄ってきて、ぼくはあっという間に取り囲まれた。一瞬、「やった、ロックスターみたいだ」と思ったが、次の瞬間には「いますぐここから出してくれ」に変わった。気がつくと、ぼくはまたカモメの群れに襲われていた。ただし、ここの受刑者たちがほしがっているのは読み物ではなく、「かまってもらうこと」だった。

だれかが群れの中から飛び出してきた――ショートだ。

「どうしたんだよ、ハーヴィー！」ショートはいった。

もうひとり、顔だけ知っている受刑者が大声で「図書室のおにいさーん」といって女性誌を振ってみせた。「いま、『イケてるアラフォー』になる研究をしてるとこ！」そういって満面の笑みを浮かべ、何本か欠けている歯をさらした。ショートはふいに真面目な顔になると、群衆を整理しだした。仲間の受刑者たちをひじで突き、「この人を通してあげて、ほら、通して」といいながらぼくの先に立って進む。世界一小柄なボディガードだ。おかげでようやく、ぼくは群衆から脱け出せた。

ジェシカがチェッカーをしているのがみえた。ぼくはショートに礼をいい、ジェシカとふたりにしてほしいと頼んだ。ジェシカはぼくをみると顔をくもらせた。ぼくはすぐ要点に入ったが、自分でも何が要点なのかよくわからなかった。

「創作クラスにもどってきてほしいんだ」。

ジェシカは肩をすくめた。

「きみがやめた理由は知ってる」。

ジェシカはいぶかしげにぼくをみた。

「クラスにきてたのは、息子さんの姿をみたかったからなんだろ?」

ジェシカはまた肩をすくめた。受刑者は、突っこんだ質問に答えることはめったにない。自ら墓穴を掘ったり、別の人間を陥れることになる危険があるからだ。

「いいかい、ぼくは、きみの息子が窓の外にいようがいまいが、彼が何者だろうが、どうでもいい。ただ、きみと取引をしたいんだ。きみは窓際に座っていいけど、講習のあいだずっと外をみていてはいけない。外をみるのと同じくらいぼくをみること、外をみるときも目立たないようにして、みんなの気を散らさないこと。それから、講習に参加すること。つまり、発言して、課題に真剣に取り組むこと。そして頼むから」ぼくはため息まじりにいった。「この取引のことはだれにもいわないでくれ。でないと、ひとりひとりから取引を迫られることになりそうだから。わかったかい?」

ジェシカがかすかにほほえみ、取引は成立した。

✻青信号

図書室という砂浜には相変わらず、言葉の綴られた紙が次々と打ち上げられた。受刑者のグループの波が打ち寄せるたび、刑務所ならではの文学的堆積物が残された。

ひとつのグループが去ると、図書室は手紙や手紙の断片だらけになった。ぼくは砂浜で貝殻を拾い集めるように、いろいろな紙を集めた。法律関係の書類、ラブレター、問い合わせの手紙、声明文、苦情、細かい事項を記した紙、走り書きの領収書、不法取引の名残、出所の日付を記した紙、逮捕記録、ラップの歌詞、ビジネスプラン、カントリーの歌詞、「娯楽」売りますという手製のチラシ、日記、賭け率、グリーティングカード、祈りの言葉、レシピ、呪文、リストなど。リストはいろいろあった。日常よく目にする言葉を並べて詩の形にした、ファウンドポエムもあった。

T-shirts（Tシャツ）
socks（ソックス）
the divorce（離婚）
US v. Ferguson（アメリカ合衆国　対　ファーガソン）
M & M's（エム・アンド・エムズ）

なかには、短いが叡智を感じさせる暗号めいたもの、託宣者からのメッセージみたいなものもあった。一語またはワンフレーズだが意味深な感じのする、「ノー!」「頼む」「それは彼の心だった」といったものもあった。ぼくが戸惑ったのは、「気をつけろ」というワンフレーズだった。

新たなカイトが次々に持ちこまれる——途中で終わっているもの、ビリビリに破れているもの、完結したもの。ある受刑者は繰り返しみる悪夢の恐怖を書き綴っていた。その悪夢の中で彼は、実際に経験した自宅の火災を再び体験する。そしてはっと目覚め、「ありがたい、いまは刑務所にぶちこまれてるだけだ」と思うそうだ。ときには、カイトの一、二行が何日も頭から離れないこともある。「担当者様。わたしは三十六歳の母親、祖母、中毒者です。最後の肩書きは誇れません」といった文章がそうだ。

カイトはまた新たな発見ももたらした。たとえば受刑者どうしがデートする場合、歯がすべてそろっているというのはかなり評価してもらえる点なので、体のほかのサイズとともに相手に伝えることが多いということ。そして相変わらず、ぼくはカイトからめくるめく新たな刑務所言葉を学んだ。こんな文章にも出くわした。「あんたに会いたい。思い出すよ、あの夏の日、一緒にだらだら過ごしたこと。ヘネシーのボトル。不法ソフトで落としたパープ・L・ヘイズのラップ。アホなダチも大勢いた……こんなとこおさらばして、昔みたいにいろんなとこにいきたい。サリーがあいつとヤッたらしい。安ビールの味が恋しい。ウィルがおれのファッションアドバイザーを気取ってる」。

職員のあいだでは、図書室といえば受刑者どうしが手紙を置いていくところ、と理解されていた。だから、こんなことがよくあった。刑務所の片隅で——たいていは本のデリバリーに出かけたときに——出くわす刑務官が、ぼくが図書室の人間だと気づいてニヤッと笑う。次に彼がなんといって話しかけてくるか、ぼくには正確に予測できる。「最近、いい手紙を読んだかい？」ときかれるのだ。するとぼくは真実を答える。「ああ、いつも読んでる」と。

受刑者たちの手紙には、独裁者のドン・アマートでさえ明らかに悩まされていた。その証拠に、彼の書いた巨大な注意書きが図書室の出口のドアに貼ってある。アマートの注意書きはどれもそうだが、その一枚もどうしてもはがせなかった。

厳重注意！

図書室の本は郵便箱ではない。

違反者は、図書室から受けるあらゆる恩恵を剝奪する。

フォレストもぼくも手紙を本にはさむことを禁じていたが、はさんでいるところをみつけても罰することはなかった。これもまた、アマートのはがせない注意書きを無視した例のひとつだ。いつもながら、ぼくたちのどっちつかずの態度は青信号と受け止められ、ひきもきらずにどこからともなく手紙が流れ着く日々が続いた。

第二章　本は郵便箱ではない

ジェシカの件では、動かずにいられなかった。彼女には可能性があると思ったからだ。ジェシカは三十代後半で、息子——たったひとりの子ども——は十八歳。じき二歳になろうとしていた息子を捨てたとき、彼女自身、いまの息子とほぼ同年齢だった。以来、ふたりは別々の人生を歩んできたが、それぞれがこの閉じた世界に連れてこられ、窓ごしに互いの姿がみえるという状況に置かれた。

ふたりがもっと接近することもあった。ある入口を使えば、ほとんど触れあいそうなくらい近づくことができた。それが図書室だ。同時にではないが、ふたりとも図書室を使っていたのだ。元来、図書室には空間性——カート一台分の本とは違う、様々な活動が行われる場所という性質——があるため、思いがけない可能性がたくさん生まれた。

たとえば、本国に送還されることになっているスーダン人の女性受刑者にとって、図書室は祈りの場になった。彼女は本棚のあいだに静かな場所をみつけては、メッカのほうを向いてシャハーダ（「アッラーのほかに神なく、ムハンマドはその使いである」というイスラム教の信仰告白）を唱え、アッラーの前にひれふしていた。なぜ祈りの場に図書室を選んだのかとたずねると、彼女はふたつの理由をあげた。ひとつは、単に彼女のユニットの図書室利用時間が祈りの時刻と重なっていたから。もうひとつは——本人の言葉を引用しよう。彼女は手をさーっと回して図書室全体を示し、いった。「ここ、本の場所、神聖な場所。祈るのにいい場所」。

ぼくは思った。室内の空間がモスクに早変わりしたり、本が即席の郵便箱になったりと、刑務所の図書室には臨機応変に使えるという特質がある。なら、母親と息子を何らかの形でふたたび結びつける空間として使ってもいいんじゃないか。

ジェシカがクラスに復帰すると、ぼくは椅子を並べ直して受講者全員をもっと窓の近くに座らせ、ジェシカには外がよくみえる席をあてがった。講習が始まると、ジェシカは窓から十一階下の中庭を見下ろして、息子が歩き回ったり、バスケットボールをしたり、刑務官と冗談をいいあうのをながめた。ぼくとの約束を守って課題の作文もちゃんと書いたし、討論にもしばしば参加した。

ぼくは受講者が窓の外をながめるのを黙認し、それを講習にも利用した。クラス全員に、窓からみえるものを観察して文章にするという課題を出したのだ。以前、同じようなことを男性受刑者のクラスでもやって、ある程度の成果を得ていた。そちらのクラスでは、各自の房の窓からみえる光景について書くという宿題を出したのだが、ある受刑者は画家のような目で細部まで観察し（そういうことができるのは、恋人にふられた者の唯一の特典かもしれない）、胸に迫る光景を描写した。それは二月のある日、午後遅くのことだった。街は輝くような白い雲に覆われ、雪が降り始めていた。ひとひらが大きくて水分の多い、積もりにくい雪だった。きっと、気温がちょうど零度ぐらいだったんだろう。その受刑者が房の窓から刑務所の入口のほうをみていると、建物から自分の元の恋人が出てきた。ついさっき、五歳の息子を連れて面会にきた彼女だ。傍らには彼女の新しい恋人もいる。ふいに三人が立ち止まったと思うと、彼女が恋人に何かいった。彼はかがんで、彼女が持っている鞄のジッパーを開け、マフラーを出した。それは受刑者が彼女に贈ったものだった。みているると、新しい恋人は彼女の髪を指で後ろへなでつけ、マフラーを首に巻いてやってから、鞄のジッパーを閉めた。そして三人は歩み去った。この一瞬の親密なしぐさに、受刑者は打ちのめされたという。彼は泣いた。「泣き虫のあばずれ女みたいに泣いた」と告白した。

ジェシカは窓からのながめをきちんと書いた。ハトやカモメや小鳥たちの恐れを知らぬ大胆さ(ときに大胆すぎて身を危険にさらすこともあるが)をたたえ、空や月や雲についても書いていた。しかし、下の中庭にいる息子のことだけは書かなかった。

ショートは、「窓から外をながめる気がしない」と書いていた。これはよくあることだ。受刑者は外の世界に面している窓に対して、ふたつの相反する気持ちを抱くことが多い。刑務所で窓の外をみるということは、ふつうに行える行為ではないのだ。高層棟の窓からは、中庭だけでなく刑務所の外の世界もみえる。市街地のビル群や、通りの細かいところまでみえることもある。人は、自分には手の届かないものがあると思い知らされると、じりじりするものだ。図書係のピッツは、房の窓が中庭に面していてよかった、ここにいるあいだは外の世界をみたくないから、といっていた。

十九歳のタニーシャはギャングの一員で図書室の常連だが、窓からのながめに触発されて本を書き始めた。収監されて一週間もたたない頃、彼女は高層棟の房の窓から外をみて、自分が生まれ育った地区全体が遠くにみえるのに気づいた。それまでその地区の全景をみたことはなかったが、いまはその絵が、彼女の人生が、小さな枠にすっぽりおさまっていた。刑務所の窓という枠の中に。おそらくタニーシャは、客観的にものをみるとはどういうことか、このとき突然さとったにちがいない。慣れ親しんだいろいろな場所が全部、一度にみえたのだ。いくつかの教会、ぶらついた街角、もう少しで卒業するはずだったハイスクール、仲間の家、敵の家、銃撃戦をみた通り、ホームレスで依存症の母親が訪ねてきた建物。母親はそこで、売り手が自分の娘だとも知らず、クスリを買ったのだ。遠くからみると、タニーシャにはふいに何もかもが小さく、おだやかに感じられた。この新しい視点、まさに「新たな展望」のおかげで、タニーシャの人生も慣れ親しんだ数々の場所も物語になり、高層棟にたたずむ彼女はその語り手になった。タニーシャは、生まれ育った地区を高所からみたあと、すぐにノートを開いて消灯時間まで書き続けたと、あとからぼくに語った。四時間ぶっとおしで書いたそうだ。そして、それ以後も毎日書き続けた。

プアは、「窓からのながめ」の課題に、刑務所はホテルに似ていると書いていた。プアは空想の中で、自分は旅をしていて、きれいなホテルに泊まり、ルームサービスを待っていると考えるのを好んだ。まるで映画の一場面のようだ。しかし、プアが実際にホテルに泊まったことは一度もなかった。それにしても、刑務所のひとつの窓からじつに様々ながめが開けるものだと、ぼくは感心した。

「窓からのながめ」の課題に取り組む前に、クラス全員でプラトンの『国家』に出てくる「洞窟の寓話」を読んだ。その内容はこうだ。プラトンによると、ソクラテスはあるとき、世界を洞窟に、そこに暮らす人間たちを鎖につながれた囚人にたとえた。囚人たちには「たき火によって洞窟の奥の壁に映る自分の影、または仲間の影しかみえない」。囚人たちの現実観は根本的にゆがんでいるが、彼らはそのことを自覚していない。――クラスではこの問題を寓話としてではなく、実際の刑務所生活の描写として話しあった。創作クラスの受刑者たちは、難なくその問題を理解した。彼らはまさに「本当の世界がみえていない」状態で生きているのだと、ひとりが書いていた。

ただ、洞窟とは違い、ここの刑務所には窓があった。「窓からのながめ」というテーマで受講者たちが書いた文章は、プラトンの説を補うものになった。つまり、窓さえあれば、たとえ囚われの身であっても、ものをみる力が高められる場合もあるということだ。だからこそ、窓の外をみようとしない受刑者もいる。しかし、みようとする者は、刑務所に面会にくる人びととくらべても、外の世界をより生き生きと、以前とは違う観点からみられるという傾向がある。

そんなこともあって、ぼくはますますジェシカが何をみているのか知りたくなった。

そこで、ある午後、講習のあとで本人にきいてみた。ジェシカにそのことをきくのは気がひけたが、彼女は話したそうだった。ぼくたちは窓辺に立っていた。ジェシカは息子をさし示して教えてくれた。彼はちょうどバスケットボールをしているところだった。なぜあの子が自分の息子だとわかったのかときくと、「外」にいるジェシカの友人たちが彼のことを知っていて、ここの刑務所にくると教えてくれた、とのことだった。

ジェシカはいった。課題に息子のことを書かないのは、ほかの人たちが「口をつぐんで」いられるかどうか信用できないからだけど、あなたにならら喜んで話すわ。あの子はちっとも変わってない。

幼い頃から明るくて、だれとでも仲よくなれて、体格がよくて、やさしくて、やんちゃだった。中庭にいる姿をみただけで、そういう性質がどれも変わってないのがわかる。みんなと話したり笑ったりしてるところをみるとわかるの。あの子はみんなから好かれてるみたい。きっとそういう青年になると思ってた。それに、とてもハンサムだし……。ジェシカは涙ぐみ、ちょっと声を詰まらせた。そして続けた。神様に感謝してるの。あの子が、いろいろつらい思いをしたにもかかわらず、いまも明るい子でいてくれることを。あの子には、あたしみたいに刑務所で一生を送ってほしくない。あたしにいえるのはそれだけ。——そういって、ジェシカは泣いた。

そのあと、ジェシカは自分を残酷に痛めつけるようなしぐさをして感情をぐっとこらえた。ほかにも話したいことがあるの、と彼女はいった。息子の夢をみるのだという。「夢の中で、あの子はバスケットボールをしてるの。刑務所の中庭で」。

そこにはほかにだれもいない。息子は囚人服を着ているかもしれないし、着ていないかもしれない。おだやかな光景だ。彼はあせっていない。漠然とした印象だが、喜んでそこにいるようにみえる。彼はすべるように、ゆったりと気持ちよさそうに動く。凍った池で静かにスケートをしているみたいに。照明は紫がかっていてとてもきれいだ。彼はボールをドリブルし、みえない敵をかわし、シュートを打ち、外す。リバウンドを取ってジャンプし、一瞬、空中で静止したみたいになってボールをそっとゴールに落とす。まるでダンスだ。動作が純粋な喜びに満ち、のびのびしている。ボールは自分の意志で動いているかのように両手に入り、両手をすり抜ける。とても軽やかに。少年の息づかいとボールがバウンドする音、ふたつの音が心地よいリズムを刻んでいる。少年が息を吸う。ボールが舗装面にバウンドする。少年が息を吐く。ボールが舗装面にバウンドする。低いうなりだけがきこえる静寂の中、ボールは闇に弧を描く。ボールがネットをかすって落ちる。木々を渡る風のような音。ジェシカはその音をきき、それが自分の唇の間を抜けるのを感じる。少年の呼吸がジェシカの呼吸になる。

呼吸を共有する感覚を、ジェシカは息子を妊娠していたときにも夢の中で味わったという。そんな夢をみたことさえずっと忘れていたが、いまでは夜ごと、眠りにつく前に神に祈る。あの呼吸の夢をみさせてくださいと。その願いは、ときどきかなえられる。

＊スカイライティング

図書室の本からは相変わらずカイトがこぼれ出て、ぼくはほぼ一時間ごとにいろいろなメッセージを読んだ。カイトの内容は、立ち聞きした話の断片、ときおりの武勇談、刑務所内での最近の事件や縄張り争いに対するコメントなど。そうした手紙やメモを読むうちに、刑務所文化に関するぼくの知識も充実していった。

たとえば、スカイライティング。ぼくは着任当初からその現象に気づいていたが、初めは何をしているのかよくわからなかった。中庭を歩いていると、男性の受刑者たちが鉄格子の窓の向こうに立ち、空に向かって必死に合図のようなものを送っているのがみえたのだ。腕を大きく動かしている。一定の形式があるようにみえ、船員が使う信号のような気がしたが、アルファベットを逆から書いていたのだとあとから知った。そうしたメッセージのみえない軌跡をたどっていくと、受け手ははるか上方、高層棟の鉄格子つきの窓の向こうにいる女性受刑者だとわかった。静まり返った刑務所の夜の闇を貫いて、少なくとも五組がそうやって会話していた。これがスカイライティングで、たまにウィンドウライティングと呼ばれることもある。それは、賭け事、ケンカ、バスケットボール、チェス、カイトなどと並んで、刑務所における主な暇つぶしのひとつになっている。

「カイト」もそうだったが、「スカイライティング」という言葉には詩的な響きがあった。実際、受刑者の書く詩にもときどきこの言葉が出てきた。ナスティ作の俳句のひとつにこんなのがある。

晩冬の房から
やせた男にスカイライティング
眼下の庭《ヤード》は闇の中

中庭が暗くて房の中が明るいため、スカイライティングはドラマティックにみえ、スポーツ観戦でもしているみたいな気分になった。いや、人形劇か無声映画に近いかもしれない。それは手話と同じくらい魅力的な視覚言語だった。ぼくはよくスカイライティングをしている受刑者をみつけたが、向こうがぼくに気づくことはめったになかった。相手のメッセージを読み取って返事をするのに忙しいのだろう。きいたところ、大変な集中力が要るそうだ。そんなわけで、スカイライティングのことは知っていた——遅番で働いている職員はみな知っている——が、ぼくにはメッセージを読み取ることはできず、想像するしかなかった。
そこで役立ったのがカイトだ。カイトには、夜ごと窓辺で展開するスカイライティングというドラマの話題が頻繁に出てきた。カイトを読んで知ったのだが、空中を飛び交う会話には、熱い約束、嫉妬、ケンカ、仲直りなどがぎっしり詰まっていた。恋の始まりのさりげない求愛の言葉から、別離の苦い後味まで。いくつか例をあげよう。

レディ・ディーからビルへ。「うん、たしかにムカついた。あんたがだれか別の人とスカイライティングしてたから。けど、ムカつくなんて変だよね。あたしたち、ただの友達なんだから」。

別の女性からパパ・ダックへ。「同房の子が、あんたと五月にスカイライティングしてたっていってた。覚えときな、ミスター・セイジツ、あたしはすべてお見通しだからね」。さらにダメ押しするように、こうつけ加えている。「窓に近づくんじゃないよ。ここではみんなあたしの知り合いなんだから」。

矛盾する気持ちを抱いている女性から。「あんたはすごくやさしいから、大好き。けど、窓辺ではなんでイヤなことというの？　あんたのディック、かみ切ってやる。バカにしないで」。

マリオからT－ベイビィへ。「みたぞ、昨夜（七月二十三日・日曜日）、また窓んとこでちゃらちゃらしやがって。なんでだ？　おれじゃ不満か!!!　おれは気の抜けたマリファナじゃねえ。おれの家系を調べてみな。はっきりいって、由緒正しい家柄だぞ。これでわかったろうから、もうバカな真似はやめろ。おまえの窓はわかってる。高層棟でいちばん忙しい窓だ。おまえのスカイライティングの相手がおれじゃないってことははっきりしてる。おまえにはおれの房の窓がどれかわかってない。でなけりゃ、接触したのがおれかどうかちゃんとわかってない。もし先週、おまえがおれに気づいてたとしても、おまえがおれのスカイライティングを理解できなかったか、おれがおまえのを理解できなかったかだ。おれはまだこいつを始めたばかりだからな。正直、高層棟におまえがいなけりゃ、窓から空に文字を書くなんてくだらねえことをやって、くたくたになったりするもんか。おれのスカイライティングの腕はお粗末だから、ゆっくり、互いに辛抱強くやろうぜ、うまくなるまでな。水曜日にウィンドウデートだ。絶対、いろよ！　中庭にだれがいたって知るか！　必ず房の窓んとこに立て。おれのほうからおまえがみえたら、明かりを五回点滅させて、ハートを二回描く。そして、おまえが同じことをするまで待つ（点滅五回、ハート二回）。おれを感じろ！　それから、ほんとにおれたちふたりだけだってことを確認するため、おちゃらけ者やひねくれ者に邪魔させないために、おまえから返事がきたら、おれがまた点滅を二回させて、ハートを一回描く。そしてまた、おまえが同じことをするのを待つ（点滅二回、ハート一回）。そうすれば、おまえは相手がおれだって確信できるから、そしたらふたりで愛を語ろう」。

ある女性より。「あんたのためにショーを演じるのは好きだけど、あたしがただのショーガールじゃないってこと、わかってくれてるよね、ダディ」。

実際に殺人者《キラー》のキラ・キムが過去の窓辺での恋を振り返って。「あの人のことは大好きだった。けど、あの人だけじゃ満足できなかった」。

キラ・キムの数多いペンパルのひとりである男性が、キラ・キムあての手紙の九ページ目で過ぎし日を懐かしんで。「おれたちがわかちあった親密さと、窓辺で過ごした楽しいときを全部、いま思い出してる」。

シャヒードより。「窓辺でしゃべってなかったって認めろよ。おれは中庭で待ってた。そしておまえが窓辺で外をみてるのを知ってた。いつもならおまえは必死に合図をよこすのに、今日は何もしなかった。けど、わかってる、友だちが怒るんだろ？　いいよ、わかってる」。

ローレンからベイビィ・ボーイへ。「第四棟の門のそばに並んでるベンチの、いちばん端に座ってくれたら、あなたのことがみえます。わたしは、あなたのほうから高層棟を見上げて、左から二番目の窓にいます」。

ピンプより。「おれはウィンドウライティングなんてやらない。あんなのは、ほかに芸のない黒《ニッ》んぼ《ガ》たちにやらせとけばいい」。

イッシッスからビッグ・ウィリーへ、住所変更の件で。「えっと、窓が変わったから知らせておくね。今度は茶色い棟にいます。1-11-1ユニット。連絡待ってます！」

再びシャヒードより。「なんでおれの気持ちを疑う？　わかんないのか？　おれは窓の中の女たちなんかみてやしない。おれが『ちょっとみせてくれ』っていったと、ほかの女たちがいってるって？　みるって何を？　ボディライン崩れまくりの女どもが何いってんだ。『みる』ものなんてありゃしないだろ。前にもいったけど、みんなおれたちを妬んでるんだ。おれたちがどれだけマジかってこと、あいつらにはわかってない。おれとおまえは、暇つぶしに窓でしゃべってる連中とは違うだろ」。

不安な女性より。「これであたしたち、自分たちのことを真剣に考える時間ができたと思う。あたしったら、窓の会話に夢中になりすぎ！　これじゃ子どもを社会福祉課に取りあげられちゃう。しっかりしなきゃ」。

K＊シャインからレディ・Dへ。「日曜日、おれに心を開いてくれたね。ふたりして窓辺で踊った日に」。

キラ・キムより、スカイライティングの進化的淘汰について。「あいつはスカイライティングが下手だった。あいつの書く言葉はひとつも理解できなかった。あいつはあんたにかなわなかったよ、ダディ」。

✻刑務所の窓・小史

刑務所にまつわることはみなそうだが、窓から外をながめるということについても長い歴史がある。昔の監獄は、囚人が中庭のある一点に注目するよう設計されていた。修道院の構造をもとに設計された十八世紀の監獄では、中庭の真ん中に祭壇か礼拝堂があった。房によっては窓がなく、縦に細長い開口部があるだけで、そこからはほとんど何もみえなかったが――中庭の祭壇だけはみえた。

これは一種の実物教育だった。囚人たちは世の中から切り離され、自らの罪を象徴する暗い房の中にいる。しかし完全に隔絶されているわけではなく、神の導きと改悛の道とがまさに一本のトンネルとして、ひとすじの光として示されていた。さらにこの設計には、罪人に神はまだおまえたちを見守っていると思い出させる効果もあった。そうした房の中にいる囚人がみるかぎり、神――または教会――は、外界に依然として存在している唯一のものだったのだ。

のちの刑務所では、刑務所長の住居もしくはすべてを見通す不気味な目――見張り小屋――が中庭にあった。これは保安対策であると同時に、受刑者に「おまえは恐るべき支配者に常に見張られており、自由になれるのは支配者の法に服従し続けた場合のみだ」ということを忘れさせないための方策でもあった。中庭の建物は神または国家を、場合によってはその両方を象徴する具象物であり、刑務所のど真ん中に位置していた。注目の集まる点が明確に図示されていたのだ。

さらに時代は下って、ぼくが勤務していた刑務所は現代アメリカの典型的な刑務所だったが、中庭の真ん中に据えられているのは祭壇でも刑務所長の住居でも見張り小屋でもなく、バスケットボールのコートだった。

それが何を象徴しているのかはわからなかった。あるいは、それによって受刑者の気持ちをどこへ向けようとしているのかもわからなかった。もしかしたら、刑罰の道徳的な中立性を示していたのかもしれない。刑務所の役目は受刑者に実物教育を施したり恐怖心を植えつけることではなく、受刑者が収監されているあいだ健康でいられるようにすることだと。あるいは、現代の刑務所のアイデンティティ・クライシス、役割が不明確で「核」がないという状態を象徴しているのかもしれない。あるいは、バスケットボールのコートは何らかの感情を喚起するためではなく、その逆に、受刑者をなだめ、気晴らしをさせるために設置されたのかもしれない。

刑務所の中庭の真ん中にあるバスケットボール・コートは、ぼくには想像力の欠落を象徴しているように思えた。しかし、一部の受刑者にとってはそうでもなかった。コートはつまるところ彼らにとっての「自然」であり、地面を踏み、空を見上げられる唯一の空間なのだ。そこにいけば、季節の移り変わりを十分に感じることは無理でも、ながめることはできる。ほかにそういう場がないので、バスケットボール・コートは一部の受刑者の想像の世界に入りこみ、彼らの文章や絵の中にもよく出てきた。新たに図書係に加わったミングにとっては、詩に何度も登場させたくなるイメージだった。それがいちばんよく表れているのが、彼の「観光」という詩だ。

ぼくたちの心の中の観光客は
雨が降ったり日が照ったりするさまが好きだ
警報器つきの窓の外で
ハトは飛ぼうとせず、
いっとき囚人服を脱いだ仲間の受刑者たちが
バスケットのリングに向かって飛翔する
汗の王冠をいただき、
熱っぽい若い羽毛を広げる
拳銃で脅されて

しかし、ジェシカと、神がジェシカに贈った鮮明な夢ほど、刑務所のバスケットボール・コートの想像上の性質にじかにつながっているものはなかった。彼女からみれば、この刑務所には焦点があり、ここの中庭には明確な中心があった。高層棟の窓からジェシカがみたのは、教会のシンボルではなく、息子だった。生き別れた息子だった。祭壇など必要なかった。

✻安息日《シャバット》の子どもたち

夕食の休憩時間、ぼくは散歩に出る。ためらわずサリーポートに入り、二枚の重い防護ドアを抜けて刑務所の正面に出る。寒い金曜の夕方、太陽は早番の職員と同じく、夜に向かってそそくさと去ろうとしている。ぼくはもうシャバットの習慣は守っていないが、いまでも金曜が終わりかけるとなんとなく心が洗われる気がする。日常の心配事がしだいに薄れ、過去一週間に見聞きしたケチな欺瞞《ぎまん》や悪意に満ちた声が遠ざかり、聖なる風が世にあまねく吹いてあらゆる創造物をやさしくなでる。心が平静なら、それを感じることができる。懐疑的なぼくでさえ、それは否定できない。だから金曜の夕べには外に出て、その感覚を味わう。

ぼくはハイウェイの危険なインターチェンジを横切る。救急車がなすすべもなくサイレンを鳴らして渋滞につかまっている。一台前にいるのは霊柩車だ。その光景をみておもしろがっているドライバーもいれば、そうでないドライバーもいる。ぼくはボストン医療センターを過ぎ、サウスエンド地区に入る。かつては荒れていたのがみるみる再開発されている地区だ。日中、ワシントン・ストリートに面した公園は、不妊治療の末に生まれた双子・三つ子をベビーカーにのせた子守《ナニー》たちでいっぱいだが、夕方になると親子連れでにぎわう。夜には、公園は麻薬常用者と風俗嬢のものになる。

ぼくは夕暮れどきにその公園に着く。若い家族が大勢いる。地元のヒップスターの一団――服装は十九世紀のサーカス団員風――が門のあたりにたむろしている。

グレーのウールのスーツを着た「若手弁護士」風の三十代の男が、同じところをいったりきたりしていて、飼い犬のグレイハウンドがベンチにつながれている。その犬は筋骨隆々で、ニットのアンサンブルを着ているみたいにみえる。

「だから」男が携帯電話に向かっていうのがきこえる。「きみがいい妻じゃなかったってことはお互いわかってるけど、そんなことはいまさらどうでもいいだろ？　ただ、息子に八つ当たりするのはやめてくれ」。

少しあとで、その男は行儀の悪い飼い犬を叱りつけ、乱暴にひもを引っ張って従わせる。

十代前半の娘とその母親が、仲のいいライバル同士みたいな口調でしゃべっている。「あの人と話すとき、なんで照れてたの？」と娘がきくと、母親はむきになって「何いってんの。照れてたのはあんたでしょ？」と言い返す。

若いヤッピー風の家族もいる。父親と母親と一歳ぐらいの子どもで、子どもは千ドルはしそうな豪華なベビーカーに乗せられている。アンチロックブレーキが装備されているんじゃないかと思うほど豪華なベビーカーだ。母親が子どもにいうのがきこえる。「公園をぐるうっと一周しましょうね。すてきね～！」そしてうっとりと手をたたく。このしぐさははたして感動的なのか、それとも言葉にできないほど不気味なのか？　半々ということにしておこう。向こう側では、七歳ぐらいのチュチュを着た女の子が何かにとりつかれたみたいに振舞っている。全速力で走り、ベンチに飛び上がり、月に向かって大声でほえ、母親のもとに駆けもどる。それが合図のように、裕福そうな若い親たちは家路につく。夜に向けて、麻薬常用者たちに公園を明け渡す。

刑務所にもどると、ぼくは外階段をのぼりきったところで最後にもう一度、新鮮な空気を吸いこむ。よちよち歩きの男の子がやってきて、ぼくを観察する。その子は上下のつながったちっちゃい防寒服を着ていて、顔のまわりをぴったり覆うフードの下からぼくをじっとみつめる。まるで、見知らぬ星をさまよっている小さな宇宙探検家みたいだ。実際、それに近い。その子はぼくの靴ひもをちょっと調べて、たぶん気に入ったんだろう、顔じゅうで笑う。そしてまた探検を続け、魅力的なロトくじが捨てられているのを発見する。

刑務所の前の面会人の列は、ぼくが散歩にいっていた三十分のあいだにかなり長くなっていた。心配そうな顔つきの人びとの群れは、国境を越えようとしている難民のようだ。列に並ぶ大方の人にとって、面会は複雑な儀式みたいなもので、事実上の駆け引きであることも多い。たとえば、シングルマザーが子どもの父親に育児に協力してもらうため、やむなく面会にきているケースもある。いま頃、ぼくの生まれ育った正統派ユダヤ教徒のコミュニティの子どもたちは、この街の別の地区にある大理石造りのシナゴーグに座っているだろう。そして礼拝が終わったら、家で安息日《シャバット》の温かいごちそうを食べる。だが、ここにいる子どもたちは寒い中、並んで待って、母親か父親かその両方に会うのだ。鋼鉄とコンクリートでできた刑務所の中で。

いま頃、シナゴーグの会衆は歌っているだろう。

友よ、花嫁なる安息日を迎えにいこう《レハー・ドディ・リクラット・カラー》……

面会者の列が少しだけ前に進む。

列から少し離れた、高層棟に続く階段の横に若い母親が立っている。なぜそんなところに立っているのか、初めはわからない。ふいに、彼女は布でしっかりくるんだ赤ん坊を頭上に高々と差し上げる。まるで子どもを高層棟に差し出すか、どこか遠くの山の神にでも捧げるみたいに。ぼくはそのコントラストに息をのむ。赤ん坊の体は、濡れた綿のようにくたっとしてやわらかそうで、一方、赤ん坊に吹きつける風は冷たく、高層棟は大きく重々しくのしかかるように立っている。そして母親はまるで、自分の両手の中の生き物がどんなにはかないか、訴えようとしているみたいだ。ぼくは一瞬、赤ん坊の命が危ないんじゃないかと、根拠のない恐怖に襲われる。赤ん坊が高層棟に押しつぶされるんじゃないかと思ってしまう。

あたりはもう暗い。受刑者たちの姿が高層棟の中にみえる。どの階にも動き回っている姿がある。房の蛍光灯の明かりは、月の冷たい光に似ている。ぼくは、受刑者がひとり、高層棟の最上階に近い房の窓辺で動き始めたのに目をとめる。彼は遠い影絵のように窓辺に立ち、片手をあげる。あいさつをするか、ゆっくりスカイライティングでもするように。この距離からみると、彼は赤ん坊と同じくらい小さく、どっしりした高層棟に対して赤ん坊と同じくらい無力にみえる。影絵の男が手を下ろすと、それが合図なんだろう、階段の横の女も赤ん坊を下ろす。そして赤ん坊をしっかり抱いて、ていねいに布でくるむ。赤ん坊の姉と思われる幼稚園児ぐらいの女の子が、半分眠りながら母親とベビーカーの間にはさまって立っている。

刑務所には、いたるところに子どもがいる。まだ着任する前、後ろめたい気持ちでロビーのベンチに腰かけて薬物検査を待っていたときも、子どもたちが遊んでいるのが目に入った。周囲の大人たちの重苦しい雰囲気などおかまいなしに、みんな無邪気に遊んでいた。あの日の子どもたちは、ロビーの空間に合わせていろいろなゲームや競技を発明するのに忙しかった。みていると、ある幼い女の子――刑務所のロビーでは古株らしい――が別の女の子の手を取って、隠れるのにいちばんいい場所を教え、刑務所ロビー・ギャングの一員として迎え入れてやっていた。あの新人の女の子も、いまではもう古株になっているかもしれない。

あの日以来、ぼくは刑務所で何百人もの子どもたちをみてきた。ロビーや外の列の中だけでなく、刑務所の中でもみかけた。着任してひと月もしない頃、刑務所に勤務している女性の精神科医が、職員用カフェテリアでお昼を食べながらぼくにさりげなくいった。受刑者の子どもっぽい振舞いに注意してね、と。彼女によると、実年齢に関係なく、驚くほど多くの受刑者が子どもなみの情緒年齢にとどまっているという。そしてそれは、生まれてからずっと肉体的、感情的、性的な虐待に苦しんできた結果だという。虐待を受けたことのある受刑者は非常に多く、とくに女性受刑者の場合はほぼ全員といってもいいとのことだった。ぼくはその精神科医の大ざっぱな診断にずっと懐疑的だった。

しかし、日々、情緒面の発育不全の例に気づかないわけにはいかなかった。人を殺せるほど無情な犯罪者でさえ、ごくわずかなプレッシャーでおびえた子どものようになることがあるのを知った。男性の場合、そうした衝動を男っぽい態度である程度隠そうとするが、未熟さはいろいろなちょっとした行動に現れる。子どもっぽいいたずら、ささいな嘘、注意をひきたがる、感情を爆発させる、など。ある三十六歳の受刑者には、子どもじみた熱心さがあった。彼は凶器を使った強盗罪で服役しており、さらに故殺の容疑で裁判を待つ身だったが、ぼくにセロテープをくれと懇願してきた。色とりどりの装飾的な字体で自分の名前をプリントアウトしたから、それを手持ちのファイルに貼りたいのだという。それは、ぼくが小学五年生の頃にやっていたことだった。

遊びはいろいろな形を取る。あるとき、廊下の窓から教室をのぞいていたら、男性の受刑者たちが人形を抱いているのがみえた。講習が終わって受刑者たちが去ったあと、ぼくはその教室の講師の女性にきいてみた。「何をしていたんですか?」と。

すると、こんな答えが返ってきた。育児のクラスでデモンストレーション用に使われている人形を借りてきたのだが、このクラスでは直接的な教育目的で人形を使っているわけではない。

「人形は、ただ彼らが遊ぶためのものなの」。講師は当たり前のことのようにいった。

どうやら男性の中には、人形を抱いて世話をしたりおむつを替えたりするのが好きな者もいるらしい。彼らは初め、ふざけて人形で遊び、講師と戯れる方便に人形を使う。しかし、ひとしきりふざけたあとも人形をひざに置き、そのまま勉強を続ける。人形をていねいすぎるほどていねいに扱い、人間の赤ん坊を置くみたいにそっと机の上に置くという。講師はこう考えていた。受刑者たちは女性である自分のそばにいるほうが、安心してその種のごっこ遊びに没頭できるのだと。

講師は首を横に振っていった。「わたしとしては、それをみて笑うしかないの。でないと、絶対に泣いちゃうから」。

しかし、女性受刑者の場合、子どもっぽさを露呈する振舞いはちっともひかえ目ではなく、見逃しようもなかった。夜、図書室で、女性受刑者が何かしら子どもっぽい振舞いをしない日はない。簡単に解決できることでわぁわぁ泣いたり、大きな丸っこい文字で綴りの間違いだらけのメモを書いたり、幼児みたいな声でぼくに頼みごとをしてきたり、痛々しいほど内気になったり、やたら元気に動き回ったり、下手な嘘をついたり、だれが先にぼくと話すかで言い争ったり。ぼくは図書室で、殺人犯が親指をしゃぶっているのをみかけたこともあれば、鬼ごっこをやめさせたことも何度もある。そうした傾向を助長しているのが、刑務所内の環境だ。受刑者は子どもと同じくらい生活を管理されている。現実にはほとんどの受刑者が人の親なのだが。

受刑者の多く、とくに女性は、図書室を居心地がいいと感じていた。刑務所の中でいちばん刑務所らしくない場所のひとつだからだろう。そして、ぼくの好むと好まざるとにかかわらず、受刑者が子どもっぽい遊びをせずにいられなくなるのは、ぼくがみているときだった。これもまた、図書室という空間の思いがけない使われ方だった。

その金曜日の夜、ぼくの休み時間のあいだに刑務所の外にできた面会者の列は静かだ。刑務所は近々方針を変えて、面会者を先着順ではなく、受刑者が指名した面会者に限り予約制で受けつけるという形に切り替える予定だ。受刑者ひとりにつき、面会にこられるのは三名プラス弁護士。これで面会を待つ列は短くなり、（今夜のように）子どもたちが寝る時間を過ぎても刑務所内にとどまっていることもなくなるだろう。しかし、方針変更のおもな目的は、ひとりの男の「恋人」である女性と「子どもの母親」である女性が同時に面会にきてロビーで殴りあいのケンカをするという事態をなくすことだ。

一方、シナゴーグでの礼拝も終わりに近づき、しめくくりにキドゥーシュ（安息日の夕食前の祈り）が唱えられる。「そして七日目に神はその作業を終えられた」と。街のどこかで、ヨニが友人たちとビールを飲み、刑務所と雇用契約を結んだことを祝っている。高層棟の前にいたベビーカーの女性はいなくなっている。よちよち歩きの宇宙探検家は母親の腕の中で眠っている。次には刑務所の中に入れそうだ。

ぼくもそろそろ中にもどらなくてはならない。図書室にもどって、高層棟からやってくる女性受刑者たちを受け入れる時間だ。ぼくは外していたバッジをシャツにとめ、疲れた難民みたいな面会者の長い列を突っ切って、ロビーを抜け、夜間警備についているサリーにウィンクし、金属探知機を通過して、重い扉が開くのを待つ。

※教会

「何年もかかったの、クリスにどんなひどいことをしたかわかるまで」。

ジェシカが図書室のカウンターの向こうから身をのりだして、小声でぼくにいった。ジェシカのグループをユニットに連れ帰る刑務官たちが到着した直後だった。

なぜか、ジェシカが大事な話を始めるのは、あと数分で図書室を出なければならないときばかりだった。わざとそうしていたのかもしれない。打ち明け話をして楽にはなりたいが、長々と会話はしたくないという理由で。

一週間前には、あと一分で房にもどるというタイミングでぼくのところにきて、初めて裁判所に出頭したときのことを話した。当時、ジェシカは早熟な十七歳の少女で、偽の身分証明書を持っていたそうだ。彼女は二、三度売春をして二百ドル稼いだ。ほしいワンピースがあったからだ。ジェシカはいった。「一晩かかって稼いだの。とんでもないバカでしょ？　自分の度胸を試したかったの。場所はニューヨークで、ちょうどフリートウィーク（海軍、海兵隊、沿岸警備隊の艦船が多数寄港する一週間。一般人が艦船を見学でき、航空ショーなどが行われる）だった。べつにだれと寝たっていいじゃん、いつかはだれかと一緒になるんだし、って思ってた。だからニューヨークにいったの。ちょっとこづかい稼ぎをしようと思って」。ところがフリートウィークだったので、警察の取り締まりが厳しかった。

ジェシカは捕まって拘置所に入れられ、裁判で裁判官に話しかけるときにはなんて呼べばいいんだろう？ということばかり考えていた。

「そのせいで、拘置所にいるあいだ頭が変になりそうだった。こんなピンチ初めて。しかも売春だなんて！　ほんと最低。あたしは早くから悪い連中とつるんでて、荒っぽい口をきいてた。万引きもちょっとやったし、すごく悪いクスリもやってた。けど、売春で捕まったのは初めて。しかも家から遠く離れた街で」。

ジェシカは裁判官になんと呼びかけるかで悩み続けた。

先生《サー》？

裁判官《ジャッジ》？

それとも名前で呼ぶ？

ほかにいい呼び名は？

ある。クソ親父《ファック》。

ジェシカは前に一度、テレビの「ピープルズコート」という法廷ショーをみたことがあった。けれど、テレビはあまりみないほうだった。テレビなんてつまらない、現実の街のほうがずっとおもしろいと思っていた。その番組でみんなが裁判官のことをなんて呼んでいたかも思い出せなかった。ジェシカは眠りこみ、不安のせいだろう、歯をレンチで抜かれる夢をみた。そして目覚めると、同じ房に入れられている年上の女にたずねた。裁判官になんて呼びかければいいの？　相手は大笑いして「ろくでなし《アスホール》って呼んじゃだめだよ、いやがられるから」といったが、ジェシカが落ちこんでいるのをみると、真面目に教えてくれた。

「裁判官どの《ユア・オナー》って呼ぶんだよ」。

「もし女の人だったら？」ジェシカはさらにきいた。

「男だろうと女だろうと、ガウンを着て座ってる人のことはユア・オナー、って呼べばいいのさ。ユア・オナー、って。そうすりゃ、うまくいく」。

裁判所に出頭したとき、ジェシカはガタガタ震えて、立っているのもやっとだった。やがて、申し立てをしなさい、といわれた。いよいよだ。しかしジェシカはためらった。長くてつらい一秒が過ぎた。そしてまた一秒。そこにいた全員が、していたことをやめてジェシカをみた。速記者も彼女をちらっとみた。ジェシカは裁判官に呼びかける言葉を忘れてしまったのだ。

そうだ。思い出した。

「殿下《ユア・ハイネス》、あたしは……」。

廷内にどっと笑いが起こった。ジェシカの耳に、裁判所が任命した弁護人が「そうだったらいいと本人も思ってるさ」とつぶやくのがきこえた。裁判官は表情を和らげ、同情のこもった笑みを浮かべた。ジェシカは、しまった、と思った。失敗したのは明らかだった。しかし、頭が混乱してしゃべるのをやめられず、同じ言葉を繰り返した。

「殿下《ユア・ハイネス》、あたしは……」。

ふたたび爆笑。収拾がつかなくなった。「裁判官はもう少しで閉廷を言い渡すところだった」。ジェシカは思い出して語った。「大爆笑だったわ。警官も、法律家も、タイピストの女の人も、売春で捕まった服装倒錯者も、ヤク中の連中も、みんなゲラゲラ笑いころげちゃって」。裁判が再開され、ジェシカはまた間違えて裁判官を「殿下《ユア・ハイネス》」と呼んでしまったが、今度はすぐに言い直した。

「けど、わかんないものね、あれはあたしとしては最高の答弁だった。訓戒だけですんだんだもの」。

以上は一週間前にきいた、ジェシカの「罪と罰」の喜劇バージョンだった。しかし、その夜、あと二分で図書室を去るというときになって、ジェシカは別のバージョンを語りだしたのだ。

クリスのことでは、危険な前触れがあったの、とジェシカはいった。ある金曜の夜、ジェシカは手あたり次第にドラッグをやり、さらにハイになろうとウィスキーを飲んで、クリスをベビーシッターにあずけた。ベビーシッターはジェシカと同い年の女の子で、ジェシカが裁判所の命令で通っていた匿名《とくめい》断薬会で知りあった子だったが、ひとつ問題があった。その夜、ベビーシッターもひどくラリっていたのだ。だから、よちよち歩きのクリスが家から飛び出したのに気づかなかった。クリスがいないことに気づいたのは明け方の三時で、いなくなってから何時間も過ぎていた。幸い、近所の住人のひとりが道端にうずくまっているクリスに気づいた。クリスは口もきけない状態だったが、落ち着くと「ママム」に会いたいといった。ジェシカが家にもどったのは翌朝の十一時。近所の住人は警察に通報しなかったが、本来ならされて当然だということはジェシカにもわかった。

やがて、ある朝、ジェシカは目覚めた。それまで眠っていたのかどうか、自分でもよくわからなかった。その頃にはたびたび意識がもうろうとして、どっちがどっちだかわからなくなっていたのだ。前夜とその前日とその前夜にやったドラッグのせいで、まだハイだった。いつ眠ったのかは覚えていなかったが、目覚めて「今日こそ、その日」と思ったのは覚えている。

ジェシカは、プレゼントが包んであった包装紙の裏にメモを書いた。事実を手短に、感情を交えずに書いた。「あたしはヤク中です。それはずっと変わらないでしょう」。彼女は十八歳で、家族とはほとんど音信不通。子どもを産んだことさえ知らせていなかった。息子はかわいかったが、ろくに愛してやってはいなかった。ジェシカは続けて書いた。「この子はいい子です。どうぞいい家庭を与えてやってください。神のお恵みがありますように」。署名はいっさいしなかった。

ジェシカはクリスを連れて地下鉄《T》に乗り、街の反対側の裕福な地区にいって、散歩した。ジャングルジムで遊び、一緒にすべり台をすべった。クリスはくたくたに疲れた。計画どおりだ。ジェシカはそっと教会に入り、後方の席に座った。眠っている息子をそこに横たえ、息子の服のポケットにメモを入れた。

三十分後、ジェシカはサウスステーションでバスを待っていた。かき集めたわずかな金で買ったグレイハウンド・バス（アメリカ最大規模のバス会社が運行する長距離バス）のチケットを手に。何週間も前から計画していたとおりだった。その日の夕暮れにはニューヨークに着いた。翌日の夜明けにはフロリダ州のタラハシーにいた。ジェシカが望んだのは、見慣れない風景、見慣れない木々、見慣れない建物、耳慣れないなまりだった。ニューイングランドはもうみたくもなかったし、存在さえしない、存在したこともないと思いこみたかった。

「すっかりドラッグ漬けで頭の中がグチャグチャだったから、捨てられたのは自分だと思ってた。ほんとうにそう思ってたの」。ジェシカはいった。

何ヵ月もたって、意識の清明な瞬間が訪れたとき、ジェシカはようやく理解した。あの日の教会での出来事は、自分ではなく息子の身に起こったことなのだと。捨てられたのは自分ではなかった。それがようやくわかったとき、彼女は自分をあわれむのをやめ、自分を憎みだした。タンパの町の橋から飛び下りようとしたこともある。それまでは、自分を犠牲者だと思うことでなんとか生きのびてきた。ジェシカはすでに多くの罪を犯していた。だが、自分の子どもを捨てたのは中でも最悪の罪だった――それなのに唯一、罰を受けなかった。もちろん、罰を受けないこと自体が一種の罰ではあった。

ジェシカはぼくにいった。「決して許されないよね。子どもを危険にさらしたうえ、置き去りにするなんて。あたしの頭に浮かぶのは、あの子の肌、あの子の肌、あの子の肌、そればかり。あの子の肌はほんとにやわらかかったの。そして想像した。あのやわらかい肌に、あのぷっくりした小さい両手にいろんな悪いことが起こるところを。そうなっても自分は守ってやれないんだって思った。どんなことをしたって、この罪はつぐなえない」。

迎えの刑務官が図書室に入ってきて、「退出！」と叫んだ。ぼくとジェシカの会話も終わった。ジェシカは受刑者の列に加わった。刑務官が受刑者を数えるあいだ、ジェシカ以外の受刑者は騒々しくしゃべったり、冗談をいいあったり、どなりあったりしていた。図書室の前のコンクリートと鋼鉄とリノリウムの廊下にみんなの声が反響して、耳がおかしくなりそうだった。

受刑者は日に何度も人数を確認される。刑務官の中にはおだやかに、やさしいといっていいくらいの声で数える者もいるが、怒りに近いいらだち――必ずしも受刑者に対してではなく、際限もなく繰り返される点呼に対して――をあらわにして数える者もいる。

その夜、刑務官は憎悪を隠そうともせずに受刑者を数えた。大半の受刑者はそれを気にもとめず無視していたが、ジェシカは列の中で黙ってその憎しみを受けとめていた。だれにも話しかけず、だれからも話しかけられず、周囲のだれとも親しくなろうとしない――だれかと新たな関係を結ぼうと思えば、過去から目をそらす必要が生じる。それはジェシカには考えられないことなのだ。彼女はずっとひとりのまま、許されないままだろう。

ジェシカにとっていちばん友だちに近い存在は、同房のとても小柄なヴェトナム人女性だった。

彼女は英語をひとことも話さない。言葉が通じないということが、ふたりの関係のベースになっていた。ふたりで黙ったまま、何時間もトランプ遊びをすることがあるのだと、ジェシカはぼくにいった。そしてたまに、偶然に、恥ずかしそうにほほえみを交わすのだと。

刑務官が人数の確認を終えた。「口を、閉じろ」。図書室のドアの向こうでどなる声がきこえた。女たちは静かになった。受刑者の列は廊下を遠ざかり、中庭を突っ切って、第一棟にもどり、上階へ上がっていった。

✻花は犬を呼ぶ

ジェシカが指さして教えてくれてから、ぼくはクリスの顔を見分けられるようになった。クリスはあまり図書室にはこなかった。一度、法令書式を取りにきたが、場違いなところにきてしまったというように妙におどおどしていた。入ってきてから出ていくまで、息を止めているみたいだった。クリスは受刑者の中でも本好き・勉強好きなタイプではない。棚にびっしり並んだ本をみると、ぞっとするんだろう。図書室にいるときは、中庭にいるときの男っぽくて生き生きした彼とは別人のようだった。

ときおり、中庭でクリスとすれちがうこともあった。間近でみると、十一階の窓からみたときには気づかなかった特徴も目に入った。バスケットボールをしているときは痛々しいほど集中した顔つきで、まるでシュートの成功に人生がかかっているみたいだった。楽しんでいるというのとは程遠く、コートを必死に走り回っていた。息を切らし、休むときは両手を腰に強く押しあてる。失敗すると、自分をむごいほど責める表情を浮かべた。ほかの大方の受刑者よりもクリスはバスケットボールの試合を真剣に受け止めていて、思い入れも強いようだった。

バスケットボールをしていないときのクリスは、かなり積極的・意図的に、だれでも相手をしてくれる人間としゃべっていた。ちょっとした動作からいろいろなことがわかるものだ。クリスとしゃべっていたふたりの受刑者が、クリスが去ったあと意味ありげに目くばせしあい、ひとりが体を傾けてもうひとりに小声で何かいった。もしかしたら、クリスは味方を増やそうとするあまり、同じくらい敵を作っているんじゃないか？　溶けこもうと頑張りすぎているような気がする。

クリスと中庭ですれちがうと、ぼくは無意識に高層棟を見上げてしまう。下からみると、講習中にジェシカが息子をみている暗い窓はまるで目立たない。そればかりか、取るに足らないもの、はるか遠いものにみえる。ぼくの中に、クリスに近寄ってあの窓を指さし、それがどんなに大切なものか説明したい衝動が生まれる。クリスにちゃんと理解してもらいたい。彼だって真実を知りたいんじゃないか？　いや、逆に、事情を知ったらぞっとするかもしれない。知らない人間にじっとみられているんだから。しかもふたりに。ぼくはクリスとは知り合いじゃないし、ジェシカとだって職員と受刑者としてつながっているだけだ。だから出しゃばる余地はない。それに、ぼくには自分の家族がらみで気がかりなことがあった。

母が、カリフォルニアに飛んで自分の母親の最期を看取ろうとしていた。とはいえ、そうやって駆けつけるのはすでに五回目、いや六回目だったかもしれない。もうわからないほどの回数になっていた。祖母はいったいいつ死ぬんだろう、とぼくは思っていた。残酷な話だ。自慢はできない。
祖母のフェイに会ったのは、ほんの数回きりだった。なかでも忘れられないのが、八歳の頃、小学生ならではの厚かましさで、おばあちゃんが集めた一ドル銀貨を全部もらっていい？とたずねたときのことだ。祖母はこっちをみもしないで、ハエでも払うように手を振ってぼくを追い払い、「だめ」と答えた。そこでぼくは、一枚ならもらっていい？ときいた。またもや答えは「だめ」だった。ぼくは、ちょっとのあいだ一個だけ持っててもいい？と頼みこんだ。祖母はようやくこちらを向き、ぼくを真正面から見据えて答えた。

「あたしが死んだら」。祖母はきついポーランド系イディッシュ語（ヨーロッパにすむユダヤ人が使用していた言語）なまりで、両目をむき、人さし指を振りながらいった。「この銀貨を持って、あたしの墓の上で踊りゃいいさ」。

その言葉にこめられたユーモアをぼくが理解するまで、約十年かかった。さらに数年かかって、悲しみも感じ取れるようになった。しかし八歳のぼくの反応はもっと単純で、心底ぞっとした。アメリカ育ちのぼくにとって、祖母は燃え上がるユダヤ人村《シュテットル》の中から現れたいまわしい霊のような存在であり、ぼくたちの幸福で安全な新世界での暮らしに呪いをかけているみたいに思えた。祖母はあらゆるヨーロッパ的な死の恐怖――チフス、ポグロム、革命、二度の世界大戦――にさらされ、生きのびてきたが、その理由はただひとつ、死神の使い古した息をぼくたちの顔に吹きつけるためだったんじゃないかという気がした。この人は大人のくせに、なぜ一ドル銀貨をこんなに大事にしてるんだ？　ぼくがそれをちょうだいといったからって、なんで墓の話が出てくるんだ？　それに、この人はなぜぼくにマイケル・ジョーダンのポスターをはがせって命令するんだ？　おまけに彼のことをシュヴァルツァー（イディッシュ語で「黒人男」の意）なんて呼んで。彼がぼくのヒーローだって知ってるくせに……。

　母の祖母に対する思いは、もちろんぼくよりも強く、娘としての愛情と同情がからんでいるためにずっと複雑だった。祖母は厳しく、子どもの過ちを許さない母親だったという。家を完璧に、尋常じゃないほど清潔に保ち、装飾的なものはいっさい排し、作る料理は味気なかった。子どもたちに自分を「お母さん」と呼ばせた。友人・知人を家に寄せつけず、それでも入りこんでくる者は追い出した。子どもたちを絶え間なく言葉で虐待し、肉体的な虐待は夫、つまりぼくの祖父に任せた。祖父は温厚だが受け身で、妻に命じられるまま子どもたちをぶった。

　祖母フェイの人生について教えてほしいというと、母は深く息をしてから知っていることを話してくれた。フェイの母親は聖人のように人助けに時間を使ったが、娘と一緒に過ごすことはまれだったという。ぼくの母が知っていること、あるいは好んで思い出すことは、たいてい断片的な事実だった。たとえば、フェイは新聞を最初から最後までくまなく読んだとか。ぼくがずっと感じていたのは、フェイの内面的な世界を娘であるぼくの母が知ることはなかったが、そのほうがよかったのだということだ。母はフェイの心の中を垣間みると、たいてい当惑した。たとえば、ぼくの妹がまだよちよち歩きだった頃、母はフェイにその子を抱いたりしないほうがいいといわれ、なんでその子に愛してるなんていうの?と不思議そうにきかれた。その瞬間、母は強烈に思い出したという。自分自身が目の前の女性に愛情の感じられない育てられ方をしたことを。しかも、押し殺されていたのは愛情だけではなかった。ほかにも封印されたことがあった。

母はあるときぼくにいった。「どんなに頼んでも、ポーランドにいた頃のことを話してもらえなかった。話し始めても、だれかの名前を口にしたとたん、話をやめていうの。『だけど、もうどうでもいい。どうせヒトラーがみんな殺しちまったんだから』って。どの話もそんなふうだったわ」。

ナチスの侵攻してくる可能性が濃厚になった頃にポーランドを脱出した祖母にとって、当時の話をするのは苦痛なんてものじゃなく、絶対に不可能なことだったのだ。祖母に関する限り、物語《ストーリー》は存在しなかった。物語というものは発展して、いずれかの方向に進んでいく。そして結末がなくてはならない。悲劇にだって最終幕があって、語り手も聴き手も、残酷な死にさえ価値があると信じられるようになっている。つまり、その物語は生きている者にとって価値があると信じられるようになるのだ。

悲劇の王子、ハムレットはいう。「おれはもう死ぬのだ、ホレイショー……おれの物語を伝えてくれ」。

しかし、祖母は悲劇の価値など信じなかった。彼女からみれば、殺戮が奪うのは命だけではない。人生を語るという可能性までも奪うのだ。ハムレットはいう。「それが死んでいくおれの声だ。もう何もいわぬ」と。祖母は生きながら声を持たず、何もいわなかった。

ぼくの母は子どもの頃、その沈黙が不満だったそうだ。彼女は母親の歩んできた道を知りたかった。だから母親の部屋にしのびこんで手がかりをさがした。引出しには知らない人たちの写真がいっぱい入っていた。たいていは明るい表情の少女の写真だった。きっと、祖母の友だちやいとこだろう。母が写真の人たちのことをきくと、祖母は話しだすものの、すぐにやめてしまった。「もうどうでもいい、みんな殺されたんだから」といって。それで終わりだった。母がもっとせがむと、フェイは写真の中でにっこり笑っている女の子を指さして、幼い娘にいった。ナチスはこの子を井戸につるしたのよ、おさげ髪を縄のかわりにしてね、と。それきり何もいわなかった。それ以外のことはどうでもよかったのだ。

祖母が亡くなる二、三年前、ぼくはカリフォルニア州北部の養護施設に彼女を訪ねた。祖母はとても弱っていて、かなりおだやかになっていた。だが鋭さは失っていなかった。ぼくが、ここはいいところだね、気候はこの宇宙で最高だし、というと、祖母はそんなことどうでもいいとばかり肩をすくめてみせた。近くの庭園を散歩してみたら？　きれいな花や木でいっぱいだよ、というと、祖母は疑り深そうに庭をみて、コメディアン顔負けの絶妙な間合いでいった。「花は犬を呼ぶんだよ」。祖母は犬を怖がっていたのだ。

「花は犬を呼ぶ」――祖母の自伝のタイトルにできそうなフレーズだ。祖母は不幸の錬金術師《アルケミスト》みたいだった。どんなものでも、チューリップやユリの花までも陰気くさくしてしまった。

しかし、ぼくはあきらめず、昔の話をしてよ、と祖母にせがんだ。祖母が話してくれたのは、アメリカに到着したとき、故郷を失ってどんなに心細かったか、ということだけだった。「あたしはポーランドでは何者かだったけど、アメリカでは何者でもなかった」。ポーランドでは何者だったの？とぼくはきいたが、祖母は答えなかった。母のいっていた写真のこともきいてみたが、祖母はそんなもの知らないといった。友だちのこともきいたが、祖母は質問がきこえないふりをした。

ぼくは祖母との会話を録音しようと決めていた。祖母の人生を記録として残したかったのだ。何か、なんでもいいから、祖母を思い出すよすがになるものを。ただ、録音機器を用意しても祖母は絶対にしゃべらないのはわかっていた。花さえ信用していない女性なのだ。しかし、孫であるぼくには彼女の経験というささやかな遺産を手に入れる権利があると思ったので、祖母との会話をこっそり録音することにした。

ところが、偏執的な人は勘が鋭い。そしてぼくにはスパイの素質が乏しい。祖母はぼくがテーブルの下で何かいじっているのに気づき、ぼくの後ろめたそうな表情からすべてを察した。今度は祖母が質問し、ぼくが否定する番だった。そんなふうに祖母との会話は続いた。正直な気持ちが伝わった確率は警察の尋問なみで、最後は互いに用心深い目つきでにらみあって終わった。

あとになってその録音をきいたとき、ぼくは衝撃を受けた。何もない空間を埋める音に、とても豊かな表情があったのだ。そよ風と、それを唯一さえぎる遠い飛行機のエンジン音、どちらかが体を動かすたびに椅子がきしむ音、祖母のかすかにヒューヒューいう呼吸音。マイクは祖母の沈黙の音調をとらえていた。あれが、ぼくが祖母と交わした最後の会話だった。

母は朝の便でカリフォルニアに飛び、フェイの最期を看取りにいった。ぼくも一緒にいくべきだったかもしれない。しかし、ぼくは刑務所の中庭に立って——新鮮な空気を吸いに出てきたのだ——クリスがバスケットボール・コートの端から端まで必死に走るのをみていた。ぼくやクリスの上方には、いまは明かりがともっていないが、ジェシカが講習中にクリスをながめる窓がある。その窓の上の空を、飛行機がすべるように飛んでいた。

＊ブルーベリーマフィンの日

ぼくにもようやく順番が回ってきて、三日間にわたる刑務所の職員研修を受けられることになった。ふつう研修というのは、世界中どこでも大昔からそうであったように、仕事に就いてすぐか、もっと好ましいのは仕事に就く前に行われるべきだろう。ぼくも着任時にちゃんとした研修を受けていれば、クーリッジみたいな受刑者や「怒れる七人」やその他いろいろな人びとにどれだけうまく対応できたことか。しかし、理由はどうであれ、ぼくの場合は研修を受けるまでに何ヵ月も経過してしまった。それでも受けられるのはありがたかった。まだ職場の状況を把握しきれていなかったからだ。

研修の初日、ぼくはやや遅れて、会場の保安官事務所出張所に到着した。それでも周辺を観察する余裕はあった。チェルシー地区にあるこの出張所は、軽量コンクリートブロックでできた低層の四角い建物で、両側をマフィン工場と麻薬中毒者のための診療所にはさまれていた。工場の〈マフィン・ワールド〉からは甘くていいにおいがしていて、診療所の〈メタドン（モルヒネに似た麻酔薬）・ワールド〉（これはぼくが勝手に命名した）のほうからは幸いどんなにおいもしていなかった。この出張所は新人刑務官の研修に使われているが、ぼくみたいな一般職員の研修会場も兼ねている。〈メタドン・ワールド〉の車椅子用斜路に、デニムの上下——色合いが微妙に違うブルージーンズとジージャン——を着た男が気絶して手足を投げ出すようにへたりこんでいて、手すりから長い髪と両腕がだらしなくたれていた。一方、〈マフィン・ワールド〉の出荷スペースでは、太った赤ひげのトラック運転手が通路にどかっと座り、片手に湯気の立つコーヒーのカップとタバコ、片手に食べかけのマフィンを持って、〈メタドン・ワールド〉の気絶している男を横目でみていた。

出張所の中には、警察関係のこまごましたものがたくさん保管されていた。多種多様な拳銃を見分けるためのポスター。いろいろな地区や部署の警官の制服（その多くには、マンガ的なおもしろいキャラクターをあしらったバッジがついている）。勇気と不屈の精神をたたえる感動的なスローガンの数々。ここで三日間、ぼくたち研修受講者は、朝八時から午後三時まで机に向かって講義を受けることになっていた。講義の内容は多岐にわたる。保安上の脅威への対処、事件報告書の書き方、同僚の密告について、禁制品の見分け方。そしてもちろん、同僚の胸の谷間についてコメントするのはなぜいけないか、についての講義もある。

ところが、実り多い一日になりそうだという期待はたちまち打ち砕かれた。組合委員長のチャーリーがニンマリ笑って席についていたからだ。

「おれの大好きな年中行事さ。完全なる時間の無駄だからな」。チャーリーはぼくに耳打ちした。

チャーリーはさぼりのプロだった。彼が無駄な時間を楽しむ様子は、ある種の人たちが熟成したゴーダチーズを楽しむ様子と似ていた。

「まあ、ゆっくり座ってくつろいでな」。

しかし、くつろぐなんてもってのほかだった。この研修は全職員が年に一度受けることになっているが、その内容は実際の仕事の進め方とはほとんど関係がなかった。むしろダンテが『神曲』で描いた地獄の九圏のガイドツアーに似ていた。ただしここの地獄は、強姦、自殺、薬物、集団催眠、ピストルによる殴打、首つり、ナイフ砥ぎの七圏からなっていた。ぼくたちは人が考え出すあらゆる形の悪事を探求した。しかし、案内役はウェルギリウスではなく、ダン・ヒッキー巡査部長だった。

　ほかにもいろいろな刑務官が交代でぼくたちを震え上がらせた。ある刑務官は三十分も本題からそれて、大好きな合衆国憲法修正条項をたたえた。

「実際、」彼はほとんどすべての文章をこの言葉で始めた。「きみたちがここに座っているのは、修正第二条（「規律ある民兵は自由な国家の安全保障にとって必要であるから、国民が武器を保持する権利は侵してはならない」というもの。一七九一年より実施）があってこそだ」。しかし、ぼくたちは好んで朝の八時にチェルシー地区の軽量コンクリートブロックの箱の中に座っているわけじゃないから、彼の主張は修辞学的な力を大幅に欠いていた。この警察官はまた、一部の州では刑務官に勤務時間外にも銃の携行を許可していることを指摘し、マサチューセッツ州議会も勤務時間外の銃の携行を許可してほしいものだといった。そうすれば、公園の遊び場に娘を連れていくときにも銃を携行して、どこかのガキが娘を黒んぼ《ニガー》と呼んだときに対処できるから。チャーリーがぼくにこっそりメモをよこした。「実際、この男は年末まではぶちこまれてるな」。

　ストレスについての講習もあった。「副業を持ってる人？」と講師の刑務官がきくと、ほぼ全員が手をあげた。刑務官は続けた。「だれもがよく知っているように、この国の中産階級《ミドルクラス》は滅びつつある」。これは仮説でもセミナーの話題でもなく、その部屋に座っている全員が共有している現実だった。全員が公務員として働き、組合にも入っているが、ほとんどだれひとりとして、生活し家族を養っていくのに十分な収入を得てはいなかった。

「刑務官の場合はたいてい、離婚扶養料の支払いも抱えている」。講師は自分の冗談に笑ったが、刑務官に離婚経験者が多いのは笑えない現実だ。「重要なのは、そういうストレスに対処する健全な方法をみつけることだ」。

健全な方法のひとつは、自分にちょっとした楽しみを与えることだと彼はいった。彼自身、結婚生活が破綻していたときには、毎晩寝る前にケーキをひときれ食べていいことにしていたという。まだちゃんと話をきいていた受講者は、この話に共感した。

別の刑務官は、自殺の問題を九十分間語り続けた。たしかに、自殺は刑務所では重要な問題だ。極度のプレッシャーを感じている受刑者は自殺に走るおそれがあり、それを防ぐのは刑務所の責任だ。しかし、その刑務官の話はものすごく詳細でものすごく熱がこもっており、尋常の域を超えていた。話の半ばで、その理由が明らかになった。だれかが、地域別、年齢別、性別にみた自殺に関する最新の全国統計をここで検討する理由は何ですか？とそれとなく疑問を呈したとき、講師の刑務官がキレたのだ。

「いいか、おれの弟は自分の抱えてる問題に向きあう勇気がなかった。おれたちほかの人間はみな、なんとか向きあっているのに。で、弟はどんな決心をしたと思う？」

ここで、親切なアルバニア系の用務員が手をあげたが、刑務官は無視して続けた。

「あいつはいちばん近い線路をみつけて、通勤列車に飛びこんだ。遺体はバラバラで、みつからない部位もあった」。

みんなが息をのむ音がはっきり聞き取れた。

「しかも、弟が自殺したのはいつだと思う?」

ぼくは用務員に目をやったが、今度は彼も手をあげなかった。だれかが「まさか……クリスマス?」といった。

「母の日だ」。刑務官は胸の前で腕を組んだ。「それ以来、わが家の母の日はどうなったと思う? 母の日がくるたび、おふくろがどんな地獄を味わうか、わかるか? 弟のつれあいや子どもたちがどんな思いをするか? 弟は楽な逃げ道を選び、その結果おれたちは一生苦しむことになった。あいつは卑怯者だ」。

みんな圧倒されて黙りこんでいた。用務員はうんざりしているようにみえた。刑務官がスライドにもどり、自殺念慮の前兆について恐ろしく詳細に説明し始めると、みんな少し息をつくことができた。そのあと、ぼくたちは放火について短い講義を受け、素人が撮影したビデオ映像をみた。それは〈ステーション〉というナイトクラブの火事を内部から撮ったものだった。死者百人を出した、アメリカ史上最悪のナイトクラブ火災のひとつだ。人びとが叫んだり泣いたり押しあったり焼け死んだりしているところを撮った、その悲惨なビデオをみたあと、刑務官は教室の明かりをつけていった。

「昼休みにしよう」。

午後の講習も同じように続いた。ある刑務官が教室に入ってきて、ひとこともいわず、警棒を机に思い切りたたきつけた。受講者は全員飛び上がり、刑務官の机はひっくり返りそうになった。ぼくの前の席の女性が「やめて！」と叫んだ。右隣に座っている白髪の男性のケースワーカーは心臓のあたりをおさえた。チャーリーは椅子の背にもたれてニッと笑っただけだった。用務員はトイレからもどってきていないようだった。

「さて、諸君、こいつをくらったら、諸君の、あるいは諸君の同僚の頭蓋骨《ずがいこつ》はどうなると思う？」講師の刑務官がたずねた。

警棒だと思ったものは本物の警棒ではなく、五、六冊の雑誌を重ねてきつく丸め、ガムテープでとめたものだとわかった。それはかなり破壊的な武器になりそうだった。そして、禁制品とはどんなものかを知る、いいきっかけでもあった。その講習は、ぼくの刑務所における立場にも関係していた。

「ここに司書はいるかな？」刑務官がたずねた。その質問は非難めいてきこえたし、実際に非難を含んでいた。

講師をつとめる刑務官たちがちょくちょく、取調べでもするような口調で修辞的な質問をはさんでくるせいか、この話のいきつく先がみえたせいか、ぼくもフォレストも返事をしなかった。しかし、この刑務官はほんとうに答えを求めているんだということがはっきりすると、フォレストが情けない高い声で返事をした。

「手をあげろ」。刑務官が命じた。

フォレストもぼくもいわれたとおりにした。

「頼むぞ、きみたち。武器も含め、禁制品の多くは図書室が出どころだ。受刑者はなぜ図書室にいくと思う？　『白鯨』を読むためじゃないんだ。な？」

フォレストはへこんだ様子で、椅子に深く沈みこんだ。

ぼくたちはさらに、興味深い禁制品の数々をみせられた。まず、中世の武具に酷似している自家製の武器があった。棍棒《こんぼう》、先のとがった金属、大槌、フレイル。戦闘用の斧に似たもの。あらゆる形と大きさのナイフ。野球用のバット。何ひとつ見た目どおりのものはなく、どの品もどことなく、見覚えのあるほかの何かに似ていた。セロテープと漆喰《しっくい》のかけらで固いボールを作り、靴下に入れれば、相手の顔をぶん殴る武器になる。同様に石けんをくつ下に入れたり、ハードカバーの本を洗濯袋に入れて振り回すこともできる。この手の武器を使えば相手を気絶させることも可能だ。コンピュータのファンは、ほとんどそのまま鋭いナイフとして使える。雑誌や単行本の固い表紙は防護服になる。オレンジの皮を発酵させれば、胸の悪くなるような「自家製の酒」になる。また、この発酵酒で金属を溶かし、ナイフを鋳造《ちゅうぞう》することもできる。いいかえれば、受刑者は酔っぱらいながらナイフ作りができる――絶妙な組み合わせだ。

フロッピーディスクは？　簡単に飛び出しナイフに加工できる。椅子でギロチンを作ることだってできる。靴ひもで大虐殺を行うことも可能だ。ボールペン？　刑務官はそういってゲラゲラ笑った。

「マジできいてるのか？　ボールペンがあれば大統領だって暗殺できる」。

しかし、その方法をぼくたちが考える間もなく、刑務官は明かりを消し、ビデオをセットした。

「これをみれば、ボールペンの威力がわかる」。

ぼくたちは、さっきのとは別の未編集の保安ビデオをみせられた。それには、ひとりの受刑者が刑務所のデイルームにしのびこんでドアを内側からふさぎ、別の受刑者を殴って気絶させ、ボールペンで何度も何度も刺すところが映っていた（ボールペンは、個人的にほっとしたことに、図書室ではなく診療所から盗んだものだった）。ぼくたちは現実に人が殺される場面をみていた。映像がいったん途絶え、再び始まったとき、犠牲者は抵抗をあきらめ、ただ横たわっていた。殺人者のほうは退屈そうに犠牲者を刺していた。ゆっくり、入念に、繰り返し。しかし、サウンドトラックその他、映像を盛り上げる人工的な要素が何もないと、殺人はむしろ単調な映像になる。まるで生のジャガイモに穴を空けているみたいにみえた。ビデオは終わり、部屋の明かりがついて、ぼくたちはその日学んだ内容についてテストを受けた。

テストの採点を待つあいだ、ぼくたちは建物の正面の階段に立ち、何をみるともなくぼうっとしていた。喫煙者はタバコを吸った。タバコをやめた者はポテトチップスを食べた。〈メタドン・ワールド〉の人びとも休憩時間に入ったのか、あるいは単にいくところがないのか、ぼくたちとまるで同じように建物の正面に出てきて、タバコを吸ったりポテトチップスを食べたり虚空をみつめたりしていた。まるで、くたびれた船乗りの集団が二組、薄汚れたはしけに乗って、汚染された川ですれ違ったみたいだった。

あまり退屈だったので、ぼくはちょっとローマ法王っぽいしぐさで手を振ってみた。しかし、〈メタドン・ワールド〉の人びとには通じないようだった。と思ったら、意外にも三十秒ぐらいしてから、かなりくたびれた様子の――その朝斜路でのびていたデニムの上下の男の患者が、にこりともせずに片手をあげた。

「甘いにおいがするだろ?」講師の刑務官のひとりがいったが、だれも答えなかった。

「あの工場では、毎日違う種類のマフィンを作るんだ」。刑務官は〈マフィン・ワールド〉のほうをあごで示した。そして苦しそうにタバコを吸った。口元が固くすぼまった。

「今日はブルーベリーマフィンの日だな」。

刑務官は吸い殻を駐車場に捨てて、四角い建物の中にもどった。煙がひとかたまり、その場に残ったが、少しずつ消えていった。テストは全員合格だった。

❋監禁

研修のあと、仕事にもどると、以前と違う感じがした。ぼくはひそかな疑念を抱いた。あの三日間の研修の目的は、職員を退屈させると同時に震え上がらせ、あれにくらべたら刑務所に働きにくるのはとても楽しいと思わせることだったんじゃないかと。その一方で、数限りない禁制品、刑務所が火事になるという恐ろしいシナリオ、無数の失敗パターンなどを思い浮かべると、刑務所の建物に入るのがちょっと怖くなった。

それはごく当たり前の反応だといわれた。組合委員長のチャーリーの解説によると、研修でいろいろ説明をきいて職場にもどってきた職員は、その説明のせいでよけいに不安になっていることが多いという。「みんな、なんでもかんでも禁制品じゃないかと疑うし、だれもかれもが自分を陥れようとしてると思いこんじまう。受刑者は常におれを刺す機会をうかがってる、廊下の先にいるあの職員はおれの違反行為を報告書に書こうとしてる、あそこにいる女の子はおれをバカだっていう理由で訴えたがっている、って具合にな」。だがそんな被害妄想はじきに消える、とチャーリーは受けあった。そのあとは、「何もしないし何もみない」状態にもどれる。そういってウィンクした。

それでも、ぼくが研修を終えて職場にもどったときには、何かがほんとうに変だった。午前中ずっと、職員や刑務官が走り回っていた。刑務官は図書室の外の廊下を駆け足でいったりきたりし、中庭に出たり、またもどってきたりしていた。それまでみかけたことのない私服の刑務官がうろついていたりもした。しばらくすると、警視が視察にきた。

一時間もしないうちに、廊下から受刑者の姿が消えた。日中にはめずらしく、しんと静まり返った。そのとき図書係をしていた受刑者たち――ファット・キャット、ピッツ、テディ、ダイス、エリアは、忙しく立ち働いて目立たないようにしていた。チェス盤はたたまれ、片づけられていた。ジョークの応酬も途絶えた。彼らにとっていちばんいやなのは、むりやり各房にもどされ、監禁されたまま何時間も、もしかしたら何日も過ごすことだった。刑務所内で暴力沙汰が起こったときには、それが標準的な措置だった。

ぼくは図書室から首を出して、何があったのかと刑務官にきいた。すると、相手はぼくをみもせず、ひとことで答えた。

「もめごとだ」。

「複数ですか?」

刑務官はこちらを向き、限りなく疑わしげな表情でぼくをみた。

「そうだ。3―3ユニットと、いまは3―1ユニットでも。街の抗争の続きらしい」。

そう答えた直後、その刑務官は図書室で受刑者が働いているのに気づいたらしく、さっと視線をそらして歩み去った。ぼくにはその動作の意味がわかった。自分の管轄外のことだと、あの刑務官は思ったのだ。図書室で働いている受刑者たちが本来いるべき場所にいないとしても、だれか別の人間が対処すればいい、自分にはほかに頭痛の種がある、と。

図書室にもどると、ファット・キャットがニヤッと笑っていった。

「もめてるんだろ?」

「ああ。ぼくよりも詳しいみたいだね」。

いつもどおり、キャットは知っていた。もめごとが自分のユニットで起こったわけでもないのに、なぜかくわしい情報を入手していたのだ。刑務所では噂は瞬時に広まる。あるユニットで争いが起こると、あっという間に別のユニットに飛び火して、大問題に発展する。

「スペイン人の男が収監されて、黒人の受刑者が街でもめた相手だと気づいた。きいたところ、六対一でボコボコにしたそうだ、3―1ユニットで……」。

「ギャング同士の抗争?」ぼくはきいた。

ファット・キャットは目をそらし、小声で「たぶんな」といった。

テディがキャットをにらんでいった。「口をつぐんでろ」。

「ぼくの前では、ってこと?」ぼくはテディにきいた。

「まあな」。テディはばつが悪そうにいった。「ここでの、そのあたりの事情はわかってるだろ。あんたを信用しないわけじゃないが……」。

「してないんだろ」とぼく。「けど、事情はわかってる。ぼくもきみを信用しちゃいけないことになってるし」。

ファット・キャットが愉快そうに笑って、テディのほうを向いた。

「大丈夫だ、アフ」。アフというのはテディのあだ名で、アラビア語で兄弟を示す単語を縮めたものだ。「問題ない」。

テディはうなずき、何もいわずに歩み去った。刑務官と同じく、この件に関わりたくないのだ。しかし、ファット・キャットが話を続ける間もなく、当番の刑務官がずかずかと図書室に入ってきていった。「おまえたち！　なんでまだここにいる。房にもどれ」。

図書係の受刑者たちは一様にため息をつき、のろのろと出ていった。ちょうどそのとき、ミラーがドアを開けて入ってきた。

「監禁か？　いいねえ！」ミラーは部屋の向こうからいった。受刑者たちは目くばせしあった。ミラーはまっすぐ、カウンターの中の雑誌が置いてあるところにいくと、「スポーツ・イラストレイテッド」誌を手に取った。

ぼくはミラーとうまが合わなかった。ミラーは大柄で威勢がよく、ハイスクール時代にはきっと悪ふざけばかりしていたんだろうと思わせるタイプの、刑務所勤務の若い講師だった。かなりいい気になっているが、全然たいした人物じゃない。

「何か用かい?」ぼくはたずねた。

「DVDプレーヤーが要るんだ」。

ミラーはカウンターで雑誌を読みながら待つつもりらしかった。こいつはなぜDVDプレーヤーが「要る」んだろう、とぼくはいぶかしく思った。講習はついさっき中止になったはずだ。

「奥の部屋にあるよ」。ぼくはいった。

ミラーは、ぼくが取りにいかないのでむっとしたようだった。

「ところで、おたくは一日何やってんの? 一生刑務所で司書を続けるつもり? そのための学校へいくとか?」

ぼくは気が変わり、DVDプレーヤーを持ってきてやることにした。奥の部屋から運び出し、台車にのせてさっさと図書室の外に押し出し、ミラーも追い払った。

その少しあとで、ぼくは図書室の先の、教育センターのオフィスが並んでいるエリアでコピーをとっていた。パティはいつになくオフィスのドアを閉めていたが、電話で話しながらメモを取っているのが窓越しにみえた。そこへ組合委員長のチャーリーが、あわてた様子で自分のオフィスから出てきた。やはり、間違いなく何か変だ。チャーリーはすごく緊張していて、いつもの陽気な彼とは別人みたいだ。と思ったとき、ミラーがやってきた。

チャーリーはオフィスの並ぶ廊下の入り口に立ちはだかり、ミラーを中に入れまいとした。

「おい」。チャーリーはミラーにいった。「SIDがあんたを呼んでるぞ。いますぐこいと」。

ミラーは固まった。

「ＳＩＤ？」

チャーリーはゆっくりうなずいた。「そうだ、スコット」。

「なんだそれ。知らないなあ」。

いや、知らないはずがない。だれもが知っている。ぼくは刑務所で働きだしてミラーよりずっと日が浅かったが、ＳＩＤが何かは知っていた。保安官事務所捜査課（Sheriff's Investigation Division）、刑務所の内部捜査機関だ。ミラーも知っているはずだが、とぼけたのだ。ここに至って、ぼくは確信した。絶対に何かおかしい。すごくおかしい。そしてチャーリーは、騒ぎの原因をわかっていない。

「ＳＩＤがあんたと話したいといってるんだ、スコット。用件はわかってるんじゃないか？」

ミラーは目を見開いた。顔がぞっとするほど青ざめている。

「何をいってるのか、さっぱりわからないな」。

「いいからＳＩＤのオフィスへいけよ。警視長室の隣だ」。

ミラーは目を閉じ、唇をかんで歩きだした。ぼくはチャーリーに向き直った。

「いったい何事です？」

「やっかいごとだ」。

「監禁と関係あるんですか？」

「さあ、知りたくもないね」。チャーリーは自分のオフィスにひっこんだ。そして中から大声で、「あんたも知らんほうがいいぞ、アヴィ」といった。

そうはいっても、刑務所内では情報も空気と同じで再循環しているから、ミラーのこともそのうちにきっとわかるだろうと思った。一方、図書室では相変わらず、刑務所の秘密が次々と暴露されていた。しかも、カイトとスカイライティングだけが長距離コミュニケーションの手段ではなく、受刑者たちは電波を通じてもコミュニケーションをとっていたのだ。

女性受刑者の図書室利用時間に、おだやかなひとときが訪れることがあるが、ぼくがそのことを知ったのはそんなときだった。ぼくは貸出しカウンターのまわりに集まった数人の受刑者と話していて、受刑者たちはアマートの注意書きにもたれていた。注意書きはかたくなに、受刑者はカウンターのまわりにたむろしてはいけないと警告していた。女たちは、そんなことをしてもむだなのに、ぼくに揺さぶりをかけて「講師くん」、つまりミラーに関する情報を引き出そうとした。ぼくは何も知らないと正直に答えながら、どんなルートでそのニュースが高層棟まで伝わったんだろうとひそかに考えていた。職員？　カイト？　スカイライティング？　さらに二、三分雑談が続いたあと、リーダー格のウィズ――自称「悪名高い女ピンプ」――がぼくに笑いかけていった。

「アヴィって、けっこういけてるよね」。

さらに二、三分後、女たちの協議の末に、内気そうな若い受刑者がカウンターにやってきてぼくにメモをよこした。ふと図書室の反対側をみると、ジェシカがひとり、棚の本を次々と引っ張り出して、ほかの女たちの行動に無関心なふりをしていた。

ぼくはもらったメモを開いた。そこには、「重罪人のかぎつめ」としてよく知られている、すごくとがった筆記体——たぶんウィズが書いたんだろう——で、周波数八八・一のFM放送の深夜番組をきくように、と書かれていた。あとでわかったのだが、この周波数はマサチューセッツ工科大学のキャンパス・ラジオのもので、指定の深夜番組はR&Bの聴取者参加型番組だった。ウィズをリーダーとする受刑者たちが、ぼくの名前を週に一度のシャウトアウト（もとは、ヒップホップ音楽で曲の初めに歌手自身が尊敬している人物に捧げる、メロディに乗せない歌詞の部分をさした。ここでは後出のように、ラジオのリスナーから寄せられる簡単なメッセージのこと）のリストに入れようと決めたのだ。ぼくはとてもうれしかった。ただ、そのことをなぜ、折りたたんだメモで知らせることにしたのかはわからなかった。

「彼のこと、なんて呼ぶ？」女たちのひとりが、ぼくがすぐそこに立っているのを無視して仲間にきいた。

「Lボーイとか、LBはどう？　Lは図書室《ライブラリー》のL」。

みんながどっと笑い、ジェシカは奥の本棚のほうに消えた。

「アヴィでいいよ」。ぼくはいった。

次の日曜日、ぼくはわくわくしてラジオの周波数を「レ・アントワーヌがお届けする、『あなたに楽しいときを』」に合わせた。音量を上げ、食器を洗いながらきけるようにした。パーソナリティのレ・アントワーヌは母音をひとつひとつ長くのばす話し方で、この番組は「元気の出る番組です。あなたをパートナーともども音楽で熱くして、あなたの体を……リズムに反応させ……」といった。

反応？　パートナーともども？

ぼくは恋人のケイラをちらっとみて、いまの言い回しに気づいたか確かめようとした。ケイラはメールチェックに忙しそうだった。街の反対側にあるコンクリートの収容棟の中でも、一団の女たちがラジオの隣に座っていて、ぼくたちはみんな同時に「音楽で熱く」なっているのだ。しかし、ぼくはいったい何に同意したんだろう？　番組で実名を呼んでもらっていいなんて、いうべきじゃなかったのかもしれない。上司たちはきっと快く思わないだろう。ぼくの名前が一団の女性受刑者の名前にまじって、セクシーな深夜の聴取者参加型番組で読み上げられるなんて。

しかし実際にきいてみると、それはかなり陽気な番組だった。「正しいことをする」という言葉が頻繁に使われ、なんとなく前向きな、禁酒《AA》会できけそうなメッセージもこめられていた。ただ、その番組でかかる音楽は、ぼくにいわせればいまひとつさえなくて、最後まできいたものの、大方は退屈した。予想では、R&Bの定番か、少なくとも最高のコンテンポラリー・ミュージックがきけると期待していたのだ。ところが、湿っぽくてありきたりなポップスばかりが次々とかかり、センチメンタル祭りみたいだった。ぼくは時計を気にし始め、急に眠くなった。

しかしようやく、「点呼」の時間がやってきた。ぼくとケイラ、そして街の向こうの大勢の受刑者たちが、ラジオのほうに少し身をのりだして、耳をそばだてた。アントワーヌ氏は感じのいい深夜向けの声で、たっぷり三十分間、シャウトアウトを読み上げた。ある人物またはグループから別の人物・グループにあてた短いメッセージだ。たいていの場合、メッセージは暗号化されていて、送る側も送られる側もイニシャルかあだ名が使われていた。たとえば、「お次はRJとムーキーへ、L・レイより、『こっちは乗った』」といった具合だ。味方だということを示す「弱音を吐くなよ、兄弟」といったものが多く、ときどきなんとなくロマンティックな「早くきみのすてきな笑顔がみたい」なんていうのもあった。

驚いたことに、ほとんどの、もしかしたら全部のメッセージに刑務所言葉が含まれていた。シャウトアウトはどれも、送り手または受け手が受刑者のようだ。送り手・受け手ともに受刑者というケースも多く、刑務所内コミュニケーションの方法として興味深かった。ほとんどのメッセージが、ぼくの働いている刑務所に関係していた。「お次は刑務所《ペイ》の1-10-2ユニットの全員へ、『くじけるな』。こっちで正しいことをしようとしているT・Rより」といった具合。次から次へ、刑務所の人間あてのシャウトが続いた。

ぼくはわけがわからなくなった。この番組をきいているのは刑務所の受刑者ばかりなのか？　こんなことが行われているなんて、初めて知った。自由な世界のラジオ局が、受刑者が大半を占めるリスナーに娯楽を提供しているとは。刑務官や職員がシャウトアウトを受けることさえあった。「G警部補へ。第一棟で正しいことをしようとしてくれて、ありがとう」。

ぼくは気づいた。シャウトアウトを送るのは職員をおだてる最高の方法であり、どうみてもぼくはそれにひっかかったようだ。やがて、ようやく、ぼくへのシャウトアウトが読まれた。

「お次は……（アントワーヌ氏は言葉を切り、その名前を読もうと悪戦苦闘した）……ええと……

エイヴリーへ……L・クルーより」。

「待って」。ケイラがぼくのいらだちを察していった。「これがそう？」

「うん」。ぼくはみじめな気分で答えた。

ケイラは両腕でぼくを抱きしめた。「エイヴリーなんて名前の人とつきあうなんて、思ってもみなかったわ。すごくうれしい！」

ぼくはそう思えなかった。ふだん、自分の名前がはてしなく改悪されていくのをおもしろがっていたが、その特別な瞬間に「エイヴリー」と呼ばれて、ちょっと落ちこんだ。それは決定的瞬間になるはずだった。三流ポップスをさんざんきかされながら待ち望んでいた瞬間だったし――ラジオで名前が読み上げられるなんてめったにないことだ。ともあれ、L・クルーという造語には感心したし、気に入った。ぼくはラジオを消した。

その翌日、ぼくはL・クルーにシャウトアウトの礼をいい、どこか奥のほうに隠れているジェシカにまで声を張り上げてありがとうといった。しかし同時に、ぼくの名前は「アヴィ」と発音するのだと念を押さずにはいられなかった。ウィズはこれにひどく傷ついたようだった。

「ちょっと、バカにしてんの？　あんたの名前がアヴィだってことくらい知ってるよ！」

たしかに彼女は知っていた。ぼくは理不尽な非難をしていたのだ。

「そうか。だけど、レ・アントワーヌはエイヴリーっていった。どうしてだろう？」

だれも知らなかった。

そのとき、まるでタイミングを計ったみたいに、すごく大柄で声のでかいL・クルーのメンバーがドアから飛びこんできた。もちろんブルティッシュだ。

「よう、エイヴリー」。ブルティッシュは得意そうな笑みを浮かべていた。「あんたあてのシャウトアウト、きいた？　あれ、あたしが送ったんだ」。

「そういうことか」。

「あたしたちがあんたの名前を叫ばなかったなんていうなよ、エイヴリー」。

　ぼくはそんなことはいわなかった。むしろその逆で、図書室ではひっきりなしにだれかに叫ばれてる気がする、とよく口にしていた。しかも、それは図書室に限ったことじゃない。「叫ぶ《ハラ》」というのは、刑務所内でのコミュニケーション一般をうまく言い表した言葉だ。どんなときでも、刑務所の中庭や各ユニットでは叫び声が飛びかっていた。それが、何かを伝えるのに最高の、そして多くの場合唯一の手段だったからだ。刑務所では、ひそひそ声で話していないときは叫んでいるという感じだ。

　もちろん受刑者の中には、決して叫ばず、それどころかささやくこともまれという者もいて、そのひとりがジェシカだった。偶然とはいえない頻度でぼくは、ジェシカが図書室の本棚のあいだにひっこんでいるのをみかけた。そのあいだほかの女たち――L・クルーの面々――は集まって座り、週に一度レ・アントワーヌに送るシャウトアウトを考えたり、男性受刑者が返信をくれることを期待してカイトを本のあいだにこっそりはさんだりしていた。ジェシカはそうしたことすべてから遠く隔たり、自分の殻に閉じこもっていた。ぼくはなんとかして彼女を引っ張り出したいとも思ったが、そっとしておくことにした。

一週間が過ぎ、さらにもう一週間が過ぎた。創作クラスでは、ブルティッシュは相変わらず粗暴《ブルティッシュ》だし、ナスティは判で押したようにそっけないし、ショートは変わらずケンカ腰だった。新しく入ったチアフルはちっとも陽気《チアフル》じゃないことが判明した。彼女は懲罰房も経験していた。一方、孤独《ソリタリー》なジェシカは窓の外をながめ続け、ぼくもそのジェシカをながめ続けた。しかし、彼女がじっと窓をみつめる日も終わりに近づきつつあった。

その週の木曜日、講習のあと、ジェシカは教室に残り、ほかの生徒たちがいなくなるのを待って、いった。

「移送されることになったの」。

「どこへ?」

「フレーミングハム州立刑務所」。

「いつ?」

「知ってるでしょ? 日にちなんてだれにもわからない。来週のいつかだと思うけど」。

「クリスのことはどうするんだい?」

彼女の人生に関わるこの質問に、ジェシカは身を固くした。

「彼のことは?」

ぼくは自分でも何がききたいのかわからなかった。

「つまり、その、ここを離れる前に連絡をとってみるとか」。

ジェシカは講習で使った紙類をまとめ、

「ないわ。ごめんね」。といって部屋を出ていった。

しかし、翌週も、ジェシカは講習のあと教室に残り、ほかの生徒たちが去るのを待ってぼくにいった。

「考えてみたんだけど」。

それきり、長いことだまっていいにくそうにしていた。たぶん習慣からだろう、窓のほうをみていた。

「そうか」。ぼくはついにいった。教室の外で警備についている刑務官がイライラし始めていた。

「考えてみて、それで……」。

「あの、クリスに手紙を渡したいの、ここを去る前に」。

「なるほど」。

「あなたから渡してくれる？」

ぼくはため息をついたが、いいよ、といった。それはどう考えても、刑務所の慣習を無視して危険を犯すということだった。

「それと、ちょっとしたプレゼントも」。

ぼくはまたため息をついた。受刑者どうし手紙をやりとりするだけでも違反すれすれだが、「プレゼント」を贈ったり贈られたりすれば深刻な問題を招くのは目にみえていた。

「それは無理だな」。ぼくはちょっとためらってから、続けてきいた。「どんなもの？」

「絵」。
「ほう。なんの絵？」
「あたしの」。

＊密告

ある日、ぼくは早めの夕食をとろうと職員用カフェテリアにいった。カフェテリアでは、刑務官と一般職員が自然と分かれてテーブルにつく。遅番で働いている人数は少ないので、刑務官が片端に、一般職員がもう片方の端に座り、あいだに四つか五つ、空のテーブルが残る。ふたつのグループは、互いになるべく離れて座ろうとしているみたいだ。ごくまれに、仲のいい刑務官と一般職員が一緒に座ることもある。料理は、作るのも出すのも受刑者。いきおい、ちょっと奇妙な、やや張りつめた雰囲気が漂うことになる。

しかしその夜は、いつにも増して妙な雰囲気だった。刑務官のテーブルからあからさまな敵意がこちらに向けられていて、面識のない二、三人がさげすむような目でこっちをみた。ふだん親しくしている刑務官たちは、ひたすらぼくと目を合わさないようにしていた。

ぼくはサンドイッチを取って支払いをすませ、教育センターの同僚の女性がいるテーブルについた。彼女とはよく一緒に食事をとる仲だった。彼女は教育センターに長く勤務していて、刑務所内のだれともうまくいっており、よくおもしろいゴシップをきかせてくれた。

「何があったんだい？」ぼくはきいた。

彼女はぼくの質問の意味を正確に察して、テーブルの向こうから身をのりだした。

「ミラーが密告されたの」と小声でいう。

彼女によると、ある受刑者が尋問を受けるか、心あたりのある理由で房を徹底的に調べられることになった。これはよくあることで、ちゃんとした保安上の理由で行われる場合もあれば、刑務官の個人的な恨みから行われることもあるらしい。ミラーのクラスの受講者であるその受刑者は、自家製のナイフを持ってミラーのところにやってくると、これを捨ててくれないかと頼んだ。ミラーは、きっとばれなければかまわないと思ったんだろう、頼まれたとおり、その自家製ナイフを教室のゴミ箱に捨てたという。

ミラーはその受刑者のことを多少知っていて仲がよかったのかもしれない。あるいは、その受刑者が面倒に巻きこまれずクラスにとどまって修了証書をもらえるよう、手を貸してやりたかったのかもしれない。なんといっても自分の受講者のひとりなんだから。それか、単に怖くて断れなかったのかもしれない。暴力犯罪者の密告は危険をともなう。ミラーも刑務所の職員だから、「告げ口すればケガをする（ケガですめば幸運）」というおきては知っていたし、受刑者には「外」に仲間がいるということも知っていた。ミラーがその受刑者に脅されたという可能性だってある。

事情はどうであれ、自家製ナイフをみせられた以上、知らないふりはできなくなった。受刑者のいうとおりにするか、密告するか、道はふたつにひとつだ。それ自体、一種の脅しだった。中立という選択肢はない。だからミラーは妥協して、穏便に事をおさめることにした。しかし、それは誤算だった。

その受刑者は呼び出されて尋問されると、ＳＩＤのご機嫌取りにごちそうを差し出した。職員の名前というごちそうだ。実際、それこそが、彼がミラーを脅してナイフを捨てさせた理由かもしれない。ナイフの一本くらい、自分で捨てることだってできたはずだ。彼は近々尋問されるのを知っていて、自分に有利な情報を必要としていた。ミラーの名前がその情報になったというわけだ。しかも、ミラーにとってはかなり不利なことに、ＳＩＤが問題のゴミ箱を調べたところ、中は空っぽだった。ナイフはほかの受刑者が拾ってどこかに隠したらしい。すべてが計画的に行われた可能性もあった。

その直後、ミラーは呼び出されて尋問を受けた。チャーリーからＳＩＤにいけといわれているのをぼくがみかけた、あのときだ。噂によると、ＳＩＤに厳しく追及されたミラーは、泣きだしたそうだ。しかし、何も知らないと言い張った。すると、ＳＩＤはなんらかの方法で――あんた自身が刑期をつとめることになるぞと脅したのかもしれない――ミラーをさらにしぼり上げ、ついにミラーはすべてを告白した。そして刑務官に付き添われ、屈辱に顔を赤くして刑務所から出ていった。刑務官はそうやって職員を護送するという慣習《プロトコル》があるのだ。この手の事件はときどき起こる。続いて徹底的な捜査が行われるはずだ。

ぼくはその話をきいて、畏怖と恐怖を感じた。気の毒なミラー！　彼の置かれた状況は、職員にとっての悪夢そのものだ。犯罪者に囲まれていると自分もたやすく犯罪者になりうる、という明確な例だ。良心に従って振舞い、明らかに正しいと思われる判断を重ねたとしても、そうなる可能性はある。ミラーに起こったことは、ぼくたち職員のだれにでも起こりうる。ナイフを持った受刑者から恐喝されたり、もっとひどいことをされた場合、うまく立ち回れる者なんていやしない。ぼくは同僚の女性がいった「ミラーが密告された」という言葉を思い出し、身震いした。

二、三日後、ぼくは非制服組の職員全員に出席が義務づけられている会議に出るため、正面入口のドアが開くのを待っていた。ぼくたち職員はミラー事件のことでまとめて叱責され、目の前の職務に集中するようにと言い渡されるはずだった。そのとき正面入口の警備についていた刑務官のエディ・グライムズ――禅を勉強していて、常に東洋思想を職務に活かしている――がちょっとした知恵を授けてくれた。刑務所の重いドアが開くのを待つあいだに、ぼくがエディに頼んだのだ。学んだことを何か教えてくれと。エディはちょっと考えてから、ボールペンを二本の指ではさんでゆらしながらいった。

「師曰く、ペンは慎重に持つべし、だが剣はさらに慎重に持つべし。剣はペンを守る」。

その言葉は、刑務官とぼくたち民間職員との関係を端的に言い表していた。そして、ペンは剣よりも強し、ということわざへの反駁《はんばく》でもあった。もちろん、刑務所ではペンがナイフに早変わりするのだから、この言葉はすでに、奇妙に深い意味を持っている。

会議では、「受刑者には絶対に何も与えないように」と言い渡された。フォレストもぼくも、この型にはまった方針に気が滅入った。何しろぼくたちは、まさにそれを、受刑者に何かを与えるということを仕事にしているのだ。さらに、受刑者とのあいだにいかなる秘密も持たないように、といわれた。ぼくたち職員は保安官に、保安官だけに忠誠をつくさねばならないというのだ。

保安官代理補佐のクインはいった。「みなさんのＩＤカードにはふたつの名前が記載されています。みなさん自身の名前と、保安官の名前。そのふたつの名前を守ることこそ、みなさんにとっての最優先事項です。いいですね？」

密告は深刻な問題だ。刑務所という、街が凝縮されたような世界に入ると、周囲の人間を名指しするよう、密告するよう求められる。密告のしかたによって受刑者にもなり、警察官にもなる。第三の選択肢はない。中立という立場はないのだ。

図書室はいつもの状態にもどりつつあった。受刑者たちはぼくをせっついて情報を引き出そうとした。彼らのあいだには様々な噂がはびこっていた。

「あの講師くんがああいうことをしたのは、初めてじゃないって話だ」。

「受刑者が『外』にいた頃からの知り合いだっていうじゃないか」。

「講師くんは３－３ユニットでクスリを売ってたから、例の受刑者にチクられるんじゃないかと、びびったってきいたぞ」。

夢想家のテディは、この件に関しては自論を譲らなかった。

「おれはあの講師を尊敬してる」。テディはファット・キャットを手伝って、新しく受け入れた本の情報を図書室のデータベースに打ちこみながらいった。

「そうだろうよ！　バカを尊敬できるのはバカだけだからな」。ピッツがいった。

「違うって」とテディ。「あいつは友だちを助けようとした。そしてその友だちに密告されても、誇り高い態度を崩さなかった。自分の名前を汚さないことが何より大事なんだ」。

「おまえには名前しかないだろうが、あの講師くんには仕事があったんだ。バカなことをしでかそうと決めるまではな」。

ピッツがいつものようにとどめのひとことを吐き、会話はそこで途絶えた。二、三分後、テディがまた口を開いた。今度はぼくに向かって。

「あんたユダヤ人なんだろ？　ちょっときいてもいいか？」

ぼくは、テディがどんな思考経路でそんなことを言い出したのか知りたくなった。

「いいとも。ぼくは正統派ユダヤ教徒として育った。筋金入りだ」。

ファット・キャットはこれをきいて目を丸くし、コンピュータのキーボードから顔を上げた。テディ同様、ファット・キャットもイスラム教徒だ。ただし改宗したんじゃなく、生まれたときからイスラム教徒で、両親はアフリカ回帰を唱える黒人活動家だった。それより一週間前、ファット・キャットはぼくににこやかに話してくれた。母親に連れられて、きょうだいともどもワシントンDCでデモに参加したときのことを。幼いジャマールはホワイトハウスの前に立ち、拳を振り上げてこう叫んだ。「レーガンは辞任しろ！　われわれはPLOを支持する！」と。

キャットはいった。「意味なんかわかるわけないだろ？　ただ、みんながいってることを真似していってただけさ」。

そうして、ぼくたちは大笑いしたのだった。いま、ファット・キャットはぼくをじっとみていた。

「正統派ユダヤ教徒として育ったって？　あの帽子を頭にのせて、ここの毛をのばしてたのか？」

キャットは自分のもみあげを指さした。ハシド派の信者が伝統にしたがってのばしている耳の前の髪の房のことをいっているのだ。キャットは想像しようとしていたんだと思う。ぼくが黒いフロックコートを着て、黒い帽子を頭にのせ、耳の前の巻き毛をのばし、あごひげをなでながらニューヨーク市のレキシントンあたりをさっそうと歩いている姿を。ぼくは声をあげて笑った。

「それ、ちょっと違うよ。ぼくの場合、平服を着たハシドって感じだった」

「そう、そう、ハシドだ!」ファット・キャットは顔じゅうで笑い、手をたたいた。「そういう連中が連邦刑務所《フェッズ》にいたのを覚えてるよ」。あとからきいたところでは、ファット・キャットはブルックリンで風俗の仕事をしていた頃にも、信頼できる客としてハシドの連中を知っていたそうだ。

「あの連中はばかな真似《ファック・アラウンド》はしないいんだろ?」常にキャットの忠実な弟子であるテディが師にたずねた。そして、「言葉が悪くてごめんな」とぼくにいった。

「ああ、あいつらは始末がいい」。キャットが答えた。「けど、おもしろい連中だよ。フェッズでは、ハシドたちが何かに腹を立てると、刑務官を取り囲んでこうするんだ……」。キャットは男たちがイライラしてしきりにまくしたてたり、かっかして人さし指を振り動かしたりするところを真似てみせた。ぼくはなじみのあるしぐさに笑ってしまった。ファット・キャットはほんとうにハシド派が好きらしい。彼がこんなにいきいきとしゃべることはめったにない。

「フェッズにいた黒人の男で――いいか、生粋の黒人だぞ――ハシドみたいな格好して、ハシドの受刑者とつるんでたやつがいたんだ。で、おれたちも、『まあいいさ、おまえがそうしたいなら、それはそれでかっこいいし』って思ってた」。

ハシド派が魅力的なのはぼくにもわかった。しかし、ほめるか？　それはどうも奇妙に思えた。黒人とハシドとは、ぼくが知るかぎり、互いをこれっぽっちも信用していないはずだ。それに服装のセンスの問題もある。

「ほんとに？　かっこいいと思う？」自分の同胞であるハシド派の連中に、かっこいいという言葉は似合わない気がした。

「おう！」ハシドなんてみたこともないはずのテディはいった。「連中が四人で車に乗ってて、そろいのあごひげで、そろいのイカす帽子を頭にのせて、音楽をガンガンかけてたら……」。

自分もイスラムの教義に忠実にあごひげをのばしているテディは、ドレッドヘアのてっぺんに帽子を斜めにのせるふりをし、架空の低いビートに合わせてリズミカルにあごを動かした。そして笑いくずれた。

「たしかに、きみがやるとかっこいいけど……」。ぼくはいった。

「いや、マジで、あの連中を尊敬してるんだ」とテディ。

ピッツが首を振る。「また始まった……」。

「……連中のやることは一本筋が通ってる。だろ、キャット？」とテディ。

ファット・キャットもしきりにうなずいた。「そうだな」。

ぼくはテディから、正統派ユダヤ教徒の慣習を怠るのはよくないぞ、ハシドなら誇りをもってそれなりの格好をしろ、とたしなめられながら、ふと思った。いままで気づかなかったが、ハシド派はある意味典型的なギャングだ。受刑者の図書係たちがハシド派を尊敬するのは、彼らがギャングの理想を体現しているからだ。ハシド派は世界を「われわれ対彼ら」という図式でとらえる。そして、ビジネスの世界でも公共機関でも、部外者、つまり自分たちのコミュニティを迫害する者から押しつけられた法体系は、いっさい無視する。しかも、それを堂々と実践している。独自の服装、独自の話し方、独自の歩き方。とくに服装は特徴的、というかきわめて特異で、どこへいくにも誇りを持ってその格好をしていた。

しかし何よりも、キャットがブルックリンでの経験に基づいていったように、「ハシドは青信号がつかない限り地元でバカな真似はしない。仲間内に勝手な行動を取る者がいれば、痛めつける。地元を守るためには手段を選ばない」。

「そうそう、それがいいたかったんだ」とテディ。

地元を守るというのが、結局のところギャングのおもな仕事だ。だからこそ、キャットやテディはハシド派にひかれるんだろう。なぜなら、彼らはみごとに組織化されたギャングであり、長く華々しい歴史と証明ずみの実績を持っているから。

どんなギャングも最終的には純血を保とうとする。ひとつの種族は、宗教を共有することで歴史と運命を共有する。互いに忠実で家族に忠実、それは死ぬまで変わらない。そして絶対に仲間を密告しない。ギャングは、単にそろいの服を着てあたりをうろついている集団じゃない。共同体《コミュニティ》になろうとしている集団なのだ。そして構成員は、現実にしろ架空にしろ、歴史を共有している。シカゴ起源の有名なギャング、ラテンキングズが、古代の神話に自分たちを結びつけ、独自の休日や断食の習慣を守っているのは偶然じゃない。テディがイスラム教のスンニ派やユダヤ教のハシド派にひかれるのも偶然じゃない。

ぼくは正統派ユダヤ教徒として育てられていた頃、ユダヤ教の主要な祈りに出てくる「密告者に希望なきことを……」という一節を繰り返し唱えさせられたことを思い出した。その祈りを毎日、いや、日に三度唱え、その内容を心から信じていた。ぼくは子どもの頃から、ギャングやギャングの忠誠について、自分で思う以上に知っていた。というか、そういう価値観の影響を受けて育ったような気がする。

だれかが図書室の机に「密告するな」と落書きしたり、ファット・キャットが密告について長広舌を振るったりすると、ぼくは相変わらずすくんだ。しかし、密告については自分なりに理解していたし、テディがミラーを尊敬したいと思う気持ちも理解できた。

図書係の受刑者たちをうまくまとめれば、小規模のギャングのようなものを形成できるだろうか？　刑務所では、何かを共有することはまさに規則違反だし、共同体の構築は秩序への脅威とみなされることが多い。そんな中で図書室という場所は、ギャングと共同体に共通する信条――資産を共有する――をベースに成り立っている。人が何かを共有できるのは、互いを信頼したときだ。ぼくは図書係たちに敬意をはらう――彼らを受刑者ではなく人間として扱う――ことで彼らの忠誠を得、図書室を守るという大義のもと、彼らをひとつにまとめたいと思った。しかし、ミラーも自分の受講者たちに同じ思いを抱いたのかもしれない。ぼくは受刑者の図書係に敬意をはらうことはできても、自分が彼らと同じチームにいると考えることはできなかった。

ぼくは受刑者をあだ名で呼んだことがなかった。公務員である以上、受刑者の本名を使うよう求められていたからだ。それでも、ついあだ名で呼びたくなることがあった。あだ名は人柄をとてもよく表している。ある男が毎日図書室にやってきて何をいっているのか聞き取れないほどきついミシシッピなまりでしゃべったら、どうしたって彼を「田舎者《カントリー》」と呼びたくなる。みんながそう呼んでいれば、なおさらだ。あるあだ名がある人にぴったりなら、それを使わないのはおかしいと思ってしまう。受刑者が出所して何ヵ月もたつと、よく本名を思い出せなくなる。あだ名のほうを覚えていることのほうが多い。しかし、それはどうでもいいことだ。刑務所では、あだ名に関する限り、それがどんなにうまく人柄を表しているかは重要じゃない。あだ名はある集団との結束の象徴で、だれと協力関係にあるかということと密接に関わっている。ぼくは郡保安官事務所から給料をもらっているのだから、法との結束を示さなきゃならない。もしぼくが受刑者をあだ名で呼んだら、刑務官も受刑者もぼくの忠誠について同じ結論に達するだろう。警官《コップ》か受刑者《コン》かという区別にしばられない個人的関係など、ここではありえない。どちらの側につくか、選ぶしかないのだ。

名誉か恥かがものをいう刑務所のような文化では、名前は重要だ。自主管理制度のもとでは、人前でどうみえるか、どう振舞うかが大きな意味をもつ。だれかをあだ名で呼べば、その人物だけでなく、その人物にそのあだ名を与えた集団をも尊重することになる。そのあだ名を用いれば、自分もそのグループの一員になったのと同じなのだ。

ここに密告の問題が関わってくる。密告とは基本的に、その人物のあだ名を抹消する行為だ。だれかを当局に差し出せば、その人物の公式なアイデンティティを回復させ、ギャングの一員としてのアイデンティティを消すことになる。ミラーは受刑者を密告することを拒んだ結果、ぼくの同僚の女性があの夜カフェテリアで声をひそめて教えてくれたように、自分が密告されてしまった。彼の名前は刑務所内で売買されるいろいろな物品と同様、闇市場に出されたのだ。

ぼくはもう少し慎重になろうと決めた。受刑者からあだ名をもらうのは賢明じゃない。たとえ「ブッキー」なんていうすてきなあだ名であっても。さらにいえば、ぼくの実名がL・クルーによってグレイターボストン全域に放送されるのも、いいこととはいえない。受刑者と刑務官の争いで受刑者の側を支持しているというメッセージを発信することは、避けなくてはならない。とりわけ、刑務官のデ・ルーカに大口をたたくなんていうバカなことをやったあとでは。本意ではないにせよ、ぼくはそうした行為によって自分を間違った側の人間と結びつけていた。気がついたら、ミラーのように、お人よしのバカが受刑者のだれかに代わってナイフを握ってる、なんてことになりかねない。受刑者にあだ名をもらったら、結局は彼らにこの身を滅ぼされかねない。そんな危険を冒すわけにはいかない。

たとえば、ジェシカのこともそうだ。ぼくが彼女からの「プレゼント」を息子に手渡したとしても、それ自体悪いこととはいえない。いや、悪いのか？　逆に、いいことかもしれない。その判断は難しい。だが、ぼくが受刑者と手を組んで何かをすることに変わりはない。それこそが、そういうちょっとした逸脱が、研修で教わったとおり、トラブルの始まりなのだ。ぼくはグレーゾーンに足を踏み入れつつあった。それについては同僚から繰り返し警告され、多くの受刑者からも注意され、とうとう正式に保安官代理からも注意を受けた。現実主義者の組合委員長のチャーリーなら、きっと「面倒に巻きこまれるな」というだろう。今回はうまくいったとしても次には面倒に巻きこまれる。ここはそういうところだと。いったい何回いわれただろう、「（受刑者と）距離を置け」「深入りするな」と。しかし、ぼくはいまジェシカに深入りしようとしている。大丈夫、正しいことをしているんだと自分に言い聞かせるたび、ミラーの屈辱にまみれた、血の気の失せた顔を思い出す。ミラーはチャーリーに嘘をつきながら、きっと自分にも嘘をついて現実から目をそらしていたんだろう。ぼくの場合も、ジェシカに深入りすることにためらいを感じないということは、すでに現実から目をそらしている証拠だ。

ただ、ありがたいことに、みんなはまだぼくのあだ名をどうするか決めかねていた。そもそもアヴィという名前自体、アブラハムの愛称なのだ。この名前は、イスラエルおよび正統派ユダヤ教徒の文化圏《エンクレーブ》では英語圏のトムと同じくらいありふれているが、刑務所では珍しい名前なので、ちゃんと発音できない人がまだ大勢いた。ぼくは様々な名前で呼ばれていた。アリ、ジャヴィ、アーティー、エイヴリー、アーニー、アレイ、アーロ、アルビー、ハーリー、ハリー、アーフィ、アドヴィル、アルヴィー、アウディ（車と同じ）、アービー（ファストフードのチェーン店と同じ）、AV、ハーヴィー、ハーヴィン、そしてぼく自身が気に入っている、一度だけ耳にした「アライ（味方、協力者という意味がある）」。これは核心をついていた。

ぼくは日々、こうしたあだ名の多くを耳にした。しまいにアーヴィンという間違った名前を頂戴し、その愛称のアーヴィでも呼ばれることになった。ひっきりなしに名前をメチャクチャにされて幾分閉口したが、しだいにその状況を楽しむようになった。まるで十五の別名を持っているみたいだ。謎めいた変幻自在の名前のおかげで、刑務所内で匿名性というマントをまとっているような気がした。そのマントをはおっていれば、ぼくという人間は名づけにくく、本人かどうかも特定しにくい。受刑者にラジオで自分の名前をシャウトアウトさせたのは賢明とはいえなかったが、あれも結局はエイヴリーという名前になっていて、ぼくだと特定されずにすんだ。いずれ自分の立場を明確にしなきゃならないだろうということはわかっていたが、いまのところ、ぼくの名前は特定するというよりも隠蔽《いんぺい》していた。刑務所では、それは好都合だった。

刑務所には、ほかにもまとうことのできるマントがあった。たとえば、受刑者をあるあだ名で直接呼ばずに、さりげなくそのあだ名を使うという手があった。ブッダ——実名は忘れてしまった——のことを思い出す。彼とは初め、どうもうまくいかなかった。実際、互いを毛嫌いしていた。しかしある日、図書室が静かだったときに、ぼくはブッダのほうへ身をのりだしてこういった。「なぜ『ブッダ』なんて呼ばれてるんだい？　平和主義者だから？」

たぶんマリファナでぼうっとしているときにでもついたあだ名なんだろうが、ブッダは明らかにぼくのジョークが気に入ったらしく、顔を大きくほころばせていった。

「アーロ、おまえおもしろいな。みかけと違うところが秘密工作員みたいで気に入ったぜ」。

✻ジェシカの似顔絵

ぼくはその秘密工作員の顔を利用して、ジェシカの似顔絵を作成する計画を進めた。画家はすぐにみつかった。ブルティッシュの汚い手が、スケッチ用の鉛筆を握ると意外に器用だとわかったのだ。似顔絵は、水曜の夜に図書室で描いてもらうことになった。ぼくは材料を持ちこんだ。色鉛筆、木炭、きめの粗い紙を安いのと高いのと両方。国際人間工学会が定めた基準を正確に満たしているとパッケージにうたわれている、三角形のかっこいい消しゴム。ジェシカを待つあいだ、ブルティッシュはぼくにいった。絵を描いてたといってもタトゥーのためのスケッチがほとんどで、髑髏《スカル》を描くのが専門だったから、皮のついてる頭蓋骨《スカル》を描きたくてたまらない、と。準備はすべて整った。

問題はただひとつ、ジェシカがなかなか現れないことだった。気が変わってすっぽかしたんだろうか？　約束の時刻を二、三分過ぎた頃、図書室の警備についている刑務官が外のだれかを身ぶりで招くのがみえた。ジェシカだ。廊下でぐずぐずして、隠れようとしている。緊張しすぎて入れないでいたのだ。

ジェシカが入ってくると、カウンターのまわりにいた常連の受刑者たちはぽかんとみとれた。

「何みてんの？」ジェシカはカウンターの端へいき、壁と本棚のあいだの狭い空間に立った。

みんなが何をみているかは一目瞭然だった。ジェシカは大幅に改造されたとまではいかないが（さすがに刑務所では難しいだろう）、劇的に改良されていた。それを可能にしたのは、禁制品を利用した愉快なまにあわせの化粧品あれこれだった。ふだん情けないほどもつれて肩の下あたりまでたれている髪は、洗いたてで、きれいに櫛を入れ、楽しげな凝ったシニョンにまとめて、囚人服そっくりの質感の布を裂いて作ったリボンで結んである。唇と頰にはルージュがたっぷり塗ってあるが、あれはきっと血だろう（ジェシカ自身の血でありますように）。眉もきれいに整えてあった。真っ黒なアイラインとアイシャドウは材料が不明だが、その塗りたくり具合は「いけない侍女」風だ。花が一輪——よくみると、色画用紙とガムのつやつやした包み紙を数枚、オリガミ風に折って作った、花びらの大きい六弁の造花で、ダリアみたいに左右対称だった——髪にさしてある。ジェシカは可愛くて、ちょっとイカレた感じにみえた。

メインディッシュは香りで、ジェシカは雑誌の付録の高級な香水をたっぷりつけていた。付録の香水は刑務所内では「スメルグッズ」として知られ、面会用に男女を問わず珍重されていた。ジェシカは、できあがった絵からもその香りが少し立ちのぼってくれればいいと願っていたのかもしれない。これで、ダチョウの羽根を一、二本、絶妙な角度で髪にさし、紅色の斑点のある白バラを持たせれば、ヴェルサイユ宮殿で画家のマダム・ヴィジェ・ルブランのためにポーズをとるマリー・アントワネットという風情だ。

しかし、ジェシカ本人はそんな優雅な気分ではなさそうだった。

「ジロジロみないで」。

目立たずに事を運ぶため、ぼくはジェシカを本棚のあいだの静かな場所に連れていった。そこには椅子がふたつ、向かいあわせに置いてあった。ぼくが画材を取り出してみせると、ブルティッシュは新しい道具に目を輝かせた。ポーズについては、ちょっとした議論になった。まずは描き手のブルティッシュがこんな提案をした。あごを下げ、上目づかいで、目を半ば見開き、口をかすかに開く——誘惑的な、雑誌の表紙みたいなポーズだ。

「絶対にいや」。ジェシカは椅子に座り、化粧を直した。「まああきれい？」

「すごくきれいだよ」。ブルティッシュが答えた。

「これってけっこう大変よね？」ジェシカがぼくにきいた。

「そりゃそうさ」。

ぼくは、横を向いて窓の外をみているポーズは？　といってみたが、気取りすぎだと却下された。ジェシカは、正面を向いてほほえんでいるところを描いてほしいといった。スナップ写真じゃないんだから、といっても、ゆずらなかった。そして姿勢を正し、化粧をもう一度直し、ひざの上で両手を組み合わせると、クリスマスカードに使えそうな笑みを浮かべた。ところが十分もすると、唇は震え、首筋はこわばり、笑顔はおぞましくひきつった。それでも、ブルティッシュは驚くほどていねいに絵を描き続けた。

ジェシカはいった。息子にこの絵をずっと持っていてほしいの。もしかしたら、房の壁にかけてくれるかも。それか、将来、家に飾ってくれるかも。タトゥーの図柄に使ったりして……。ブルティッシュが、しゃべらないで、といった。

❊トーチンからの手紙

その後、さらに二回かけて、ジェシカの似顔絵は完成した。ブルティッシュはそれを房に持ち帰り、禁制品のスケッチ用木炭を使って仕上げた。そして次の夜、図書室に持ってきた。

「めっちゃよく描けてない？」ブルティッシュは作品をカウンターごしにすべらせてよこした。

うなずかないわけにいかなかった。その絵には、ジェシカのまぎれもない特徴の数々が完璧に、少しだけ美化されて描かれていた。誇らしげに上向けたあご、若いのに弾力のない頬、子どもっぽい目の下ににじむ大人の疲れ、ぼんやりした傷跡とはっきりした傷跡、眉に感じられるかすかないたずらっぽさ、唇が皮肉っぽくゆがむのを抑えきれないでいる感じ。そして、はなやかなメイクと整えられた髪。

ジェシカはブルティッシュから似顔絵を受け取ると顔をしかめたが、「すごくよく描けてる、ありがと」といって、ブルティッシュをきつく抱きしめた。

「あなたのことはハグできないから」。ジェシカはぼくに手を差し出して、ほほえんだ。

ジェシカは、息子に手紙を書くあいだ、その似顔絵を持っていたいといった。手紙には自分の家族のことを書くつもり。生い立ちとかね。だいたいはいいことよ。手紙を書き終えたら似顔絵と一緒に渡すから、あの子に渡して。

ジェシカの息子のクリスは、絵と手紙をどんなふうに受け止めるだろう？　絵の中から懸命にみつめ返してくる、やつれた、めかしこんだ母親の顔から何を読み取るだろう？　手紙の言葉は彼の耳にどんなふうに響くだろう？　母親といってもまるで見知らぬ女で——自分と同じ受刑者なのだ。彼の気持ちは、ぼくには想像しようもなかった。

いくらか想像がつくのは、クリスの子ども、つまりジェシカの孫がいつかその似顔絵をみたらどう思うかということだった。一世代隔たっている孫は、生々しい感情だけでなく客観的な好奇心を持ってその絵をみるかもしれない。じつはぼくも、ささやかながら同じような経験をしていた。母が祖母の最期を看取るためにカリフォルニアに飛んだあと、ちょっとした発見をしたのだ。

実家の本棚の奥から、『家族の歴史』と題した百枚つづりのタイプ原稿が出てきた。なぜかわからないが、この原稿は何十年ものあいだだれにも読まれず、ほこりをかぶっていたのだ。それは、東欧からアメリカへ渡ってきたぼくの母方の親族、つまり祖母とその同世代の人びとへのインタビューを忠実に書き記したもので、一九七〇年代にぼくの年上のいとこがまとめたものだった。ぼくはそれを読み始めるなり、ひきこまれた。

それによると、一九二〇年代にポーランドのトーチンでラビとモヘール（割礼を施す専門家）が激しく反目しあっていたらしい。理由は明らかにされていないが、ふたりは互いが大嫌いだった。そしてある日、その対立は極限に達した。街の肉屋でもあったモヘールが、ラビの孫に割礼を施すため呼ばれたときに「たまたま」しくじってしまい、それをきっかけにユダヤ人村《シュテットル》で小規模な内戦が起こったという。

それより一世代前、ぼくの祖母の祖父——ぼくの曾曾祖父——のスラキエルは、住み慣れた町を出て旅をし、カーリン（チェコの首都プラハの一地区）の偉大なラビに師事し、ハシドになろうと考えた。こともあろうに、彼がその魂の旅を計画したのは、すでに結婚して幼い娘をふたり持つ身となってからだった。スラキエルに家族のもとにもどる意志がないことが明らかになると、彼の若い妻はその時代の女性にあるまじき行動に出た。たったひとりで旅に出て、夫が修業中の信徒として身をひそめている町へいったのだ。そしてまっすぐ、カーリンのラビの「学びの館」を訪ねた。そこではハシディズム派の信徒たちが分厚いタルムードを広げてしきりに議論を戦わせており、ときおり親密すぎる振舞いにも及んでいるようだった。そこは女性がいるべき場所ではなかった。スラキエルの妻が入口の戸をたたくと、男たちは彼女をジロジロみた。そして立ち去れといった。彼女はなおもドアをたたき、男たちはきつい口調で立ち去れといった。しかし、彼女はせっかく長旅をしてきて追い返されるつもりはなかった。

そこで、半狂乱で目的のはっきりしている人ならだれでもそういう状況でやりそうなことをした。「学びの館」のまわりを駆けめぐり、窓という窓をたたき割ったのだ。これにはラビ本人も驚いたようで、彼女を招き入れ、訴えをきいた。そして謎めいた若きハシドのスラキエルに向かい、妻と子どもを捨ててきたというのはほんとうか？とたずねた。スラキエルはそのとおりだと告白した。するとラビはスラキエルに家に帰るよう命じ、商売で成功するよう祝福を与えた。スラキエルは馬の売り買いをする商人になった。いまの世の中でいえば中古車のセールスマンのようなものだ。スラキエルの子孫は、自分たちがセント・ルイスで営む家具店が成功しているのはそのラビの祝福のおかげだと、いまでも信じている。

この原稿におさめられた物語はどれも一風変わっていて、冒険、家庭生活のあれこれ、喜劇、悲劇に満ち、表現が多少大げさな移民英語で語られていた。ぼくの親類たちが自分の両親や祖父母について語り、家庭生活を生き生きと、十九世紀にまでさかのぼって描き出していた。「彼は眉が太く、よく墓掘り相手に賭けをした」なんていう一文もあれば、「彼女は大柄な女で、ポケットがたくさんあるたっぷりしたコートを着ていた。第一次世界大戦中、彼女は前線を回り、両側のポケットからいろいろなものを出して両軍に売った」という記述もあった。そしてだれもがあだ名を持っていた。「死の天使ヨッセル」とか、「よくみろアハロン」とか。「よくみろアハロン」は目のみえない馬を飼っていたが、その馬に乗って街をいくときに「よくみろ！　よくみろ！」と叫んだという。

　しかし何よりも、この「本」のおかげでぼくは初めて、祖母が率直に語る声をきくことができた。祖母は、田舎で育った少女時代、市の立つ日に大きな街へいくときは、とてもわくわくすると同時に不安でもあったと語っていた。それから、結婚式が大好きだったらしく、姉の結婚式について、愛情をこめて詳細に語っている。一週間もかけて料理を準備したこと、結婚式で歌ったこと、コメディアンがみだらなジョークを飛ばして姉が腹を立てたこと、地元の子どもたちが古い木造のシナゴーグの前で雪合戦をしたことなど。その日に食べた美味しいフルーデン（フルーツやナッツを入れたクッキー生地を何層にも焼き上げた東欧の菓子）の味がいまだに忘れられない、あれはシュトルーデル（フルーツやチーズを紙のように薄い生地に巻いて焼いた菓子）よりも美味しいと思った、と祖母は述べていた。それから、ラビの歌声がいまも耳にきこえるようだ、ともいっていた。祖母は感傷にひたるタイプではなかったし、ましてユダヤ人村での生活を懐かしむことなどなかった。ぼくはこの種の話をきいたことが一度もなかったので、衝撃を受けた。

　祖母はそのインタビューでも、いろいろなものを失った経験や、引出しの中の写真のことや、戦争中に亡くなった家族や親しい友人のことを直接的に語ってはいなかった。しかし、いままでのところ、それは祖母に関する話の中でぼくが知り得た最も長いものであり、しかも彼女自身の言葉で語られたものだった。なぜか、祖母は自分の子どもたちとつながっていない親戚に向かってのほうが、より率直に語れたようだ。ぼくにとって祖母は依然謎の存在だが、やっと形のあるものを手に入れた。これこそ、ぼくがほしかった遺産だ。

ぼくの母は大変なエネルギーを費やして、祖母という複雑な女性を許そうと努めてきた。そして、母が祖母の旅立ちを見送ろうとしていたまさにそのとき、祖母は母やぼくに思いがけないものをくれた。死の間際、まさにその存在が消えて沈黙が絶対的なものになろうとしていたときに、祖母の姿が、ほんの少しではあるが、タイプ原稿の文章の中から浮かび上がってきたのだ。

おそらく、クリスや、彼が将来もうけるかもしれない子どもたちにとって、ジェシカの手紙はぼくにとってのこのタイプ原稿みたいなものになるだろう。どちらも、黙して語らない人からの希少で貴重な言葉だ。

＊郵便配達人の絵

研修の講師をつとめた皮肉屋の刑務官は、「受刑者が図書室へいくのは『白鯨』を読むためじゃない」といっていた。ある意味、彼は正しい。ジェシカが図書室にくるのも、『白鯨』を読むためじゃないのは確かだ。かといって、あの刑務官がいっていたように面倒を起こすためにきているのでもない。なら、ジェシカはなぜ図書室の常連なんだろう？

ジェシカはぼくに「あまり本を読まない」といったことがある。しかし、彼女の本の扱い方からみて、そんなことはないとわかった。たぶん、かつてはよく本を読んだが、ある時点でぷつりとやめてしまったんだろう。それか、集中できなくなってしまったか。とにかく、ジェシカがいうには、図書室にある本は大方、裏表紙を読んでみたけれど、借出したことはほとんどない。それに、たまに読んでみてもほんとうにおもしろいと思う本はなかったという。ジェシカが図書室にくるのは本をみつけるためではなく、さがすため。彼女は永遠の立ち読み人《ブラウザー》なのだ。

ときどき、ぼくもジェシカと一緒に本をさがすが、彼女が自分で手に取るものも、ぼくが棚から引き抜くものも、一冊として彼女の気に入ったためしがない。ぼくがジェシカみたいな受刑者にひかれるのは、一筋縄ではいかないからだ。ぼくは書店、ヤードセール、ネット書店のアマゾンなど、あらゆるところでジェシカの気に入りそうな本をみつけようとした。彼女のさがし求めている本はいったいどこにあるのか？　この難問を解きたかったのだ。

あと一歩で気に入ってもらえそうな本もあったが、彼女の好みにぴったり合う本は依然としてみつからなかった。ひょっとしたら、そんな本はまだ書かれていないんじゃないかと思うこともあった。きみが自分で書いたら？とジェシカにいったこともある。作家の中には、いちばん読みたい本・読まなければならない本がまだ書かれていないという理由で本を書く人もいるんだよ、と。

ジェシカはぼくを横目でみて、「ふうん」といっただけだった。

そこでまた、ぼくたちは本をさがした。数分後、ジェシカはいった。あたしが本を書いたとしても、陰気すぎてだれも読まないわ。

「それこそアメリカ的じゃないか。ぞっとするほど陰気な話を人にきかせて、自分は少し楽になる……」。

「そしてきかされたほうはつらくなるわけね」。

あるとき、そんなふうに本をさがしていて、ぼくはシルヴィア・プラスの書簡集を棚から抜き出した。ジェシカは以前読んだことがあるといった。しかも二度も。永遠の立ち読み人にして「あまり本を読まない」人物の言葉としては、いうまでもなく重要だ。プラスは、ジェシカが多少なりとも興味を抱く唯一の作家だった。ジェシカは作家の写真をみて信じるか信じないか決めるが、いかにも一九五〇年代のスミス・カレッジ生らしいプラスの楚々《そそ》とした美しさは許容できたようだ。それは、ジェシカが興味を持ったのが作家としてのプラスではなく、ひとりの人間としてのプラスだったからかもしれない。ジェシカはプラスの個人的な文章のほうに深い興味を示した。つまり、出版を意識しないで書いた日記や手紙のほうに。

プラスの愛好家はジェシカだけではない。ぼくが詩のセクションにプラス専用の棚を設けたのは、熱心なファン——ほとんどが女性受刑者——の強い要望に答えるためだったが、個人的にはあまり気が進まなかった。プラスの礼賛者の中には彼女に殉じて自殺したいと考える者もいるので、とくに受刑者にプラスを読ませることには抵抗があったのだ。

ぼくはジェシカに、プラスの手紙や日記のどこが好きかきいてみた。すると彼女は嬉しそうに答えた。

「好きなところがたくさんありすぎて……全部好き」。

彼女はその書簡集に目を通し、たっぷり二十分間、気に入った箇所をぼくに読んできかせてくれた。とくにプラスの神秘主義に興味があるらしく、プラスが母親にあてて書いた一九五八年六月十日付の手紙を気に入っていた。「地下鉄のジプシーに占ってもらったら、出たカードには皮肉にも郵便配達人の絵が描いてあって、こういわれたのです。あなたは間もなくすばらしい手紙を受け取るでしょう。その手紙はあなたの人生をよい方向に変えるはずです、って」。そしてジェシカによると、その十五日後、プラスは喜びに満ちあふれて、郵便で受け取ったすばらしい知らせを母親に伝えている。彼女の詩が二篇、「ニューヨーカー」誌に売れて、三五〇ドルの収入を得たという内容だ。プラス自身も書いているとおり、地下鉄のジプシーの予言が的中したということになる。ジェシカもボストンっ子だから、とくにプラスが「三五〇ドルといったら、ボストンのアパートの家賃、たっぷり三ヵ月分に相当します！」と書いているのをおもしろがっていた。

ジェシカがもうひとつ興味を持ったのは、プラスがかなり頻繁に、それも徹底していい知らせだけを母親に書き送っている点だった。自分と夫のテッド・ヒューズが執筆で得た収入を一セントももらさず、感嘆符つきの文で報告しているほか、いい知らせをひとつひとつ、大げさに飾り立てて詳述している。しかし、プラスの素人研究家であるジェシカが気づいたところによると、同時期に書かれた日記の文章――ときには母親あての手紙と同じ日付のもの――からは、もう少し微妙な陰影が感じ取れるという。

「まあ、いつだってそういうものよね？」ジェシカはいった。

プラスの人生のある出来事が、ジェシカにはとくに印象的だった。プラスとテッド・ヒューズはあるとき、重傷を負った瀕死の小鳥をみつけた。そして必死で救おうとした。プラスは「勇敢なおチビさん」に夢中になった。しかし結局、ふたりはその小鳥を安楽死させることに決め、箱に入れてガスで窒息させた。小鳥は「とても静かに眠りについた」が、「それは体じゅうの力が抜けてしまうような経験だった」とプラスは書いている。ジェシカはその部分を、首を横に振りつつ読み上げていった。

「これって、シルヴィア自身の死に方と同じでしょ？　ガスで窒息死だもの」。

ぼくは、そうだね、と答えたが、プラスのファンからそんな言葉をきくと心配になった。だが、彼女のいうとおり、たしかに興味深いつながりだった。

ジェシカはまた、プラスは精神病院で働いていたことがあると教えてくれた。ぼくは初耳だった。ジェシカはいった。「彼女はある患者のことばかり気にかけていたの。その患者は、自分が動物を産むんじゃないか、ほんとうにふわふわの子ウサギみたいなものを産むんじゃないかと恐れていたんだって。シルヴィアって、とんでもないことに自分から関わっていたのね。でも、そういうところが好き」。

ジェシカがプラスの一連の作品を真剣に読んでいたことは間違いない。しかし、もう卒業していた。ふりだしにもどったのよ、とジェシカはいった。そして相変わらず一冊の本をさがしてるの。

ぼくたちはさらに一、二分、静かに本をさがした。ぼくは候補を数冊選び出したが、ジェシカはそっけなく拒んだ。そんなことがさらに続いた。

「いちばん大笑いしたときのこと、覚えてるわ」。ジェシカがなんということなしにいった。みるからに自分だけの思い出にひたっていた。「あなたは覚えてる？」

「どうかな。必死に考えないと思い出せそうにないよ」。

「あたしは覚えてる。友だちのビリーの棺が墓の中に下ろされたときだった」。

ジェシカはまた横目でぼくをみた。

「すごく変でしょ?」

ジェシカはそのときのことを話してくれた。幼なじみのビリーは、多額のお金をギャングから借りてたの。ほかのギャングの縄張りだったら、借金が返せないと撃ち殺されて、車にはねられた動物みたいに野ざらしにされるんだけど、ホワイティことジェイムズ・バルジャー率いるアイルランド系ギャングに誘拐されたら、それっきり。二度と姿をみられることはない。でもビリーのお母さんは、身代金を払えば遺体を返してやるっていわれたの。ビリーには裕福な伯父さんがいたから、ギャングはその人からお金をゆすり取ろうとしたのね。だけど、伯父さんはそれを断ったので、遺体はもどってこなかった。ただ、棺代だけは払ったから、棺が空っぽのまま埋葬されたってわけ。

「あれはひどい日だった」。ジェシカは思い起こしていった。

そのひどい日に、ジェシカはまた酒を飲み始めた。それまで二年近く断酒していて、友だちが自殺したり、妹が殺されたり、いろいろなことがあっても飲まずに切り抜けてきた。しかし、精神的苦痛がたまりにたまっていた。ビリーの通夜で、ジェシカはジェイムソンとロングアイランド・アイスティーで泥酔し、ろくに知らない男と二階でセックスした。その通夜の日から、また酒におぼれだしたのだった。

だけど、なぜ葬儀のときに笑ったんだろう?

ジェシカはいった。まず、ものすごく酔っぱらってたの。でもそれだけじゃない。そのこと自体がおかしかったわけじゃなくて、大きな空っぽの箱が地中に埋められるのをみてみんなが泣いてる、そのみんなをながめてるバカバカしさっていうか、うまくいえないけど、なぜか笑っちゃったの。「そうね……こんなふうに考えてたかな。ビリーのことだから、きっとみんなの後ろからぬっと現れて、何泣いてやがんだ?とかいうんじゃないかって。いかにもビリーのやりそうなことよ。だいたい、ビリーがほんとに死んだかどうかもわからないんだし。メチャクチャな話よね」。

ジェシカの話をきき、むだと知りつつ、おそらく存在しない本をさがしながら、ぼくはジェシカの人生における「不在」について考えずにはいられなかった。たとえばビリーみたいに、そこにいないはずなのにそこにいる人。そして息子のクリスのように、同じ施設の中にいて姿もみえていながら、じつはすごく遠い——そこにいるはずなのにいない人。

❄リボンの贈り物

ジェシカの似顔絵と手紙。そのために図書室を使うということに、ぼくは心を動かされた。ぼくの日常業務の中で大きな部分を占めるのが、手紙を横取りすること(これは大嫌いな仕事)、コミュニケーションを妨害すること、だれかが書いた文章を捨てることだった。ところが、それと正反対のことをするチャンスがめぐってきたのだ。言葉でパイプをつくり、人と人を手紙で結びつける。ジェシカの手紙と似顔絵が息子のクリスとジェシカ自身にとってどんな意味を持つかは、だれにもわからない。もしかしたら、それによって新たな一章が始まるかもしれない。そうでないとしても、いつかクリスの子どもたちがその手紙をみつけるだろう。それは引出しにしまいこまれているかもしれないし（ぼくの母が祖母の写真をみつけたときのように）、棚の上でほこりをかぶっているかもしれない（ぼくが祖母のインタビューの載っている原稿を実家の本棚にみつけたときのように）。いずれにせよ、クリスの子どもたちが手紙と似顔絵をみつければ、好むと好まざるとにかかわらず、多少なりとも自分たちのルーツを知ることになる。

一週間が過ぎ、さらに一週間が過ぎた。ジェシカは、似顔絵をもう少し手直ししてもらいたいし、手紙も書き直したいの、ごめんね、といった。謝ることないよ、とぼくはいった。これはきみが、ぼくのためじゃなく、きみ自身のためにしていることなんだから、と。

そのうちに、ジェシカはいなくなってしまった。別の刑務所に移送されたのだ。去るにあたって、彼女はぼくにさよならもいわず、手紙も似顔絵も残していかなかった。ぼくがジェシカの移送を知って最初に思ったのは、クリスになんといおう、ということだった。ぼくはクリスに――彼自身は図書室にこないので、人を介して――知らせてあったのだ。お母さんからのプレゼントを渡すと。初め、仲介人の受刑者はそっけない口調でぼくにいった。クリスは母親から何も受け取りたくないといってるし、無理もないがあんたのことを信用してないみたいだ。しかし、一週間後には同じ仲介人が、その手紙と似顔絵をくれといってきた。ぼくは、もうすぐ届くはずだと答えた。仲介人はほぼ毎日、一週間にわたって図書室に通ってきた。ほかの受刑者が図書室のカウンターに群がってあれこれ要望をいっているあいだ、後ろのほうで辛抱強く待っていた。彼が図書室にくる理由はただひとつ、ぼくの返事をきくためだった。彼がくるたび、ぼくは同じ答えを繰り返しいった。「じきに届く。進行中だ《イン・ザ・メール》」と。しばらくすると、仲介人はぼくに何もきかなくなり、そのうち図書室にもこなくなった。それでも、ぼくはまだ希望を持っていた。

ところが、ジェシカはクリスに何ひとつ残さずにいなくなってしまった。ぼくは別の受刑者経由でクリスにメモを送った。「やってみたけどだめだった。クリス、ほんとうにすまない」と。クリスに希望を抱かせたことが悔やまれた。ぼくはあんなに楽観的になるべきじゃなかったし、「進行中《イン・ザ・メール》」なんていうべきじゃなかったのだ。

ジェシカの手紙のことが頭から離れなくなった。十六年前のあの日、幼いクリスのポケットにジェシカが入れた残酷で悲しい手紙――そして今度は、ジェシカがクリスの手に届けそこねた手紙。それはささやかなものだが、あるとないとでは計り知れないほど大きな違いが生じる。それでも、ぼくはまだ一縷《いちる》の望みを抱いていた。ジェシカがほんとうに郵便《メール》でクリスに何か送ってくるんじゃないかと。

しかし、やがてゴシップ屋のマーサがぼくのところにきていった。ジェシカはあの似顔絵も書きかけの手紙も破いちゃったんだ、移送される少し前に。切れはしがゴミ箱に捨ててあるのを、この目でみたよ。

ぼくはあの夜、ジェシカがすごく孤独にみえたのを思い出した。ジェシカは列に並んでいて、周囲は刑務所特有の喧騒に包まれ、受刑者たちがゲラゲラ笑ったり刑務官がどなったりしていたが、ジェシカは気にもとめていなかった。ぼくに息子を捨てた話をした直後のことだ。罪悪感、恥辱、深い悔悟――そういったものが彼女の感覚を鈍らせてしまったかのようだった。それはあの夜、刑務官による点呼が終わって、仲間の受刑者と房にもどるのを待っている彼女をみただけでも、はっきりわかった。ジェシカは疲れきっていたのだ。周囲の騒音を締め出していたわけじゃない。他者を無視していたわけでもない。彼女自身の存在が消えかかっていたとしか、いいようがない。あのとき、彼女の存在は紙のように薄く、はかなかった。似顔絵を破り捨てたのも無理はない。幽霊は人に贈り物なんかできないんだから。

しかし、ジェシカが残していった贈り物がひとつだけあった。同房のヴェトナム人女性に贈ったものだ。その女性は英語がまったく話せなかったが、言葉でコミュニケーションを取れないために、かえってジェシカと結びつくことができた。彼女はすごく不安そうで、一枚の小さな布切れを何かにとりつかれたようになでていた。昼も夜も。ぼくも図書室で見かけたことがある。二週間もすると、不安の象徴ともいえるその布はふわふわした糸の山と化していた。その様子をみていたジェシカは、刑務所内の闇取引で、会葬者がつけるような黒い小さなリボンを手に入れた。その取引は図書室で行われ、ジェシカはすぐにそのリボンを同房のヴェトナム人女性にプレゼントした。ふたりはたまたま、カウンターにいちばん近い本棚のそばにいた。ヴェトナム人女性はそこで読めもしない英語の本をぱらぱらめくってみていたが、ジェシカに新しいリボンをもらうとにっこりして、さっそくそれをなでた。言葉はひとことも交わされなかった。

そんな贈り物をしてクリスへの手紙を破いた二、三ヵ月後に、ジェシカは死んだ。知らせを持ってきたのはゴシップ屋のマーサだった。彼女はある晩、目を赤く泣きはらして図書室にやってくると、ジェシカが似顔絵を描いてもらったときに座っていた場所から一メートルほど離れたあたりに立ち、カウンターにもたれて、話してくれた。ジェシカは出所してひと月もたたないうちに、薬物の過剰摂取で死んだという。

「廃屋の中で死んだって」。マーサは泣きながらいった。

これは少し違っていて、もっと信頼できる筋からきいたところでは、ジェシカは薬物を過剰に摂取して自宅で死んだということだった。しかし、ジェシカが廃屋でたったひとりで死んだという情報に、マーサはどこか納得していたんじゃないかと思う。ぼくもその知らせをきいたとき、たしかにぞっとするような真実味を感じた。

その夜ほかの受刑者たちは、マーサがカウンターで泣いているのをそっとしておいた。だが、ときおり数人の受刑者が彼女のところにきてその肩を抱いた。

「ジェシカは友だちだった」。マーサはそれしかいえなかった。

少し落ち着くと、マーサはいった。「ジェシカはあんたのことも友だちだと思ってたよ」。

「うん。ぼくも彼女を友だちだと思ってた」。

刑務所の職員がこんなことをいうのは、不用意だし無防備だ。なのにすらすらと口から出てきたことに、自分でも驚いた。ジェシカの死の知らせがあまりにショックで、本音がぽろっと出てしまったのだ。

自殺だったんだろうか？　麻薬常用者の場合、ときどきその点がはっきりしないことがある。答えが出ないことも多い。同様に、ジェシカがなぜ似顔絵と息子への手紙を破って刑務所のゴミ箱に捨てたのか、という問いにも答えが出せなかった。憶測はできても、正解は決してわからない。わかったとしてもぼくには理解できないだろう。

ヴェトナム人女性にリボンを――それがジェシカにできた最後の贈り物だったのかもしれない。たぶん、それが精一杯だったんだろう。母はいっていた。わたしが母親からもらった唯一のプレゼントは、母親の長寿、つまり時間だったと。それはたまたま贈られたものだが、だからといって価値が下がるものでもない。祖母が長生きしなければ、母が祖母を許すことはなかった。ジェシカは長寿という消極的な贈り物さえ、息子に与えることができなかった。若くして死んだということは、自分がこの世で許されることはないという彼女の思いが決定的になったということだ。ジェシカはボストン市立病院でたったひとりでクリスを産んだ。クリスを捨てたときも教会でひとりぼっちだった。そして刑務所で、物理的にはクリスのすぐそばにいるあいだに、とうとうさとった、というか決心したのだろう。これからもずっとひとりだと。もしかしたら、まさにクリスとの距離が縮まり、教室の窓からクリスの姿がみえ、クリスに接触するかどうかという避けがたい難問に直面したからこそ、「これからもずっとひとり」という冷酷な真実に気づいてしまったのかもしれない。その可能性が、重荷となってぼくにのしかかってきた。

それから何日ものあいだ、ぼくは世界中の届かない手紙の運命を想像し続けた。そういう手紙はあらゆるところにあるのだと、気づきだした。届けられるべき手紙が机やドレッサーの上に置き忘れられたり、バッグの中に入れっぱなしになっていたり、eメールなら「下書き」のトレイに忘れ去られていたり。どれも封印されたまま、永遠に宛名の人物には届かない。あるいはシュレッダーにかけられたり、ときに意図的に忘れ去られることもある。一方、届けられるべきでない手紙がだれかのもとへ届けられてしまうこともあるが、一度届いたものは決して取りもどせない。eメールを送ったとたん、後悔することもある。

世界じゅうを見渡しても、届かない手紙は目にみえない。しかし、間接的に存在しているんだとわかるようになった。そこには人生最大の底意《サブテキスト》が書きこまれている。それは、バスで乗りあわせた見知らぬ人が携帯電話に向かってしゃべっているセリフの行間や、母親からきついメールがきたから「心の健康のために」一日休むつもりだとぼくに話す同僚のあいまいな真意の中に埋めこまれている。そうした手紙は実体こそないが、刑務所の図書室の本にはさみこまれる手紙と同じように、折りたたまれ、隠される。ほとんどみえないほど小さく空に浮かんでいる凧《カイト》も、ほとんどみえない糸でひとりの人間につながっている。それと同じで、送られなかった手紙にも大きな存在感がある。いや、送られなかった手紙にこそ存在感がある。

✻暴行発生

ぼくは閉じこめられた。ある金曜日の午後、早番の勤務を終えて、一団の刑務官や様々な職員と一緒にサリーポートに入ったときのことだ。一枚目の防護ドアが閉まり、金属と金属がぶつかる大きな音がして、ぼくたちは狭い空間に閉じこめられた。その音が響くと、刑務所をたまたま訪れた人はびくっとするが、職員は気にもとめない。もう何ヵ月も前にぼくは後者の仲間入りを果たしていた。しかし、気がつくとそこにいる時間がいつもより長く、二枚目のドア——ぼくたちを自由な世界にもどしてくれるほうのドア——がなかなか開かなかった。それをみて初めて、この人たちと一緒に閉じこめられたんだ、とわかった。じきに緊急呼び出し音が鳴りひびいた。一緒にサリーポートに閉じこめられた刑務官のベルトにストラップで固定された無線機から、はっきりきこえてきた。

3－3ユニットで刑務官への暴行発生。

「クソッ」。ぼくの隣の刑務官がいった。「またか」。

「しばらく出られないわ」。ナースがぼくに教えてくれた。ボランティアだと思ったんだろう。

3－3ユニットの騒ぎがおさまるまで、ぼくたちは自由世界と刑務所のあいだの狭い中間地帯に閉じこめられることになった。みんな長時間の勤務を終えたあとで、なかには遅番と早番を続けてこなした人もいた。そこには働きすぎの刑務官みたいなにおいがたちこめていた。すりきれたゴム、革、古くなったコーヒー、汗まみれのポリエステルの服——そんなものが入り混じったにおいだ。

ナースがつけている強烈な香水のにおいをもってしても、そのにおいは消えなかった。

サリーポートの隣には中央制御室がある。黒っぽい防弾ガラスごしに、監視カメラの映像がみえた。3－3ユニットの混乱状態が映し出されている。ぼくは分厚いガラスのほうに身をのりだして、もっとよくみようとした。画面からどぎつい光が、中央制御室の闇に放たれている。青い囚人服の受刑者たちが画面の中に駆けこんできたり、画面の外に駆け出していったりした。刑務官がひとり駆け回っている。受刑者のひとりがテーブルに飛び乗り、何か叫んだ。刑務所のテーブルがボルトで床に固定されているのはこういうときのためなんだ、とぼくはふと思った。

生放送されている刑務所の紛争地帯の映像に夢中になっていたので、あやうくサリーポートで起こっているドラマを見逃すところだった。はからずも刑務所の房みたいになってしまった狭い空間で、みんなぶつぶつ文句をいったり、ため息をついたり、居心地悪そうにもぞもぞ動いたりしていたが、やがてだれかがしゃべりだした。少なくともぼくにはそうきこえたが、すぐに歌っているんだとわかった。

みんなは静かになって、声のするほうをみた。歌っているのは、大柄な、がっしりしたラブラドール・レトリーバーみたいな男だった。毛羽立った刑務官用の制服を着て、大きな顔にもじゃもじゃのあごひげを生やし、堂々と突き出た腹をして、イカレたような笑みを顔にはりつけて歌っていた。

「おれの話は悲しすぎて語れない——だが、どんなことにもおれの心は動かされない……」。（フランク・シナトラの「君にこそ心ときめく〔I Get a Kick Out of You〕」という曲）

反対側にいた刑務官が野次を飛ばした。「おい、でぶっちょ、だれもおまえに一ドル札なんかやらんぞ」。
二、三人が笑った。たぶん刑務官だろう。しかし、男は野次を無視して歌い続けた。相変わらずやっときこえる程度だったが、歌声はしだいに力強くなり、軽くスウィングしていた。男は拳をマイクロフォンみたいに傾け、狭い場所に何人も監禁されている状況で可能なかぎり、ジャズ歌手みたいにいろいろなポーズをとって歌った。
「たった一度の例外は――静かに飲みながらいつもの憂さとむなしく戦って――ふと振り返ったときにみた……」。

ここまで歌うと、大柄な男は刑務官用のごついブーツをはいたままびっくりするほど軽やかにくるっと回り、いたずらっぽい笑みを顔いっぱいに広げ、振り返って、小柄なぽっちゃりした建設作業員の女性をまっすぐみつめて、セレナーデみたいに歌いあげた。

「……きみのすてきな顔……」。

その女性は赤くなり、みんな声をあげて笑った。

ぼくはふと3－3ユニットの騒ぎを思い出し、また監視カメラのほうをみた。

歌い手がリフレインに入って「シャンペンを飲んでも何も感じない――アルコールだけじゃ胸はときめかない」と歌う頃には、サリーポートに閉じこめられた職員はぼくも含めて全員、ほほえんでいた。3－3ユニットで暴力沙汰が起こっているのを無視して笑っていたんじゃなく、だからこそ笑っていたのだ。刑務所で働くには、ユーモアを機敏に受け入れる寛容さが欠かせない。そうでないと、救いようのない皮肉屋になってしまう。あるいは単に何も感じなくなってしまう。

ユーモアがブラックになることも多い。少し前の休日に開かれた職員のパーティで、ぼくがみんなと一緒にゲラゲラ笑ったのは、プレゼント交換でだれかがふざけて「便所セット」を贈ったときだった。それはポーチの中に小さな安っぽい歯ブラシ、歯みがき粉、石けんなどの洗面用具が入っているセットで、貧しすぎてそうしたものを刑務所の売店で買えない受刑者に配られるものだった。「便所セット」は受刑者の孤独を痛切にわびしく象徴するもののひとつだ。そのパーティで、ひとりが帽子の中から「便所セット」を引っぱり出し、二十人かそこらの同僚がどっと笑ったとき、ぼくが自問したのは、そのジョークが気がきいているか（答えはノー）とか、つまらないか（答えはイエス）ということではなかった。なぜそれがおかしいのか、ということだった。いきなり場違いなものが現れてびっくりしたということもあるだろうが、いちばんの理由はこうだ。刑務所では、「ブラックユーモアか、ユーモアなしか」という選択を迫られることが多く、そのふたつのうちならブラックユーモアのほうがましだからだ。ブラックユーモアを受け入れさえすれば、自分たちが雇用されているこの奇妙な場所も人間の職場のひとつにすぎないと思える。休日にぎこちないパーティをしてばかげたおふざけの贈り物をもらう、ごくふつうの職場だと。

しかし、ユーモアと笑顔で困難を切り抜けるというぼくの能力も、その日は長続きしなかった。そんな気分になれなかったのだ。サリーポートで身動きがとれなくなったその瞬間、精神的にも身動きがとれなくなった。機械の中に押しこめられて、突然気づいたのだ。単に押しこめられたと感じているだけじゃなく、これは現実そのもので、実際に機械の中に押しこめられているんだと。その機械とは、二枚の重たいドアが軌道を動いて開閉するというちょっとした装置で、この場にいない人間の意志によって操作されており、ぼくは実験室のラットに近い状況に置かれている。その小さなプレッシャーが加わっただけで、ぼくの心の平静という堤防は決壊し、様々な感情がどっと流れこんできた。ジェシカの死――ぼくはまだそれとうまく折りあうことができず、根底から揺さぶられていた。

ぼくは幾度となく、あの日ジェシカがいったことを思い出した。似顔絵を描いてもらう日、顔と髪をとびきりきれいに整えた――きっと何時間もかかって化粧品や装飾品を集め、仕上げたにちがいない――ジェシカは、ぼくのほうを向いてほほえみ、「これってけっこう大変よね？」といったのだ。なんてひかえめな表現だったんだろう。ジェシカは何年ぶりかで、たぶん息子を捨てて以来初めて、自分から大きな行動を起こし、ひとつのことを成しとげようとしていた。自分の運命という巨大な機械に、手遅れにならないうちに抵抗しようとしていたのだ。「けっこう」どころか、とてつもなく大変なことだったたと思う。

サリーポートで身動きがとれず、精神的にも行きづまって、ぼくの堤防は決壊し、いきなり感情の波が襲ってきた。ジェシカへの想い。職員と受刑者という面倒な関係をふまえても、いまでは彼女を友だちといえる。その友だちは失意のうちにひとりで死んでいった。そして、彼女の息子への思い。彼には厳しい未来が待っている。さらには、愚かなぼく自身への思い。図書室は単に受刑者が他愛ないミステリーを借りにくる場所でよかったのに、それを別の用途に使おうとし、うまくいくと信じていたとは。それにクリスに対して、待ちこがれている手紙は「進行中《イン・ザ・メール》」だなんて知らせたことを、深く恥じてもいた。「本は郵便箱ではない」とアマートの注意書きは告げていた。ぼくはその注意書きが嫌いだった。図書室がいちばん輝いたのは、ジェシカの手紙を相手に届けるための空間となってくれたときだと思っていた。しかし、アマートの注意書きのほうが正しかったのかもしれない。ぼくが楽観的すぎたせいで、問題を抱えた十八歳の孤独な青年を残酷にからかうような結果になってしまった。ぼくは身の縮むような思いに圧倒された。まずい、小さな女の子みたいに泣きだしてしまいそうだ、と思った。サリーポートで、刑務所の同僚に囲まれているというのに。

ぼくは一トンもある鋼鉄のドアをにらんで、開け、と念じた。ドアが開いてくれれば、泣いたりせずにすみそうだ。あのドアが開きさえすれば、ここから脱け出してある程度の冷静さを取りもどせる。ぼくはドアをにらみ続け、開けと念じ続けたが、ドアはロックされたままだった。まずい。ぼくは何かほかのことを考えようとした。

そして視線を動かし、中央制御室の中で動き回っているいくつかの黒っぽい人影をみつめた。彼らの背後には、点滅する赤と緑の小さな光、スイッチやレバー、3－3ユニットの暴力的な場面や刑務所内の様々な場面を映し出している複数のモニター、低くてみえないところに置かれた昼間のテレビ番組を流しているモニターなどがあり、黒っぽい人影は立っていたり座っていたり、どこかに寄りかかっていたり、コーヒーの入った紙コップを黒っぽい顔の口元に持っていったりしていた。サリーポートのぼくの立っている位置からは、制御室の中のものはどれもはっきりみえなかったが、女性のほっそりした手がふたつ、ピアニストの手みたいに配電盤の上をいったりきたりしているのはみえた。ぼくはそのときまで知らなかった。あんなにごつくて情け容赦のないドアが、あんなに華奢な手で操られていたとは。暗くて手の主はよくみえないが、きれいな指が小さなランプの光の下でボタンをたたいたり、レバーを引いたりしていた。つらい時間がもう少し続いたあと、その指が大きく動き、あるボタンをたたいた。すると重い鋼鉄のドアがうなるような音をたてて開き、ぼくたちは翌日まで自由の身となった。

❋オートマット

その翌日の晩、ぼくは職員用カフェテリアで刑務所勤務の精神科医をみつけ、まっすぐ近づいていった。彼女は背が高くやせていて、大きくて不格好なアクセサリーをつけていた。髪はぼさぼさで、好天の日の積雲みたいに頭の上にのっかっている。いかにも学者っぽく服装に無頓着な感じで、そんな姿をみるとなんとなくほっとした。彼女は真剣に質問されるといつも、唇をすぼめ、額にしわを寄せ、長いこと考えてから答えた。その日は、ぼくも彼女に真剣な質問をしようと思っていた。ぼくはあいさつもせず、彼女に家から持ってきたトーフサラダを一口も食べる隙を与えず、自分の食事がのったトレイを隣に置くと、「逆転移はとても危険だといわれますが、それはなぜですか?」とたずねた。彼女はすぐには答えず、唇をすぼめた。

逆転移というのは、前に彼女自身が口にした言葉だった。基本的な意味は、精神病患者や受刑者を相手に仕事をしている人が特定の患者や受刑者を個人的に重要なだれかと同一視する、ということだ。その結果、その患者なり受刑者を、もうひとりの人物をみるのと同じ目でみるようになる。

たとえば、ある受刑者に対して、いわれなく妙に同情と嫉妬の入り混じった気持ちで接している場合には、自分の兄か弟を連想している場合が多い。

精神科医はぼくの質問に答えていった。「そうね、逆転移が好ましくない理由はたくさんあるわ。とくに、どんな場合でも、注意をおこたると危険ね」。

彼女は続けて説明してくれた。実際にどんな危険があるかというと、まず、プロとして適切でない様々な行為に走ることがある。規則を曲げたり、相手に失礼な態度をとったり。逆転移の感情そのものは自然で避けがたいものだが、重要なのは、その時々の出来事に気をつけ、出過ぎた行動に走らないよう境界線を設定しておくことだ。また場合によっては、とくに心理療法士の場合、患者の振舞いのせいでそうした感情を誘発されているのでは？と自問することも重要だ。たとえば、ある患者を娘のようにみてしまうのは、その患者がこちらを母親のようにみているせいではないか？というふうに。心理療法士はそうした患者対医師の関係を、実際の治療とからめて慎重に探求していく必要があるかもしれない。

「頭が痛くなりそうですね」。ぼくはいった。

「そうね」。彼女は笑った。「けど、わたしは頭が痛くなるような仕事を選んだの。それはあなたも同じでしょ？」

彼女はさらにいった。「そのことで何か話したくなったら、いつでも知らせて」。

しかし、ぼくは話したくなかった。対話療法は、ぼくにはあまり役に立たない。むしろ「くよくよ療法」のほうが好きだ。ぼくはひとりでくよくよ考えた末、自分は転移の逆パターンを経験しているんだと思うことにした。つまり、受刑者のことを近親者みたいにみてしまうんじゃなく、近親者を受刑者みたいにみてしまうのだ。ぼくはジェシカの一部――苦しい孤独、底なしの沈黙など――を、謎めいた祖母の中にみていた。祖母のことはいつも、意地悪な言動のせいで批判的にみていて、彼女の置かれてきた苦境を理解しようとしたことはなかった。祖母はすごく孤独な人で、ある意味囚人なんだということを、ほんとうには理解していなかった。

創作クラスの講習中、ぼくはともすると上の空になって、ジェシカが座っていた椅子をながめた。彼女が窓から息子を見下ろしていた席だ。ぼくは受講者たちに、画家のエドワード・ホッパーが一九二七年に発表した「自動販売式食堂《オートマット》」という作品についての課題を出した。絵の中の寂しそうな女性がどんな人間か、言葉で表現しなさい、と。その課題はジェシカに触発されて思いついたものだった。しかし、ぼく自身がその絵の女性について考えだすと、いつのまにか祖母のある肖像写真のことを思い出していた。

あるとき、おばが、ふさぎこんでいる祖母を元気づけようとして、むりやり祖母に新しい服を着せ、念入りに化粧をさせて、地元のショッピングモールの写真店で肖像写真を撮らせたことがあった。その写真の祖母は青ざめた顔をして、不格好な青のスーツを身につけ、髪を塹壕用ヘルメットみたいに結い上げ、口紅をこってり塗っていて、いつにもまして気難しそうにみえた。ぼくは長いことその写真を、歴史の教科書に載っていたムッソリーニの冷笑を浮かべた写真にそっくりだと思っていた。中学生のとき、教科書の第二次世界大戦を解説している章を開いた瞬間に、わっ、お祖母ちゃんの写真にそっくり！と思って以来、その印象がずっと消えなかった。

しかし、いまではいろいろなことがはっきりとみえる。ジェシカが似顔絵を描いてもらうために準備をしたように、祖母も外見を装うことで――アクセサリーをひとつつけ、頰紅をひとすじ入れるごとに――自分のもろさを隠していき、自らの孤独に挑むようにカメラの前に座ったのだ。それは自分を守り、ひそかに勇気を奮い立たせる行動だったにちがいない。

ジェシカに関するこまごまとした記憶がよみがえってきた。似顔絵を描いてもらう日、図書室にきた彼女は囚人服のズボンのすそを折り返していた。女性受刑者のおしゃれな連中が流行らせたスタイルを真似たんだろう。ジェシカがズボンのすそを折り返しているのをみたのはそのときが初めてだったが、とくに気にもとめなかった。

だが、いまならわかる。すそを折り返したズボン――と、同じ意味で香水も――は、絵に描いてもらうためのものではなかった。絵とはなんの関係もなかった。絵を描いてもらうから、すそを折り返したり香水をつけたりしていたんじゃない。ジェシカは自分自身のために、ある役を演じるために、たとえ一瞬でも美しい照明を浴びた自分を想像できるように、そうしたのだ。なりたかった自分になるために。さらに、ぼくはこう考えずにはいられなかった。あの似顔絵騒ぎは、じつは息子のためなんかじゃなかったのかもしれない。彼女が繰り返しみるといっていた息子の夢と同じように、神がつかのまジェシカだけに与えた恩寵《おんちょう》だったのかもしれない……。

ぼくはホッパーのオートマットの女性にジェシカの似顔絵と祖母の写真を重ね合わせていた。講習中、受講者に課題を与えて文章を書かせるときには、たいてい自分でも思いついたことを書きとめるようにしている。その日、最後の十五分間に、刑務所支給の針金でとじていないノートにぼくが書きつけたメモは、次のとおりだ。

目深にかぶった帽子と厚塗りの口紅でプライバシーを守り、
闇を寄せつけない

明るい色の服で夜に対抗し、
闇を追い払う

しかし、彼女を「無」から守ってくれるものは何もない
テーブルの向かいの空席から
現実にはありえない真っ暗な窓から
圧倒的な感覚から
守ってくれるものは何もない
紅茶はさめてしまっている

ぼくはこんなふうにジェシカの死を悼みながら、気難しかった祖母の死を悼む方法も見出していた。祖母の死を悼むことは、思い出せないほど昔からぼくが恐れていたことだった。そんなわけでもうひとつ、明らかになったことがあった。受刑者の生徒たちと同じくらい、ぼくもこの創作クラ

スを必要とし始めているということだ。

講習のあと、ぼくは図書室の自分のオフィスにもどり、中西部で抑圧されて育った若者が激情に見舞われたときにやりそうなことをした。母親に電話して、彼女の駐車能力についてあれこれ文句をつけた。そこからさらに、母の運転技術についても難癖をつけ、しまいには運動管理がなってないと批判しだした。

ぼくが言葉を切ると、母が「用件はそれだけ？」といった。

真実を認められるか？　電話したのはただ声がききたかったからで、それというのも、人生のある時点でこの単純な行為が、母親に電話するということができなくなってしまうと気づいたからだと。

ぼくは答えた。「いや、それだけじゃない。けど、もう仕事にもどらないと。じゃあね」。

カイトの救世主《メサイア》

ポケットに手を入れてコインを取り出し、刑務官組合のエリアにある自動販売機でスナックを買おうとする。めあてはピーナッツ入りキャラメルバーの〈ペイデイ〉だ。ところが、ポケットから引っ張り出したのはコインじゃなく、一枚のメモ。そのメモのことはすっかり忘れていた。カイトはときおり、こんなふうにぼくの人生にもいきなりすべりこんでくる。ときにはすごく唐突に。家や映画館やレストランにいて刑務所から遠く隔たっているときでも、この種の小さいけれど執拗な声がぼくを刑務所に引きもどす。ぼくはそのメモを開く。
「親愛なるメサイアへ。いろいろきついのはわかるが、くじけちゃだめだ、兄弟」。ぼくはにんまりする。神を信じる楽観主義への、無記名のささやかな一票。ぼくは、メサイアというのがある受刑者のあだ名だと知っているが、知らない人が読めば不思議に思うだろう。ぼくはノートを取り出し、メモの文章を写して、短い注釈を添える。「メサイアの窮状」と。本物の救世主の不運については、考えたことがなかった（キリスト教徒なら、もっとよく考えているかもしれない）。ぼくたちがいまでも救世主の登場を待っているのと同じように、救世主もまた、いつまでも自分の出番を待っている。気の毒に。彼のほうがぼくたちより不運かもしれない。
このことは、キリスト教に懐疑的なユダヤ人のあいだに伝わる以下の古いジョークと表裏をなしている。

小さな町が、何をやってもだめな男を雇い、仕事を与えた。ベンチに座って救世主を待ち、救世主が現れたら町の人びとに知らせるという仕事だ。それから何年も、男はいわれたとおりにした。くる日もくる日も、一日じゅうベンチに座って待った。ある日、別の男がその男にたずねた。なぜ、そんな感謝されることのない薄給の仕事を引き受けたのかと。すると、何をやってもだめな男は答えた。「たしかに給料は安いが、安定した仕事なんでね」。

何事も信じられない、神の約束さえ信用じられない世の中で、少なくとも失望だけは信じられる。

このジョークからもわかるように、救世主を待つという不運だが楽観的な仕事は、すばらしく安定している。刑務所の仕事も、それとまったく同じ特徴を持っている。

そしていまのところ、それがぼくの仕事だ。ぼくはオフィスにもどると、刑務所の各ブロックに貼る宣伝用ポスターを描く。図書室に子どもがひとりいる図柄で、「刑務所の図書室を利用しよう。あなたの子どもが利用しなくてすむように」というメッセージを入れる。やや悲観的だが、ある意味楽観的でもある。ぼくはイェシバーからは脱落したが、いまも中世ユダヤ教の信仰箇条には従っている。そこには懐疑と微妙なアイロニーが詰まっている。「わたしは完全なる信仰をもって救世主の到来を信じ、たとえ救世主が遅れたとしても毎日待ち続けます」。

文書保管庫

刑務所図書室のもうひとりの司書であるフォレストが、ぼくのしていることを気にし始めていた。彼はとても礼儀正しいからずっと沈黙を守っていたのだが、ある午後、勤務を終え、ぼくに仕事を引き継いで図書室を去る直前に、一緒に使っているオフィスの反対側の机からこっちを振り返って話しかけてきた。

「ところで、あそこのスペースをどうするつもりだい？」フォレストはいつものように小さな声でいった。

ぼくは少し前から、貴重な棚の一部を片づけて箱をいくつも置き、中に雑多な紙類を詰めこんでいたのだ。

「カイトとか、図書室でみつけたいろんなものを保存する場所を作ろうと思って」。

「ふうん、そうなんだ」。

フォレストはコートを着て、作成していた二、三のワード文書を閉じた。そしてしばらくそこに立ったまま、ぼくをみて苦々しい表情を浮かべていた。

「つまり、文書保管庫みたいにするってこと？」フォレストがきいた。

「そう、そのとおり」。

「きみは図書館員っていうより、文書館員なんだね」。

フォレストによると、文書館員と図書館員は正反対の人格だそうだ。真の図書館員は感傷的ではない。実際的で、本にしても最も新しくて、汚れがなく、人気があって役に立つものに関心を寄せる。一方、文書館員は、ほかの人びとが好むものには表面的な興味しか持たず、役に立つものよりも希少なものを好む。「とにかくあらゆるものが対象になる。本もガムの包み紙も同じなんだ」。フォレストはちょっとバカにしたような口調でいった。

「図書館員はがらくたを捨ててスペースを作るのが好きだけど、文書館員は何にでも執着するから何も捨てられない」。

「たしかに、ぼくは文書館員タイプだね」。ぼくは認めた。

「そして、ぼくは図書館員タイプ」。

「それでも友だちでいてくれるかい？」

フォレストは内気そうにほほえむと、オフィスを出ていった。

ぼくにも理性はあるから、カイトやそれに類するものを捨てないなんてちょっとおかしい、ということはわかる。しかし、どうしようもないのだ。だれかが時間をかけて手書きしたものを捨てるなんて、残酷に思えてしまう。それに、こう思っている自分がいる。だって、もしかしたらこの手紙が、将来だれかにとって重要な意味を持つかもしれないじゃないか。ぼくは歴史と文学を専攻し、新聞の死亡記事を書いていた。どこかの変わり者が捨てずにとっておいた手紙や手作りの品々を調べることに、かなりの時間を費やした。そういうものがなかったら、歴史も思い出もなくなってしまう。

ぼくは記録されたものを始末する気にはなれなかった。フォレストが腹立たしげにいっていたことは正しい。ぼくは本質的に文書館員なのだ。そう考えると、ジェシカと彼女の手紙に感情的に入れこんだのもうなずける。家族を再生させるとまではいわないが（この状況ではとうてい無理）、せめて記録を、家族の思い出の断片を作り、残しておきたいと思った。クリスと彼の子どもたち（生まれてくるなら）のために。

何ヵ月も前から、刑務所に独自の文書保管庫があるということはぼんやりと知っていたが、自分の仕事と直接関係がないので忘れていた。しかし、フォレストからきみは刑務所の文書館員だといわれてみると、実際の文書保管庫がどんなところか、がぜん興味がわいてきた。

パティにおずおずと曖昧な表現で「文書保管庫をみたい」旨を告げると、考えておくわ、といわれた。その日のうちにぼくは、郡保安官代理で刑務官のマリンから呼び出され、刑務所の文書保管係をしているギャロ巡査部長――偶然か、ひょっとしたらわざとかもしれないが、保安官代理はギャロウズ（英語のgallowsには「絞首台」という意味がある）巡査部長といった――に紹介してあげようといわれた。保安官代理はギャロだかギャロウズだかに、ぼくが「歴史マニア」で「（文書保管庫を）ひとまわりしたがっている」と伝えたそうだ。この話をするとき、保安官代理は少し笑っていた。

「せいぜい楽しんでくるといい。だが、ギャロウズには気をつけろ。ちょっと変わってるからな」。

ぼくの想像する文書保管係――ぼくみたいなやつじゃなく、本物の――は几帳面で学者ぶっていて厳格で、書類だろうと警句だろうと何ひとつ見逃さない人物、というイメージだったが、ジョゼフ・ギャロ／ギャロウズ巡査部長はそれにあてはまらないどころか、まったく違うタイプだった。いい感じにだらしがなく、奇抜で奔放で、ほとばしる感情をストレートに表現する。文書保管庫にいるのは孤独な職場を好んだからかもしれないし、左遷されてきたからかもしれない――その点ははっきりしない。ギャロは体を前後に揺すって歩き、みた目がとても四角ばっていた。三十年近くもブロックの箱型の部屋でたくさんの箱に囲まれてこつこつ働いているうちに、自分も箱になってしまったみたいだった。ギャロはぶつぶつ不満をいい、鼻を鳴らし、自慢し、下品なジョークを飛ばし、自分の仕事の理念《エートス》を堂々とくつがえした。というのも、この部屋の壁一面分の箱を始末したくてうずうずしている（もちろん、裁判所から許可が下りればの話だが）とぼくにいったのだ。ギャロは歴史には愛着がなく（「だっていやな話ばかりじゃないか」）、それよりも新しい書類を保管する場所を作ることにはるかに興味があった。どうやら、文書館員より図書館員に向いているようだ。

ギャロはいった。「何もない空間こそ最高だ。おれにとっては美そのものだ。だが、あんたも知ってのとおり、ここには美なんてどこにもない」。

初めて文書保管庫を――中央制御室の注意力散漫な係官が気まぐれに動かしたり止めたりするエレベータに乗って――訪れたとき、ぼくはギャロと握手して、はっと息をのんだ。窓の向こうには、空を背景に目を見張るようなボストンのビル群がみえ、巨大な天窓からは日がさんさんと降りそそいでいたのだ。ギャロは横目で大きな窓のほうをみた。まるで、それまで窓があることさえ気づいていなかったみたいに。いや、ほんとうに気づいていなかったのかもしれない。

「まあ、いいながめだな。ああいう景色が好きなら」。ギャロはいった。

ギャロはそれから一時間近く熱弁をふるった。彼自身も彼の仕事も、だれからも評価されていないこと。同僚の刑務官のほぼ全員から「一日じゅう暇でオナニーばかりしてるんだろう」といわれること。四角いイメージの小柄な巡査部長は、そんな冗談ちっともおもしろくない、といってから、最後にニッと笑って「連中の憶測はたいがい外れてる」といった。

ぼくは、机の上の壁にかかっている写真についてきいてみた。ふつうなら家族写真かピンナップガールの写真でもかけるところに、老朽化したレンガ造りの要塞みたいな建物の写真が何枚か、かかっていたのだ。空はどんより曇り、ぬかるんだ泥には足が埋もれそうなほど深いわだちがついていて、その建物へと続いている。

ギャロがほほえむと、深いしわの刻まれた顔がふいに明るくなった。「ディア島だよ」。じゃあ、あの要塞みたいな建物は古い刑務所か。ディア島で過ごしたことのある人は——受刑者も刑務官も一般職員も——みな、あそこはとことん気の滅入るひどいところだったと話した。しかしギャロは違った。懐かしそうに、ディア島の砂浜で刑務官仲間とピクニックやバーベキューをしたときのことを話した。

「あそこでは規則がゆるかった。そこがいちばんよかったな。だれもうるさいことをいわなかった」。

しかし大方の人にとっては、それこそが問題だったのだ。ギャロはまた真面目な顔になって、刑務所の職員はだれひとり文書保管庫に敬意を払わない、といった。保管庫があると知ると、「みんな、ゴミ捨て場と勘ちがいしやがる」。おかげで、刑務所の壊れた備品や器具が絶えず持ちこまれそうになり、ギャロはそのたびに断ってきたらしい。

だがときどき、そういう廃品を分解して部品をもらうこともあって、文書保管庫で時間が空くと、自分の「発明品」で遊んだ。ギャロは部屋のすみに作業場を作っていて、そこで様々な発明品を組み立てたりいじったりしているようだったが、それについて詳しく話そうとはしなかった。ギャロはぼくが刑務所で出会った中でも、かなり特異な人物のひとりだった。彼が文書保管庫で働くのは、毎日午前四時から午後一時まで。なんとも奇妙な時間帯だ。

ギャロは保管庫の案内を始めようとして、嘲りに近い懐疑心を隠そうともせず、ぼくにたずねた。なぜ保管庫なんかみたいと思ったのかね？　ぼくはぴったりくる答えを思いつけなかった。そこで、保安官代理のマリンが使った言い訳を利用させてもらい、自分は「歴史マニア」だから、といった。それをきいてギャロは眉をひそめたが、上司から命じられたとおり、部屋から部屋へとぼくを案内してくれた。どの部屋にも箱がぎっしり詰まっていて、箱の中には事件の報告書、懲戒の記事、医療記録、メモ、受刑者の各種予約書など、ありとあらゆる書類が入っていた。

「だれもここにあるものの全貌なんか把握しちゃいない」。ギャロはそうしめくくった。

それから、ディア島の古い刑務所で作成されたという黄ばんだ書類を引っ張り出した。

「服役すれば、不面目なファイルがここに永遠に残る。刑務所の保管庫は決して忘れない」。ギャロはニヤッと笑った。

しかし、ほんとうに保管庫は覚えているんだろうか？　だとしたら、どんなことを選んで記憶するんだろう？　未来の歴史家に、メサイアというあだ名の男が三階の房にいたと伝えるのか？　受刑者たちが刑務所で行われるバスケットボールのトーナメント試合を「プリズン・サマー・クラシック」と名づけたとか？　あるいは、刑務所でいちばんよくみられているテレビ番組や、いちばんよく読まれている本を記録するとか？　ジェシカとその息子のこととか？

ギャロの案内で二十五分かけて文書保管庫を見学するうち、ぼくはじれてきた。その空間――何十年分もの歴史を物語る書類が山と積まれている――をみていると、自分が知らないこと、知り得ないことを思わずにはいられなくなった。そのこと自体が、文書保管庫というものの機能の一部だ。保管庫は限りある空間だから、そこに収められるものもあれば除外されるものもある。そこにいると、ほこりっぽい空間をよく調べてごらん、といわれているような気がするが、もっと重要なことに、そこに収められることなく忘れ去られてしまったものも懸命にさがしてごらん、といわれているような気がするのだ。ジェシカの死後、ぼくの中で、忘却の彼方に消えてしまうかもしれないものに居場所を与えたいという気持ちがますます強くなっていた。

保管庫からオフィスにもどるエレベータの中で、ぼくは心に決めた。自分の内なる文書館員を正式に受け入れてやろうと。そうすれば、図書室の利用法がまたひとつ増える。思い出の品、手作りの品、書類、断片的な文章――そういったものを集めておく場所として使うのだ。ぼくは神経症的な衝動に駆られて、とにかくこの作業に着手した。そして、フォレストが親切にもそれに立派な名前をつけてくれたことに感謝した。この図書室内の「保管庫」には、最上階の正式な保管庫が取りこぼした、記憶のギャップを埋めるようなものを集めて、ささやかなコレクションを作ろう。こんなことをする自分は変わり者かもしれないが、この建物にはぼく以上に変わり者の文書保管係がもうひとり存在するのだ。

❋夜のカイト

刑務所の文書保管係を自任したからには、仕事の一環としてディア島にいき、ボストンの昔の刑務所がどうなっているか調べてみようと思った。その建物はもう使われていないが、構造から何かわかるんじゃないかと期待していた。大方の建物と比べて、刑務所はとくに構造が重要だから、形がわかれば特徴もわかるはずだ。

ディア島の刑務所の大まかな歴史はすでに知っていた。一八四〇年代、サウスボストンの不動産価格が上昇すると、市はボストン港に浮かぶディァ島に刑務所を移した。その刑務所は一九九一年まで存続し、閉鎖される頃には大きいばかりでほとんど機能しない施設と化したが、アメリカ合衆国でもっとも長く使われた刑務所となった。文書保管係のギャロ巡査部長と彼の抱いているノスタルジーは注目すべき例外だが、刑務所関係者は一様にディァ島を見下しながらも敬意を抱いていた。刑務官、職員、受刑者にとって、ディァ島で勤務・服役した経験は名誉のしるしであり、自分は十九世紀的な不屈さを持つ危険な人物で、野蛮な世界を生きのびたという証しでもある。ディァ島の刑務所は悪名高い中間地帯《ノー・マンズ・ランド》で、全員対全員の戦場であり、電気も水道もたびたび止まり、野生動物が廊下を歩き回り、受刑者も刑務官も争いを解決するのにジャングルのおきてを用いた。ある受刑者は、ディァ島にいたってことは「別の時代からきた」ってことだ、といった。この点に関しては刑務官や職員も同意見だった。みんな口をそろえて、たびたび、「ディァ島の刑務所こそ、本物の刑務所だった」といった。

この「だった」という過去形が肝心な点なのだと、実際にいってみてわかった。ディァ島は美しい荒れ地にすぎず、みるべきものは何もなかったのだ。

現在、ディァ島の機能はふたつある。まず、全米で二番目に大きい汚水処理場を擁している。これは連邦政府の緊急命令により六十億ドルをかけて造られたもので、ボストンの汚染された港を浄化するという目的を持っている。そしてもうひとつ、五千人近い無名の死者が眠る墓地がある。ディァ島自体は面積約〇・八平方キロメートルの島で、周囲には地球温暖化対策のための高い護岸が築かれている。陸続きの本土に近い側に二、三の丘があり、急傾斜で低地へ続いている。その低地を巨大な汚水処理場が占めているのだが、広い敷地に人影はなく、大きくて堅苦しい感じの、みただけでは目的のわからない建物がいくつも立っている。島を覆う空気には甘ったるい腐敗臭が濃く、ときおり東から潮風が吹きこむ。傾斜のきつい護岸の下には砂と小石のささやかな海岸があるが、泡立つ黒っぽい波が押し寄せるたび、海岸が狭まっていくようにみえる。その海岸に立つと、目線がブルーグレーの大西洋とほぼ同じ高さになる。

この島の刑務所の物語は博物学から始まる。いまでは痕跡もなく、不在ばかりが目立つ記録だ。まずひとつめ。ディア島には、ディア、つまりシカは一匹もいない。

しかし、それは現在の状況だ。はるか昔、この島は、本土の飢えたシンリンオオカミから逃れてきたシカたちの避難所だった。どうやってたどり着いたのかはわからない。十九世紀の旅行案内書には、少数の勇敢なシカが、当時はまだ陸続きではなかった本土から、百メートル近い海峡（シャーリー海峡として知られる）を泳いで渡ってきたのだろうと書かれている。あるいは、冬の凍った海を歩いてきたのかもしれない。シカは捕食者のいない島で大きな群れとなり、エデンの園さながら、ふわふわの尾をなびかせて幸せに暮らした。したがって、自然の力ということでいえば、ディア島はもともと保護施設的な土地だったのだ。

一方、この島は、マサチューセッツ湾植民地の住人からみれば、木々の生い茂る共有地だった。男たちは舟をこいで島にやってきては、木材を伐採したりシカを狩ったりした。ほどなく、伐採できる木はなくなり、シカも狩りつくされた。そして人間を主役とする物語が始まった。

ディア島は、ヨーロッパから新大陸に渡ってきた人びとの居住地からはるか遠くに位置し、いわば社会契約の対岸にあった。それは「丘の上の都市」の外側の悪魔の土地であり、海賊、自警団員、首つり人、犯罪者、傷ついた者、疎外された者の領土だった。

また、先住民のナティック族にとってディア島は絶望的な追放地であり、十七世紀版の強制収容所だった。ナティック族はキリスト教に改宗する――『祈る種族』という役割を演じる――という過ちを犯したために、他の先住民から裏切り者とみなされ、同時に英国人の不信を買うことになった。一六七五年にフィリップ王戦争が勃発したとき、イギリス人入植者たちは片っ端からナティック族を捕らえ、その他の好ましくない連中とともにディア島に抑留した。その結果、子どもを含むおよそ五百人のナティック族の男女が、酷い冬のあいだに餓死した。

十九世紀には、拡大しつつあったボストンのスラム街の人口密集地域や公園のボストンコモンで重病におかされたアイルランド系移民が行き場もなくさまよっているのを発見されると、コレラやチフスといった疫病の蔓延を防ぐため、ディア島に追放された。なかには、祖国から新大陸に渡ってきた船から直接ディア島にやられる者もいて、その多くはアメリカ本土に足を踏み入れることなく、無名の死者として島に葬られた。アメリカで新規巻き直しをはかるという彼らの希望は、新世界に着くか着かないうちについえたのだ。また、ニューイングランドの入植者で家族を持たなかった者も、無名の死者としてディア島に葬られた。

十九世紀を通じて、ディア島はボストンの末期患者、貧民、見捨てられた人びと、正気を失った人びと――とくに少数民族の――の吹きだまりだった。そして、人間の苦悩が蓄積されたこの地に、一八四〇年、突然刑務所が出現し、拡大し、荒廃しつつも二十世紀末まで存続することになる。

ディア島に刑務所が建設されていた頃、作家のホーソーンはボストンで最初に作られた監獄のことを思い返し、こう書き記した。「新たな植民地を築いた者たちは、人間の美徳と幸福にあふれた理想郷をどんなふうに思い描いていたにせよ、一様に次の事実を認めざるを得なくなった。早い段階で現実的に必要なものとして、処女地の一部を墓地に、別の一部を刑務所に当てねばならない……」。刑務所と墓地とは、理想郷の夢が非現実的であることを証明していた。そしてその両方がディア島にはあった。

ごく初期から、ディア島は美しいが呪われた土地とみなされ、かつては自然の「保護施設」だったはずなのに、人間にとっては様々な意味での監獄になった。そして、保護施設と監獄という二面性はその後もずっと続くことになった。ここは住人を危険な社会から守るための場所なのか、それとも危険な住人から社会を守るための場所なのか?

現実には、ディア島は忘却にいたる途中駅であり、地位も未来もない人びとのいく煉獄だった。ディア島は、門や橋や留置所を擁する中世の監獄の廃墟と同じように、どこかへ続くようにつくられているものの、その「どこか」自体がどこでもないという、中間的な場所なのだ。何世代にもわたって、ボストンから追放された人びとはそんな中間地帯で苦しみ、死んでいった。自分には居場所のない街のすばらしい景色だけは、遠くからながめることを許されながら。

それとは逆に、ボストンの街からディア島を眺めていた人もいた。シルヴィア・プラスは、ディア島という不運の島のすぐ近くで、おそらくその永遠の悲しみに引き寄せられながら育った。彼女が子ども時代をすごした家は、本土では最もディア島に近いウィンスロップ地区のジョンソン・アベニューにあった。そこからみえる「風景《ランドスケープ》は、土地《ランド》というより地の果てで――冷たく塩辛い大西洋のうねる丘だった」。プラスがみていた風景、彼女の作品に繰り返し出てくる比喩はディア島だった。「シャーリー岬」という詩の中でプラスは、ボストンの人びとから見放された隣地、監獄の島の窮状について、「海の衰弱」や「ふしだらな発情した海」、「金切り声をあげる波」にゆっくり絶え間なくむしばまれていると表現している。そして実家を廃墟として描いている。

プラスは「シャーリー岬」を書いた一九五九年に、夫のテッド・ヒューズとともにウィンスロップにある実父の墓を訪ねている。父親はプラスが八歳のときに亡くなったが、父の死は彼女の人生の大きなトラウマであったため、墓を訪ねたことはそれまで一度もなかった。墓地を訪れたプラスは「だまされたように感じた」と日記に書いている。墓石は醜く、墓と墓がくっつきあっていて、「死者が救貧院で顔と顔を突きあわせて眠っているよう」だったという。彼女は「父の墓を掘り起こしたくてたまらなくなった。父がかつてこの世に存在していて、ほんとうに死んだということを証明するために」。いかにもプラスらしいアイロニカルな表現で、「父は、どのくらい遠くまでいってしまったのだろう?」と記している。

プラスはその日、非常に動揺していたので、ヒューズと一緒に何時間も歩き回って懸命に落ち着きを取りもどそうとした。その努力は、ディア島の刑務所の門の前で警備員に追い払われるまで続いた。

四年後、プラスは自宅のキッチンでガス自殺をした。キッチンと子どもたちが寝ている部屋とのあいだのドアには目張りがしてあった。「シャーリー岬」に出てくるウィンスロップの実家のキッチンも同じように「窓に板張りがされていた」。その窓辺に、かつて彼女の祖母は「焼きたての小麦パンや／アップルケーキを／置いて冷ました」。

一九九〇年代初頭、ディア島の刑務所は廃止され、使われなくなった建物のまわりには巨大な柵がはりめぐらされた。刑務所の建物は最後まで残り、島の最後の隔離者、最後の避難者、最後の囚人となった。げっ歯類の大群も残っていたが、プロの駆除業者に退治された。冬の風が海から吹きつけ、廃墟のがらんとした廊下を吹きぬけていった。やがて建物も取り壊され、煉瓦と鋼鉄の残骸に土の混ざった巨大な山になった。刑務所は、ディア島に埋葬される最後の無名の死者となった。現在、この人工の険しい山は、汚水処理場が排出する汚染された空気からかろうじて本土を守っている。かつての刑務所はいま、墓の盛り土にすぎない。専門的、考古学的用語でいえば、墳丘《テュムラス》、遺丘《テル》だ。

これが、かつての刑務所を思い出すよすがのひとつだ。

もうひとつは、町の反対側にあるリバティ・ホテルだ。二〇〇七年に「ここで虜《とりこ》に」というきわめて今風の宣伝文句を掲げて開業したこの四つ星ホテルは、けがらわしい歴史をけがらわしいほど優雅にまとっている。一八五一年から一九九一年まで、この建物はチャールズ・ストリート刑務所として使われていたのだ。そこは拘置所で、拘留者をディア島の刑務所に送るか別の刑務所に移送するまで収容していた。「波乱に富んだ過去」と「堂々たる」構造こそ、同ホテルの宣伝担当者がいまどきのアッパーミドルクラスの嗜好に合うものとして売り出したセールスポイントだ。つまりこのホテルは、その土地のものを好み、「むきだし煉瓦」の外壁のバカ高い不動産物件に飛びつくような顧客をターゲットにしている。

いってみれば非常に俗悪《キッチュ》な売込み方で、それは自意識過剰なほど「スマートな」命名にも表れている。ホテル自体の名前からして〈自由《リバティ》〉だし、四つ星レストランは〈刑務所《クリンク》〉（clinkはグラスの触れあう音を表す単語でもある）、カクテルバーは〈アリバイ〉（ここには元の刑務所の房の跡が残っている）。豪華なオプションとして、〈鍵《ザ・キー》〉というのもある。〈ザ・キー〉はほんとうに豪華で、これだけを扱った新聞発表が行われたほどだ。

ちなみに、〈ザ・キー〉は五百ドルという高額オプションで、このホテルの「洗練された」顧客に「ロマンスをバーからそのままお部屋へ持ち込む」機会を提供している。そしてその部屋には以下のような「ロマンスを誘うアメニティ」が用意されている。

・キャンドルライトの照明とムードミュージック
・〈ブーティパーラー〉の「ラブラブ・セット」（コンドーム二個、バイブリング、マッサージオイル、潤滑剤）
・シルクの目隠し
・チポトレ（メキシコ料理などに使われる燻製トウガラシ）入りチョコバー

・〈モルトンブラウン〉の歯みがきセット
・午後一時のレイト・チェックアウト

まさしく、刑務所の図書室に足しげく通ってくるピンプたちが考えそうな「スマートな」サービスだ。十五世紀には囚人と二流貴族が同じ城に暮らしていたが、リバティ・ホテルを利用する成金族は、かつて街で最も下劣だった連中と空間・歴史を共有している。しかも積極的に。そうすれば、階級差別そのものを高級な贅沢品にすることができ、自分たちがある階級（あくどく洗練された連中）に属しているのを宣伝するのに好都合なだけでなく、最も属したくない階級（犯罪者という最下層階級）から自分たちをはっきり隔てるのにも役立つからだ。リバティ・ホテルの常連客にとって、鏡板張りのレストラン〈クリンク〉は、「四種のキノコのサラダ」のような気取った料理を食べるのにぴったりの場所なのだ。

いたれりつくせりの経験を完璧にするために、リバティ・ホテルはノブレス・オブリージュ（高貴な人間は社会に貢献する義務を負うという考え方）も提供している。ホテルのスポークスパーソンはこう主張した。歴史的な建物を取り壊すことは「悲劇的な屈辱」であり、自分たちには「その歴史を尊重する責任」がある、と。さらに、建物を再利用することは「環境にやさしい解決策」とまで述べた。

不幸と堕落と人間の失敗に捧げられた建物が、どんな意味であれ「歴史的」といえる地位に高められる――これが絶対条件！――ほど長く使われ、建物全体が十分に「堂々としている」のなら、それはおのずと美しい。だから、特化型の設計を採用し広告会社を雇うのと同じくらい簡単に、ノブレス・オブリージュが果たせる。

苦痛と暴力と悲嘆を、金持ち向けの高級な俗悪さに転換する――それもまた、刑務所を記憶にとどめるひとつの方法だ。


刑務所は立派な廃墟になる。教会や公共施設や劇場なども「死後」はかなり壮観になるが、はたして廃墟となることがそうした建物の「目的」といえるだろうか？　そこへいくと、刑務所の究極の目的《テロス》は、まさに荒廃と老朽だ。刑務所は、老朽化して状態が悪化し、荒廃して混み合ってほったらかしにされるほど――必ずそうなるのだが――ますます刑務所らしくなっていく。改装された表面や病院なみの効率のよさがはがれ、漏れ、錆びつき、朽ちていくにつれ、より真実に近い刑務所が現れる。そして、ほんとうに廃墟となったとき、それは完璧に熟して完璧な刑務所となる。ゴミの山となるのだ。もしかしたら、廃墟は立派な刑務所になる、といったほうが正確かもしれない。

ディア島の刑務所の解体プロジェクトの責任者だったブルース・ウッドは、刑務所が最期を迎えようとしていた頃、「ボストン・グローブ」紙にこう語った。「あそこはにおいがひどく、汚れて、荒廃している。まるで地下牢だ」。

人びとが、ゴミと刑務所の関係をはばからずに認めていた時代もあった。紀元一世紀のローマでは、監獄は地下に築かれ、すぐ下には街の主要な下水管が通っていた。囚人が死んだり殺されたりすると、看守は落とし戸を開けて死体を下水に流しさえすればよかった。ディア島が刑務所にも汚水処理場にも適していたのは、ただの偶然だろうか？　また、現在の刑務所――ぼくの職場――があるサウスベイ地区は刑務所ができるまでゴミ捨て場とゴミ焼却場だったが、これも偶然の一致だろうか？　刑務所の職員たちは明らかに刑務所とゴミの関係に気づいていて、いまでも決して水道水を飲もうとしない。

　このように刑務所は腐敗やゴミと縁が深いが、刑務所の建物自体は基本的に長持ちするように造られている。どんな社会においても、刑務所は最も堅固な建築物のひとつだった。遺跡発掘現場では、監獄が現存する唯一の建物であったり、最も保存状態のよい建物だったりすることがある。その意味で、刑務所は建物自体が墓になってしまうという、呪われた運命にある。ギリシア神話の悲劇的な登場人物、ティトノス（暁の女神エオスに愛されゼウスにより不死身とされたが、エオスが不老を願い忘れたため老い続け、ついに声だけの存在となり、最後はセミに変えられた）のように、刑務所は生きながらにして墓であり、永遠に生きると同時に永遠に朽ち続けるのだ。

　しかし、長持ちするがゆえに両義性が生じることもある。考古学者たちはときどき、用途不明の堅固な古い構造物が宝庫なのか監獄なのかで頭を悩ませることがある。ひとつの社会の両極端の所有物――富と犯罪人――は、同じくらい厳重に守られる。ともに何よりも人びとの関心を引き、何よりも重要であり、しまいには、互いに見分けがつかなくなってしまう。

　考古学的にみてもうひとつ、監獄と関係のあるやっかいな存在は霊廟だ。監獄の廃墟はよく霊廟と混同される。この両義性もまた偶然ではない。それは、単に監獄と霊廟の構造が似ているということではない。両者には精神面でも類似点がある。人を投獄する法的根拠のひとつは「社会的な死」という概念、つまり、重罪を犯した人間は社会の一員という意味では「死んだ」とみなされるということだ。たとえば、犯罪人は選挙権や契約締結の権利を失う。

しかし、「社会的な死」という概念が生まれる前、世俗の監獄の房というものができる以前には、「改悛《かいしゅん》の房」といえば罪を犯した僧が更生のために送りこまれる場所を意味した。ときには、僧や貴族の女性や犯罪者が肉体的な厳しい罰を逃れるため、修道院のそうした房に自ら閉じこもり、葬儀を行ってもらうこともあった。形式上、ということではない。修道院の房は「生きながら入る墓」であり、そこに入った囚人たちは二度と外界に姿をみせなかった。したがって、それは現在の刑務所の房の原型ともいえる。

いいかえれば、刑務所の残骸をみても――たとえそれが確実に刑務所の廃墟であっても――明確な答えはあまり得られず、刑務所という存在の根本的な矛盾は深まる一方ということだ。昨今の刑務所をめぐる論争――その機能が懲罰なのか矯正なのか、その目的が刑罰なのか更生なのか、といった問題――は決して新しいものではなく、昔からあるものだし、論点というより難問といったほうがいい。刑務所は矛盾を内包している。その使われなくなった房や、目的は曖昧だがしっかり造られた建物の廃墟は、相対する物語を伝える。それは処罰の場であると同時に避難所であり、僧の住処であると同時に犯罪者の住処であり、どこにも通じていない料金所、宝庫であり、下水道であり、生きながら入る墓なのだ。

ディア島に暮らした人間たちの悲しい歴史の遺物は、ほとんど何も残っていない。現在の刑務所内にある刑務官組合のエリアに展示されている少数の遺物をのぞけば、昔の刑務所のもので唯一残っているのは、正門近くのヴィクトリア朝風の見張り小屋だけだ。それは、一九五九年に刑務所の警備員がプラスとヒューズを追い返した建物であり、プラスが小説『ベル・ジャー』の中で自分の分身ともいえるエスターにかわいらしい「小さな家」だと想像させている建物でもある。エスターは、この思いがけず家庭的な小屋から出てきた見張りの刑務官を自分が本来結婚すべきだった相手だと妄想する。そして、その男とともに子どもを何人か育てて幸せに暮らしているもうひとりの自分を思い描く。

プラスが創造したエスターは、ほかにもいろいろなことを妄想する。地下鉄で見知らぬ人に話しかけ、自分はディア島で服役している父親に会いにいくところだというが、彼女の父親はプラスの父親同様、ずっと前に亡くなっている。おそらく、これは嘘というより創作であり、彼女だけの真実にちがいない。エスター／プラスにとっては、父親がディア島で幽霊のような囚人として生きていると想像するほうが真実らしく、暗い安堵感さえ感じられたのだろう。エスターが波間で自暴自棄の行為に及ぶ場面をプラスが描いたのも、不思議ではない。プラスにとってディア島は、生者の世界と死者の世界の中間地帯《ノー・マンズ・ランド》だったのだ。

刑務所はいまも、生者と死者の中間に位置している。ぼくが刑務所で出会った幽霊は、ジェシカひとりではなかった。「ボストン・グローブ」紙が年末にその年の殺人事件のリストを発表したとき、確実に知っている名前がそこに七つもあった。ほかにも、なんとなく聞き覚えのある名前がいくつもあった。それまでは、そのぞっとする年間リストに知り合いの名前をみつけることはなかったし、薬物の過剰摂取で死んだ人なんてほとんど知らなかった。しかし、刑務所でぼくは日々、ふつうに暮らしていれば出会うことのない人びとと接触することになった。それは烙印《らくいん》を押された人びと、墓に入る前に立ち寄る最後の場所が刑務所という人びとだった。

刑務所の廃墟を調べて一日過ごしたあと、ぼくは生きて息をしている刑務所にようやくもどってきた。すでに夜の十一時過ぎで、出勤するには妙な時刻だったが、刑務所は決して閉まらないし、オフィスの鍵は持っているから、まあいいだろうと思った。じつはある本をさがしていて、その時刻に利用できる図書館は刑務所の図書室だけだったのだ。

正面入口の警備にあたっていたのは、いつもの人好きのする刑務官だった。「人あしらいがうまい」というのが、刑務所の管理職連中の彼に対する評価だ。彼はまた、銃を携行している数少ない刑務官のひとりだった（刑務所内では、武器の所持はいっさい認められていない）。昼間正面入口の警備をしているグライムズは禅に凝っていて、その古くからの叡智を任務に活かし、日中絶え間なく刑務所に出入りする人びとをさばいていた。しかし、夜勤の警備係であるサリーは、それとは違う気風《エートス》を、日没後の刑務所の雰囲気を体現しており、プラスが「夜勤」という詩に書いているように、「無味乾燥で無遠慮な事実に絶え間なく対応して」いた。

夜の刑務所を警備するという無味乾燥で無遠慮な事実に対して、サリーは独自の取り組み方をしていた。彼はユーモア好きで、いつもぼくに「新しく仕入れたジョーク」をきかせてくれた。しかしその夜、ぼくが刑務所の正門に到着すると、サリーはにこりともせずにいった。

「例の件、きいたか？」

門番のあいさつにしては、おだやかじゃない。

「いや。何かあったのかい？」ぼくはたずねた。

「人が刺された」。

「えっ——だれが？」

「有名な女優だよ。リース……なんとか」。

「ウィザースプーン？」

「いや、ナイフだ。ナイフ《ウィザナイフ》で刺した」。

サリーは顔を大きくくずし、喉をゼイゼイいわせて笑った。

「このジョーク気に入ったかい？」サリーはぼくの背中を平手でぴしゃりとたたいた。「参るよな、ナイフ《ウィザナイフ》で刺した、とは！」

サリーはオチのセリフをさらに二、三度繰り返し、そのたびにゲラゲラ笑ったあと、ぼくを解放した。ぼくはやっと刑務所の中に入れてもらえた。

夜の刑務所は不気味だ。それは予想のつくことだが、かといって不気味さは消えない。廊下は息をのむほど静かで、中庭にはぼんやりした影がたくさん落ちている。通気孔からは、くぐもってはいるがおだやかじゃない大声がきこえてくる。しかし、ぼくはもっと不吉な何かを予想していたし、着任して数ヵ月が過ぎ、慣れてもいたので、少しほっとしたくらいだった。第三棟にある自分の持ち場、図書室に着くと、スイッチを押して明かりをつけた。そうして明かりをつけることで、ぼくは、最低限の法的義務を果たしているのだ。十九世紀の監獄の内規には、次のような耳を傾けるべき一節がある。「昼間労働に明け暮れる囚人たち全員に、毎夕最低一時間、本が読める明かりを供給するべきである」。図書室は蛍光灯の灰色がかった光に照らし出され、不気味に静まり返っていた。

しかし、図書室が空っぽに感じられることなんて、たとえそうあってほしいと願ってもありえない。ネズミが二、三匹、びっくりして物陰に隠れた。その瞬間、ぼくは喜んでネズミと空間を共有し、それがネズミであって人間でないことにほっとしていた。

ぼくは本棚の迷路を歩いていった。生物学の本があり、地理の本があり、政治、歴史、小説と続く。そしてようやく、めざす「詩」の棚にたどり着いた。

一日中、空っぽで荒涼としたディア島と、人は大勢いるがもっと荒涼としたリバティ・ホテルをさまよったあとで、血の通ったこの空間にいられることがありがたかった。あのふたつの古い刑務所には図書室がなかった。

ぼくはシルヴィア・プラス関係の本を集めた棚に向き合った。ジェシカの身に起こったことを考えると、このコーナーは永遠に廃止したほうがいいんじゃないかと真剣に考えた。ぼくからみれば、このコーナーには実用的な機能しかない。つまり、人気作家の作品を手に取りやすくするということだ。本を手に取りやすくする——それは図書室・図書館の使命だ。しかし、この場合、もしかしたらぼくは利用者を危険に陥れているのかもしれない。プラスを特別のコーナーにまつりあげることで、プラスのように死にたいという願望を助長しているのかもしれない。刑務所の図書室の司書は傷つきやすい人びとを相手にしているのだから、みんなが本を読むように尽力するだけでなく、ある種の本からみんなを遠ざける義務も負っているんじゃないか。

そう考えると困惑した。他人の読む本を決めるなんて、何様のつもりだ？　検閲はぼくの仕事じゃない。しかし、シルヴィア・プラスの詩集『エアリアル』のコーナーを作っておいて、夜、ぐっすり眠れるだろうか？「指を切る」という詩には「なんというスリル――／タマネギではなくわたしの親指の／先端がすっかりなくなって／蝶つがいのように／薄皮だけが……／わたしは病んでいる／錠剤を飲んだ／薄っぺらい／紙のような感覚を消すために」とあり、「縁《へり》」という詩には「その女性は完成される／彼女の亡骸《なきがら》には／何かを成し遂げた笑みが浮かんでいる」とあるのだ。『エアリアル』が、刑務所勤務の検閲官の近視眼的な目にとまることはないだろう。彼らに排除する権利があるのは、ポルノ作品や暴力的な作品だけだ。しかし、『エアリアル』が芸術作品だからといって、危険度が低いとはいえない。じつのところ、芸術作品であるために危険度がはるかに増している。この図書室にくる女性受刑者の中には、境界性人格障害の者や自傷癖のある者や自殺志願の薬物中毒者などがいて、プラスの言葉を神のお告げとみなし、自殺に走る危険がある。ぼくにはそういう受刑者をこの詩集から守る責任があるんじゃないか。いや、逆に、詩を読むことが何かの形で彼女たちの助けになるかもしれないから、詩を教えるべきなんじゃないか。あるいは、どちらもぼくの責任外かもしれない。答えは出なかった。

ともあれ、これらの疑問は就業時間まで棚上げすることにした。いまは勤務時間外だし、図書室も正式には閉まっている。この瞬間、ぼくは訪問者として、読者として図書室にいるのだ。だから指示をあおぐ側であって、与える側じゃない。

ぼくはプラスの伝記をめくりながら、一九三八年のハリケーン――「シャーリー岬」で言及されている――の経験について何かわかるといいが、と思った。一九三八年にはまだ、彼女の家の窓からディア島の刑務所がみえていた。プラスは両親とともに実家で嵐をしのいでいた。父親の書斎の窓が割れて粉々になった。海水が町に流れこみ、舟が何隻も町の反対側まで水の上を渡っていった。サメが祖母の庭に転がっていて、夜のあいだに地面からわき出たみたいにみえた。

本を閉じたとき、ぼくは思いついた。なぜこんな時間にわざわざ刑務所までやってきて、ネットの擬似図書館じゃなく本物の図書室に身を置いたのか。ぼくが読んでいた本にも、図書室の多くの本と同じようにカイトがはさんであった。それは――見方によっては、ぼくにあてたメッセージだった。それを読んだ瞬間、このカイトもまた、少しずつ所蔵物が増えていくぼくの文書保管庫に加えるべきものだとわかった。ぼくはそれを折りたたみ、文書保管用の棚に置いた。その棚にはほかに、刑務所に関する政府の古い報告書、ディア島に関する新聞記事、十九世紀のニューイングランドの紀行文、リバティ・ホテルの光沢紙のパンフレットとプレスリリース、いろいろなリスト、刑務所の文書保管庫に関する一九〇三年の連邦議会の報告書、どんどん増える図書室のカイト、メサイアあての手紙、研修でもらった禁制品に関する情報のメモなどがあった。それから、「刑務所にあるもの」という題名の手製の言葉さがしパズルもあった。

その夜、ぼくが手にしたカイトは出さずじまいの断片的な手紙で、差し出し人はこの図書室を訪れる悲劇的なシルヴィア・プラスだった。そこにはこうあった。

お母さんへ
　わたしの人生は

たったそれだけだった。だれが書いたのかわからない、途中でぷっつり切れた文で、意図もわからないし結論もない。不確かで、曖昧で、どうにでも変わり得る人生そのもののようだ。書きかけの、送られることのなかった手紙。無限の空白。これもまた刑務所を記憶にとどめるひとつの方法だ。

第二部◉届いたもの

第三章 タンポポのポレンタ

ぼさぼさの髪、沈んだ表情、疲れきった様子のメサイアが、足を引きずるようにして図書室に入ってきたのは、やや曇り気味の水曜日、午後三時二十六分のことだった。その姿に気づいた者はあまりいなかったが、カウンターの中に座っていたダイスが「よう、メサイア、調子はどうだ?」と大きな声で呼びかけた。しかし、ふさぎこんでいるメサイアの耳には届かなかったらしい。ダイスはぼくのほうをみて肩をすくめ、読んでいた新聞に目をもどした。メサイアはカウンターにやってくると、救命ブイでもつかむみたいにカウンターの端をつかみ、立ったまま三十秒だけ昼寝をした。

メサイア、本名チャックは3－1ユニットの受刑者で、ろくにとりえのないやつだった。しかしいま考えると、あの日、去りぎわにぼくにいったことだけは当たっていた。

メサイアはカウンターにもたれてこういったのだ。「あそこにいる男、きっとあんたと気が合うよ。C・C・トゥー・スイートっていうんだ」。

その男のことなら、少し知っていた。といっても、遠くから観察していただけだ。C・Cは図書室にやってくると、まず騒々しい連中を先にいかせる。麻薬常用者、ギャング、盗っ人、売人、だめなやつ。そういう連中とつるむのはごめんだとばかり、みんなが入り終えたあとで入ってくる。そして図書室内をぶらぶら歩きながら、若い受刑者一、二名を相手に生き生きと会話した。彼の弟子たちだ。あるいは、ひとりで入ってきて自分と対話していることもあった。顔をみればそれがわかった。

C・Cは正面のカウンターにやってくると、ダイスかファット・キャットかぼくに道路地図帳をみせてくれという。刑務所内の図書室で地図を閲覧するなんて奇妙だし、ちょっといかがわしいにおいさえする。受刑者たちは外の世界のどこへもいけるはずがなく、いわばA地点にとどまっているしかないのだから。

しかし、C・Cにはそれなりの理由があった。地図は、彼が語る物語《ストーリー》の重要な視覚補助物だったのだ。C・Cは全体を見渡す視点を好んだ。大がかりな場面を設け、数々の広大な領域をわがものと主張し、自分の人生が大きな世界と交差した地点を正確に指摘するのが好きだった。

C・Cはあるとき、ワシントンDCの地図を広げ、ペンシルヴァニア・アベニューをさしてぼくにいった。「まさにここ。ここがおれの場所だ。ここにくればトゥー・スイートに会えた。ホワイトハウスのすぐ隣で、おれはブラックハウスを仕切ってた」。

人が集まってくると、C・Cはやや後ろに下がってパフォーマンスをする空間を確保した。そして少し間を取り、見物人がそれぞれの位置に落ち着くのを待ってから、ニッと笑って続けた。

「C・C・トゥー・スイートについて知っておいてほしいことがふたつある。『どこまでも悪い』と、『どこにでも現れる』だ」。

この手の言い回しを、C・Cはいくらでも用意していた。

「だれか、ピンプ（pimp）ってなんの略か知ってるか？」

知っている、といった者はひとりもいなかった。

「教祖でもあり、チンパンジーでもある（p〔art pope, part ch〕imp）の略だ」。

C・Cは「ピンプ」というとき、必ず大げさな南部なまりで「ピーーンプ」と発音した。福音主義者の説教師がイエス・キリストのことを「ジーーーザス」と発音するみたいに。「アメリカじゅうに知れ渡った有名なピーーンプ」という自称はあやしいものだが、C・Cは刑務所内ではかなり有名なようだった。また、ファット・キャットと仲がよかった。つまり、筋金入りのエリート受刑者だ。


黒人だが肌の色が薄いC・Cは、西アフリカのカーボベルデにルーツを持ち、年齢は三十代半ば、少し赤味をおびた髪は薄くなりかけ、ずんぐりした体格で、前腕がレンガ職人みたいにたくましかった。だが、本人がいちばん自慢にしているのは「テディベアみたいな」目で、瞳は黄緑、小さくてまん丸で、左右の間隔が狭かった。体のわりに、顔がやや小さい印象だった。片方の前腕に入れたプレイボーイのバニーのタトゥーと刺だらけのバラのタトゥーがぶざまに重なりあい、十秒も考えずに入れたみたいだった。もう片方の腕にはC・Cというイニシャルだけが、ほかの図柄に邪魔されることなくぽつんと入れられていた。

体に自分の名前を彫りこむ人間ってどんなやつだろう？と考えずにはいられない。ふつうは、だれよりも愛している人の名前を入れるものだ。それか、信仰している神の名を。なら、自分の名前を入れる人間は自分をだれより愛しているのか？　もしかしたら想像力が乏しいだけかもしれないが、C・Cは絶対にあてはまらない。

C・Cは、パフォーマンスをしていないときはみんなから離れたところにいた。ときには意気消沈した様子で椅子にぐったり座り、破産した億万長者みたいにみえることもあった。しかしたいていは、何かしきりにたくらんでいた。ときにはひとりで地図にじっと見入り、逃亡をくわだてているようにみえた。それは真実からそう遠くなかった。ただ、C・Cにとって地図は、これから進む道を決めるためのものではなく、過去へ、人生の失われた場所へもどっていくための手段だった。そして失われた場所はふえていく一方だった。C・Cの人生はおもに、道路と交差点と小路とハイウェイからなっていた。それらすべてが彼をここへ導いたのだ。だから彼は、そうした街路を再現してみせてくれる地図にひきつけられた。地図の中の街路はすっきりしていて空っぽで、どんなふうにも解釈できる。地図さえあれば、彼は過去への旅を始めることができた。

ある日、そんなC・Cの物語をきいているときに、ぼくは彼を創作クラスに誘った。

❄ペンギンの映画

その頃、ぼくは創作クラスの生徒を増やしたいと思っていた。ピンプとハスラーは創作に向いている者が多いし、図書室の常連でもあるから声をかけやすいが、それ以外にも生徒の候補はいたるところでみつかった。C・Cはいわば最前列からスカウトしたが、ほかの生徒とは後ろや端のほうで出会うケースが多かった。

クーリッジがオフィスに使っていた奥の部屋が空いて、みんなに解放された（ただし、ぼくはクーリッジに敬意を表して、法律関係の本を少し残してあった）ので、そこでときどき受刑者たちと映画をみた。ナショナル・ジオグラフィック・フィルムズ制作のネイチャー映画、ＰＢＳ（全米ネットの公共放送網）制作のドキュメンタリー映画をはじめ、いろいろな映画をみた。女性受刑者は『カラーパープル』や『愛されし者《ビラヴド》』を好み、『ルーツ』は男女ともに人気があった。

しかし、男性受刑者のあいだで一番人気だったのは、肉食動物が出てくる自然ドキュメンタリー映画だ。男たちは『チーターの徘徊』『スネーク・サファリ』といったタイトルの映画が大好きだった。その手の映画に飽きると竜巻のドキュメントなんかもみたが、襲撃する者の顔がみえる映画を好むので、いきおい捕食動物の映画ということになった。

じっと座って画面に見入る者もいれば、近くに陣取ってチェス盤や法律書を広げ、クライマックスにさしかかったときだけ注目する者もいる。図書室内でその部屋からいちばん遠いところにいても、映画の中でいよいよ雌ライオンが獲物に襲いかかると、すぐにわかった。受刑者たちがスクリーンに向かって「いけ！　いけ！」と叫ぶ声がきこえるからだ。

一度だけ、ある受刑者がガゼルを応援して「逃げろ、逃げろ！」と叫ぶのを耳にしたが、そのかいなくガゼルが逃げきれず食われたとわかったのは、受刑者たちが「やっちまえ、ライオン！」「そうだ、そうこなくっちゃ！」などと叫んだときだった。そんなある日、ぼくは『皇帝ペンギン』をみようと提案した。ペンギンの苦闘を描いたドキュメンタリー映画だ。ペンギンは何百キロも歩いて卵を産み、厳寒の冬のあいだ、雄が卵を守る。雌は歩幅こそ小さいが堂々と歩いて海にいき、餌をみつけて腹を満たし、また堂々と歩いて、腹をすかせている家族のもとにもどる。受刑者たちはバカにしたように笑った。

「おれたち、ガキじゃねえぞ」。ひとりがぼくに文句をいった。

もう少し気のいい受刑者は、わかりやすい表現でみんなの気持ちをぼくに伝えようとした。「アヴィ、あのペンギンの映画は退屈だ。だれもみたがらないよ」。

彼のいいたいことはぼくにもわかった。そこには男性ホルモンの美学が如実に表れている。ペンギンよりもライオンを主人公にしたほうが、話がおもしろくなるということだ。それでもぼくはめげずに、むりやりその映画を受刑者たちにみせた。結果、残って退屈しのぎにみていた者たちは、そこに描かれたドラマを楽しんだようだった。

その翌日、わりと若い受刑者がひとり、ふんぞり返って、ここではよくみかける光景だがわざと脚を引きずって、図書室に入ってきた。

「よう」。その受刑者がカウンターに近づいてきたので、ぼくは何を要求されるかと身構えた。すると彼はいった。「あのペンギンのやつ、まだあるか？　昨日、最後までみられなかっただろ」。

ぼくはにっこりして、彼に『皇帝ペンギン』のＤＶＤを渡した。しばらくして、いつもどおり受刑者たちのいろいろな要望に応対してから奥の部屋にいってみると、『皇帝ペンギン』は感動的なエンディングを迎えていた。卵がいっせいに孵るという奇跡的な場面だ。その部屋にいるのは、さっきＤＶＤを借りにきた受刑者ひとりきりだった。彼は熱心に画面をみながら、刑務所支給のノートに猛烈な勢いでメモをとっていた。

「書くのは好きかい？」ぼくは彼の隣に座ってきいた。彼は邪魔されて迷惑そうに映画を一時停止にすると、顔をあげた。

「ちょっとメモを取ってるだけだ」。

「ペンギンについて？」

「ああ。とにかくこいつを書き終えちまいたいんだ。あと十分しかここにいられないから」。

ぼくはすぐ本題に入った。

「創作クラスを教えてるんだ。ぜひ入ってほしい」。

「へえ。じゃ、登録するよ」。

そう答えながらも、彼はノートからほとんど顔をあげなかった。ぼくの目に、彼が書いた文章の一部が飛びこんできた。「この映画のテーマは、一人前の男になるということ」。

「名前は？」

「チャドニー・フランクリン」。彼はいった。

「チャツニー（果物・酢・砂糖・香辛料で作るジャム状のインドの調味料。チャツネともいう）？」

「チャドニーだっての。あんたは？」

「アヴィ」。

「ジャヴィ？」

「違う。アヴィだっての」。

ぼくはチャドニーと握手をかわしたが、たぶん二度と会うことはないだろうと思った。

✻一月のアイデア

一月の映画クラスはシェイクスピア月間としたが、あまり順調ではなかった。

まあ、そうなるんじゃないかと予測してはいた。シェイクスピアの作品によく出てくるような伏線がいろいろあったからだ。いつもながらデュメイン――最近、何度目かの懲罰房からもどってきたばかり――が、真実を暴露する平凡な男の役を演じた。『ジュリアス・シーザー』の冒頭に出てくる第二の市民、マラスから「生意気なやつ」といわれる男みたいな役割だ。その手の男の世慣れた皮肉っぽい性質は、世界の諸問題の前ぶれとなっている。

デュメインは、図書室に入ってくるときもひっきりなしにしゃべっていた。ほとんど間というものがない。その午後もべらべらしゃべりながら入ってきた。

「なんの映画みるんだ今週は?」

「シェイクスピアの戯曲を映画化したものだよ」。ぼくは答えてから、ちょっとマゾヒスティックにつけくわえた。「今日は『マクベス』だ」(演劇関係者のあいだでは、『マクベス』は不吉な芝居で、その名前を口にすると災いが起こるとされている)。

デュメインはこっちをみてニーッと笑った。笑うとひょうきんな子どもみたいな顔になる。

「まさか冗談だろ?」

「あいにく、本気」。

「なんだよ。そんな古くせえのつまんねえよ」。

「殺人と復讐が、いつから古くさくなったのかな？　それに、史上最強のイカレた女が出てくるんだ。きっと気に入るよ」。

「シェイクスピアは古くせえ！」

「昔風でかっこいいってこと？」われながら力ない反論だと思った。

「いいや、古くせえばっかで退屈ってことだ、カズン」。

「あのさ、シェイクスピア劇の登場人物も『カズン』って呼びあうんだ」。

「それは知らねえがとにかくシェイクスピアはクソだ」。

これが、図書室にくる受刑者の大方の意見だった。しかしあいにく、シェイクスピアは、毎週金曜の午前に行っている映画クラスの一月のテーマだった。ぼくは否定的な反応に驚きはしなかったので、一歩も譲らず、せめて影響力のある受刑者が援護してくれれば……と期待した。しかし、だれも何もいわなかった。ファット・キャットのほうをみると、大男は座って腕を組んだまま首を横にふった。

「だめだ。今度ばかりはあんたに加勢できない。イギリス人がタイツをはいてワルツを踊ったり古くさい英語をしゃべるところをみたいやつなんて、ここにはひとりもいないからな。ったく、アヴィ、何考えてんだよ？」

ぼくは言い張った。「シェイクスピアだぞ。殻から飛び出して、最高のものは最高と認めなよ。この国の自称ラッパーはみんな、シェイクスピアみたいに、かっこよく韻がふめたらどんなにいいかって思ってるはずだ」。

しかし、ファット・キャットはきく耳を持たず、ぼくは教師として生徒をうまく導けずにいた。もちろん、キャットのいうことにも一理ある。ここの受講者たちがシェイクスピアに今日的意義を見出すには、もっと時間が必要だし、クラスの人数も三十人以下でないと難しい。フォレストもぼくも、自ら墓穴を掘ったに等しかった。

実際、第一週は失敗だった。フォレストが、それだけはやめてくれというぼくの頼みを無視して、一九四〇年代に製作されたオーソン・ウェルズ監督・主演の『マクベス』を上映したのだ。イギリス人がタイツをはいてワルツを踊っているところを大昔の技術で撮った映画に、生徒たちが興味を示すはずもなかった。白黒の画面にオープニング・クレジットが流れだしたとたん、だれかがきこえよがしにうめいた。そして結局、シェイクスピアは古くさいというイメージを強化するだけに終わった。

その数日後、デュメインがぼくのところにきて警告するようにいった。「次はいい映画をみせろよ、ハーヴィー。でないとやっかいなことになるぞ」。

次の週に上映したのは、『刑務所のシェイクスピア』という二〇〇五年のドキュメンタリー映画だった。ある刑務所で受刑者のグループが『テンペスト』を上演するまでを描いたもので、前の週よりは少し受けがよかった。最初に思いきり低い基準を設定したのがよかったんだろう。だが、神経質でなよなよした人物が大勢出てくるので、ほとんどの受刑者は不快感をあらわにした。いちばん目立つ人物のひとりが性犯罪者であるという事実も不愉快だったらしい。とくに、たまたま同じ性犯罪で収監されている口うるさい受刑者には不評だった。しかし、少なくともこの映画は全編テクニカラーだったし、なかには楽しんでいる受刑者もいた。ただ、おもしろいと認める勇気はないらしかった。

デュメインは相変わらずつまらなそうにしていた。数日前、また古くさいシェイクスピア映画を上映したらやっかいなことになると、すでに不吉な予言をしたが、今回の映画が始まると無言で首を振り、忘れるんじゃないぞ、といわんばかりに人さし指を振ってみせていた。何をいいたいかは明白だ。たしかにやっかいなことになりそうだった。

ところが、その次の金曜日、ぼくたち講師は勝利をおさめた。ローレンス・フィッシュバーン主演の『オセロ』を上映したのだ。この映画は個性的な黒人俳優のフィッシュバーンをオセロ役に起用しており、ハリウッド映画ならではの巧みな演出で、きわどいセックスアピールも盛りこんでいて、受講者たちに好評を博した。デュメインでさえ、図書室もやっとましな映画をかけた、と認めた。しかし、まだ油断はできなかった。『オセロ』の成功も、もう一度『マクベス』を上映したら台無しになるだろう。

しかし最後のシェイクスピア映画も大好評で、連勝となった。いま思えば、連勝したこと自体、一種の警鐘と受け取るべきだったのかもしれないが……。一九九六年のバズ・ラーマン監督の『ロミオ&ジュリエット』――主演のレオナルド・ディカプリオとクレア・デーンズが「現代の市街地で、抗争中のギャングの別々のグループに属している薄幸の恋人たち」を演じている――を上映したところ、受刑者たちは席を立たなかった。いつもなら、映画が終わるとすぐ、あるいはまだ終わらないうちに部屋を出て、映画についての討論が始まる前に図書室から逃げ出そうとするのに、その日は違っていた。デュメインまでが、悪名高い多動性障害《ADD》を克服して座っていた。

　討論の司会は、神学を専攻している若い職員講師、ジェイムズが担当した。ぼくは後ろのほうに座って、受刑者たちの反応に熱心に耳を傾けた。ギャングによる暴力沙汰、恋、抗争の中での忠誠といったテーマと、どこか偽物っぽいがアメリカの都会という背景（ヴェローナ・ビーチという架空の街）が、みんなの共感を呼んだのだろう。討論はすばらしいスタートを切った。あちこちで手があがり、だれもが意見を持っていた。ロマンティストと皮肉屋の意見が対立し、若い受刑者が団結して年配の受刑者に反論した。映画に関する討論がこれほど盛り上がるのは珍しいことだった。

　ぼくは受講者たちに、登場人物の衣装によって映画の印象がどう変わったかたずねた。そして簡単なレクチャーをした。舞台衣装について、服装によるアイデンティティの演出について、シェイクスピアの作品によく出てくる変装について、制服と私服の違いについて。受刑者たちが座っているすぐそばには制服姿の刑務官がいたし、受刑者自身もいろいろな色の囚人服を着ていたので、この話題にはとりわけ食いつきがよかった。また、受刑者の多くは、ギャングの格好をやめて受刑者の格好をしていた。だから、この話題についてもだれもが意見を述べたがった。大勢が手をあげ、互いに声を張り上げて意見を戦わせる中、ひとりの男が部屋に入ってきてぼくの横を通り過ぎたが、ぼくはほとんど気にとめなかった。

　その男は刑務官の制服を着ていた。早番の時間帯にはいつも、図書室の前の廊下で大勢の刑務官がだらだら過ごしているが、彼もそのひとりだった。

そういう刑務官の中には、保安官護衛および緊急対応チーム《SERT》のメンバーもいた。SERTとは、刑務所内でトラブルが発生したとき、ただちに現場に派遣される班のことだ。トラブルのないときには、座ってむだ話に興じている。下ネタやフットボール・チームのペイトリオッツの話題で盛り上がったり、組合内のもめごとを仕組んだり。SERTの仕事は、受刑者が収監されているユニットの仕事より魅力的だ。メンバーの多くは退役軍人で、SERTに入るのはかつて苦労した者の特権だと思っている。

SERTのメンバーには健康そうな者も多いが、ときどきデブもいる。何年SERTにいたかはウェストを測ればわかるし、あと何年生きられるかは、昼食にカフェテリアのソーセージをどれだけ皿に盛るかによって推定できるかもしれない。健康な若い士官候補生が、脚を引きずって歩く脂っこいデブになってしまうこともある。組合の力で、体力テストは一回だけ、SERTに入るときに受ければいいということになっていた。SERTの面々が動員されるところをみていると、「キーストン・コップス（ドジな警官を演じたアメリカのコメディアングループ。無声映画全盛期にキーストン社の映画作品で活躍した）」を思い出す。若い士官候補生のマリンがいったように、SERTの連中は「麻薬取締班《クラック》のはずが、太りすぎて、〈しゃがむと尻の割れ目《クラック》まるみえ班〉になっている」。

ぼくの横を通り過ぎた男もSERTの一員だった。あるいはSERTの連中と親しかっただけかもしれない。ただ、ひと目みてわかったのは、髪が不幸を一手に引き受けたみたいに薄く、顔は男のプライドにゆがみ、三つの表情を交互に浮かべていたことだ。うぬぼれ、無気力、ぼんやり。

その日、彼は決然とした足取りで、あいさつもいっさいせずにぼくの横を通り過ぎた。彼が図書室にいるのは妙だった。ぼくが知るかぎり、図書室の常連ではない。しかし、刑務官がこんなふうにふらっとやってきて、見回ったり、禁制品をさがしたり、自分の存在を誇示したりすることは珍しくない。ぼくはその男にぼんやり気づいたものの、すぐにクラスの討論を盛り上げるほうに注意を奪われた。

その刑務官はどの受刑者にも目を向けず、言葉も交わさずに、図書室の本棚のあいだに姿を消したかと思うと、すぐにまた出てきた。そして、きたときと同じコースをたどり、ぼくのすぐ横を通って、今度はドアに向かった。このときも、ぼくには目もくれなかった。

次の瞬間、事件は起こった。

初めはひかえめだったが、事態は一気に悪化して、たちまち無視できなくなった。硫黄みたいな悪臭が図書室全体にたちこめたのだ。半端なくささじゃなかった。質問するか意見をいおうとして手をあげていた受刑者たちは手をおろし、囚人服の袖で鼻を覆った。両ひざのあいだに顔をつっこんだ者もいた。デュメインは椅子から飛び上がった。ふいに悪夢から目覚めたみたいに。

「クソみてえにくせえぞ！」デュメインが叫んだ。気づいているのは自分だけ、とでもいいたげだ。

「だれか屁をこいたな」。古顔の受刑者がため息をついた。「ムチャクチャくさい」。

大騒ぎになった。さっきまで討論が整然と行われ、受講者はみんな部屋の中にいたのに、たちまちばらばらに散ってしまった。二、三人の受刑者が図書室から逃げ出し、残った者は混乱に乗じて悪行に及んだ。手紙やその他の禁制品を好みの隠し場所にしのばせたり……。ぼくはある受刑者が図書室の新聞をポケットに入れようとしているのを止めたが、同時にもうひとりが雑誌二冊を盗んで立ち去った。図書室の向こう側では、ひとりの受刑者が何かをそっとすばやく別の受刑者に渡した。講習中ずっとタイプライターを使わせてくれとぼくにせがんでいた受刑者は、ついに望みどおりタイプライターをたたきだした。本棚の陰に駆けこんだり、奥のコンピュータ室に入りこんだりする受刑者もいて、行動はまちまちだったが、『ロミオ＆ジュリエット』について討論しているんじゃないことだけは確かだった。

ぼくは何が起こったのか理解しようとした。単に、刑務官が講習中の図書室に入ってきて巨大な「ガス爆弾」を置いていったのか？　ぼくがそれまで経験したこともない、最悪のやつを？　いい大人が、それだけのために講習中の部屋に入ってくるか？　バカバカしくて信じられない。

一方、受刑者の図書係たちはカウンターに集まって対策会議を開いていた。そのまわりを少数の常連が取り囲んでいる。みんないきりたっていて、復讐だと叫んでいる者もいた。

「クソ野郎、覚えてろ」

「外で会ったらボコボコにしてやる」

「許せねえ！　講習の真っ最中にあんなことしやがって！」髪をアフロにして大きくふくらませた小柄な受刑者がいった。

「ここはそういうところだ」。ファット・キャットが「カー＆ドライバー」誌をめくりながらいった。

「慣れろよ」。

「けど、あんまりバカにしてるぜ」。別の受刑者がいった。

するとダイスがいった。「こういうのをなんていうと思う？　屈辱的、っていうんだ。頭の上にクソされて黙ってられるか？　まさかな」。

　ぼくは図書室の大きな窓から廊下をみた。ひとかたまりの刑務官が笑いをこらえ、何気ないふうを装っている。騒ぎになっているのに図書室に入ってこないのは、妙だ。

「どういうことか、だれか説明してくれないか？」ぼくは受刑者たちにたずねた。

　いつもどおり、ファット・キャットが全部知っていて、雑誌から顔もあげずにいった。「あいつは、店で売ってるおならスプレーを持ってここに入ってきたんだ。あとはあんたも知ってるだろ」。

「こうなるってわかってたのか？」

「まあな。やつら昨日もやったんだ。フォレストの勤務時間で3－3ユニットの連中がきてたとき、部屋中に屁をまきちらしやがった。今日と同じだ」。

　一方には上機嫌の刑務官たち。もう一方には激怒した受刑者たち。ぼくはその板ばさみになっていた。ぼくはこの図書室という空間と、そこが陥った混乱状態に責任がある。この状況をみてみぬふりをしたら、なんのためにここにいるのかわからなくなる。なんとかして、受刑者と刑務官、両方に対して面目を保たねばならない。となれば、刑務所のようなマッチョな世界では答えはひとつだ。バカバカしい状況とはいえ、図書室とその使命とその管理者（ぼく）が目の前で嘲笑されたのは事実だ。ここでぼくが図書室に公的尊厳を取りもどし、ある程度の抑止力を確立しないことには、図書室は今後繰り返し卑劣な手段で攻撃されることになるだろう。保安官の部下である刑務官たちに図書室を守る気がないなら、ぼくが守る。ドン・アマートの精神がふたたび降臨し、ぼくは保安官的司書の顔になった。

ぼくは堂々と廊下に出てきながら、冷静さを保とうとつとめた。廊下には大勢の受刑者と職員がいたが、ぼくはさっきの刑務官をみつけた。仲間と一緒に、図書室を警備する刑務官が立つ位置の隣のベンチに座っている。刑務官たちはぼくに気づくとしゃべるのをやめて、また笑いをこらえるような顔になった。

非難する口調にならないよう――証拠があるわけではないので――気をつけながら、ぼくは例の刑務官に、さっき図書室で何をしていたんですか、とたずねた。相手の顔は、登録ずみの表情から表情へと切り替わった。ぼんやり→無気力→うぬぼれ→ふたたびぼんやり。やがて、彼はぼくから目をそらしたまま答えた。

「スポーツ関係の本を借りにいったんだ。フォレストはいつも貸してくれるぜ」。

みえすいた嘘と、ぎこちない態度。それだけで証拠は十分だった。彼はスポーツ関係の本が置いてある棚のほうへはいかなかった。何かをさがしている様子もなかった。まっすぐ本棚のあいだに入っていって、十秒もたたないうちに出てきたのだ。そしてファット・キャットがいったとおり、あとはぼくも知っていた。みんなが知っていた。

ぼくはいった。「なるほど。じつは、あなたならひょっとして事情をご存じかと思って。図書室の中がすごくくさいんですよ。ちょうどあなたが入ってきて出ていったあとにくさくなったんですが、何か関係があるんですかね？」

「あそこは何日も前からくさかった。おれはいっさい関係ない」。

相手はぼくをにらんでいた。唇が、ほとんどみえないほど薄い。

「あなたが関係してるってことは、お互いわかってるでしょう」。

「ほう、あんたは、毎日ここにいるのか？」相手がどなった。

彼がいいたいのは、おまえボランティアの大学生だろう、ということだ。ぼくにはずっとその雰囲気があって、なかなか消し去れなかった。相手は立ち上がり、胸をそらしてこっちにやってきた。

「いますよ」。ぼくも声を張り上げ――どうか声がひっくり返りませんように、と祈りつつ――引き下がるまいとした。相手は、凶暴な犯罪者と渡りあい、服従させる訓練を受けた男だったが。

「ここでフルタイムで働いてます。毎日。あなたと同じ部署にいます。組合員です。あなたの顔は毎日みてます。そちらはぼくに気づいてないかもしれないけど。ここは、」ぼくは図書室をさした。

「ぼくの持ち場で、ぼくにはここを管理する責任があります。ききたいのは、あなたがなぜぼくの持ち場に、講習の真っ最中に入ってきて、すべてをメチャクチャにしたかってことです」。

「いいか」。相手は声を荒げ、「このクソ――」といいかけてののしり言葉をのみこむと、続けた。「自分がどこにいるかわかってるのか？　ここはクインシー地区の市立図書館じゃない。刑務所だ。おれは刑務官のバッジをつけてる。だからやりたいようにやる。どこへいけとかいくなとか、指図される覚えはない」。

彼は仲間のほうをみて応援を求めたが、仲間は目をそらした。一瞬、そこにいる全員が動きを止めて、この男の徹底的かつ露骨に愚かな言い分に敬意を表しているみたいに思えた。ぼくが記憶をあさって、いまのバッジのくだりはスティーヴン・セガールのどの映画のセリフから借用したんだろう、と考えていると、唇はないがバッジを持っている男がまたしゃべりだした。

「あんたに、おれにどこにいけだの、いついけだのと指図する権利はいっさいない。わかったか？上司はだれだ？」彼はわめき続けた。

「ぼくの上司？」ぼくは声をあげて笑った。「そちらの上司こそだれですか？　ぼくには何も釈明することなんかありませんよ」。

これで使命は果たした。受刑者だろうと刑務官だろうと悪者に対して、侮辱されたら黙っていないぞとメッセージを発し、ぼくの邪魔をしたりぼくの仕事を台無しにしたら不愉快な思いをさせるぞと伝えたのだ。これでチャズルウィット刑務官も、ぼくや図書室ともめるようなことはひかえるだろう。だれだって危険な人間には関わりたがらない。それが保安官的司書の信条だった。

それから五分もたたないうちに、パティのオフィスに呼ばれた。ぼくは、廊下にたむろしている刑務官のうち数人が長年教育センターを困らせているのを知っていたので、ちょっと得意な気分になってパティに助言した。

「これで連中も逃げられない。晴れて教育センターから締め出せますよ」。

パティはコンピュータのモニターごしにぼくをちらっとみて、ひとことだけ言った。

「とにかく報告書を書いてちょうだい」。

ぼくは手短に事の顚末を書いて、内容をチェックした。「ボストン・グローブ」紙に死亡記事を書いていた頃の担当編集者が読んだら誇らしく思ってくれそうなほど、よく書けていた。教育センターの共用プリンタでその報告書を印刷していると、あるベテラン講師に声をかけられ、オフィスに呼ばれた。彼はボストンのドーチェスター地区で育ったアイルランド系アメリカ人で、多くの刑務官と親しくしており、のちに刑務所の仕事をやめて警察官になった。彼はぼくをオフィスに入れるとドアを閉め、真剣な顔つきでいった。

「これから話すことは、他言しないでほしい」。

ぼくはまだ新聞記者モードで答えた。「もちろん、あなたの名前は出しません。ぼくを助けようとしてくださっているんですから。ご助言、感謝します。ぼくが過剰に反応したとお思いでしょうが……」。

相手は最後までいわせてくれなかった。「いいかね、きみにはその報告書を提出する権利が十分にある。あの男はたしかにやりすぎた。しかし、忘れちゃいけない。それを提出したら、ひどくやっかいなことになる。あの連中は団結するからな。きみを非常に困った状況に陥れることだってできる」。

彼は親切心から忠告してくれたんだろうが、耳新しい情報はひとつもなかった。

「もうかなりやっかいなことになってます。それに、あの連中はこれといった理由もなく、すでにぼくを困った状況に陥れてるし。それこそがそもそもの問題だったんです」。

ぼくはさらに説明した。講習の邪魔をしたあの刑務官を個人的に非難する気はないし、報告書を出さずにすめば何よりだが、向こうが先に報告書を出したらこっちも出すしかない。それが礼儀というものだ。

ぼくは少しもったいをつけていった。「とにかく問題なのは、彼の振舞いと、彼の仲間が結託しているということです」。

相手の講師は笑って、広げた掌を突き出し、もういい、と示した。

「わかった、わかったよ。そうむきになるな。ただ、気をつけてくれ」。

＊アバヴグラウンド

いろいろな人がチャズルウィット事件について意見をくれた。その中で、ある謎めいた年配の受刑者の意見は、とくに印象的ではなかったが、それがきっかけでぼくが彼の存在を意識するようになったのは結果的にいいことだった。

それまで、その受刑者に会ったことはなかったのだが、チャズルウィット事件の翌日、気がつくと、彼がカウンターにもたれてこっちをしたり顔でみていた。

「何かさがし物でも？」ぼくはたずねた。

すると彼はカウンターをたたき、のけぞって大笑いした。そして愉快そうにいった。

「何かさがし物でも？ときたか。こいつは覚えとこう。刑務所でカスタマーサービスが受けられるとは！　あんたを雇いたいよ」。

ぼくはきっと傷ついた表情をしていたんだろう。彼は続けていった。「まあまあ、そう深刻な顔しなさんな。学生さんかい？」

「いや、ぼくは――」

「おれは学生だ。あらゆる分野を専攻してる。マクロ、ミクロ、宇宙科学、植物学、神学……あらゆる学問に熱中してる」。

「そのわりに、図書室ではみかけないな」。

彼は鼻で笑った。「忙しいからな。それに、ここにはおれが読みたい本はない。しょうがないから自分で買ってる。で、読み終えたらここに寄付してる。自慢するつもりはないがそういうことだ。灯台もと暗し、だろ？　いいか。ここじゃ、あんたが知らないことがいろいろと進行してるんだ。あんたアイルランド系か？」

「いや、ユダヤ系」。

「イディッシュ語は話せるかい？」彼はイディッシュ語でこの質問をした。

ぼくは驚きを顔に出さないよう気をつけながら、ヘブライ語で返事をした。

それから、ふたりの唯一の共通語にもどっていった。「なぜイディッシュ語を話せるのか、教えてもらえるかな？」

「ああ、知り合いにユダヤ人がいるんだよ。以前、アバヴグラウンド・プール（個人の家で庭などに置く安価なプール）を売る仕事をしてたんでね。知ってると思うが、あの業界はユダヤ人が仕切ってるから」。

それは初耳だと、ぼくは答えた。

「ほんとに？　あんたほんとにユダヤ人か？」

彼の話だと、アバヴグラウンド・プールの業界を仕切っているのは特定のユダヤ人で、彼らは秘密結社のようなものを作っているという。だがそのことはいいんだ、と彼はいった。自分もいい思いをしたから。そのユダヤ人たちに歓迎され、家にもよばれ、セデルとかいう過越し祭の夕食の儀式にも同席した……。その証拠に、彼はハガダー（過越し祭の祝宴に用いられる典礼書）の一節を暗唱してみせた。「マー・

ニシュタナー・ハレイラ・ハゼー（今夜はなぜ特別な夜なのか、という意味）、だったかな？」

ぼくは、彼がなぜアバヴグラウンド・プールを売る仕事に就いたのかたずねた。

「おれはアバヴグラウンド・プールを売ってるわけじゃない」。彼は答えた。

ぼくたちはちょっとのあいだ、互いをぼうっとみていた。

「ちなみに、カーペットクリーニングをやってるわけでもないし、車のキズの補修剤を売ってるわけでもないし、星を売ってるわけでもない。ただビジネスをしてる。わかるか？　企業家ってやつさ。昔はピートマンだった。ああ、金庫破りを昔はそう呼んだんだ。おれは倉庫で働いてる連中と親しくなって、アラームを解除してもらい、夜に忍びこみ、金庫の中身をいただいて逃げた。でもって、あとから倉庫の連中とステーキのディナーを食べて、現金を山分けした。ところがある日、ある男の車にひっかき傷をつけちまって、この話は長くなるから省略するが、とにかく思ったんだ。『車の傷を補修するものを作れば、きっと売れる』ってな。そのうち、気づいた。おれは悪の世界に属してて、そのせいでいつもイライラしてたんだ。おれは自分の可能性を追求すべきだったのに、そうしてこなかった、自分がこの惑星でするはずのことをしてこなかった、これからはみんなを喜ばせることをしたい、ってな」。

ぼくは、この男に質問したいことが山ほどあった。アロンゾ（またはアル）と名乗ったこの男に。しかし、どこから始めたらいいかわからなかったので、まず単純な質問をした。

「星を売るって？」

星を売るのは花を売るのによく似ている、とアルはいった。そのふたつは、ビジネスモデルとして共通点が多い。たとえば、花も星も、誕生日や記念日など特別な日のプレゼントに買うこともあるが、たいていは母の日やヴァレンタインデーといった年中行事用に買う。しかし、ひとつ大きく異なる点がある。星の場合、同じ人のために二度以上買うことはまずない。となると、花ほどの売上は望めない。ただ、星を売る商売のメリットは、諸経費がほとんどかからず、初期投資も少なくてすむことだ。すぐに枯れる輸入花を継続的に仕入れるよりも、間違いなく資金がかからない。星は何十億年ももつし、供給が止まることはまずない。しかも仕入れ値はゼロ。ただ、膨大な供給量をめぐる競争をうまく抑える手立てはないから、いつかはこの業界も参入者が増えて競争が激化する。しかし、星を売るというアイデアが新鮮なうちは、競争はそう激しくない。これまでのところ、自分は隙間市場《ニッチ》を独占している。

ぼくは、実際にどうやって星を売るの?と口をはさんだ。

「これから話すとこだ。そうせかすなって」。

アルはそういうが、ちょうど当番の刑務官がそわそわしだしたところだった。アルたちが図書室で過ごせるのは、せいぜいあと五分だ。しかし、その後わかったことだが、アルは決してあくせくすることがなかった。

アルの話は続く。二十五ドルくれれば、あんたに星をひとつ売る。競争相手の半額だ。でもって、星の名前をつけてもらう。たいていは、「アリソン＋ロジャー、永遠に」「ジョニーをしのんで」「トワンダ誕生」とかいうのが多いな。おれはその名前を登録して、法律で保護する。名前は「法にまつられる」。そのあと、あんたに認定証と、あんたの星を明示した星空地図(もちろん星の名前入り)

を送る。その星に関する情報パッケージも送る。そこには、あんたの星がいつ、空のどのへんにみえるか、発見されたのはいつか、どんな歴史があるか、星の一生の中でいまどのへんにいるか、どんな惑星が軌道を回ってるか、といったことが書いてある。四十五ドル出せば、連星を一組売る。恋人どうし、双子、永遠の友情を誓ったふたりには最高だ。また、恒星だけじゃなく、惑星や衛星も売ってる。惑星は子どもに贈るのにぴったりだし、衛星は「何か独創的なもの」をさがしてる恋人たちにぴったりだ。

アルはいった。「星を買うのはタトゥーをするのに似てるが、星のほうがずっと長持ちする。法律と天空とにまつられるんだからな。しかもタトゥーよりずっと安い。買っておいて損はない。あんたはユダヤ系だから、買いだってことはわかるだろ」。

ぼくは、あんたのお客が星につけた名前を天文学者たちは知ってるのかい？ときいた。ただの素朴な質問だった。

アルは鼻で笑った。「いや、連中は知らない。けど、おれが星を売ってるのは学者のためじゃない。おれの客は、科学者がその星をどう呼んでるかなんて気にしない。星に名前をつけていいのは博士号を持ってるやつだけってわけでもないだろう。科学者が天空を所有してるわけじゃない。天空はだれのものでもない。百歩ゆずって、アメリカ合衆国は地球の衛星である月を所有してるかもしれない。実際に月までいって旗をおっ立ててきたからな。けど、それだけだ。前人未到の星へいかない限り、それを自分のものだと主張する権利なんてない。おれは法律も調べたんだ。われわれの法律は天空にまでは及んでない。だいたい考えてもみろよ、高度な文明を持ったほかの惑星が地球を

『発見した』ら、そいつらはおれたちを『所有してる』ことになるのか?」

返事を求めてはいないんだろうと思ったが、そうではなかった。アルはぼくをじっとみて、「どうだ?」と重ねてきいた。

「いや、そうはならないと思う」。ぼくは答えた。

アルはさらに一、二分、真の企業家精神は民主的なものだという話をした。星はみんなのもの、人民のものであって、政府のものじゃない。アバヴグラウンドのプールもそうだ。民主主義を、アメリカンドリームを体現している。だれだってプールを持つ権利はある。金持ちだけの特権じゃない。プールを所有する権利を主張するのはおかしいか? いや、そんなことはない(アルは自分で質問して自分で答えた)。それは基礎生物学的な問題だ。おれたち人間はときに水棲生物にもなるから、厳密にいえば両生類だ。一日のうち、ある程度の時間を水の中で過ごす必要がある。この潜在能力を発揮したほうが、人間はよりいい状態に、より幸福に、より健康な生物になれる。おれは歴史を知ってる。アメリカの権利論は、自然と科学に基づいている。両生類としての潜在能力を存分に発揮する自然権は、金持ちだけに与えられるべきなのか、それとも、だれもが手ごろな値段でプールを買うことができ、予約購入も可能(かつ十三ヵ月間は金利なし)なほうが好ましいのか? だれもが平等に権利を持つ——これこそ、アメリカのアメリカたるゆえんじゃないか?

今度は、ぼくはすぐに答えることができた。

「まったくそのとおり」。

ぼくは、プラトンの対話篇の中でソクラテスの長々しく複雑な論理に「はい、そのとおりです」

「たしかにそうです」とばかり答えている阿呆《あほう》みたいだった。

アルがこれだけしゃべったところで、外で待っていた刑務官がほとんどむりやりアルを図書室から引っ張り出しにかかった。アルはその刑務官をみて、しらっと言った。「すぐいくよ」。

ぼくはアルに、ぜひ創作クラスに入ってほしいといった。アルはぼくにウィンクして、ドアの外に消えた。


創作クラスでのアルの物語は短い。彼は長続きしなかった。ぼくが出す作文の課題にまったく関心を示さず、適当に書いたものを二度ほど提出したあと、課題とは違うタイプ原稿を持ってクラスにやってきた。それは声明文であり、強烈なマニフェストで、政治、経済、科学、宗教、倫理学に関する論議を含んでいたが、クラスのほかの受講者にとっては大方、困惑するか、単にイライラさせられる内容だった。

アルは当時マルクスに傾倒していたのだが、彼が資本主義に対してロマンティックな愛着を持っていることを考えると、なんとも奇妙だった。アルはその後も二、三回講習に出て、基調演説を行ったが、知識の蓄えが尽きたか、単に聞き手が忍耐を失いかけているのに気づいたのか、講習に出てこなくなり、図書室にも二度とやってこなかった。しかし、ぼくが企業家のアルに会ったのは、それが最後ではなかった。

❇ピンプの回想録

言葉遊びは、C・C・トゥー・スイートの楽観的な一面をよく表していた。彼が図書室にやってくるのは「話す《チョップ・イット・アップ》」ため、「会話する《カンヴァース・アンド・カンヴァーセイト》」ためだった。

新たな言葉遊びを考えつくと新たな世界が開け、新たな自己訓練の機会にめぐまれる。刑務所で働くようになってわかったが、ハスラーにとって話術は唯一の財産であり、決して奪われることはないものの、常にみがきをかけておかないと鈍る。そこで図書室が役に立つ。C・Cはよく不安に陥るようだったが、そんなときは語呂合わせや脚韻を考えて、図書室のカウンターで披露していた。

C・Cは仲間のハスラーと討論したとき、こう発言して高得点をかせいだ。「はばかりながらはばからずにいわせてもらうと（with all due, and undue respect）、おまえとおれの違いはこうだ。おまえはノンセンシカル（ばかげた、無意味な《nonsensical》）だが、おれはイネッファブルだ。おまえが言葉を知らないといけないからかみくだいて説明してやるが、イネッファブル（ineffable）ってのは、おれがエフ（ののしる《eff》）されるわけがないし、エフされたら黙っちゃいないってことだ」。

一方で、C・Cは法律上の問題を山と抱えていた。それでも自信満々で、ある日こんなことをいった。「新世紀になれば、そんなものはいくらでもある！」「そんなもの」とは、金儲けの新たなチャンスのことだ（もう新世紀になってかなりたつよ、と彼に教える勇気はぼくにはなかった）。

しかし、C・Cは初めてぼくに話しかけてきたとき、ヒソヒソ声で新世紀へのコンプレックスを語ったのだ。彼はコンピュータが使いこなせず、そのことを恥ずかしがっていた。

「おれは二十世紀的な男なんだ」と打ち明けるようにいって、だからタイプライターのほうが好きなんだと続けた。ぼくが、こっちは新しく見積もっても十九世紀的な男だよというと、それから話がはずんだ。C・Cに、本を書くことや出版について何か知っているかとたずねられ、多少は知っていると答えると、彼は左右をみて、ぼくに体を寄せるようにして、小声で「じつはいい話があるんだ」といった。

「へえ、それはうれしいな」。

きけば、C・Cは本の原稿をほぼ書き終えていて、ある出版社に売り込みをかけ、好意的な返事をもらったという。ぼくは興味をそそられた。C・Cは、急いで原稿を入力し直さなきゃならないんだ、といった。規定にしたがって書式を整える必要がある。つまり、何百枚もの手書き原稿をワード文書に作り変えるという大仕事だ。C・Cが一分間に入力できるのは八・五語くらいだから、大いに助けが要る。それにきっと編集者も必要になる。——ぼくは、よかったら力を貸すよ、といった。

「頼もうかな」。C・Cがいった。

ぼくは、かなり昔に使っていた私物のフロッピーディスクを図書室に寄贈品として持ちこんだばかりだった。C・Cを待たせてカウンターの後ろのオフィスにもどり、それをみつけると、イェシバー時代にトーラーについて書いたエッセイなんかが入っている古いファイルを別のディスクに移して容量に空きを作り、C・Cがピンプの回想録の原稿を保存できるようにした。そして、フロッピーディスクの表面にC・Cの本名を書いた。これをぼくのオフィスに保管して、C・Cに使わせればいい。ぼくはふと、研修できいた講義の内容を思い出した。フロッピーディスクは簡単に、細いが恐ろしくよく切れる自家製ナイフに加工できるから、第一級の禁制品である……。

「キャットが、あんたはいいやつだっていってた」。C・Cがそういったのは、ぼくがもどってディスクを手渡したときだった。なんだか自分に言い聞かせているみたいだった。

刑務所でこの手のことをいわれると、ぼくは幾分不安になった。「いいやつ」という言葉はどうにでも解釈できる。だれかが大学に願書を出すのを喜んで手伝うという意味から、受刑者が二重殺人を犯すのに加担するという意味まで。とはいえ、ほめ言葉をもらうのはうれしかった。ぼくはC・C・トゥー・スイートと握手をした。これで文字通り手を結んだことになる。ドアのそばに立っている刑務官が握手に目をとめたのがわかった。

それ以後、C・Cは毎日、手書き原稿をひと抱え持って図書室にやってきた。原稿は、封筒をテープで補強して作ったボロボロのファイルにはさんであって、少しはみ出ていた。C・Cはそのファイルに「法律関係・資料」と書いていた。これは用心のためで、定期的な持物検査のときや徹底的な捜索が行われたときに没収されずにすむだろうと、考えてのことだった。

C・Cがすでにライターとして稼いでいることもわかった。彼も含め、図書室の常連の中には、ここの備品を利用して物質的利益を得ようとする連中がいた。彼らはたとえば、マイクロソフト・パブリッシャーというソフトを使ってグリーティングカードを大量生産した。カードには「最近どうよ、セクシーガール？」とか「あとで電話して！」といったメッセージが入っていて、折ったものがよく図書室の本にはさんであった。

受刑者たちはまた、ぼくたち講師が配るクロスワードパズルや言葉さがしパズルを何枚か余分にコピーしてくれといって、余ったものを売ったりもしていた。それか、ぼくをうまく丸めこんで一見法律関係の書類のようなものをコピーさせるのだが、よくみるとそれは「恋愛裁判所への召喚状」で、「被告はもう堪忍してというまで卑猥に愛撫される権利を有する」なんて一文がはさみこまれていることもあった。その手のものはホリデーシーズンには、刑務所からのすばらしい贈り物になった。

そうかと思えば、図書室からいろいろなものを盗み出す受刑者もいた。本、雑誌、紙、マーカー、木の椅子の背もたれから剝ぎ取ったナイフ大の破片など、固定されていないものはなんでも盗まれた。そうした盗品はどれも、のちに刑務所の大きな闇市場で売ることができる。スポーツの大きなイベントのあとは、とくに盗みと詐欺に目を光らせていなければならない。そういうとき、刑務所は賭けの借金を払うのに必死になっている受刑者であふれているからだ。通常、ぼくはその手の不法取引をみつけるとやめさせたが、ものを書くというC・Cの冒険的事業だけは許した。

C・Cは金に困ると、詩を書いてほかの受刑者に売っていた。ぼくはみてみぬふりをして、彼にそうした詩をコピーさせてやった。C・Cによるフリーランスの詩の商売は、ある種の技術と創造性をベースにしていて、単純な盗みとは違うからだ（盗みが必ずしも技術や創造性を欠いているとはいえないいが）。

C・Cの詩には、祝日、とくに母の日をテーマにしたものが多かった。ほかは刑務所を背景にした平凡な詩や、恋の詩だった。怠慢な受刑者や自分の思いを言葉にできない受刑者は、いつも仲間や敵に送る詩をさがしていた。C・Cは刑務所内にホールマーク社（アメリカで百年近く続いている カードやギフトグッズの会社）を設立したようなものだった。C・Cは以下の詩を一ドルほどで売っていた。

刑務所にて

刑務所にいると夜が寂しい
それは、だれも書いてくれない手紙を待つこと
それは、友だちだと思っていた連中を頼みにして、
だれも送ってくれない手紙を待つこと
それは、座って何をするでもなく、
だれかの素顔をみようとすること
それは、心は石でできているんだと知り、
自分はひとりきりだと気づくこと
それは、もうこっちの顔も覚えていない「友だち」の
ありもしない訪問を待つこと
それは、なぜ時間がこんなにのろのろ過ぎるのかと思い、
祈りをきいてもらえても「ノー」という答えをもらうところ

おれはしっかり前をみて刑期をつとめるが、
おまえが忠誠を守るはずないと知っている
いつかおれが自由の身になったら、
今度はおれがおまえを忘れる番だ
おれをおまえが必要としているときに

この詩の結末をもう少しおだやかにしたバージョンも、C・Cは売っていた。そちらは最後の部分がこうなる。

いつかおれが自由の身になったら、
おまえにもわかるだろう
おれがどんな人間になれるか

C・Cは売り物じゃない詩も書いていた。そういう詩はもっと抽象的で難解だった。

目は不在をみる
たちこめるジャコウの香り
すぐそばに感じる息

さまざまな時の記憶
全速で走り、強くあれ
花が一輪、うなずくように揺れる

しかし、売り物にしろ芸術的な作品にしろ、C・Cにとって詩の分野への進出はあまり重要ではなかった。彼の大目標は、『ピンプの回想録――C・C・トゥー・スイートの真実』――を完成させることだった。ぼくは、「無一文《ラグ》から大金持ちに《リッチ》」をもじって『ラグからビッチに』というタイトルはどう?と提案したが、少しあとで、すでにそういうタイトルの本があることを知った。ともあれ、C・Cはシンプルで上品なタイトルを好み、『ピンプの回想録』とした。

C・Cはほぼ毎日図書室にきて、原稿について、あるいは人生全般についてぼくと話した。ぼくたちのあいだには信頼関係が芽生えた。最初の頃、C・Cは本の出だしをどうするかで悩んでいたが、やがてティーザー広告（商品をわざと隠したり小出しにしたりして興味をあおる広告）風にしようと決めた。

「まずはピンプの仕事のディープな部分をみせつける。わかるか?　思いきりきたない《グリーシー》部分をみせる」（C・Cは「グリーシー」を「グリーズィー」と発音した）。「でもって、読者が『もうたくさんだ!』と思う前に時をさかのぼって、おれの人生のいちばん初め、まだかわいい子どもだった頃の話を始めるんだ」。

それはいいアイデアのように思えた。ぼくは早く読みたくてたまらなかったが、当面はC・Cのあまり野心的でない作品で我慢するしかなかった。

令状　六十九

逮捕令状

（　　　）の心に対する逮捕令状が発行された。おまえの心はもうおれのものだ。持ち主であるおまえの思いどおりにはならない。ちなみにおまえには、おれがおまえの頭からつま先までキスしているあいだ、黙っている権利がある。また、性交の前におれに結婚許可証を提示させる権利もある。性交のあいだにおまえがいったり叫んだりしたことはどれも、「愛」の法廷でおまえに不利に使われる。

欠席裁判

　おまえがこの書類にいったん署名したら、この書類はただちに発効する。この法律書類にはおまえの署名が必要だ。この書類を紛失した場合、再発行はできない。おまえは原告の申し立てを、完全で無制限で抑えきれない愛および満足感と認めることを余儀なくされる。その結果、おまえの性的肉体に対し、さらなる猥褻行為が加えられることになる。具体的に、おまえは気絶するまでなめられ、鞭打たれ、キスされる。おれはこの先ずっと、想像しうるあらゆる性的方法でおまえを恍惚とさせることを余儀なくされる。おまえが進んで受け入れなければ、おれは力ずくでおまえを抱かざるをえない。

判決
おまえの処罰は、関係者全員の最大の利益となるよう、すでに決定されている。おまえは「第一級の愛《ラブ》」により有罪である。愛《ラブ》州は最高刑を求める。おまえはここに、おれとともに終身刑に処せられる。保釈、仮釈放、減刑はあり得ない。おまえが服役する厳重警備《マキシマム・セキュリティ》の刑務所は、「おれの腕の中」だ。

罪状認否
無罪　日付
有罪　日付

✻犬のポール

創作クラスの新学期の初日には、七人の受刑者が出席した。C・C・トゥー・スイート、若いデュメイン、ジズBことジェイソン、シズことロブ。フランクは「レフティと呼んでくれ」といったが、一様に無視された。あとは、謎めいたラテン系中年男のフェルナンドと、ぎりぎりになってチャドニーがすべりこんできた。映画『皇帝ペンギン』をみてしきりにメモを取っていた、あのチャドニーだ。
教室、といっても、図書室の奥にある広い物品保管用の部屋だったが、そこに足を踏み入れたとたん、ぼくにはフランクがやっかいものだとわかった。彼はすでに熱弁をふるっていて、限りなく自然発生的な話の真っ只中に気持ちよさそうにひたっていた。フランクと話しだすとすぐに、まずい、この男は永遠にしゃべり続けられるし、実際そうなりそうだ、という気にさせられた。こちらから話しかければ、彼の話の腰を折ることになった。

しかし、そのときはだれも彼に話しかけなかった。同時に、だれも彼の話をきいていなかった。授業が始まる前から、すでにあからさまな無気力感が立ちこめていた。フランクの目はアクアマリンみたいに青く、顔は赤黒くアルコール焼けしていて、全体的にタフなバズ・オルドリン（アメリカの宇宙飛行士。アポロ十一号に乗り組み、ニール・アームストロングに次いで月面に降り立った）に似ていた。上機嫌の年配男といった感じだ。

「あんた、神を信じるか？」フランクは教室に入ってきたぼくにたずねたが、ぼくが答えもせず椅子に腰かけもしないうちに、いやいいんだ、というように手を振ってみせた。「あんたやおれが信じようと信じまいと、たいした問題じゃない。神は存在してるんだから。あんたやおれやあいつやそいつや、ここにいるジェイソンが信じてないとしても——いや、ジェイソン、おまえが不信心者だっていってるわけじゃない。たとえばの話だ。おれは自分の通ってる教会用に復活祭のビデオを作った。ってか、じつは復活祭のちょっとあとだったんだが、人はなぜ信仰を持つべきかっていう内容のビデオだった。ここで上映できたらいいんだがな。まあ、だいたいはおれが義理の兄貴の店に座って、ビデオカメラに向かってしゃべってるんだ。イエス・キリストのことや、神の愛がいかにおれの人生を救ってくれたかとか、そういうことを。だが、いまここで再現するのは無理だ。かなり長いし、あのときは自分で書いた原稿を持って話してたから。けど、ぜひみてくれ。教会の司祭はかなりの出来だっていってくれた。まあ、司祭はそういうだろうけどな。うちの女房？　いや、あいつは神を信じてない。子どもの頃、兄貴が自殺したからな。もっとも、あいつが十七のときだっていうから、子どもといえるかどうか。おれは十七が子どもだとは思わない。十四にもなったらみんな働くべきだ。女房は絶対に『自殺』って言葉を使わないが、あいつがここにいるわけじゃないからいいやな。で、あいつは、兄貴が自殺したあと、神を信じるのをやめたんだと。そりゃ、おれにもあいつのつらい気持ちはわかる。けど、どうしてもわかんないしわかりたくもないのは、神があいつの兄貴の自殺となんの関係があるのか、ってことだ。神が存在するなら、存在するんだ。な？　どっかの兄ちゃんが自分の頭をぶち抜いたからって、神が存在するってことに変わりはない。たとえ自分の兄貴が頭をぶち抜いたとしてもだ。ただ、おれの女房を誤解しないでくれ。あいつは善良な女だ。すごく誠実だし。ほんとだぜ。どんなときでもそばにいてくれる。うちで飼ってた犬がポール・ニューマンにちなんでつけたんだ。女房がポール・ニューマンのファンだったからな。けど、ぶっちゃけ、あいつがほかの男に熱を上げてもおれは平気だ。あたりまえのことだからな。おれだって、いままでいろいろな女に熱を上げたし、そのうち何人かはおれを好きになってくれた。かなりの器量よしもいた。けど、おれは女房を信じてる。でもって、ありがたいことに、あいつもおれを信じてる。ともあれ、犬のポールはSUVにひかれちまって、いまじゃ下半身不随……」。

が車にひかれちまった。雑種で、大方レトリーバーの一種だと思うんだが、ポールって名前だった。

「おい、冗談だろ」。C・C・トゥー・スイートが小声でいって、腹立たしげに頭をのけぞらせた。

「いや、待てよ」。フランクが上の空でいった。「たしかに……下半身不随じゃなく、全身麻痺だ。

ほら、顔以外、全身が麻痺しちまってるんだ。いや、待てよ、頭の中も麻痺してるかもしれないな。そんなのありか？　忘れちまったよ。もうずいぶん長いから。それに女房とも別れた。おれが逮捕される直前にな。とにかく、その犬はちっとも動かないで、ひとところに寝そべってるんだ。そういうの、犬でも『全身麻痺』っていうのかね？」

フランクを黙らせないと、この創作クラスがなくなりかねない。もしかしたら永遠に。

フランクを黙らせ、ほかの受刑者たちにこちらに注目させてようやく、本格的に講習を始めることができた。ぼくは創作に関する自分の考えを熱く語り、このクラスでは書くために書くのであって、刑務所の創作クラスにありがちなセラピーを目的としたものじゃない、という話をした。ぼくは受講者のモラルを正そうとはしないし、きみたちが倫理的に向上するかということにも興味がない。そういうことをする必要はない。ぼくはきみたちの文章を書く技能をのばしたい。それだけだ。その証拠に、ぼくはまず、受講者全員が知っているある場所について書くという、ニュートラルな課題を出した。ボストンのサウスステーションについて、ボストンをよく知らない読者を意識して書く、というものだ。

フランクが、「サウスステーション！　あそこは、おれが初めて光をみたところだ」といったが、今度はぼくもすかさず、「しゃべらないで、書くように」といった。

男たちは課題に取りかかった。二分もしないうちに、デュメインが鉛筆を投げ出していった。「こんなの退屈だよ」。

ぼくは、しゃべらないで書くように、と注意した。

デュメインは一語書いて、また文句をいった。「いつになったら愛について書く方法を教えてくれる？　女を喜ばせる詩を書かなきゃなんないのに、こんな退屈な作文はごめんだ」。

するとチャドニーが口をはさんだ。「作文なんて、もともと退屈なもんだ」。

耳新しいコメントだ。

「それをおまえがおもしろくするんだよ」。ちゃんと説明になっている。

「そのとおりだ。ありがとう、チャドニー」。ぼくはいった。

「いや、いいんだ」。チャドニーは満足そうな笑みを浮かべた。

フランクが、書きかけの紙を丸めてゴミ箱に投げ捨てた。「あんたがおもしろい文章を期待してるとは知らなかったぜ。最初から書き直さないと」。

突然、チャドニーが立ち上がったかと思うと、デュメインにいった。「それともうひとつ――おまえ、鉛筆の持ち方がなってないぞ」。

チャドニーはデュメインに近づいた。いまにもデュメインの手にさわって持ち方を正しそうだ。

ぼくはいった。「チャドニー、席にもどるんだ。いますぐ。彼にさわるんじゃない」。

刑務所では、やっかいごとを望まない限り、ほかのだれかにさわってはいけない。これは基本ルールだ。部屋の反対側に座っているシズが鉛筆を握る手に力をこめたのがわかった。授業中にケンカなんて、絶対にごめんんだ。

しかし、チャドニーは「大丈夫だ」といってデュメインの鉛筆を持つ手をつかみ、指を引きはがして正しく持ち直させた。「こいつはおれのダチで、目下成長中。リトル・カズンって呼んでるんだ」。

たしかにデュメインは、チャドニーにむりやり持ち方を直されても、兄に逆らえない末っ子がよく浮かべるようなふくれっ面をみせただけだった。

「ようし、それでいい」。チャドニーはデュメインの背中を軽くたたいた。

男たちはまた黙って課題に取り組んだ。デュメインは懸命にチャドニーから教えられたとおり鉛筆を持とうとしているが、うまくいっていない。それ以外にも、ぼくはいろいろなことに気づいた。人が座って何か書いている姿をみると、多くのことがわかる。授業が始まってまだひとことも発言していないフェルナンドは、一風変わった小男だった。顔が信じられないほど丸く、台形の味気ない口ひげをたくわえ、独裁者めいた不機嫌な顔つきをしている。アイロン台を立てたみたいに背すじをぴんとのばして座り、決然と、カトリックの学校で教わるような華麗な筆記体で刑務所支給のルーズリーフに文章を書いているところは、停戦条約でも起草しているみたいにみえる。フェルナンドには、失脚させられても尊大な態度を改めない南米の独裁者みたいな雰囲気があった。もしかしたら、ほんとうにそうだったのかもしれない。

一方、シズはどうみても独裁者にはほど遠かった。何かを訴えるような目だけは一定しているが、顔の表情がめまぐるしく変わる。心配から絶望へ、ひそかなあざけりへ、そして自己非難へ。全体的には不安そうで、相反する感情を抱いているような印象を受ける。シズの鉛筆もまたひっきりなしに動き、紙から離れることがないくらいだが、芯と同じくらい反対側の消しゴムを使うことが多く、しかも大げさに、感情をたっぷりこめて消していた。

フランクは書いているときのほうがしゃべっているときよりも落ち着いていて、あきらかに息つぎの回数が多かった。どうやら書くのは苦手なようだ。これはきっとみんなにとってはいいことだろう。

Ｃ・Ｃは上の空で、二、三分に一度、一、二語書きつけているだけだった。房の中で毎日何十枚も、きれいな手書き文字で原稿を書いている男にはとうていみえない。疲れきっているようだ。ぼくが痛烈に感じたのは、彼はここにいたいからいるんじゃなく、ぼくへの礼儀としてこのクラスに登録したのだということだった。しかし、いったん鉛筆が進みだすと、Ｃ・Ｃは一気に書いた。その様子はまるで、遠くの揺れを記録する地震計みたいだった。

そしてチャドニーは、どうやら「気づき」の人らしかった。天を見上げて、対流圏から言葉が雨みたいに落ちてくるのを待ち、地面にぶつかって飛び散る前に捉えようと身構えている。ここには外に通じるドアがない――それにペンギンの映画も映っていない――から、固まったように天井を見上げている。チャドニーの特徴的な姿勢はふたつあった。ひとつは、じっと静かに座り、机に両ひじをついて両手を組み、祈るように頭を垂れる。鉛筆は紙の上に置いてある。そしてもうひとつは、たぶん答えを受け取る姿勢だろう、鉛筆を持って顔を上げ、天井を見上げる。そして何度も顔をしかめ、ときおり数語を紙に書きとめる。

ぼくも天井を見上げ、チャドニーと同じものがみえるかやってみたが、みえたのは古い水じみばかりで、その茶色い輪郭は時とともに少しずつ大きくなっていた。

二十分ほどたった頃、刑務官が入ってきて、本棚にもたれ、腕時計を指さした。ぼくが受講者の書いた課題の紙を集めると、みんな口々に小声で講習の礼をいった。ぼくは鉛筆を回収して数えた。

七本、ちゃんとある。武器になる可能性のあるものはすべて、使用する前後に数を確認する。それが、刑務所内で講習を成功させる基本だ。

その夜遅く、ぼくはクラスのみんなが書いた短いエッセイを読んだ。シズの詩は出だしでつまずいているうえに、韻の踏み方を間違え、どこかから盗んできた歌詞を使い、比喩がくどくて、一見抒情的なつなぎ言葉もいろいろ出てくる。ひとりの人間がたった二十五分のあいだに、これだけひどい、ゆがんだ、不鮮明な言葉でまっさらな白い紙を埋められるとは信じ難い。しかし、列車に乗りそこねた男を描いたその詩には、真情あふれる感動的な場面がいくつかあった。シズにとっては書きやすいテーマだったんだろう。

チャドニーのエッセイは、短いが不思議と印象的で、列車の駅でみかける奇妙な人びとを次々に描いていた（自分も奇妙な人間のひとりだと、彼は認めていた）。デュメインは、駅の床から天井まで、物理的空間を舌足らずな文章で描写していた。フェルナンドのはまとまりがなく、課題の意味を理解しているかどうかもあやしかった。あるいは、英語があやしいのかもしれない。C・Cはかつてサウスステーションで経験した悲しい出会いをスケッチ風に書いていた。そしてフランクは、率直《フランク》に「おもしろい」ものを書こうとしたらしく、列車泥棒と警官の一団がラッシュアワー時に銃撃戦を繰り広げるという、テンポの速いミステリを書いていた（結末は流血）。フランクいわく、「実際の出来事に基づいている」そうだが、具体的にどの事件かは明らかにしていない。ジェイソンは途中で投げたらしく、書いた一、二文を消して、ページいっぱいにギャング特有の落書きをしていた。

まずまずの出だしだと、ぼくは満足した。

※「校長室」に呼び出される

刑務官のチャズルウィットが事件報告書を提出したという噂が、ぼくの耳に届いた。自分が「化学兵器」で図書室を襲撃したという部分はちゃっかり省略したこともわかった。そこで、ぼくも上司のパティに報告書を提出し、パティはそれを自分の上司に渡した。数時間後、ぼくは電話で呼び出された。保安官代理のジェフリー・マリンとジャック・クインが話をしたがっているとのことだった。

マリンとクインは正反対のタイプで、よく知られている「いい警官／悪い警官」の力学をチームワークに活かしていた。上級保安官代理のマリンは弁護士で、皮肉屋だが思慮分別に富み、争いを好まない「いい警官」。一方クインは成り上がりっぽい雰囲気で、態度は横柄。身長は一八〇センチをゆうに超え、スキンヘッド。大胆で男っぽい「悪い警官」タイプだ。大学の女子バスケットボールチームのコーチをしていたこともあり、刑務所に赴任してきてまだ日が浅い。彼は魅力的と好戦的というふたつのモードのあいだをいったりきたりしていた。

ぼくはクインのあとについてマリンのオフィスに入った。入るなり違和感を持ったが、ああ、そうかと思いあたった。日当たりだ。一階で中庭に面しているから、本物の日光がふんだんに差しこむ。受刑者のバスケットボールをみるなら、ここはコートサイドの特別観覧席だ。ぼくがオフィスに入って、後ろでドアが閉まる音がしたと思うと、ものうげな、軽いボストンなまりのある声がいった。

「よくきてくれた、アヴィ」。

声の主のマリンがどこからともなく現れ、重々しい口調で続けた。

「われわれはこの問題を真剣に受け止めている」。

ぼくは振り向いてマリンをみた。

マリンは机の向こうに立っていて、ニューイングランド・ペイトリオッツのジャージのユニフォームをワイシャツの上に着ていた。ペイトリオッツは二日後に優勝決定戦の重要な試合がひかえている。フットボールのユニフォームとマリンの警官くさい重々しい口調がバカバカしいほどちぐはぐで、ぼくはあやうく頬がゆるみそうになった。しかし、この会合の真面目な議題に敬意を表して、なんとかこらえた。

クインが腕を組み、唐突にいった。

「暴動が起こってもおかしくなかった」。

ぼくにいったのかマリンにいったのかはわからないが、クインが怒っているのは確かだった。一瞬、ぼくが責められているのかと思った。

「だからこそ、この件を調べなきゃならん」。マリンが答えて、椅子に座った。

マリンもクインも作戦司令室にいるみたいな態度で、話しあうというより報告しあっている感じだった。このふたりはいつもこんなふうにしゃべっているのか、それともぼくのためにひと芝居打っているのか？　ふたりとも、ぼくを盗み聞きしているような気分にさせたがっているみたいだ。蒸気になってドアの下から出ていけたら、どんなにいいだろう。

マリンが腕時計をみて、何か書きとめ、それからクインをみていった。「あいつのロッカーを調べるか」。半分質問で、半分宣言だった。

クインはあごにぐっと力を入れ、平然といった。「あの連中全員のロッカーを調べよう」。

ぼくはまたマリンのほうをみて、この突然のスターリン主義への転落を彼がどう受け止めたか、確かめようとした。保安官代理たちはどの程度示しあわせて行動し、じつのところどの程度衝突しているのか、前から知りたいと思っていたのだ。しかし、マリンは何も答えず、クインの言葉がきこえたというそぶりさえみせなかった。合意したということなのか？　マリンはしばらく何か書いていたが、やがて顔を上げた。

「暴動が起こってもおかしくなかった」。ようやく口を開いたと思ったら、クインがさっきいったことを繰り返しただけだった。「その手の重大な問題として、この件を扱わなくてはならない」。マリンは明らかにぼくに向かって話していた。「なぜだかわかるかね？」

「はい」。ぼくは実際、わかっていた。バカげた事件ではあるが、受刑者たちは腹の底から怒っていた。怒るだけの理由は十分あった。

それでも、このふたりの保安官代理が「この問題を真剣に受け止めている」ことに、ぼくはやや驚いていた。おもな理由は、たかがおなら爆弾なのに、ということだったが、管理職のマリンとクインが戦略的同盟関係をこんなところに持ちこんでくるのも解せなかった。組合員どうしのちっぽけな争いに、このふたりはなぜ首をつっこみたがっているんだ？「報告書は読んだが、あらためて、事の次第を話してくれないか」。

「さてと」。マリンは椅子に背をもたせてふんぞり返った。

ここでの会話は記録されるのか、それともオフレコなのか？　知りたかったが、ききたくはなかった。あやしまれたらまずい。とはいえ、ぼくには何も隠すことはなかった。

ぼくは事件の一部始終をふたりに話した。報告書には書かなかった細かい点も含めて。「しかも、あのときだけじゃなかったんです」。ぼくは身をのりだして続けた。「それと同じことが、つまりおならスプレーを使った騒ぎが、前の日にもあったらしいんです。フォレストの勤務のときに」。

マリンとクインは視線を交わし、うなずきあった。刑事ドラマでおなじみの「この男は使える」というしぐさだ。

自信を得たぼくは椅子の背にもたれ、ひかえめな提案をした。「来週、彼をぼくのクラスに呼んで、受刑者たちに謝罪させたらどうでしょう？」

ふたりの保安官代理はふたたび、わけ知り顔で視線を交わした。

「それは絶対にだめだ」。とクインがいい、マリンも、そんなことをしたら刑務官を危険にさらすことになるというようなことをつぶやいた。

ぼくも聞き入れてもらえないのは承知のうえだったが、それでも意見はいっておこうと思ったのだ。ぼくもルールは知っている。職員、とくに刑務官が受刑者に謝罪することはない。そんなことをすれば、権力の力学がそこなわれる。

クインは話題を変え、ぼくをなぜ呼んだか、その理由を明らかにした。もっと名前がほしかったのだ。ふたりの保安官代理が刑務官の写真をめくりながら、「この男はその場にいたかね？……この男はどうだ？」とたずねだすと、ぼくの胸を悪い予感がよぎった。この人たちはこの件を利用して何か別の恨みを晴らそうとしてるんじゃないか？　どうやら、ふたりにはしめあげたい人間がいるらしい。

あの悪ふざけに加担した刑務官はほかにもいるが、ぼくはその連中の名前を報告書に書かなかった。問題を必要以上に大きくしたくなかったからだ。しかし、クインから単刀直入にほかにもだれか現場にいたかとたずねられると、真実を話した。どの刑務官のことも――張本人のチャズルウィットさえ――わざわざ告発はしなかったが、わざわざ彼らをかばう気も毛頭なかった。それに、きかれたら率直に答えるしかない質問だってある。たとえば、そのとき図書室の警備をしていたはずの刑務官は実際にはどこにいたか、とか、図書室を警備するのはだれの役目か、といった質問だ。答えは、図書室を警備するのは刑務官の役目ですが、そのときの担当刑務官はただそこに突っ立って、事態が進展するのをバカみたいに笑ってみていました、ということになる。

とはいえ、この件がそれきり忘れられてしまったとしても、ぼくとしてはかまわなかったのだが、フットボールのユニフォームを着たマリンが約束したとおり、管理部門はこの問題を真剣に受け止めたらしかった。ぼくはまた呼び出され、刑務所内の秘密警察ともいうべきＳＩＤの担当者と話すことになった。窓のない狭い部屋で、三脚の上に置かれたビデオカメラを前に、ぼくは一時間以上も（一度休憩して水を飲んだが）細かい質問に答えた。捜査官はふたりで、小柄で気さくな感じのイタリア系アメリカ人と、にこりともしない狡猾な感じの男だった。後者は口数こそ少ないものの、手ごわい質問を放ってきた。ぼくのほかにフォレスト、刑務官、受刑者も同じように徹底的に調べられた。

水飲み休憩でカメラが回っていなかったときに、イタリア系のほうの捜査官が小声で本音を打ち明けた。「机の上の報告書を最初に読んだときには、『おいおい、おならスプレー事件の解決に時間を使えってのか。ほかにもっと大事な仕事があるだろう』と思ったんだが、報告書をじっくり読んで考えが変わったよ。『こいつらは禁止されてる危険物を矯正施設に持ちこんで、それだけでも重罪だってのに、真実を隠蔽《いんぺい》しようとしてるのか。連中がそういうつもりなら、こっちにも考えがある』ってな」。

それから、こんなこともいった。「刑務官の中には、なんでも好き放題にできると思ってるやつがいる。いいたいこと、わかるか?」

この人はぼくに餌をちらつかせ、油断させて情報をもっと聞き出そうとしているか、ぼくの刑務官たちに対する個人的偏見を暴こうとしている。そんな気がしたので、ただにっこりして、失礼にならないようにうなずいておいた。この一件は、どんどんバカバカしくなっていく気がした。

✻最高のピンプ

物語はマンハッタンで幕を開ける。イライラして不安そうな新米ピンプのC・C・トゥー・スイートが、風俗嬢を満載した車を走らせている。ただし助手席は、彼の〈レンタルセックス隊〉の隊長で彼が最も信頼している風俗嬢のために空けてある。いわゆる「ボトムビッチ」だが、実際にはこのチームのトップの風俗嬢で、助手席に座る特権を与えられている。

　その彼女を拾ったあと、C・Cは女たちを互いに競わせる。一夜でどれだけ稼げるか、競争させるのだ。しかし結果はかんばしくない。どの女ももっと稼げるはずだ。予想通り、ボトムビッチがいちばん稼いでくると、C・Cはほかの女たちにたっぷり罵声を浴びせたあと、ボトムビッチを風俗嬢の見本だとほめちぎる。そうすることで、自分は根っからの悪人じゃない、頑張れば評価するし報酬も与えるのだと示す。これによって、経験の浅い風俗嬢たちは努力目標を与えられると同時に、自分は無価値だという自覚も植えつけられる。これこそ、風俗嬢に不可欠な感覚だ。

　ここで、物語の語り手であるC・Cは、読者の反発を見越して説明する。風俗嬢はピンプから罵倒されることを期待している。罵倒されないと相手に敬意を持てないし、この男なら自分を守ってくれるという信頼感も抱けない。そうなるとそこを去り、守ってくれる別のピンプをみつけることになる。C・Cは女たちからダディと呼ばれ、彼女たちの期待どおり、口の悪い父親的存在になった。また、C・Cは罵倒することによって一種の階層組織《ヒエラルキー》を形成した。そしてボトムビッチを、自分の下でみんなをまとめる中間管理職のような地位につけ、重要な女性協力者にした。

　C・Cは力説する。優秀なピンプは女を知り、女を理解しなければならない。そうでないと女を支配できない。そこで必要になるのが、相手の心を鋭く読み取る力、こまやかな直観力だ。それと、女心を理解する生まれつきの才能。ある意味、繊細な男でなくてはならない。

この部分を読んだあと、ぼくはもう少しくわしく説明してくれないかとC・Cにいった。彼はちょっと考えてから、「感情的知性って、きいたことあるか?」といった。

ぼくはうなずいた。

「最高のピンプは感情的知性が高いんだ。マジで。C・C・トゥー・スイートはその点、すばらしいスキルを持っていた」。

C・Cには持論があった。話術に関する限り、ピンプの右に出る者はないというのだ。マルコムXがいい例だとC・Cはいった。「いいか、マルコムのような人間がどうやって、人びとを、群衆を動かす方法を学ぶと思う? たしかに彼には才能があったし、刑務所で本を山ほど読んで知識も蓄えた。だが、立ち上がって群衆に向かって演説する、あの勇気はどこで手に入れたと思う? マルコムが演説してるところを撮った古いビデオテープ——かちっとした牧師風のシャツを着てネクタイをしてしゃべってる映像——をみて思ったんだ。ははーん、こいつはピンプだって」。

この発言に、近くにいた受刑者は賛成するグループと反対するグループに別れた。

あとから、C・Cはもっとくわしく説明してくれた。「つまりこういうことだ。おれはいまジャズに関する本を読んでるんだが、それによると、すぐれたジャズ・ミュージシャンにはクラシックの教育を受けた者が多いらしい。たとえばモーツァルトの曲を演奏するとか。それこそ、マルコムの才能の秘密さ。あの男はまず、街で生きるクラシックな流儀を学んだ。いっとくが、ピンプってのは大昔からあるスキルなんだ。古代エジプトにも、トーガ（全身を覆うゆったりした衣服）をまとった頭のおかしいピンプがいたらしい。昨日や今日にできた生業じゃない。マルコムはまずクラシックなピンプのスキルを身につけ、そのあと本を読んで膨大な量の知識を身につけ、修練を積んで、世界を支配する準備を整えたってわけだ」。

C・Cの説はたしかにある種の真実を含んでいた。マルコムXの自伝によると、彼が変身を遂げたきっかけは、刑務所に収監されていたとき、やはり受刑者だった良き師から「全面的な尊敬を言葉によって集める」方法を教えてもらったことだったという。C・Cはこの教えを守った。言葉によって尊敬を集められると信じることで、彼の行動にはある種の信頼性が伴うようになった。C・Cが言葉を重視するのは、自分が言葉によって敬意を払われるようになったからだ。

ここで感情的知性が――C・Cの読みあさった通俗心理学の本によると――役に立つ。C・Cの持論では、最も信頼される男は女の言葉を話す。男にとっては、男の言葉で話すほうがはるかに容易だが、男だけでなく女も動かす方法も知っていないと、指導者になれない。そういえば、C・Cの筆跡は妙に女っぽい。もっと正確にいうと、ていねいに綴られた丸っこい文字や、iの点が小さい○で表されているところは、中学生の女の子の手書き文字に似ている。

C・Cは語り手として、見事に読者の心理を予測していた。ピンプの人生における一夜の赤裸々な描写がどんどん意地悪く過激になっていって、読み続けるのが苦痛になってきたところで、がらっとトーンを変えたのだ。最初の約束どおり、「読者が『もうたくさんだ!』と思う前に時をさかのぼって、おれの人生のいちばん初めに」もどった。

十歳になるまで、C・Cは幸せな子ども時代を過ごした。母親はアラバマ州タスキーギ出身、父親はアメリカ軍の落下傘部隊にいたが、退役後はクリーニング業を始めて成功した。一家はボストンのマッタパン地区に住み、中産階級の幸福な暮らしを享受していた。家族は、父親、母親、C・C、兄がふたりで、犬も飼っていた。当時の写真には、子ども時代のC・Cが走り回ったり遊んだり笑ったり母親と抱きあったりしているところが写っている。

ある日、C・Cが家に帰ると、割れたガラスの破片が山になっていて、ふたりの兄が困りはてていた。母親が父親の密通――C・Cにいわせると「若い女に目がない父親のすけべなペニス」――に激怒して、家の窓ガラスを片っ端からたたき割ったらしい。その窓ガラスは二度と修復されず、家族はばらばらになった。稼ぎ手だった父親は家を出た。

C・Cは十歳にして犯罪と暴力の世界に入ったきり、二度と元の世界にもどれなくなった。母親は子どもたちを連れてロクスベリー地区の公営集合住宅に引っ越した。そこは、マルコム・リトルがマルコムXとして生まれ変わる以前に暮らし、やがてハスラー兼ピンプになった場所のすぐそばだった。

この引っ越しは単なる地理的移動ではなく、一家が経済面で劇的に転落したことをはっきり意味していたと、C・Cは書いている。中産階級の安定した生活から、貧困という深い裂け目に転落したのだ。時は一九八〇年代の初め。まだ少年だったC・Cは突然、都市の荒廃した地域に暮らすことになった。ゴミだらけの街路、空き地、落書き、はびこる犯罪、家を失った人びと、銃、ギャング、ヤク中、廃屋、銃撃戦で破壊された地区。学校へいく途中、アパートの廊下や通りに意識不明で転がっている人間をまたがなければならないことも、たびたびあった。

ボストンでは、およそ十年間にわたる人種間闘争のせいで、人種ごとの棲み分けが続いていた。

白人、黒人を問わず、明確に線引きされた境界を越えて「別の連中」のエリアに入ろうとする者はいなかった。万一境界を越えれば、C・Cのいう「手ひどい仕置きを受ける」ことになった。また、最悪の時代——クラックとエイズが蔓延し、自動小銃が増加する時代——も迫っていた。

しかし、ほんとうに最悪なのは家庭のほうだった。母親が、父親の出奔、それによって背負わされた重荷、突然の貧困に怒りをつのらせ、子どもたちを虐待するようになったのだ。母親が住宅清掃の仕事に出かけているあいだ、C・Cはひとり近所をぶらついた。するとたちまちトラブルに出くわした。

最初に街で生きる流儀を覚えたのは、学校から帰って午後じゅうアパートの廊下をぶらぶらし、地元のギャングが女から強盗まであらゆることについてしゃべっているのをきいたときだった。家のアパートの廊下はギャングのたまり場だったのだ。

おれはよく廊下に座って、そういうおもしろい話に聞き入り、ギャングたちがマリファナたばこを巻いたり、ピストルに弾をこめたり、股間をさわったり、話の合間に鼻を指ではじいたりするのをながめていた。そういうこと全部に夢中になった。

C・Cは母親の殴打に耐えかねて何度も家を出たが、母親はそのたびに地元のギャングに彼を連れもどさせ、また容赦なくたたいた。あるとき、母親はひときわ凶暴になり、延長コード、椅子、ランプなど手当たり次第のものでC・Cを殴り、C・Cは体中に傷を負った。それをきっかけにC・

Cは完全に家を出て、街で暮らすようになった。クラックの密売所、建物の階段、屋根、捨てられた車の中などで過ごし、冷たい床に寝て天井を見上げ、母をのろい、同時に母がやさしく家に連れもどしてくれることを夢みた。

その頃、C・Cが繰り返しみる恐ろしい夢があった。狂犬病の黒い犬に追われるが、脚が重くて早く走れず、犬との距離を広げられないという夢だ。

しかし、ある日、彼の運気が変わった。

おれは床の上に横になり、眠りに落ちたが、大きな黒い犬に追われる夢をみてはっと目覚めた。汗をかき、寒くて、震えていた。ふと見上げると、だれかがすぐそばに立っていた。ちょっとのあいだ、その人の背後から差す光がまぶしくて、よくみえなかった。

目がなれてくると、背の高いきれいな女の人がこっちを見下ろして、きらきらと美しくほほえんでいるのがわかった。まだ夢をみてるんだ、と思った。この人は天使で、つらくてみじめな人生から自分を連れ去りにきてくれたんだと。おれは両手を差しのべた。その人に抱き上げられて、映画のワンシーンみたいに一緒に空の彼方へ飛んでいけるように。

その女の人は床にひざをつき、おれを抱きしめていった。「どうして廊下なんかで寝てるの?」いったんしゃべると、天使じゃなくてふつうの人だとわかった。

おれは小声で答えた。「家に帰ると、母さんにぶたれるから」。

「お母さんはなぜそんなことをするの?」

「わかんないけど、母さんはぶつからきらいだ」。

その女の人は廊下の汚い床におれと並んで座り、しばらく話した。その人は、おれが寝起きしていたその階の住人で、裏の廊下からゴミを捨てにいこうとしておれを偶然みつけたのだといった。その人はおれを自分のアパートに連れていって、温かい料理を作って食べさせてくれた。シャーリーという名前で、寝室がふたつあるこぎれいなアパートにオーティスという男と一緒に住んでいた。

シャーリーは二十六歳で背が高く、肌はシナモンブラウンで、ほっそりしていた。ダイアナ・ロスみたいな豊かできれいな髪を、肩の下、背中の半分くらいまでのばしていた。彼女は風俗嬢、オーティスはピンプで、ふたりともヘロイン中毒だった。

オーティスは体重が一二〇キロ近くもあって、一見ゴリラみたいな黒人だったが、それまで会った中でいちばん話がうまく、いちばんおしゃれな男だった。オーティスはすぐにおれのことを気に入り、息子のように接してくれた。ゴミ出しと家の雑用をするならここにいていいぞ、といってくれた。おれはゴミ出しや雑用ぐらいどうってことないと思った。二度と、家に帰ってぶたれたくない。おれはオーティスとシャーリーのアパートに居着き、そこで幸せに暮らした。ふたりに感謝せずにはいられなかった。

シャーリーは毎晩出かけて街で稼ぎ、毎朝金を山ほど持って帰ってきて、リビングのテーブルにそれを放り出すと、シャワーを浴びた。それが彼女の日課だった。

オーティスはときどきおれをリビングに呼んで金勘定を手伝わせ、風俗嬢の稼いだ金は特別なんだ、といった。

オーティスはキャデラックを二台とオートバイを一台持っていた。おれはそんな大金を目にしたことがなかったから、オーティスは世界一金持ちの黒人なんだと思った。しかし、あとでわかったが、オーティスはピンプとしては二流で、ピンプが女を売って手に入れられるものをほんの少し持っているにすぎなかった。おれは当時十二歳で、ピンプの仕事について何も知らなかったし、セックスについてもまるで無知だった。男たちがシャーリーを車に乗せて金をやるのは、シャーリーがすごくきれいだからだろうと思っていたくらいだ。


その後C・Cが出会った多くの父親的人物と同じように、オーティスにはふたつの面があった。手本でもあり、反面教師でもあったのだ。オーティスは目端がきいて、仕事もうまく、C・Cを連れて歓楽街を歩いては、サウスエンドの〈シュガーシャック〉というしゃれたクラブで派手に遊んだ──が、一方ではひどいヘロイン中毒で、C・Cをキャデラックに残してヤク中のたまり場に注射を打ちに入っていった。車に子どもが乗っていれば車上荒らしにあわずにすむと思っていたらしい。二時間もすると、オーティスは「大便をボウル一杯食ったみたいな、ゲロのにおいをさせてもどってきた。ヘロインが体に回ると、吐き気を催すのだ」。キャデラックを別にすれば、オーティスはみじめなクズだった。

C・Cの物語にはそんな男が次々に登場した。手本でありながら、致命的な欠点を持つ男たち。才能もエネルギーも信条もある男たちが、やがて破産して無一文になり、麻薬に侵されていく。最悪なのは、彼らが力を失い、信用も失っていくことだった。自らの悪行におぼれ、自らの体が要求するものに身を売った男たち。C・Cは、決して彼らのようにはなるまいと決心した。しかし、そういう男たちがC・Cを教育し、愛し、受け入れ、C・Cが弱っているときに助けてくれたのも事実だった。C・Cは彼らに恩義を感じており、C・Cの運命は彼らの運命とつながっていた。

C・Cの物語には、もちろん女たちも登場した。子どもを虐待する実の母親から、聖女のような風俗嬢シャーリーまで。そのふたりの女が、C・Cの世界の両極にいた。

C・Cが、最初に手をそめた万引き《ブースティング》や麻薬の売買に満足できなかったのも、無理はない。また、クスリをやらず、銃を持たなかったのもうなずける。なぜなら、彼はピンプになりたくてしかたなかったからだ。それは金を稼ぐ手段であるだけでなく、自分が世の中をみる方法であり、世間にみてもらうための方法でもあった。あるいは、通俗心理学の用語に凝っているC・C本人にいわせれば、「ありのままの自分を認めてもらえる」方法だったのかもしれない。

❇シカの島

創作クラスで自然について書かせようとしたら、抵抗にあった。受講者の中には、田舎の森、荒涼とした浜辺、砂漠、海の真ん中などのどこにもいったことのない者もいた。また、星が降るような夜空をみたことがある者もゼロに近かった。彼らにとって天の川《ミルキーウェイ》とは、キャンディバーの名前以外の何物でもない。自然なんて退屈だと思うのは、自然につながりを感じられないからだと彼らはいった。

そこで、彼らもじつは自然を経験しているし自然の中に生きているんだということを、示すことにした。人間が造った都市も自然の一部で、アリやハチの巣と変わらない。ぼくは受講者たちに、都会の中の自然を観察してエッセイを書くように、と強引に指示した。

この課題に対する彼らの反応は、いつもながら興味深かった。

C・Cは汚い街での経験を活かして、非常に厳しい言葉で都会の中の自然を語った。


都会の自然は残酷だ。

ビデオカメラを使って都会をテーマにしたナショナル・ジオグラフィック風の映画を撮ったら、ジャングルの生活を描いた映画みたいになるだろう。自動車や照明やタバコやアルマーニのスーツは別として、そのほかはジャングルと寸分違わないはずだ。強い者が弱い者を殺し、賢い者が生き残り、最も賢い者は王のように暮らす。しかし、その状態は永遠には続かない。いつだってより賢い者、より若い者が現れる。短気で、失うものなど何もない、そんなやつが現れる。だが誤解しないでほしい。都会でも、いろいろなものが美しくみえる瞬間はある。たとえば、長い夜が明けた朝、一羽の小鳥が空高く舞い上がっていくところをふと目にすることがある。あるいは、雪が人びとに汚される前、ほんとうに美しく降り積もるのをみることもある。

しかし、都会の自然に真の美しさはない。美しいものは偶然生じるだけだし、大方は子どもだましだ。じつをいうと、人間には致命的な欠陥がある。それが他の動物と違うところだ。それは邪悪さだ。例をあげよう。母グマはどんなことがあっても子グマを守るし、子グマのために殺しもする。人間の母親も同じだが、いつもそうとは限らない。人間の母親は、子どもより自分の欲望を優先することがある。さらに、子どもを傷つけ、殴打し、無防備なまま捨てることもある。それこそが悪だ。人間だけが悪い行いをする。

しかし、都会の自然について語るとしたら、これかもしれない。自然と同じく、都会も決して眠らない。動物には、昼間活動するものもいれば夜活動するものもいる。夜に活動する動物には、比較的危険なものが多い。それはジャングルでも都会でも同じだ。いつだってそうだし、これからもずっとそうだろう。ジャングルは二十四時間営業で、それは都会も同じだ。

フランクは妙に感動的な筆致で、キリストのような犬、ポールについて書いていた。フランクはまず、「都会の中の自然」という課題なのになぜ飼い犬について書くのかを、次のように説明している。「出産にのぞんでいる女性は、たとえ病院にいても自然の一部だ。おれたち夫婦は子どもにめぐまれなかったから、犬のポールをもらって育てることにした。ポールは飼い犬だが、おれたちにとっては子ども同然だ」。

その犬は最初から脚が三本しかなかったので、白のSUVが猛スピードで走ってきたとき、逃げられるわけもなく、瀕死の重傷を負った。実際、動物病院の医師たちは、治る見込みはないから安楽死させたほうがいいといった。しかし、フランクの妻のトレイシーはそれを拒んだ。犬のポールは、容体が安定してくると全身が麻痺していることがわかった。獣医たちはふたたび安楽死をすすめたが、今度もトレイシーは拒んだ。そしてポールを家に連れ帰った。

フランクはエッセイの中で、全身が麻痺した犬を家に連れ帰るなんてどうかしていると認めながらも、この犬が生きのびたのは奇跡だったと力説している。トレイシーはそれまでの人生で多くのものを失ってきたので、ポールを絶対に死なせたくなかったのだ。フランクはコーヒーテーブルを改造して小さなベッドを作り、キャスターをつけた。そしてトレイシーとともに、ポールを部屋から部屋へ連れ歩いた。ふたりがノックス・アンド・ビーンズ（炒めたソーセージをベイクトビーンズと一緒に蒸し焼きにするキャセロール料理）を作っているときも、テレビでコメディドラマの『HEY！ レイモンド』をみているときも、ポールはそばにいた。ふたりが友だちを呼んでポーカーをしているときも、ポールはにわか作りのストレッチャーに横たわり、いつでもまっすぐ前をみていた。

フランクは、ポールが苦しんでいるんじゃないかと心配した。ヴェトナム戦争に従軍した経験からトラウマについて知っていたので、かわいそうなポールが事故を繰り返し追体験しているんじゃないかと思うといたたまれなかった。トレイシーは全身が麻痺した犬の傍らに何時間でも座って、なでてやったり、耳元で何かささやいてやったりしていた。

フランクは、この感動的できわめて突飛な話のしめくくりに、これもひとつの自然だと述べていた。犬は自然の一部だし、人間も、母親の子どもに対する愛情も自然の一部だ。たとえ、母親が人間で、子どもが重傷を負った犬だったとしても……。これは、C・Cが人間の母親をシニカルにとらえているのと対照的だ。

講習の時間が残りわずかになったので、ぼくはまとめに入り、ほかの受講者のエッセイを読むのは次回に持ち越す、といった。そのとき、デュメインがさっと手をあげた。彼が手をあげると、ぼくはとてもうれしくなる。この創作クラスで手をあげるのはデュメインだけで、しかも頻繁に挙手し、ぼくが再三その必要はないといってもやめなかった。とはいえ、彼が手をあげるのをやめてしまったら、ぼくはがっかりしただろう。

「なんだい、デュメイン」。ぼくは指名した。

「チャドニーが自分のを読みたいんだと。読ませてやってくれよ」。

チャドニーは年下の友人に気持ちを代弁されてややむっとしたようだが、否定はしなかった。

ぼくは答えた。「いいよ。でもちょっと急いで」。

チャドニーはいわれたとおり、すごい早口で読み上げた。ぼくはちゃんと聞き取れず、外の刑務官が腕時計を指さすので気が散っていた。チャドニーが読み終えると、とてもよかった、と感想をいったが、じつはろくに聞いていなかった。ぼくは受講者からノートと鉛筆を回収した。

少しあとで、チャドニーのエッセイを集中して読むことができた。高層棟の上階へ本を配達しにいくため、エレベータに乗ったときのことだ。ぼくはそのエッセイに夢中になり、目的の階で降りそこねた。

十歳の頃だった。朝、やけに早く目が覚めた。理由はわからない。十分な睡眠をとっただけかもしれないが、とにかく日の出の直後に起き出した。そして窓の外をみると、なんとシカが一匹、道の向こうの空き地で草を食べてた！　それも、べつにどうってことないよ、とでもいうように。やがて、シカはゴミ収集用のトラックにおびえ、通りを駆けだしたが、ふと立ち止まった。そしてまた、だしぬけに駆けてった。ほかの連中はどうか知らないが、おれはめったにこんな経験はしない。本物のシカなんて生まれて初めてみたし、それもガラスの破片だらけの、道路脇に車がびっしり駐車してるようなこの街ではみたことがなかった。おれはまだ子どもだったが、これは特別なことだとわかった。神様のお告げとか、奇跡とか、そういうものにちがいない。いまでも不思議だ。あのシカがどこからきて、どこへいったのか。おれ以外にもだれかみた人がいるのか。

先生、あんたのいいそうなことはわかってる。みたものを「詳しく描写」しろっていうんだろ？　いつもそうだ。

この部分を読んで、ぼくはにんまりした。

けど、あまり書くことはない。ただ、あのときのことは昨日のことのように覚えてる。シカの動きをはっきり覚えてる。はねるのと走るのを同時にやってるみたいで、そんな光景をみたのは初めてだった。それと、日がのぼってきて、金色の光が空の青を引き裂くように広がったのも覚えてる。シカの大きな黒い目。小さな白い尾。その尾を揺らしながら、シカは街の中へ消えてった。

※作家のC・C

C・Cは創作クラスをやめた。ほかにすることがあるから、という理由で。ぼくはべつに腹を立てはしなかった。タフガイでありながら自己啓発本を読み、「自己評価を高めたい」と熱心に語る男に、腹を立てられるはずがない。C・Cは、刑務所勤務の精神科医から「鏡をみて、みえたものをいってみて」といわれたときのことを照れもせずに話してくれた。彼の答えは「頭がはげていて背が低すぎる男」だった。

C・Cは熱心に本の原稿を書いていた。ぼくは、図書室で行っている詩の朗読会で執筆中の本の一部を朗読してみないかと、彼を誘った。その日、C・Cは堂々たる足取りで、精一杯虚勢を張って部屋の前に出ると、執筆中の本は「徹底的に街《ストリート》を描いている！」と前置きした。さらに「目下、二、三の出版社からオファーを受けている」と自慢した。あとのほうはもちろん真っ赤な嘘で、「徹底的にストリートを描く」というのも、聴衆にはいずれわかることだが、かなり疑わしかった。

C・Cが朗読したのは――子ども時代のトラウマの回想で、そのとき初めて暴力を目の当たりにしたと本人はいっていたが――タクシーの運転手が殴られ、金を奪い取られるところを目撃した経験を書いた一節だった。あとでぼくと話したとき、C・Cは後悔と不安を口にした。ほかの受刑者の前であの一節を読んだのは間違いだったかもしれない、自分の弱さを必要以上に露呈してしまった、と。しかし、C・Cが自分の書いた原稿の中からあの一節を選んだのは興味深かった。

C・Cは、何かを成し遂げたい、尊敬を得たいという気持ちが強すぎるあまり、複数の出版社からオファーを受けているなんていう嘘をついてしまったのだ。彼は「成功して尊敬を集める」新たな自分を追求していたが、そんな自分になるのはたやすいことではない。C・Cはぼくに説明した。ピンプはよちよち歩きの子どもに似ている。技術を習得しなくては、という思いにとりつかれていると本人はいっていた。C・Cは目下、新しい歩き方と話し方を覚えようとしているみたいだった。

そして実際、とても頑張っていた。苦労して原稿を書き、書き直し、手を入れ、ていねいにつなぎあわせる。しかも、そういうことをするのが非常に困難な、厳しい環境の中で。C・Cは執筆に関する専門用語や執筆の技術を熱心に学びたがった。編集や校閲をどうすればいいかについて、ぼくと話しあうこともあった。

ある日、「おれの本に大きく欠けてるものってなんだ?」とC・Cにきかれ、ぼくはしばらく考えてから答えた。女性の登場人物をもっと深く描写する必要があると思う。きみの文章には、これを書いた人間は女性を利用し虐待していると読者に思わせてしまいそうな箇所がたくさんあるから。ぼくは注意深くC・Cの反応を見守った。彼は熱心にきいていた。ぼくはさらにいった。読者に読んでもらうには、きみが風俗嬢たちの価値観を理解していること、彼女たちを単なる商売道具とみてはいないことを示すのがいちばんいい。

二、三日後、C・Cは何もいわずに、書き直した二、三章分の原稿をぼくの前に置いた。読んでみると、それまでは風俗嬢ひとりひとりの身体的特徴やC・Cとどこで出会ったかが書いてあるだけだったのが、各自が風俗嬢になるまでにたどった道のりが書き加えられていた。彼女たちの人生に影響を与えたものは、C・Cの人生に影響を与えたものとかなり共通していた。

C・Cは無意識のうちに物語の性質を変えていた。彼が支配者で女たちがその手先という構図は、もうそこにはない。彼自身も、彼のもとで働く女たちも立場はほぼ同等で、ともに生き残るための複雑な戦いに臨んでいる。彼が女たちを食い物にすることもあれば、女たちが彼を食い物にすることもあるが、大方は力を合わせて働き、ただ生きのびて、面倒に巻きこまれまいとしている。

そのすぐあとでC・Cは、本の中で女たちを「ビッチ」と呼ぶのをやめる、とぼくにいった。ぼくはそれをきいて笑った。

「弱腰になって路線変更かい？」

しかし、その路線変更には効果があった。物語に登場する女たちを立体的な人物として描き直した以上、彼女たちを「ビッチ」と呼ぶのは適切ではなかった。C・Cの登場人物たちは人間らしい深みを持ったのだから、豊かな表現で描写しなくてはならない。書き直した原稿では、「ビッチ」という言葉は登場人物（C・C本人を想起させる主人公も含む）の口から出るだけで、語り手としてのC・Cは決してその言葉を使わなかった。これで、作者の声と主人公のピンプの声がはっきり区別できるようになった。ほかの受刑者たちが目を丸くしてみつめるなか、C・Cはぼくと図書室のコンピュータのそばに座って、「ビッチ」「ホウ（風俗嬢のこと）」といった言葉を使う文学的メリットについて話しあったりしながら、徐々に進歩していった。C・Cは語り手の自分と主人公の自分を描き分けられたことに、満足しているようだった。

C・Cは、語り手の口調を率直にすることで、文字通り自分の人生の物語を変えた。語り手のC・Cも、主人公であるピンプのC・Cと同じくらいリアルで、おそらく同じくらい偽りを含んでもいた。どちらがほんとうのC・Cなのか？　ぼくには結局わからなかった。彼自身にもわかってなかったんじゃないかと思う。

C・Cがよく力説していたとおり、ピンプという仕事はアイデンティティであって、単なる飯の種ではない。だとすれば、彼の人となりを彼がしてきたことから切り離して考えるのは、きわめて難しいはずだ。

❊本を共有する

C・Cと違って、ファット・キャットの人となりを解き明かすのは難しくはなさそうだった。ぼくがみたところ、彼はおっとりしていて、自分の力量を示すことにあまりこだわってはいない感じがした。そして、子どもと動物をこよなく愛した。そんな印象がほぼ固まった頃、ぼくはキャットが悲しそうに、ひどい扱いを受けてボロボロになった本の山をみつめているのを目にした。フォレストが、その本の山を捨ててもっときれいな新しい本を入れようとしていたのだ。フォレストからその作業を手伝ってくれと頼まれると、キャットは首を振り、笑っていった。

「いや、遠慮しとく。本を捨てるなんておれには無理だ」。

「どうして？」ぼくはきいてみた。

「おれが育った家じゃ、本を捨てるなんて考えられなかった。だから無理だ」。

キャットは笑って、思い出にふけるように首を振った。たぶん、迷信にとらわれすぎだと自覚してはいるが、それでも子ども時代にたたきこまれた教えを固く守っているのだ。本を捨ててはいけない、本は神聖なものであるという教えを。

ぼくにはその気持ちがとてもよくわかった。ぼくもひそかにフォレストへの協力を拒んだ。本をゴミの山に放りこむのは気が進まなかったのだ。キャット同様、それはひとえに自分の生い立ちによるものだった。ぼくの場合、本をとことん大切にする気持ちは、まず実家（キッチンと寝室がついた図書館、という感じ）で植えつけられ、のちにイェシバーで育まれた。そして、一九九五年の夏に実を結んだ。

ぼくが宗教に夢中になったのは、かなり成長してからだった。もともと敬虔な正統派ユダヤ教徒の家庭に生まれ育ったことを考えると、これは大きな意味を持つ。きっかけは、クリーヴランドからボストンに引っ越したことだった。荒廃したクリーヴランドの街にいた頃、ぼくは非行に走りかけていた。昼間は裕福なユダヤ人家庭の子息が集まるイェシバーに通っていたが、近所の友だちは裕福さとは程遠い連中だったのだ。

ぼくの遊び仲間は、未熟なストリートパンク少年か野心的なストリートパンク少年（ぼく自身は後者の部類）だった。ぼくはバスケットボールのシュートを右手でも左手でも——しかもたくみなクロスオーバードリブルと組み合わせて——かなり確実に決められたので、ヤムルカを頭にのせた正統派ユダヤ教徒だったにもかかわらず、すんなり仲間に入れてもらえた。当時のぼくは、学校でトーラーやタルムードを学ぶ一方、近所では万引きやケンカをし、ハードコアラップをきき、悪態をつき、ほかにもいろいろ、いい結果には終わらない活動に加わっていた。

やがて、父がハーバード大学のユダヤ人コミュニティのトップの職を得て、一家はボストンに引っ越した。クリーヴランドにいたときと比べて、家の近所は静かになり、学校の勉強はきつくなった。ぼくのストリートキッド時代は終わりを告げたのだ。転入したイェシバーのハイスクールは、マサチューセッツ州ブルックラインにあるマイモニデス・スクールだったが、ぼくは優等生タイプの新しいクラスメートたちになじめず、思春期特有のメチャクチャなエネルギーを、よりによってトーラーの研究に向けた。

人生のその時点でなぜ、たとえば放火ではなくタルムードに向かったのか、それは精神科の治療を何年も受けないとわからないだろう。もしかしたら、競争の激しい男性優位のイェシバーの世界にひかれたのかもしれない。ファット・キャットもいっていたが、正統派ユダヤ教徒の集団はよく組織されたギャング集団に妙に似ている。野心的パンク少年だったぼくは、そのことに無意識に気づいていたにちがいない。マイモニデス・スクールでは毎日、朝八時から夕方六時まで授業があったが、それでも真剣な学徒（＝自分）には厳しさが足りないと確信し、進んで夏休みを返上して、ヨルダン川西岸のイスラエル人入植地、エフラットのイェシバーでトーラーを学ぶべく、サマーキャンプに参加を申し込んだ。ハイスクールの二年目が終わってすぐの夏のことだった。

そのトーラー研究サマーキャンプは、ユダヤ教の熱狂的学徒にとっては夢の国で、ぼくにぴったりだった。会場のイェシバーを創立し運営していたのはバルク・ラナーという恰幅のいいカリスマ的なラビで、タルムードをテーマに異様に熱狂的だがすばらしい講演を行った。すごく早口で、人をバカにして笑いをとるコメディアンみたいだった。ブルックリンの街角で耳にするような軽い口調でラビならではの博識ぶりを披露するところが、ぼくは好きだった。しかし、いちばん最近きいたラナーの消息は、児童虐待の罪によりニュージャージー州の刑務所で七年から九年の懲役刑に服しているというものだ。彼の犯罪行為は、正統派ユダヤ教徒のコミュニティでは三十年以上も公然の秘密だったらしい。ともあれ、ぼくが参加したサマーキャンプの講演で、ラナー師はイェシバーのスケジュールを得々と、こんなふうに説明した。「七時に朝食、十二時に昼食、六時に夕食とする。勉強はいつするか？　朝食か昼食か夕食を食べていないときは、常に勉強だ」。娯楽、睡眠、基本的衛生なんてものは軟弱で臆病なやつのためにある、といわんばかりだった。ぼくは狂信者の天国にいた。

　ぼくはトーラーのテキストに揺さぶりをかけるのが楽しくてならなかった。律法をめぐる厳しい論争と、突飛で刺激的な物語の数々。古代の書物と取っ組みあい、それらが書かれたときのままの謎めいた言語で語りかけてもらうのは最高だった。毎朝、目覚めると頭の中でサバイバーの「アイ・オブ・ザ・タイガー」（映画『ロッキー3』の主題歌）がかかり、ぼくはさっそうと〈学びの館《ベート・ミドラーシュ》〉に向かった。タイトルマッチを賭けてリングに向かうプロボクサーみたいな気分で、だれかをたたきのめす気、満々だった。たたきのめされる気も満々で、どっちにしても悔いはないと思っていた。

　ぼくはほぼ一日じゅうベート・ミドラーシュの中にいた。そこは二十四時間開いている巨大な部屋で、本棚と大きな机がたくさん並んでいたが、どちらも本の重みで崩壊寸前だった。生徒は机の一部をあてがわれ、そこに本を積み上げて学びのパートナーと一緒に勉強し、日に三度祈り、仮眠《パワーナップ》をとった。どの生徒も机の自分の領域いっぱいに本を並べていた。タルムード（六部構成）、ヘブライ語の聖書、マイモニデス法典（分厚い二冊）、ヘブライ語とアラム語の辞書。そのほか、好みの中世および近代の注釈本と、ユダヤ法に関する様々な大著。熱狂的信者なら、ハシディズムやカバラーに関する本も持っていた。偽善的信者なら、現代の「感動的」な解説書を読んだ。宗教的興奮を与えてくれるものなら、なんでもよかった。

ぼくは、五科目のノートを取れる三穴のリングバインダーにひそかに大作を執筆していた。創世記から歴代誌まで、旧約聖書の節ごとの注釈を書いていたのだ。聖書注釈者の偉大なる伝統に従い、ぼくはそれをヘブライ語で書いていた。もちろん、自分のヘブライ語のレベルがだいたい小学校六年生程度だということは、棚に上げていた。

ベート・ミドラーシュの窓からは、ヨルダン川西岸の段丘、「ユダの丘の連なり」が見渡せた。かつてメルヴィルが「古くなったチーズ」と形容した風景だ。その窓から、中東のまぶしい日差しが室内に流れこんだ。そして神からの褒美のように、毎日午後四時になると砂漠の炎熱は心地よいそよ風に変わり、すべての本に砂の堆積物を残した。それは聖なる砂だった。北へ二十分いったところには、エルサレムがある。同じく北へ十分いったところにはベツレヘムがあって、聖書に登場する女家長、ラケルが埋葬されている。また南へ十分いったところには、アダム、イブ、アブラハム、サラが埋葬されているヘブロンがある。そして、このエフラットのイェシバーから車で三分の隣の丘には、ぼくの父がイスラエル国防軍《IDF》の訓練を受けた陸軍基地がある。この一帯は、ぼくの先祖たちが神と対話した場所で、今度はぼくが神と対話する番だった。

当時の政治的状況は、常にも増して騒然としていた。一九九三年のオスロ合意が発効し、エフラットのユダヤ人入植者もイスラエル全域にいる彼らの支持者も激怒していた。怒りの矛先は、イスラエル首相のイツハク・ラビン。その名を口にしただけでも、反対勢力の人びとは怒りをあらわにした。毎日、抗議のデモが行われ、デモ隊と軍隊が衝突していた。ベート・ミドラーシュのぼくの席にも、外で大勢の人びとが、「ラビンは裏切り者だ！　イスラエルの地が危ない！　ラビンはナチだ！」と声を合わせて繰り返し叫ぶ声がきこえてきた。エフラットの町中の人びとが、毎朝四時、拡声器の声でたたき起こされた。「起きよ、起きよ、エフラットの住人よ！　ただちにリモンの丘へいき、デモに参加せよ！」和平合意にしたがって、軍隊は入植者の前哨基地を撤去すべく、静かな夜の時間帯に任務を遂行していたが、入植者たちはこれに抵抗した。

その夏、エフラットのイェシバーに到着したとき、ぼくは宿舎の部屋に前の住人の置きみやげをみつけた。前の住人とは、一年間その部屋に寝泊まりしてイェシバーで勉強していた、イスラエル人の高校生だ。ベッドの上に置かれていたのは真新しい一冊の本、『バルク・ハゲヴァー（「英雄バルク」という意味で、旧約聖書に出てくる「幸いなる人」（バルク・ハゲヴァー」という表現との語呂あわせ）』だった。悪名高い入植者、バルク・ゴールドスタインを理想化した伝記だ。その前年、ゴールドスタインはここからほど近いヘブロンのイブラヒム・モスクで、礼拝中のイスラム教徒を射撃し、二十九人を殺害、一五〇人以上を負傷させた。それが引き金となって、新たな暴動と暴力の連鎖が起こった。

エフラットのイェシバーだけでなく、イスラエルじゅうのイェシバーでの論争は、聖なる土地を放棄するような指導者を暴力的に排除する「理論上の」法的根拠をタルムードに見出せるかどうか、という問題を客観的に分析するものが多かった。それからわずか三ヵ月後、イェシバーの卒業生であるイガル・アミールはラビン首相を射殺し、法廷において上記の論拠に誇らしげに言及した。

ぼくは、その論法は道徳的にみて非難に値すると思ったが、同時にエフラットのイェシバーとそこのラビたちに大きな恩義を感じてもいた。彼らはぼくの師であり、精神の導き手だった。

ぼくの混乱が極限に達したのは、ある午後、友人ふたりと昼食後の散歩に出かけたときのことだった。ぼくたちは、入植地の外れにあるすばらしく入り組んだ洞窟に出かけた。何千年ものあいだ、地元の人びとはそのひんやり湿ったトンネルの中で砂漠の暑さをしのいできたのだ。

ぼくたちは洞窟で涼んですっきりした気分になり、意気揚々と外に出た。すると突然、どこからともなくパレスチナ人の少年が五人現れて、目の前に立ちはだかったのだ。ぼくたち三人は固まった。あとのふたりをみると、ふたりもぼくを見返した。ぼくたちはアラブ人の少年たちをぼうっとみつめ、向こうもみつめ返してきた。五人ともジーンズにTシャツという服装で、ひとりはアディダスのTシャツを着ていた。ぼくの友だちのひとりが着ているTシャツには、アラブ人みたいに頭にクーフィーヤという布を巻いたラビン首相のイラストがついていた。ぼくたちは知らない間にパレスチナ人の農場に侵入してしまったらしい。目の前にいるのはその農場の息子たちで、さっきまで牧草地で午後の昼寝をしていたが、気がつくと敵の少年たちに侵入されていたというわけだ。スープボウルほどの大きさしかないヤムルカを頭にのせ、パレスチナ人を侮辱するようないかにも右翼的なTシャツを着て、ツィツィートとかいう房つきの紐を腰からぶら下げた少年たちに。

ぼくたちは震え上がった。この少年たちの勇猛ぶりはたっぷり耳にしている。武装したイスラエル軍兵士にも果敢に向かっていく、パレスチナの抵抗運動《インティファーダ》の少年兵たち。彼らは強く、勇敢だ。それにひきかえぼくたちは、郊外のエアコンのきいた豪邸でテレビゲームの冒険に夢中になっている。「おれたちはアメリカ人だって、いえよ」。友だちのひとりがぼくに耳打ちした。ぼくはエルサレム生まれだから、秘密の力でアラブ人と意思の疎通ができるとでも思ったんだろう。

ぼくは丘を見上げた。エフラットでは、屋外のバスケットボール・コートが日を浴びて輝いている。その手前には防護フェンスと、武装した兵士のいる監視所がある。

どんなときも勇敢なリーダーであるぼくは、小声であとのふたりにいった。「逃げるぞ。三つ数えたら……」。

そのとき、ふたりのうちのひとり、モシェが前へ進み出ると、

「おれにまかせろ」といった。

ぼくは暗澹《あんたん》たる気分になった。何？　まかせろ？　いったいどういうつもりだ？

ぼくがどんな可能性も想像できないでいるうちに、ぼくより二、三歳年上のモシェはアラブ人の少年たちに近づいた。とてもゆっくりと、両の掌を上にして、戦う気はないと示しながら。アラブ人の少年たちは顔を見合わせ、少し身構えた。

モシェはバックパックを下ろし、くたびれたトーラーの一巻を取り出した。中世の注釈がついた民数記だ。イェシバーに通うよき少年であるモシェは、本を持たずに出かけることはない。彼はアラブ人少年のリーダーに近づくと、トーラーを広げ、文章を指さし、それから空を指さした。そし

てにこやかに「アッラー」といった。次に相手の少年をさし示し、自分をさし示し、また開いた本をさして、「アッラー……イブラヒム」といった。

アラブ人の少年はわけがわからないという顔をした。ぼくも同感だった。

モシェのやつ、何をやってるんだ？　せめてマイケル・ジョーダンとか、もっと刺激的で、天のあの方ほどには不和のもとになりにくいだれかの名前をいえばいいのに。

しかし、モシェはやめなかった。トーラーを閉じ、相手の少年に与えた。少年はそれを受け取った。モシェが、プレゼントだ、と身ぶりで示すと、相手はにっこりした。みんな、ほっとした表情になった。アラブ人の少年たちが笑いだした。ぼくたちも笑って――急いでその場を去った。エフラットにもどり、イェシバーで午後の祈りを捧げたが、その間ひとことも言葉を交わさなかった。

ぼくたちのあいだでその日のことが話題にのぼったことは一度もない。トーラーを贈ったのはとっさのすばらしい判断だったが、同時に敬虔なユダヤ教徒にとっては著しいタブー行為でもあった。ひとことでいうと、冒瀆的な行為だ。神の名が記されているトーラーは、それ自体、神聖なものだ。トーラーを閉じたときや地面に落としたときは必ず、口づけしなくてはならないし、修繕できないほど傷んだら地に埋めなくてはならない。ユダヤ人はトーラーを冒瀆するくらいなら自らの命を投げ出す、とぼくたちは教えられていた。しかし、ぼくたちは敵にトーラーを譲り渡すことで自分たちの身を守った。あのとき、聖なる本がアラブ人の手中にあるのをみて、ぼくたちはいたたまれなかった。三人とも、あの行為をやや恥じていた。

のちに、正統派ユダヤ教徒のコミュニティを離れてからあの事件を振り返ると、当時とは全然違う見方ができた。モシェは単に機転がきいただけでなく、ほんとうの意味で賢かった。ぼくたちは彼がしたことを恥じたりせず、誇りに思うべきだった。なぜなら、アブラハムが万人のための宗教を創り出したまさにその地点で、彼の戦う子孫であるぼくたちが、彼の名と彼が信仰した神の名を引き合いに出すことで和平を成し得たのだから。しかも洞窟の隣で！　あれはまさに聖書的な出来事だった。ぼくたちがしたことは決して神に対する冒瀆ではなく、聖なる行いだった（皮肉にも、ぼくは不信心者になって初めてそのことに気づいたのだが）。ぼくたちは、同情と疑いと憎しみだけの狭い領域に「彼ら」を位置づけるよう教えられていた。自分と同年代の少年たちも敵とみなすよう、教えられていた。しかし、あのとき、モシェは別の道をみつけた。彼は知っていたのだ。トーラーの神聖さは、だれかと共有することにあると。

刑務所では、ヨルダン川西岸と同じく、本を受刑者たちが共有することはタブーとされている。ヨルダン川西岸に立ちこめていた不寛容な空気は刑務所にもあって、絶対に受刑者に本を共有させてはならないと主張する人たちがいた。また、共有させないほうがいいと考える人も、少数だが職員の中にはいた。しかし、批判的な意見は刑務所の外できくことのほうが多い。自分たちが収めた税金を、凶暴な犯罪者のために立派な図書室を整備するのに使ってほしくはない、というのだ。

その気持ちもぼくには理解できた。十代の頃、ヨルダン川西岸で神聖な本を敵に譲り渡したときの惨めな気持ちが、理解できたのと同じように。それは、きわめて現実的な境界線を越える行為だった。ああして「敵」に本を渡すことで、あるいは受刑者のために図書室を運営することで、ぼくたちは何を成し遂げているだろう？　たぶん何も成し遂げてはいない。しかし、そういうことをしなければ――少なくとも、進んでやってみようという姿勢がなければ――より大きな危険を招くことになる。

❈キャット、懲罰房《ホール》へ

ファット・キャットはぼくと同様、本に畏敬の念を抱いていたし、ほぼいつもおだやかな態度で事にあたっていた。ぼくはそのことをふまえて、ある午後にもたらされた知らせを理解しようとつとめた。3-2ユニットで、ファット・キャットがある受刑者を襲ったという知らせだ。キャットは取り押さえられ、手錠をかけられ、懲罰房へ送られて独房監禁になった。ぼくはそれをきいてぞっとした。キャットは年下の仲間ひとりとともに相手の受刑者を激しく殴打し、相手の顔を手すりやコンクリートの床にたたきつけたという。

とても信じられなかった。椅子にかけて静かに「ナショナル・ジオグラフィック」誌を読んでいた男、両脚が痛くて歩くのにも難儀していた男が、そんなことをするなんて。ペーパーバックを捨てることにあれほど心を痛める人間が、どうしたら別の人間にひどい暴力を振るえるのだ？　それにぼくの知るかぎり、ベジタリアンでそんなことをする人間はほとんどいない。

キャットが暴力と無縁なわけじゃないことは、ぼくも知っていた。しかし、それは知識として知っていただけだ。キャットとは図書室でずいぶん長い時間を一緒に過ごしたが、その間、彼が暴力を振るう場面なんて一度もみたことがなかったし、むしろ、その反証となるような場面を何度も目にした。もう「ゲーム」とは縁を切ったのだと、キャットはいつもいっていた。新たにやり直したいのだと。ぼくはその言葉をずっと信じていた。

何日ものあいだ、ぼくは３－２ユニットで何があったんだろうと考え続けた。キャットが凶暴になるところなんて、とても想像できない。ぼくは彼にだまされていたのか？　何か重要なことを見落としていたのか？　彼のあの冷静さはうわべだけのものだったのか？

キャットのいない図書室は、いつもと違う場所みたいに感じられた。日々の業務の中で彼が果たしていた役割、彼のノウハウ、彼がかもしだすおだやかな雰囲気――そうしたものが、消えたとたん強烈に思い出された。

ぼくは懲罰房にキャットを訪ねることにした。この仕事の特権のひとつに、受刑者にひとりで近づけるということがある。懲罰房の見張りの刑務官は、ぼくがキャットと話したいというと疑り深そうな顔をしたが、すぐに無関心のほうが勝ったとみえ、通してくれた。実際、ぼくは仕事のうえでもキャットと話す必要があった。キャットは、図書室利用者が必要とする重要な情報をたくさん握っていた。訴訟事件に関する資料も管理していたし、数人の受刑者の書類手続きを手伝ってやってもいた。だがもちろん、ぼくが懲罰房を訪ねたいちばんの目的は、いったい何が起こったのか確かめることだった。

キャットは一日二十三時間、独房監禁の状態なので、房のドアはロックされていた。ぼくは鋼鉄のドアのこちら側から、食事のトレイを出し入れする横長の穴を通じて彼と話すことになった。ぼくが顔をみせると、キャットは照れくさそうに笑っていった。

「閉じこめられてるおれがどんな感じか、わかっただろ」。

ぼくたちはさっそく仕事に取りかかった。ぼくはキャットから、だれのためにどの判例法をみればいいか、どの書式を使えばいいか、だれのためにどんな情報を調べればいいか、といったことを聞き出した。それが終わると、ぼくはほんとうにききたかったことをメモに書き、強化ガラスに押しつけてキャットにみせた。

「いったい何があった?」

答えはしばらく返ってこなかった。ぼくは房の中をのぞきこんだ。キャットは大柄だが、暗い独房の中ではなぜか小さくみえた。ひげもの び放題で、疲れた顔をしている。みすぼらしい頬ひげをかきながら、壁や天井を見回し、ぼくと目を合わせようとしない。ぼくの質問にどう答えようか、思案しているんだろう。用心深いこと、この上ない。

キャットがようやく口を開き、小声で何かいった。ぼくはききとれなかったので、書いてくれといった。キャットは、だめだ、というように首を振り、ドアに耳をつけてくれといった。ぼくはいわれたとおりにした。すると、キャットは「あの野郎」とささやき、手振りでピストルを撃つ真似をしてみせてから、「おれの妹を」といった。

一ヵ月ほどして、キャットは懲罰房から出してもらえた。そして図書室にやってくると、図書係や常連の受刑者から大歓迎を受けた。ほんとうに、みんな拍手でキャットを迎え、なかには立ち上がった者もいた。キャットは丸顔を思いきりくずして笑い、みんなに手を振ってみせた。

「調子はどうだ、ファット？」受刑者のひとりがきいた。

「上々だ」。キャットは図書室のカウンターに拳を下ろした。

「例の山にのぼって、もどってきた。九キロやせて一四五キロになった。考える時間がたっぷりあって、頭の整理ができたよ。いろんなことがわかった」。

たしかに、キャットは気分がよさそうだった。ぼくはそういう場面を前にもみていた。独房への監禁は、長期間に及ぶと受刑者の精神をむしばみ、恐ろしいことに人生まで変えてしまう場合があるが、そう長くなければ、受刑者によっては浄化作用をもたらすこともある。独房の中で久しぶりに、ときには何年ぶりかで、ひとりで静かに過ごせるからだ。ボートは超重警備の刑務所で一日二十三時間、独房に監禁されたことがあるが、絶え間ない騒音や小競り合いに囲まれているより、ひとりきりでいるほうが好きだったとぼくに語った。

少しして、キャットとふたりで静かに話せる機会が訪れたとき、ぼくは事件のことをたずねた。そしてはっきりいった。きみが暴力で争いごとにけりをつけるのをやめない限り、まっとうな商売をしている人たちはきみと取引きしたがらないだろう。足を洗いたいなら、ギャングだった頃の習慣を完全に捨てなきゃだめだ、と。

キャットは、その件についてはは話したくないといった。

「いいか。おれはマジで生き方を変えたいと思ってる。もうこういうごたごたはたくさんだ」。キャットは後方にさっと手を振って、この刑務所と自分をここに追いやった以前の生活を示した。「けど、わかってくれ。古い因縁は消えないんだ。あのゲス野郎はおれの妹を撃ち殺した。な！　それがどういうことかわかるか？　あんたならどうする？　もしそういうやつが――」

「引きずりこまれちゃだめだ。けりをつけるにもほかの方法があるだろう。際限がないよ、そうやって……」。

キャットは首を振った。これ以上話してもしょうがない、といわんばかりだった。

「いや。あんたにはわからない。ここにきてからのことは変えられるが、ここにくる前のことは変えられない。それに、おれは家族を守らなきゃならない」。

ぼくたちは、その件についてそれ以上話すのをやめた。

ぼくはファット・キャットについて考えた。彼は一冊のペーパーバックを捨てることは冒瀆的行為だとして拒んでおきながら、ひとりの男の顔を殴った。彼からみれば、そこにまったく矛盾はないのだ。なぜなら、神聖なものは（本も家族も）守らねばならないから。ぼくはイェシバー時代に、本は単なる物体ではなく命ある大切なもの、敬意と愛情を持って扱うべきものだと教えられた。タルムードを一巻、学び終えたら、有名な祈りを唱えることになっていた。それは、その本に対する直接的で個人的な誓いだった。「わたしたちがあなたのところへもどれば、あなたもわたしたちのところへもどっていらっしゃいます。わたしたちがあなたとの関係を断たずにいれば、あなたがわたしたちとの関係を断たれることもありません。わたしたちがあなたを見捨てなければ、あなたがわたしたちを見捨てることもないでしょう」。

ファット・キャットにとっては、忠誠がすべてだった。本への忠誠、家族への忠誠。彼は決してそれらを見捨てない。とりわけ、それらが攻撃を受けたときには。

❋チャズルウィットの帰還

翌週、刑務官のチャズルウィットが図書室の前をぶらぶらしているのをみかけた。彼は異動になって独房ブロックの配属になったときいていたが、なぜかふたたびぼくの仕事場の近くに復帰したらしかった。

チャズルウィットはいっさい懲戒を受けなかったようだが、ぼくはそれでかまわなかった。最初から騒ぎになってほしくなかったし、問題がエスカレートするのも絶対にいやだった。とはいえ、どんな経緯で彼が復帰したのか、知りたかった。管理側はしきりに「この事件を真剣に受け止める」といっていたのだから。

中庭でたまたま保安官代理のクインに会ったので、きいてみた。「例の図書室での事件はどうなりましたか？　あの人が舞いもどってきたので、ちょっと驚いているんですが」。

クインの両肩がこわばるのがわかった。いまにもぼくの襟元をつかみそうだ。

「わたしは彼を解雇したかった。解雇したかったのは彼ひとりじゃないがね。しかし、証言が一致しなかったんだ」。クインはいった。

ぼくは反論した。「どういうことですか？　事件が起きたことははっきりしているでしょう。あの日、図書室の警備についていた刑務官のブラッドは、罰を受けたんですから。それに張本人の彼も、図書室に入ったことは否定しませんでした。そこで何をしたかについては嘘をつきましたが、基本的に事件が起きたとき現場にいたと認めたわけですよね。そこから事実を割り出すのはたいして難しくないでしょう」。

するとクインはいった。「受刑者の証言がメチャクチャだった。全員、犯人はフラハティだと証言したんだよ」。

フラハティ？

ぼくは言葉を失い、憂うつな気分で事情を理解した。これは、あのときのおならスプレー以上に、におう。しかもユーモアのかけらもない。三人の受刑者が同じ刑務官を（間違えて）密告したというのだ。驚くべき偶然！　どの受刑者も明らかに犯人を知っていたのに、そろって別の刑務官の名をあげた。あの日、図書室に一歩も足を踏み入れていない刑務官を。どんな理由から、受刑者たちは同じ誤った証言をするに至ったのか？　その答えは曖昧な謎のまま残った。しかし、結果はかなり明確だった。報告書の内容が食い違ったため、事件そのものが不問に付されたのだ。

さらに、組合からの圧力もあった。きいた話では、女性受刑者を何人もレイプして妊娠させたかどで有罪宣告を受けた刑務官がいたが、その刑務官を監督していた刑務官は首にならず、いまも勤務しているという。組合は、組合員が首にならないよう守るという任務を真剣に受け止めているのだ。

しかし、だれがぼくを報復から守ってくれる？　怒りに駆られた刑務官が、ぼくが図書室の机の引出しからオキシコンティン（鎮痛薬の一種。薬物中毒者がヘロインの代用として使うこともある）を出して受刑者に売っていたという報告書を提出するのを、だれが阻止してくれる？　まして、そういう刑務官が、あのミラーという講師がした（あるいは、していない）ようにこのぼくも、受刑者が武器を捨てるのに手を貸したとほのめかすのを防ぐ方法など、ほとんどありはしない。証拠なんて、ぼくの机の中にいくらでも入れておくことができる。ぼくが事実を確認しながら書いた学期末レポート風の事件報告書なんて、大学の修了証書に使われている紙ほどの価値もないのだ。

そういうことをあれこれ考えて、ぼくは不安になった。いまやチャズルウィットには明確な報復の動機があるのだから、なおさら不安だ。なんといってもぼくは、大勢の前で彼に恥をかかせ、首になる寸前まで追いつめたのだ。ムッシュ・チャズルウィットには、今後も悩まされることになりそうだった。

❄サグ・シズル

ある日、ぼくは講習の準備をしようと図書室の奥の部屋に入って、びっくりした。すでにデュメインがきていて、机に向かい、ノートを広げ、刑務所支給のやわらかくて安全なボールペンを握りしめ、さらに予備のボールペンを二本、机の端にきっちり並べていたのだ。いつになく万全の態勢で、講習が始まるのを待っている。

デュメインは、まだ房にいなくてはならない時間なのに抜け出して、うまくトラップ――彼が収監されている建物の隣にある監視所の愛称――を通り抜け、早々と教室にたどり着いたらしい。刑務所的にいうと、これは軽い逃亡に類する行為だ。

デュメインがこんなにやる気になっているのを、ぼくは初めてみた。それもそのはず、今週のテーマは「愛」で、彼がこのクラスに入った動機そのものだ。彼は二ヵ月ものあいだ、そのテーマが出てくるのを(ほぼ)辛抱強く待っていた。

デュメインが、今日この教室へやってきたのと同じくらい不屈の情熱を持って愛を魅力的に綴ることができれば、恋人の心を動かせるだろう。しかし、いわせてもらえば、彼のような男に創作を教えるのは不正行為に近い。だいたい、「おまえのハートにやさしくメイクラブしたい」なんていうのが愛の詩だと思っているのだ。これなら、どんな言葉をでたらめに並べても詩になってしまう。しかし、デュメインも自分なりに頑張ってはいた。

とくにその日はやる気満々で、ぼくが部屋に入っていくと、さっと手をあげた。ぼくは思わず吹き出してしまった。

「デュメイン、手なんかあげなくていいよ。まだ講習が始まってもいないんだから」。

「そっか」。

「何かいおうとしてた?」

「ああ。今日は愛についてやるんだろ?」

「うん。愛と、それに関連した話題もいくつか」。

デュメインはぱっと顔を輝かせた。「じゃ、おれはいますぐ始める」。

そういうと、猛烈な勢いで書き始めた。ところが、あまり焦ったのと筆記具を相変わらず正しく持てないせいで、ボールペンが吹っ飛び、床に落ちてしまった。デュメインはすかさず予備のボールペンをつかむと、また書きだした。

ほかの受講者もぞろぞろと入ってきた。いつもどおり、しんがりはチャドニーだ。例によってわざと足を引きずっているが、今日はとりわけ大げさだ。チャドニーは席につかず、そのままふんぞり返って教室の前へ出ると、マーカーペンを手に取り、ホワイトボードに書いた。「本日のテーマ＝愛。講師、チャドニー・フランクリン博士」。

ぼくは椅子に腰かけ、「わかったよ、教授、講義を始めてくれ」といった。

常に外向的なチャドニーは、長々と熱弁を振るった。「まあ、要するに、諸君も知ってのとおり、女は形も大きさも千差万別だから、こっちが体を曲げたりくねらせたりして、あらゆる形に合わせ、まあその、あの空間を埋めなきゃならん。つまり……」。チャドニーはぼくたちが言葉では理解できない場合に備えて、自ら回転したり、体を壁にこすりつけたりしだした。

「ありがとう、チャドニー。席にもどってくれ」。ぼくはいった。

チャドニーは椅子にどかっと座ると、いった。「マジ、愛に関するおれの考えを知ったら、みんなぶっ飛ぶぜ」。

「みんな楽しみにしてるよ」。ぼくは答えた。

しかし、実際、それからの二十分間に発表された全作品のなかで、おそらくチャドニーの愛の詩がいちばん出来がよかったと思う。彼は発表の順番が回ってくると立ち上がって、チョコレートチップクッキーのレシピをドラマティックに暗唱した。ネスレ社のチョコレートチップの袋の後ろに書いてあるレシピを、暗記してきたのだ。

デュメインが、信じられないという顔で笑っていった。「はぁ？　なんだ、そりゃ？」

チャドニーは席にもどると、デュメインに言い返した。「おまえ、愛のことなんて何ひとつ知らないだろう？」

デュメインは悔しそうな顔をした。ふいに自分の無知さ加減を自覚したらしい。

チャドニーが続けていった。「いいか、かみさんに贈る小さなカードを作って、そこに『おれはおまえをこんなに愛してる』と書くんだ。そしてクッキーのレシピも入れておく。で、かみさんがそれを読んでるときに、彼女のために自分で焼いたクッキーをさっと出す。きれいな皿にのっけて、花かなんかと一緒にな。あとはいわなくてもわかるだろ」。

デュメインは神妙な顔でうなずいた。

チャドニーはみんなの注目を集め、自分の愛の詩がクラスでいちばん出来がいいと自信を持ったんだろう、自分の目標はテレビの料理番組のホストになることだと宣言した。番組のタイトルまで考えてあるという。「サグ・シズル（サグは殺し屋、悪党の意。シズルは揚げ物などのジュージューいう音）――ホスト役はチャドニー・フランクリン」チャドニーはぼくたちに請け合った。いつかみんなをおれのレストランに招待する。そのときは、「でかいコック帽」を頭にのせたシェフのチャドニーが、店のおごりでとびきり豪華なごちそうを出す。

フランクが、おれも呼んでもらえるのか、とフランクらしい質問をした。

するとチャドニーは答えた。「ああ。かみさんも一緒にな。けど、例の犬はお断りだ」。

❋チャドニーのプラン

それから二、三日後の、外も刑務所内も寒々とした冬の午後、ぼくは受刑者たちのとりわけやっかいな要望になんとか対処し終えて、チャドニーのほうを盗み見た。カウンターの端で根気よく待っている。「ボストン・グローブ」紙を広げてながめているが、心はそこにない。ふいに、彼より年下の受刑者が現れたかと思うと、後ろからぐっと顔を近づけて彼に何か耳打ちした。チャドニーは軽くうなずいたが、黙ったままで、表情も変えなかった。年下の受刑者は姿を消した。

そのちょっとしたやりとりをみて、はっきりと感じた。ぼくはチャドニーのことを知らない。それはこれからもきっと変わらないだろう。

チャドニーが図書室にきたのは、ぼくに会うためだ。新聞を読んでいたときの上の空かげんで、すぐにわかった。ぼくは手が空くとすぐ手招きした。

「こないだいったこと、本気なんだ」。チャドニーがいった。

なんのことをいっているんだ?

「おれは、その……」。チャドニーはあたりを見回し、声をうんと低くして続けた。「シェフになりたいんだ。でもって、自分のテレビ番組を持ちたい。本気なんだ」。

たしかに本気らしい。チャドニーはぼくをひたとみつめて——真面目にきいてくれと懇願しているみたいだった。だが、懇願する必要などなかった。たしかにちょっと野心的ではあるが、実現不可能な夢とはいえない。それにおもしろそうだ。彼なら、隙間市場《ニッチ》を創り出し、それを埋めていくことができるだろう。元ギャングがホストをつとめる料理番組。チャドニーはまさに適任だ。カリスマ性があって、頭が切れ、ユーモアのセンスもあり、食べ物を愛している。彼なら番組を持ってもおかしくないのでは？　美味いマリナラソースを作ったりして、視聴者にアピールできそうだ。「サグ・シズル」という番組名は変えられてしまうかもしれないが、採用される可能性だってゼロじゃない。それに、料理ショーのホストという「プランA」がうまくいかなかったとしても、シェフにはなれるかもしれない。コカインを売るよりはきっと、ましなプランだ。

チャドニーは図書室のカウンターに一枚の紙を広げた。いちばん上に「プラン」とていねいに書いてあり、全体に恐ろしくたくさんの四角が描かれていて、それぞれに単語が一、二個ずつおさまっている。仮釈放、とりあえず建設作業員、経営学の学位、料理学校、テレビ局で実務研修、母親、息子、銀行、ローン、兄弟……などなど。おそらく三十個ぐらいの四角が、矢印つきの曲線で複雑に結んである。そして、色分けされたさらに複雑な凡例がいちばん下にあって、このめまいがするようなフローチャートを解説している。

「わかった」。チャドニーがぼくの困惑を察していった。「これはとりあえず忘れてくれ」。

彼の行動には妙な切迫感があった。早口だし、紙を折るときもあわてていて、あやうく破きそうになった。まるで、明日の夜明けまでにこの「プラン」を仕上げ、実行しなきゃならないと思っているみたいだった。

チャドニーは語った。二、三ヵ月後に出所したら、しばらく建設現場で働いて金を稼ぐ。それで借金を返し、子どもの養育費を払い、自立する。高校卒業資格は取得ずみだから、じきに経営と料理を学べるだろう。あと、テレビ業界に足がかりを得るために、テレビ局で実務研修を受けるとか、テレビ局の郵便集配室で働くとか、なんでもできることをする。演技のクラスにも通う。そのかたわら、料理の世界で出世の階段をのぼる。とにかく、目標を達成するために必要なことはなんでもやる。目標はもちろん、料理ショーのホストをつとめることだ。

「五年から十年、ってとこかな」。チャドニーが口にすると、懲役の年数みたいにきこえた。

チャドニーはいった。知りたいことが山ほどあるんだが、おれの質問に答えたり、答えをみつけるのを手伝ったりしてくれるか？　ぼくは、いいよ、と答えた。彼の頼みは、図書室としても答える価値があるように思えた。

チャドニーは早速、最初の質問をした。「どうしたら、この最終目標を達成できる？」つまり、どうしたら必要な学位や資格を取得し、必要な経験を積んで、自分の番組が持てるようになるか？　ということだ。ぼくは即答できた。

「簡単だ。いまの段階では、わからない」。

チャドニーはこの答えを気に入らなかった。自分の「プラン」に合致しないからだ。ぼくは説明した。まずは想像力を働かせて、どうしたらそれを達成できそうか考えてみること、そして実際に達成した人から話をきくこと。クラスでやったように、思い描いてみるといい。きみはテレビ局で実務研修をしていて、調理師の免状も持っている。テレビ局ではまだ新米の雑用係だが、チーム内で信頼され、よく働いている。タイミングを見計らって、きみはプロデューサーに企画を提出する。それがプロデューサーの眼鏡にかなえば、使ってもらえるだろう（プロデューサーがきみのために親切心で使ってくれるんじゃなく、自分の利益になると判断して使ってくれるということだ。その点を忘れちゃいけない）。もしきみの企画が通って、その番組なりコーナーなりが放送されたら、きみはその実績を履歴書に書き加えることができる。「放送作家」。勝負はそこからだ。

ぼくはまとめに入った。「つまり、いまの段階で確実なことはわからない。けど、まずはテレビ業界の一隅にもぐりこまないとね。先頭でチャンスをうかがっていれば、職に空きが出たとき、ぱっと手をあげられるだろ？　ただ、万一うまくいかなくても、かまわない。いい経験をしたと思って、シェフとして働くか、自分の店を持つかすればいい。いつだって安全なプランBを用意しておかないと。そうだろ？」

「なるほど」。チャドニーはメモを取っていた。「そうだな、たしかにそうだ」。

ぼくはチャドニーに、まずは「プラン」を大切にして、その実現に向かって努力するうえで図書室が協力できそうなことをリストにまとめてほしい、といった。すると、彼はいますぐ取りかかるといった。十分以内にリストを作って渡す、と。

それからもうひとつ、とチャドニーはいった。「このことはだれにもいわないでくれ」。

ぼくはだまっていると約束した。刑務所でそう口にするのは、いつだって危険だ。

チャドニーはいった。「あんたに『プラン』のことを話したのは、あんたを信用してるからだ。けど、敵はそこら中にいるんだ、アヴィ」。

ぼくは、絶対にいわない、と繰り返した。

チャドニーは椅子に腰かけ、長いリストを書いた。書いているときの姿勢は、彼が初めて創作クラスにきたときからぼくの頭の中に焼きついているイメージとそっくり同じだった。ボールペンを机に置いたまま瞑想にふけり、それから天井をみつめ、言葉が落ちてくるのを待つ。間もなく、言葉は落ちてきたらしく、彼はあわててボールペンを走らせた。

1. 学位・資格取得プログラム（経営、調理）
2. CORI（犯罪者記録情報）の問題
3. テレビ関係の仕事にどうしたらつけるか？
4. レシピ
5. もっと、レシピ
6. 履歴書と事業計画の書き方
7. ローン関係の情報
8. レシピ!!!

刑務官が図書室利用時間の終わりを告げにやってくると、チャドニーはリストの紙をたたんでぼくに小声でいった。「この件はTSと呼ぼう。『サグ・シズル（Thug Sizzle）』の頭文字だ」。

ぼくは、刑務官にうながされてドアを出ていこうとするチャドニーに首を振ってみせた。

「いや、頭文字で呼ぶのはよそう」。
あだ名は使わない、という鉄則をぼくは守った。

タンポポのポレンタ

ぼくはチャドニーのためにファイルを用意し、プリントアウトした資料を放りこんでいった。資料はどんどんたまった。大学の経営学部と料理学校の願書、学資援助や奨学金関係の書類、事業計画に関する情報、営業許可証の取得方法、納税関係の書式、アメリカ料理大学《CIA》を初めとする料理学校の資料。学校に関しては、前科者の入学を拒否していないところに重点を置いた。こんなふうにして受刑者の手助け――出所後、法を犯さずに人生を送れる方法をみつける手助け――をすると必ず思い知らされるのが、犯罪歴を持つ者の再スタートをはばむ数々の障害だ。たとえば、チャドニーは連邦政府からの奨学金を受けられない。

資料ファイルには、テレビ番組の批評記事、人物紹介の記事、ウィキペディアの関連ページ、料理番組の出演者へのインタビュー記事なども入れた。そしてもちろん、レシピも。チャドニーはイタリア料理が好きだと知っていたので、ＣＩＡで講師をつとめているジョヴァンニ・スカッピンというシェフのレシピをいくつか入れた。さらに、受刑者の図書係に頼んで、図書室に料理本がないか、さがしてもらった。

「女の子を家に呼ぶのか?」ファット・キャットがぼくにたずねた。

「まあね」。

罪のない嘘だ。図書係の男たちは、女を口説く手助けだと思えば、いつも以上に熱心に本をさがしてくれる。そして、ぼくは得られる限りの手助けを必要としていた。刑務所の図書室で料理本をみつけるなんて妙に思えるだろうが、ここはもともと妙な場所だ。果敢な捜索の結果、図書係の面々は二冊の本を発見した。「美術」のコーナーと「小説」のコーナーで、一冊ずつ。

「美味いソースを使った料理がいいぞ」。ピッツが助言をくれながら、南西部の料理が載っている本をよこした。

「なんで?」

ピッツはニヤッと笑った。「最後にスプーンで女に食べさせてやれるからさ。メロメロになるぜ」。ピッツが女のうめき声を真似て場面を演じてみせたので、ぼくは理由なんかきくんじゃなかったと後悔した。彼はこんな助言もくれた。「とびきりやわらかい生地のシャツを着ろよ。女がさわりたくなるから」。

翌日、チャドニーが図書室にやってくると、ぼくは料理本二冊と資料の入ったファイルをカウンターごしにすべらせてやった。チャドニーはぱっと顔を輝かせ、ぼくの手を握って振った。

「ありがとな。ほんとに助かる。あんたのために祈るよ」。

心から喜んでいるみたいだったので、ぼくはちょっとびっくりした。チャドニーは資料をめくり、ときどき意気揚々と読み上げた。

「服装規定《ドレスコード》か」。彼はスカッピン氏がシェフをつとめるイタリアンレストランの資料の一部を読み上げた。「『ビジネススーツまたはカントリークラブ風カジュアル（襟つきのシャツにきちんとプレスしたズボン、またはチノパンツ）の服装が好ましい。ジーンズ、スニーカーは不可』。こいつはいいや！　レストランを持つと、客の服装まで指定できるんだ。『ジーンズ、スニーカーは不可』か」。わざとイギリス英語風の発音で読み上げる。「いいねえ」。

チャドニーはまたぼくの手を握り、やたら複雑な握手をして、また礼をいった。

ぼくは彼に、そもそもなんで料理に興味を持ったのか、きいてみた。すると、母親に頼まれて、食事を作って弟や妹に食べさせてたんだ、という。それと、「在宅で仕事をしてた」とき——麻薬を売っていたことを遠回しにいっているんだろう——テレビの前に座って何時間も料理番組をみていたそうだ（ぼくは頭の中で想像した。彼が弾をこめた銃をテーブルに置いて、コカインを量って透明の小さな袋に詰めたり、風俗嬢が訪ねてくるのを待ったりしながら、『裸足の伯爵夫人〔人気シェフアイナ・ガーテンがホステスをつとめるアメリカの料理番組〕』をみているところを）。刑務所でも、たまに料理番組をみられるという。とくに、ひそかに料理好きなある刑務官が勤務についているときには。
二、三日後、チャドニーはまた図書室にやってくると、どこか神秘的な、歌っているみたいにきこえる言葉を、ときどき舌をもつれさせながら口にした。「スチールヘッド・トラウトのアスパラガス、熟成バルサミコ酢、ラディッキオ添え。マガモのモモ肉のタイム風味ローストとタンポポのポレンタ」といった具合だ。とくに「タンポポのポレンタ」というフレーズが気に入っているらしい。チャドニーはメニューを暗記したり、伝統的イタリア料理の各コースを区別して覚えたり、スパイスの組み合わせを覚えたりしていたのだ。

ぼくはチャドニーに、チキンのレモン風味のいいレシピを知ってるよ、といった。すると彼は自慢げに、その料理に合うのはフレッシュバジルかローズマリーと、天日干しのドライトマトと、オリーヴオイルだといった。ぼくも賛成した。そして、いまいった四種類の食材を食べたことはあるのかい？ときくと、チャドニーはないと答えた。ついでにいうと、アスパラガスや熟成バルサミコ酢やラディッキオも食べたことがないらしい。タンポポのポレンタにいたっては、ほとんどだれも、どんな料理か見当もつかないだろう。

チャドニーは料理という新しい道に進みたい一心で、ひたすら食材やスパイスの名前を組み合わせ、料理の練習をしていたのだ。本を読んで得た知識から、「バルサミコ酢」という言葉は「アスパラガス」という言葉と相性がいいと知っていたが、どちらも食べたことはなかった。また、「ローズマリー」はチキンのレモン風味と相性がいいということも知っていた。ただ、転んでローズマリーの茂みの中に倒れこんだとしても、それがローズマリーだとはわからないだろう、と告白した。

やがてぼくは、レシピやレシピの断片が図書室に置き忘れられているのをみつけるようになった。出所はすぐにわかった。チャドニーが猛烈な勢いで「プラン」を遂行しようとしていたのだ。彼は「実験的に」独自のレシピを作ってさえいた。どんな食材かもろくに知らないまま、単語やフレーズをつなげたり組み合わせたりしていたのだ。材料は音や音節でできていて、なんの味もにおいもしなかった。料理を学ぶには、なんとも詩的な方法だ。しかも、それはほんの始まりにすぎなかった。

✻フィーダー

ぼくは、基本的なハーブとスパイスを何種類か、チャドニーに持っていってやろうかと考えた。手始めにフレッシュバジル、ローズマリー、タイムあたりを。しかし、すぐに考え直した。チャズルウィット刑務官が報告書にこう書くところが目に浮かんだからだ。「本日、十四時五十分、当施設の図書室司書が、受刑者番号〇五〇六八九一、フランクリンに無印のビニール袋に詰めた緑色の葉のようなものを手渡すのを目撃」。そのあとふたりは、通常ギャングが行う複雑な握手を交わした」。さらにチャズルウィットは受刑者を三人買収して、図書室でぼくからオキシコンティンを買ったと証言させるだろう。ぼくがジェームス・パタースンの分厚い本のページをくり抜き、そこにオキシコンティンを詰めて刑務所に持ちこんだと。そんなことになったら、ぼくはたちまち手錠をかけられてしまう。

気をつけるにこしたことはない。同僚のマイク・ラッソによると、刑務所職員には二種類のタイプがいるそうだ。フィーダーと、フィーダーでない者。ラッソはそのあたりのことを熟知している。かつて刑務官だった頃、つまり刑務所のコンピュータの講師になる前、彼自身がフィーダーだったからだ。

フィーダーというのは刑務所職員の隠れた一派で、受刑者のために食品を刑務所に持ちこむという不法行為をしている。常習的にやっている者もあれば、三十年間に一度だけやったという者もいる。規則を破る動機は、規則を破る職員の数と同じだけある。

ラッソは実利的な理由から規則に背いたという。刑務官時代、彼が受刑者に食べ物を与えたのは、親切心からではなく、それによって仕事がしやすくなるからだった。タバコ代程度の金で平穏が買えるなら、そうしない手はないと考えたのだ。また、彼が刑務官だった頃、規則はそれほど厳しくはなかったらしい。

「それがいまじゃ、くしゃみのしかたを間違えただけでメチャクチャ叱られるもんな」。

たしかに、ラッソが進んで受刑者に食べ物を与えたのは実利的な理由からで、規則の適用のゆるさがそれに拍車をかけたのかもしれない。しかし、そこには別の動機も働いていた。彼は受刑者たちを自分と同等に考えていたのだ。ラッソにいわせると、ほとんどの受刑者は「ごくふつうのやつ」だ。もと海軍にいたラッソは、受刑者のことを話すとき、「あいつら《ザ・ガイズ》」という言葉を使った。自分のクラスに通ってくる受刑者は、「おれの教え子たち《マイ・ガイズ》」。おれはあいつらに反感を持っちゃいない、とラッソはぼくにいった。「あいつらの過去は知らないんだから、単純に非難はできないだろ? それに、何かをせがんでるやつをみると、なんだか気の毒になるだろ?」

その気持ちはわかる。しかも受刑者を気の毒に思うだけじゃなく、自分のこともかわいそうになるのだ。あるとき、高層棟のエレベータで一緒になった刑務官が、自分は悪者を社会から遠ざけておくこの仕事を誇りに思っている、といった。「だれかがやらなきゃならない仕事だろ?」と。にもかかわらず、その刑務官はほぼ二十年間、毎週教会に通い、ひざまずいて、「人間を檻に閉じこめる罪」を告白しているというのだ。

そうした告白の習慣がない者――と、おそらく習慣のある者の一部――にとって、受刑者に食べ物を与えることは、ささやかな、大方は象徴的な悔悛《かいしゅん》のしるしとなる。そのちょっとした違反行為によって、良心を保ち、刑務所職員とは別の、むしろ相反するアイデンティティを獲得できるのだ。

刑務所では、親切は文字どおり厳禁だ。明文化された決まりの中で、職員はどんなにささやかなものであれ受刑者に売ることを禁じられているだけでなく、受刑者と一緒に使うことも禁じられている。ということは、刑務所に図書室を設けること自体――本を貸出しているわけだから――急進的な考えといっていい。刑務所では手に入るものが限られているうえに規則が厳しいので、どんな物品もサービスも高値で売れる。商品にならないものをみつけるのは、至難のわざだ。なんでも物々交換の対象になる。図書室の本や雑誌のような価値あるものや、図書室で提供している多くのサービスのどれかが無料で手に入るということは、刑務所ではまずあり得ない。古代ギリシアの犬儒派《けんじゅは》（極端に禁欲的で、物の要らない生活を理想としていた）の人びとなら腹を抱えて笑っただろうし、それは必ずしも間違っていない。金儲けのために図書室のサービスが悪用されることも珍しくないからだ。ぼくが報告を受けたところでは、『ダ・ヴィンチ・コード』のような人気本を借出して、それを読む権利を仲間の受刑者にオークションで売る者が何人もいるということだった。

たとえ純粋な親切心からでも、受刑者に何か贈れば違反行為になる。ジェシカが同房のヴェトナム人女性に気持ちが落ち着くようにと贈ったあのリボンも、刑務所の観点からいえば厳密には禁制品だ。しかしそれだからこそ、あのささやかな行為には意味があったともいえる。ジェシカはリボンを贈ることで、現実に小さなリスクを冒していたのだから。

刑務所という、ものが不足していて人を信じられない環境の中で、受刑者にものを与えるフィーダーはしょっちゅうやっかいごとに巻きこまれる。なんであれ、ものを放りこめば、たちまち闇取引の一部になってしまうのだ。中立の立場をとるのは難しい。禁制品のほとんど――ドラッグも含めて――は職員によって刑務所内に持ちこまれる。フィーダーになれば、「法を守る公務員」と「不正行為を行う公務員」のあいだのグレーゾーンに足を踏み入れてしまう。たとえ受刑者にサンドイッチを与えるだけでも、そこでいちばん問題になるのは、公務員として規則を破り、忠実かつ誠実な公務員としての信頼をそこなうことだ。そして最大の罪は、自分の上司にその上司の前で恥をかかせることになるかもしれない、ということだ。

受刑者にものを与える人間は目立たないので、たいていは噂にきくだけだ。もと僧だったある講師が哀れみから受刑者に何か与えたとか、母性本能の強い年配の講師が性格的に受刑者に食べ物を与えずにいられなかったとか。ほかに、単に規則を破るスリルを求めて受刑者にものを与えた職員がいる、という噂もきいた。

ぼくはエリアの誕生日にフィーダーになった。エリアは、ぼくが図書室で働き始めた日から、受刑者の図書係に欠くことのできない一員だった。ところが少し前から、ひどくふさぎこんでいるのが目についた。図書室の中をふらふら歩き回り、黙って何時間も本の整理をしている。口を開けてしゃべることさえ苦痛という様子だった。だれかと話していても声がだんだん小さくなって、「わからんよ、おれにはわからん」という。もう八十歳ぐらいになった気がする、とエリアはぼくにいったが、実際にはまだ四十歳を越えたばかりだ。彼は孤独だった。

エリアは、街頭で暮らしていた頃、あるカフェでチョコレート・カップケーキを買っては公園のベンチで食べた、という話をしてくれたことがあった。そうしていると、ちょっとのあいだやっかいごとを忘れていられたという。ぼくはエリアの誕生日にチョコレート・カップケーキを買った。そうするのに異常なほど神経を使った。カップケーキを買ってからエリアが図書室に仕事をしにやってくるまでのあいだに十回は、いっそ自分で食べてすべて忘れてしまおうか、と思った。しかし結局、エリアに渡すことにした。

ほかの受刑者が帰ったあと、ぼくは奥の物品保管室にいたエリアに近づき、たぶんみるからに不安そうな顔つきで、ささやかな誕生日プレゼントを用意したんだといった。そしてカップケーキを取り出し、さっと彼に手渡した。その瞬間、ぼくは事実上、禁制品を受刑者に与えたことになった。その禁制品は、刑務所内でなら、ぼくが払った金額の三倍の金額で売れそうだ。ぼくはたちまち心配になった。心配になったことでよけい後ろめたい気持ちになった。それから、たかが焼き菓子ひとつのことで見るからにおろおろしていることが、自分でもバカらしくなった。

エリアはぼくの目をみて、ありがとうといった。寡黙な人に特有の、痛々しいほど真剣な態度だった。それから椅子にかけると、机にナプキンを広げ、カップケーキを食べた。ぼくはそばに立ってみていた。これは孤独な男の誕生日パーティだから、せめて一緒にいてやりたいと思ったのだが、もっと利己的な理由もあった。エリアがカップケーキを図書室の外へ持ち出して、自分がまずい立場に追いやられるのが怖かったのだ。ただ、いうまでもなく、彼が食べているあいだ横に立っていたら、ぼくがこのケーキをあげたんですと認めているのも同じだった。

エリアのカップケーキの食べ方は妙に親密で、官能的といってもいいほどだった。ほとんどの楽しみを取り上げられた受刑者にとって、外の世界で売っているチョコレート・カップケーキは、単なるチョコレート・カップケーキ以上の意味を持つ。エリアは飢えを満たしていた。

いや、それは正確な表現じゃない。ぼくが彼の飢えを満たしてやっていた。そして、食べるところをのぞき魔みたいにみていた。ぼくはふと思った。刑務所の職員がフィーダーになる場合、もっと別の後ろ暗い動機も働いているんじゃないか。いまぼくが感じているような力関係を感じて興奮したい、受刑者と俗っぽいパワープレイを演じたいという気持ちだ。無力な受刑者の動物的欲求を満たしてやることには、倒錯的といってもいい一面があるんじゃないか。刑務所には極端な、絶対的に不平等な力関係が存在していて、受刑者には事実上プライバシーなんてないから、職員と受刑者のあいだにSMめいた関係が成立する危険は十分にある。だから、単純に親切に振舞うのがとても難しい。

SM的妄想は、刑務所の構造的な特徴でもある。あるとき読んだカイトでは、女性受刑者が男性受刑者にその種の妄想を語っていた。あんたは刑務官の制服姿（彼女はとくにブーツに執着していた）であたしの房にきて、ひざまずけってきびしく命令するの。初めのうち、あたしは反抗的でいうことをきかないから、もっと強く出て、むりやり従わせる……という内容だった。

現実に、刑務所での情事がまったく新しい意味をおびるのは、監視カメラのせいで受刑者や職員が捕まったときだった。実際に捕まった職員もいたが、その情事の場面は、おなじみの職場での情事のイメージと比べて、はるかに艶《つや》っぽさを欠いていた。結婚していて子どもも何人かいる女性の一般職員が、若い受刑者と清掃用具室でセックスしているところを監視カメラにとらえられたことがあった。あるいは、複数の男性受刑者と親しくなりすぎた女性刑務官が首になったこともあった。しかも、これらはたまたま捕まった職員の例にすぎない。

ぼくは図書室の奥の物品保管室で、エリアとある種の秘密を持った。ただ、ぼくのほんとうの罪は、禁制品の食べ物を彼に与えたことではなく、彼にひとりでそれを楽しむ空間を与えなかったことだった。

エリアがカップケーキを半分ほど食べ終えたところで、ぼくは、誕生日おめでとう、これからの一年がこれまでの一年よりもよくなるといいね、というと、部屋を出てガラス戸を閉め、ささやかなプライバシーをあとに残して去った。

❇自由世界で

ある夜、ぼくは遅番の勤務のあと残業もして、十時近くなってようやく自由世界に出た。バスに乗ろうとマサチューセッツ・アベニューを歩いていると、ドンドンという音がきこえてきた。みると、男がひとり、ダンキンドーナツの店内で厚板ガラスのウィンドウをたたいている。注意をひこうとしているようだが、ぼくはその男がだれか思い出せなかった。しかし、男がサングラスを持ち上げると、わかった。小さくて眠そうな目、はれぼったくて開いているのか閉じているのかわからない瞼——よく図書室にきていたアンソニーというピンプだ。通称アント。彼はスペイン王室史の本と雑誌の「カー・アンド・ドライバー」を読むのが好きだった。

元受刑者を街でみかけても、だれだかわからないことが多い。ぼくは刑務所の中にいるときも外にいるときもみた目はまったく変わらないが、受刑者が出所して私服やアクセサリーを身につけ、刑務所とまったく違う場所に現れると、別人にみえる。表情や態度まで、刑務所にいた頃とは違っていることが多い。酒を飲んでいたり、クスリでハイになっていることもある（刑務所内でも酒に酔った受刑者をみかけることはあるが）。自由の身になった元受刑者は、ぼくが知っている受刑者にどことなく似ている程度で、せいぜい受刑者の兄か弟みたいな感じだ。たいていの場合は、双子の邪悪な片割れだが。

とくに、派手な服装をしていると別人のようにみえる。アントもそうで、全身、目のさめるような白でコーディネイトしていた。ピンクの縁取りのある派手なスウェットバンドとベルト、大きな模造ダイヤつきのピアス、フレームの太いDKNYの女物のサングラス。ラコステの半袖のボタンダウンシャツを第二ボタンまで外し、やはりラコステの膝丈のかちっとしたショートパンツをはいている。そして、しみひとつない白のペニーローファー（甲の部分にはさんでいるのは一セント銅貨ではなく二十五セント硬貨だが）を素足にはいている。両手には、鮮やかな赤と黄の野球のバッター用手袋。腕にゆるく巻いている腕時計はブルガリか、よくできた模造品だ。火のついていない〈フィリーズ・ブラント〉の安タバコをシガレットホルダーにさし、慣れた感じで口の端にだらしなくくわえている。鼻の下には、ストリート風の口ひげ。

ひとことでいうと、アントのファッションは典型的なゲットー・プレップ（まがい物のブランド品などでまとめた、プレッピースタイルをくずした服装）だった。これは目下、アメリカのピンプが愛好しているファッションで、C・C・トゥー・スイートにいわせると、ピンプは何かにつけて古典的《クラシック》なものを好むそうだ。

こうした偶然の再会が増えてきた。刑務所で働いてどのくらいになるか、街で出くわす元受刑者の数でわかるくらいだ。刑務所に就職するまでは、元受刑者に街で会うことなんてなかった。働きだして二、三ヵ月すると、ときどき出くわすようになった。一年たつと、かなりの頻度になった。一足ごとに元受刑者に会うような気がする日もあるくらいだ。一緒にいる友だちがおもしろがることもあった。ボストンの中心部で映画をみたり、地下鉄に乗ったりしていると、強面の悪党が近づいてきて、ぼくにニッと笑いかけ、昔からの友だちみたいに近況を報告しあうのだ。

アントは手袋を片方外して騎手みたいに握り、ダンキンドーナツのウィンドウの中から、入ってこいよとぼくに合図した。しかし、ここで入れば刑務所職員の暗黙のルールを破ることになる。上司のパティは、外で元受刑者に会ったとき、失礼にならないようにあいさつしてさっさと立ち去るための言い訳を用意してあるといっていた。パティだったら、アントとは決して同席しないだろう。しかし、ぼくは思った。いいじゃないか、一緒にドーナツを食べるくらい。べつに違法じゃない。

店に入ると、アントは「久しぶりだな」といって、ぼくを悪党っぽくがしっと抱きしめた。ぼくは急いで周囲を見渡して、刑務所の同僚がいないことを確かめた。密告を恐れているときに、同僚の目は敬遠したい。店内にはほかに二、三人の客がいて、こっちを不審そうな目でちらっとみた。

「調子はどうだい、しゃれ者《ピンピン》」。ぼくはつい口走った。アントは真夜中に女性用ブランドのサングラスなんかかけていたので――いかにもそれらしいファッションには敬意を払わないと、と思ったのだ。

「相変わらず、おれのＰにポップ（英語のpopには「セックスする」という意味がある）させてる。わかるだろ？」アントはくわえたシガレットホルダーを揺らして答えた。ぼくたちはテーブルをはさんで座った。アントが紙ナプキンでドーナツのくずを拭く。テーブルには、大きなカップに入ったコーヒーがふたつ。アントはここで長い夜を過ごすつもりらしい。

「もちろんわかるよ。ポップは決して止まらない、だろ？」Ｃ・Ｃのおかげで、ピンプ言葉には精通している自信があった。

「そうだ、そういうことだよ、ブックマン」。アントはテーブルごしに身をのりだして、拳をぼくの拳に合わせた。ぼくはまたも、思わず応じていた。長い一日だったし、ピンプとの気楽な会話はこの仕事の唯一の特権だ。もちろん、勤務中はピンプと話しこんだりしないが、原則、「ダンキンドーナツでは自由」だ。

ちょうどそのとき、片方のコーヒーを飲んでいたのがだれかわかった。トイレからほっそりした厚化粧の若い女が出てきて、こっちへ歩いてきたのだ。スティレットヒールの靴をはいて、ふらふらしている。髪を複雑に結いあげ、服は、胸元がクロスカットで青紫のポリエステルのミニワンピース。秘密兵器のおかげで、小さめの胸が大幅に増量されている。

「アヴィ？」女はいきなり足を止め、ひっくり返りそうになった。

まさか、知り合い？　だれだっけ？

経験したことのない気まずさだった。ぼくは動じていないふりをして、さりげなく彼女の顔を観察した。結果、バカみたいな笑みを浮かべていたと思う。

「覚えてる？」女はそういいながら、アントのほうをちらっとみた。アントは作り笑いを浮かべ、シガレットホルダーをきつくかんだ。

「もちろん覚えてるよ」。そう答えた瞬間、ほんとうに思い出した。「図書室にきてたよね」。

彼女が図書室にきたときの様子を思い出した。まだ二十歳そこそこで、囚人服のせいで小柄にみえた。美術本が好きで、画集を一冊手にしては本棚の奥にひっこんだ。何ヵ月か前に図書室でフリーダ・カーロがブームになったが、彼女もそのブームに熱心に参加していた。カーロの絵でどれが好き？ときいたら、即、画集をめくって「水が与えてくれたもの」という絵を出してみせた。バスタブで入浴している人の視点で描かれた絵で、ペディキュアをした両足を背景に、ミニチュア化された様々なイメージが湯に浮かんでいる。スポンジの上のふたりの女、火山から噴出するエンパイアステートビル、綱渡りの綱、様々な植物と動物。

その絵のどこが好き？ときくと、彼女は答えた。

「わかんない。でも、大好き」。

彼女とは図書室で短い会話を二度ほど交わしただけだが、これがそのうちの一回だった。

「何よ、アヴィ」。その彼女がいま、ダンキンドーナツの椅子にへたりこむように座り、顔を手で覆った。「なんでこんなとこにいるの。何してんのよ？」

「この人にそんな口をきくんじゃない」。アントがおだやかにいった。

ぼくはアントをにらんだ。

「あたしだって頑張ってる。ほんとよ」。彼女はまたぼくに向かっていった。「更生プログラムにだって入ってたし、正しいことをしようとしてる」。

なんと答えたらいいかわからなかったが、アントはわかっていた。

「バカ野郎、口を閉じとけ」。

アントの声はささやきに近く、とても抑制がきいていたので、言葉の意味がするりとぼくの横を通り過ぎていきそうだった。ピンプは騒ぎを起こさず、さざ波さえ立てずに人前で相手を罵倒するすべを心得ている。それもピンプならではの技のひとつなのだ。

「まあ、落ち着いて」。ぼくはいった。

なんとか自分を抑えて、アントに率直な意見をいうのはひかえた。また、彼女のほうに助言したい気持ちも抑えた。ほんとうはこういいたかったのだ。いまからでも更生はできるし、援助だって得られる。きみはまだ若いんだから、学校を卒業するのをあきらめちゃいけない。きみを信じてくれる人たちがきっといる……等々。要するに、彼女が信頼しているだれかの口からきくべきことを、全部いってあげたかった。

しかし、それは逆効果だと判断した。ぼくが助言したりしたら、彼女はアントの顔をつぶすことになり、あとで怒りの矛先を向けられるだろう。ぼくがふたりのどちらにいいたいことをいったとしても、アントを怒らせ間接的に攻撃することになるし、彼女を――さらにはぼく自身を――危険にさらすことになる。ここは刑務所じゃない。現実の世界だ。アントは彼女のピンプであり、ぼくはカーキ色の服を着たやせっぽちの男にすぎない。ここでは、ぼくにできることはあまりない。巻きこまれるのはよくて無意味、最悪の場合は危険だ。

　アントはさりげない風をよそおって、女にぼくのドーナツを買いにいかせた。彼女はすぐに従い、ぼくは断るタイミングを逸した。アントから何人かの受刑者の消息をたずねられたが、どの質問にも「元気だ」とだけ答えた。この状況に、ひどく憂うつな気分になった。アントはいったいぼくに何を望んでる？　なぜぼくを招き入れた？

　その答えを思いついて、よけい憂うつになった。アントがぼくを招き入れたのは当然だ。ぼくは彼の演技に調子を合わせ、しゃれ者《ピンピン》なんて彼を呼んで持ち上げ、総じて彼の街《ストリート》での人格に敬意を表したのだ。それが一転、いまはアントに腹を立てているのはなぜだ？　単にあの女の子を知っているから？　知らない子だったら平気なのか？

　こういう男や女がいることは知っていたし、話もいろいろきいていた。しかし、実際にふたりが私服姿で一緒にいるところを目の当たりにし、自分がその状況に巻きこまれてみて初めて、ほんとうの意味で理解した。ピンプと雑談にふければ、受刑者をあだ名で呼んだ場合と同様、ぼくは本来とは反対側の人間とみなされてしまう。この場合は、若い麻薬中毒者の女性を罵倒し搾取する側に迎合したことになってしまう。そういうことをするピンプと愉快にしゃべっていれば、ある意味、共犯者になるのだ。

　まさかそこまでは、と思うなら、彼女の言葉を思い出してみればいい。あたしだって頑張ってる、と彼女は泣きそうになりながらいった。更生プログラムにも参加したし、「正しいことをしようとしている」のだと、必死でぼくに言い訳した。なぜ彼女はぼくの前であんなに身構えた？　彼女とは、更生プログラムについても、正しいことをするということについても、ほとんど話したことなんてないのに。少なくともぼくは覚えていない。大勢の受刑者から、更生プログラムをみつけるのを手伝ってほしいとか、申込書を書くのを手伝ってほしいと頼まれるから、全員のことは覚えていない。

しかし、問題はぼくが覚えていたかどうかじゃなく、彼女が覚えていたってことだ。彼女はぼくを、刑務所で自分の更生（結果はどうであれ）に関わった人物としてはっきり認識した。そのぼくが、彼女のピンプであるアントと軽い調子でしゃべっていた。ぼくがアントのことをしゃれ《ピンピン》者と呼んだのを、彼女はきいただろうか？　ぼくがアントと冗談をいいあうのをきいただろうか？

刑務所で働くようになってからも、ぼくはごくふつうのアメリカ人として「ピンプ」「ホウ」という言葉を使いつづけていた。しかし、本物の「ピンプ」と「ホウ」を相手に皮肉っぽく距離をとることもできなかったし、中途半端に口をはさむこともできなかった。

なんでこんなところにいるの、と彼女は会うなりぼくにたずねた。

その通りだった。

✻トゥー・トゥー

ダンキンドーナツで元受刑者のピンプとホウに会ってからというもの、C・C・トゥー・スイートについても真剣に考え直した。ぼくはC・Cというやっかいな人物を大目にみてきたんだろうか？　頭では、彼がどんな人間か理解していた。彼が話してくれたから。しかし、ほんとうの意味で理解していたといえるのか？

C・Cは、ピンプの仕事は一種の芸術だと主張していた。実際、それはじつに男っぽい芸術で、ピンプ以外のだれもがあこがれると。この主張は彼の文才によって実証されていた。彼には言葉で人を誘惑する力があり、自分の内面をみつめてそれを言葉で表現する能力にめぐまれていた。彼はすぐれた誘惑者であり、言葉で世界を構築することができた。

C・Cには銃器など必要なかった。銃器は言葉の使い方を知らない連中のためのものだ。あるいは、彼の言葉を借りれば、「おれにはスミス&ウェッソンなんて必要ない。メリアム&ウェブスター、つまり辞書があればいい」のだった。そうしたコメントをどう受け止めるべきか、よくわからなかったが、じつのところ、ぼくはあまり深く考えなかった。おもしろかったから、そのまま受け入れていた。

とはいえ、C・Cがぼく以外の人間と話しているときには、やりすぎというか、誇張しているのがわかった。C・Cがまさに「うまい話」をだれかにしているところもみた。それは詐欺師の衣装のようなもので、彼自身、回想録の中で「詐欺のまぎれもない兆候」だと述べていた。ただ、C・Cが機知を発揮しすぎると、たいてい皮肉な結果になった。

「真のピンプは常に内密に隠密にことを運ぶ」と、あるときC・Cはいったが、そういうことを公表すること自体、その原則を犯す行為だった。

そうしたいろいろなことを考えると、気持ちが沈んだ。ぼくはC・Cの言葉にだまされて、進んで催眠状態に陥り、彼の物語を信じ、彼自身をも信じていたのか?

ぼくがC・Cの原稿にすぐに直しを入れて返さないと——本来の業務があるから、そう早くは進まない——C・Cは怒りをあらわにした。図書室のカウンターに拳を打ちつけ、いったりきたりして、なんとか自分を抑え、壁なり人なりを殴るまいとしているみたいだった。そんな彼の怒りに対する自分の反応に、ぼくは愕然とした。うっすらと罪悪感を抱いたのだ。まるで彼を失望させてしまったかのように。実際には、ぼくは無報酬でC・Cの執筆を手伝っていて、彼のために自分の業務範囲を、おそらく違反といえるほどに広げていたのに。ほんの一瞬、C・Cの車の後部座席に乗っていた風俗嬢たちの気持ちがわかったような気がした。彼を満足させられる稼ぎを持ち帰れなかったとき、どんなに申し訳ない気持ちになったか……。そう考えてぎくりとし、不幸な自問をせずにいられなくなった。C・Cはぼくを風俗嬢みたいに扱ってるのか?と。

C・Cが図書室で若いピンプたちの相談に乗ってやっているのをみかけることもあった。C・Cは後輩たちを励まし、導き、マインドコントロールのこつを教えてやっていた。ちょうど、彼自身が成り上がりの若者だった頃、老獪な先輩たちから教わったように。

彼の妙にリズミカルな名前も気になった。C・C・トゥー・スイート。彼の仲間は縮めて「スイート」とか「スイーツ」と呼ぶことが多かった。彼の否定しがたい魅力を考えると、それらはふさわしい呼び名といえた。しかし、まん中の短いが暗示的な言葉、トゥー（Too）が気になった。この言葉には「過剰に」「度を超えた」という意味があるから、本人が意図した以上に多くのことを露呈しているかもしれない。

C・Cや図書室の常連たちに出会うまで、ぼくはピンプと話したことなんてなかった。ピンプをみかけるのは映画の中だけだった。それか、大学の〈ピンプ&ホウ・パーティ〉で、ズートスーツ（襟幅が広く丈が膝まである上着と、だぶだぶのズボンを特徴とするスーツ。一九三〇年代末から四〇年代にメキシコ人や黒人の若者のあいだで流行した）に身を包み、頭にのせたフェドーラ帽に長い羽根をさしたピンプもどきに出くわした程度だった。ちなみに〈ピンプ&ホウ・パーティ〉というのは、エリートの若者たちがイカレた服装をして、酔っぱらった勢いでセックスするのを容認する集まりだったが、C・Cの人生はパーティとはほど遠かった。

ともあれ、この疑問——自分は好んでC・Cの誘惑に身をまかせたのか——を抱いたぼくは、グーグルでC・Cを検索してみた。受刑者についてネットで検索することに関して、ぼくはとくに基準を設けておらず、たいていは特別な理由のあるときに検索する程度だった。たとえば、新しく図書係を雇うときには、候補の受刑者をネットで検索して、刑務所の司書の肉を食った前科がないか確かめた。しかし、C・Cと長いこと一緒に作業をしながら、もっと早く彼について調べなかったのは、内心そうしたくなかったせいかもしれない。ダンキンドーナツの一件があった次の朝、ぼくはざっとC・Cについて調べた。

まず、「ボストン・グローブ」紙の記事はこう伝えていた。「昨日、ボストン出身の男が三人、誘拐の罪で起訴された。三人はウスターで若い女性ふたりを誘拐し、ボストンの歓楽街で強制的に売春行為をさせた疑い」。

別の、もっと最近の新聞記事には、「ロクスベリー出身のチャールズ・ジャーヴィス、三十五歳は、九月八日、マサチューセッツ州クインシーの〈スーパー8 モーテル〉で十四歳の少女と一緒にいるところを逮捕された。少女は前日に家出していた。ジャーヴィスは強姦、誘拐、強制売春未遂の三つの罪で起訴された」。

強姦、誘拐、そして未成年者への強制売春！ 十四歳といったら、九年生（通常、ハイスクールの一年生にあたる）じゃないか！ ぼくは椅子からすべり落ちそうになった。C・Cがその少女とモーテルにいるところを想像しただけで、胸がむかむかした。前の晩にダンキンドーナツで出くわした場面より、はるかに悪質だ。未成年者への売春の強要は最悪の犯罪のひとつで、札つきの犯罪者でさえ許せないと感じるものだ。

もっとむかつくのは、ぼく自身がやすやすと、喜んで、C・Cの頼みに応じたことだ。何ヵ月も前からC・Cは、自分はピンプだとぼくにいい、それを自慢していた。ところがいまになって、ぼくはいきなり腹を立て、彼を責めようとしている……ピンプだという理由で？ いったいぼくはピンプをなんだと思っていたんだ？ ピンプであるということが何を意味するのか、あえて考えずにいたと認めざるをえなかった。

とはいえ、C・Cが重要な情報をいくつか隠していたのも事実だ。回想録の原稿の中で、なぜか彼がぼくにみせようとしない章がいくつかあった。まだ書き終えていないからといっていた。そのとおりだったのかもしれないが、もしかしたら本の全貌を知られたくなかったのかもしれない。しかし、もちろん、責任はぼくにある。ぼくが進んでだまされたんだから。

上司は、ぼくがC・Cの回想録に関わったと知ったら喜ばないだろうし、もしぼくが非難を受けるようになっても味方になってはくれないだろう。そんなことで自分の職を危うくしたくないに決まっているし、ぼくにも同じように振舞うよう忠告するだろう。

ぼくは結局のところ公務員として給料をもらっているし、絶え間なくメディアに監視されている政府機関の一員だ。ハーバード大学の卒業生で「ボストン・グローブ」紙の記者をしていた未熟な若者が、公務員としての勤務時間と納税者の金を使って、常習の重罪人＋ピンプ＋性犯罪者の男が暴露本（C・Cの本を、スキャンダルを追う記者はこう呼ぶだろう）を出版する手助けをしていた、という話は間違いなく、タブロイド紙の「ボストン・ヘラルド」が好む類いのネタだ。しかも重要なのは、それが正しい指摘だということだ。なぜ公務員がそんな男を手助けする必要がある？そんな男は独房で朽ちはてればいい――そう思うのが当然だ。

また、C・Cがぼくの上司または新聞社に出来事の猥褻《わいせつ》なバージョンを吹きこんでぼくを醜聞にさらすんじゃないか、という漠然とした不安もあった。原稿の編集という作業を通じて、ぼくは自分自身の信用を危うくし、C・Cの影響力を甘受した。事実が明るみに出たとしても、現時点でC・Cが失うものはほとんどない（もちろん原稿は失うだろうが）。一方、ぼくは、仕事も、名声も、プライドも失うことになる。C・Cはあぶないと思ったら、ぼくを侮辱するか脅そうと考えるかもしれない。想像上のタブロイド紙の見出しが頭から離れなくなった。「両親激怒――わたしたちの税金が、わたしたちの十代の娘を強姦した男の暴露本の執筆に使われるとは！」その記事にはぼくの刑務所用ＩＤカードの写真も載るだろう。超短髪でおどおどした笑みを浮かべたぼくの写真に、「おもしろい本になると思ったんです」というキャプションが添えられるだろう。この被害妄想のせいで、ぼくは不眠に陥った。

ぼくはC・Cと距離を取ることにしたが、彼にはとくに説明しなかった。何がいえるというのだ？ ごめん、ふと思ったんだけど、きみって最低の犯罪人なんだよね、とか？ あるいは、ミス・マナーズ（アメリカの女性ジャーナリストでマナーの権威であるジュディス・マーティンのペンネーム。この名前で、一九七〇年代から多数の新聞にマナーに関する助言のコラムを連載している）に相談の手紙でも書くか？ ピンプの友人と決別するときは、どんなマナーに気をつければいいですか？と。

C・Cに対して、そして自分に対して失望し、ひとしきり怒りに身をまかせたあと、ぼくはもう少し中立的な立場に落ち着いた。自己防衛に徹し、回避という道を取ったのだ。向こうがトゥー・スイートなら、こっちはトゥー・ビジーだ。ぼくは急に忙しそうに振舞い、彼と座って話す時間もなければ、彼の作品を編集したり入力してやったりする時間もなくなったと態度で示した。彼とのあいだに、少し距離を取る必要があった。じきに、C・Cはぼくに対して用心深くなり、ことさら礼儀正しく振舞うことで憤りをかろうじて抑えていた。ぼくが彼のほんとうの姿を知ったことを、彼も知ったのだ。

✻タカの季節

タカの季節がめぐってきた。刑務所の中庭を見下ろす屋根の縁にタカがとまり、監視官みたいに目を光らせていた。刑務所内では、この鳥に関していろいろと憶測が飛びかっていた。受刑者、職員を問わず、多くの人がこの鳥を恐れていた。一方、よい前兆だと考える人もいた。あのタカは「精霊の化身」か、ひょっとしたら受刑者のだれかの魂で、自分の檻のまわりを飛び回っているのかもしれない、というのだ

例によって図書室でも諸説が乱れ飛んだ。その赤い尾をしたタカが刑務所を好むのは、ネズミが驚くほどたくさんいるせいだと考える者も何人かいた。あの鳥はあそこに巣を作ったのだと主張する者もいたが、巣をみた者はひとりもいない。そうかと思えば、政府は保護動物種を合法的には完全駆除できないので、これ幸いとばかり、受刑者に向けた一種の残酷なジョークとしてタカの巣を刑務所に移動したのだという者もいた。懐疑的な連中は、あれはハトをおどして追い払う（この任務は大いに達成されていた）ためのプラスティックのおとりだと片づけた。しかし目撃者の多くはタカが動いたのをみていた。なかには、空高く舞い上がったのをみたという者もいた。翼を広げると人間より大きかったという。

しかし、タカはほとんどいつも、ただ屋根の縁にとまって、下の世界で繰り広げられる人間のドラマをながめていた。

✻著作権取得ずみ？

タカの季節のある午後、ぼくは図書室の奥の部屋で、チャドニーが料理学校の願書に添える手紙を書くのを手伝っていた。ところが、チャドニーは途中でうんざりしたようにボールペンを投げ出した。気がかりなことがあって集中できないらしい。どうしたのかたずねると、ため息まじりに答えた。

「3－1ユニットに入ってきた新顔が、知ってるやつなんだ。少し前に、おれの手下をひどく傷めつけやがった」。

ぼくは最近、何を知りたくて何を知りたくないのか、よくわからなくなっていたが、この場合はもうそれ以上知りたくなかったので、それ以上何もたずねなかった。しかしチャドニーは続けた。

「そのクソ野郎、盗みもやってたのは確かなんだが、とにかくそいつがにたついて3－1ユニットに入ってきやがった瞬間、ただじゃすまねえとわかった。そういうもんだろ？　向こうも同じだった。おれがいるのに気づくと、笑うのをやめた。間違いない」。

「で、それから？」

「別に、何も」。チャドニーは刑務所支給の曲がるボールペンをまた手に取ると、応募書類にざっと目を通した。

チャドニーの話では、いまは「引き金を引くのをひかえて」いて、その男に何もする気はないという。ほんとうは復讐したくてたまらず、仲間の仇を取る責任も感じている。だが、懲罰房に送られたり、入院したり、また別の訴訟をひいたりするのはごめんだ。なぜなら、まっとうな仕事に就く道から外れたくないから。料理学校に願書を出したりレシピを覚えたりして、テレビの料理番組を持つという長期的な目標に向けて準備するのをやめたくないから。ギャング同士の争いに巻きこまれることは、「プラン」には含まれていない。

ぼくは、慎重に対処しててえらいね、とチャドニーをほめた。

ところが、チャドニーはきっぱりいった。「そううまくいくもんか。いさかいは必ず起こる。片のついてない問題は、最後には片がつく。そういうものだ。同じユニットに敵がいるんだからな」。チャドニーのいうことは、キャットが懲罰房からもどってきたときにいったことと無気味なほど似ていた。この状況では暴力は避けられないと、チャドニーはいった。争いは避けたいが、必ず争いになることはわかっている。しかも、それは予期せぬタイミングで起こるかもしれない。こちらが反応を遅らせれば遅らせるほど、敵に優位に立つチャンスを与えてしまう。こちらの自制心は弱さと受け取られるか、最悪の場合、うぬぼれと受け取られ、警察にたれこんだ証拠と誤解される。その男と違うユニットに移してくれと刑務所当局に頼んだとしても、やはりたれこみ屋の烙印を押される。どう転んでも、事態は悪化する。

チャドニーは、いっそ何かバカなことをして「引っ張られる」、つまり懲罰房に入れられてしまおうかとも考えたという。しかし、それもあきらめた。理由はふたつある。ひとつ、敵に意図を見破られてしまうから。そしてもうひとつ、料理学校の入学願書を書けなくなるから。

「じゃあ、どうするんだい?」ぼくはたずねた。

するとと、今度もチャドニーは「別に、何も」と答えた。

そしてまた、チャドニーは願書の添え状の推敲《すいこう》にもどった。少しすると気分が明るくなったらしく、初めて書いたというレシピを取り出して、ぼくにみせてくれた。写したりコピーを取ったりしないでくれよ、と前置きして。自作のレシピは守らないとな……。なるほど、紙の右下の隅に、チャドニーの名前と著作権を表すマークの©が書いてあった。

「このタトゥーを胸に入れようかと思ってる」。チャドニーは著作権のマークをさしていった。「これからは著作権・命だ。だから集中しないとな」。


そのあと、ぼくは職員用カフェテリアへいく途中、中庭で足を止めて、悪名高い例の尾の赤いタカをみてみた。薄茶と赤さび色の保護色の羽を持つ猛禽《もうきん》は、ぴくりとも動かずに屋根の縁にとまっていた。あまりじっとしているので、一瞬見失ったほどだ。タカは高所から、人間の約八倍といわれる視力で刑務所の中庭をじっと、じっと見張っていた。そして、見張っているのはタカだけじゃなかった。中庭の端に刑務官が何人か立って、雑談しながら男性受刑者を見張っていた。女性受刑者も高層棟の中で同じように雑談をしながら、同じように男性受刑者を見張っていた。

タカは目を見開き、まばたきもしない。まるで小さい神様が脚を複雑に組んで座り、瞑想にふけっているようで、大きく動いている世界が、この小さなとびきりの静寂に包まれていた。ひょっとしたら模型説は正しくて、このタカはハトをおどして寄せつけないために置いてあるプラスティック像にすぎないのかもしれない。と思ったとたん、それは動いた。大きな堂々たる翼を几帳面そうに広げ、翼の端にそって一本一本の羽根をぴんと立てる。それから、タカはまた静かに翼をたたんだ。マジシャンがおじぎをするみたいに、そっと。一瞬、白いものがちらっとみえたと思ったら、下腹部だった。はるか下の中庭からでも、油圧シリンダーみたいなごつい脚がみえた。歩行にはほとんど役立ちそうにない濃い黄色のかぎつめは、たったひとつの恐ろしい目的のためのものだ。そう思うと体が震えた。

❇波を止める

テーマ音楽が流れだす。ゆるいテンポの、品のいい曲だ。たとえばグラディス・ナイト&ザ・ピップスのように古めで、年配の視聴者がくつろいだ気分になり、若者が伝統を感じるような曲がいい。そして、ゆったりした雰囲気の中、チャドニーがぱりっと糊のきいたピンストライプのズボンにワイシャツという、カントリークラブ風カジュアルの服装で撮影セットに登場する。彼はにこやかに手を振って、スタジオの観客の声援に答える。セットは日当たりのいい都会のマンションで、窓の向こうには空を背景に立ち並ぶビル群がみえる。

「ようこそ、チャドニー・フランクリンの『アーバン・クッキング』へ」。

(「サグ・シズル」という番組名はやめたらしい)。

チャドニーはエプロンをつけ、シャツの袖をまくりながら、かわいいアシスタントと他愛ない会話をする。アシスタントが、自分によく似た二歳のわがままな娘にまつわるおもしろい話を披露して、観客を笑わせる。アシスタントは黒人女性で、どこにでもいる親しみやすい女性といったタイプだ。コメディアンかもしれない。彼女はちょっと勢いづき、チャドニーをからかおうとして観客にいう。

「こちらの有名なシェフは、まだエプロンのつけ方がわからないみたい」。

チャドニーは口を開けて弁解しようとするが、何もいえない。ニッと笑って負けを認める。観客は愉快そうに笑う。

チャドニーは「本日の料理」についてアシスタントと気楽な会話を交わしたあと、カメラ目線で両手をこすりあわせながらいう。「よーし、それじゃ始めようか……」。

チャドニーによると、この空想の中でいちばん気に入っているのは、それが実現する頃には十歳から十五歳ぐらいになっているはずの自分の息子が、スタジオの片隅でみているという設定なのだそうだ。チャドニーはいう。

「想像できるか？　パパがテレビカメラの前で活躍するのをみながら育つんだ。かなりかっこいいだろ」。

チャドニーは息子のことを少し話してくれた。息子が四歳のとき、ふたりでコネティカット州の海岸へいったことがあるそうだ。息子は海をもっとよくみようとして、そろそろと波打ち際に近づいた。ところが、波がおだやかに砂浜に打ち寄せたとたん、悲鳴をあげ、回れ右をして必死に逃げた。

しかし、ぴたりと立ち止まり、また回れ右をして波打ち際にもどると、しゃがみこみ、後ろにころんと倒れた。チャドニーにはすぐにわかった。息子は波が砂浜に上がってくるのを止めようとしているんだと。

チャドニーは息子に、波が砂浜に打ち寄せても大丈夫なんだと説明した。波とはそういうものなんだと。幼い息子は納得せず、父親の腕に抱かれて座ったまま、海をにらみつけていた。チャドニーにはいまでも、息子がなぜ波を止めようとしたのかわからない。波が自分を傷つけるとでも思ったのか？　パパとママを傷つけると思ったのか？　とにかく、波の何かが息子を不安にさせたにちがいない。もしかしたら、波音が大きいので、波が地球を飲みこんでしまうと思ったのかもしれない。波とは侵食し変化させる力だということを、感じ取ったのかもしれない。はっきりとはわからない。だけどはっきりしているのは、とチャドニーはぼくにいった。息子が勇敢にも、わが身を投げ出して「悪」をせきとめようとしたことだ、と。

チャドニーは満面の笑みを浮かべていった。「勇気ってやつは、教わって身につくものじゃないからな」。

❋鋤《すき》のポーズ

トレーニングルームで、ヨガのポーズでもとりわけ恥ずかしい「鋤のポーズ」を取っていたら、刑務官が入ってきた。このポーズは、あおむけに寝て、肩でバランスを取り、両脚をまっすぐのばしてぴたりとつけた状態で床から上げ、そのまま倒していって、顔を越えて足先を床につける――というのが、正しいやり方だ。

しかし、正しくできないと、ぼくなどはほんとうにひどいものだが、両脚が開いてしまう。すると大方の人の目には、ユーモラスでちょっとつらそうに映る。みる人によっては、はるかに具体的な行為に映る。トレーニングルームに入ってきた刑務官の顔は、彼が後者のタイプであることをはっきりと示していた。

そのような状況で、ぼくにどんな弁解ができるだろう？　これは標準的なヨガのポーズなんだ、と？　それとも、ヒンドゥー教でいうシャクティとは神聖なる本能的エネルギーで、導師ウィキペディアによれば「女神として人格化され、頂点にのぼりつめると神（シヴァ神）と一体化し、これを熱望する者（つまり、ぼく）は深い瞑想に入り無限の至福を感じる」のだと？　それが自分で自分にフェラをすることを複雑かつ遠回しにいっているわけじゃないとわかってもらうには、どうしたらいい？　ぼく自身、そうじゃないと言い切れる自信がない。

とにかく、鋤のポーズを取っているところをみられるのはいつだってばつが悪いのだが、そのときはとくにタイミングが悪かった。ぼくは職場の人間関係に問題を抱えていた。刑務官の一派を怒らせ、そのひとり、チャズルウィットを首寸前まで追いつめてしまったのだ。よりによって、その一派の刑務官のひとりがウェイトトレーニングにやってきた。そして、ぼくが仕事着のままワイシャツの前をはだけ、「彼の」トレーニングルームで同性愛的・自己愛的なヒンドゥー起源の運動にふけっているところを目の当たりにすることになった。

まったく皮肉なめぐりあわせだった。ぼくがトレーニングルームにいったのは、ひとつには刑務官たちとのいざこざが原因だった。彼らに敵意のこもった目でにらまれて、ぼくは落ち着きをなくし、ストレスで背中に激痛が走るようになった。そんなとき、だれかにヨガをすすめられた。それまでは本気でヨガをやろうなんて考えたこともなかった。ヨガというと、ヨーグルトとフォンダ（女優のジェーン・フォンダはヨガ好きで知られ、ヨガのビデオやDVDも出している）のかけあわせみたいで——自尊心あるアメリカ人男性がたしなむ類のものではないと思っていた。しかし、当時のぼくはわらにもすがる思いだったので、ヨガを始めた。その結果、刑務所の職員用トレーニングルームで、ぼくを軽蔑しきっている刑務官とふたりきりという状況に陥ったのだ。しかも、顔をまともに股間にうずめた状態で。

すぐにポーズを解こうとしたが、だめだった。どうやら、いったん鋤になってしまうと人間にもどるのは難しいらしい。顔をもう少し股間に密着させれば、うまくいきそうだけど……。やっとのことで鋤のポーズから脱し、さっと立ち上がった。

「ちょっとストレッチをやってたんです」。ぼくはわざとらしく片腕を頭の後ろにやって、もう一方の手で引っ張った。

このひとことは無視された。そればかりか、ぼくの存在自体が無視された。刑務官は黙ったまま、バーベルの準備に取りかかった。ベンチプレスで一七五ポンド（約八十キロ）のウェイトをあげる気らしい。ぼくは何ポンドあげられるだろう？　ウェイトトレーニングはしばらくやっていないが……。

いや、大丈夫、と自分に言い聞かせ、ベンチプレスのマシンに向かった。ウェイトを一〇〇ポンド（約四十五キロ）にしてから、二十ポンド追加し、さらに二十ポンド、最後に十ポンド追加して、腰を下ろした。きっちり一五〇ポンド（約六十八キロ）、あげてみせよう。男なら自分の体重ぐらいはあげられないと。

ぼくはあおむけになると、両手で冷たい金属のバーを握り、視線を壁のピンナップ写真に固定した。筋肉増強剤でムキムキになった男たちの写真だ。ぼくの目が、彼らの血走った飛び出さんばかりの目と合った。五メートルほど離れていても、彼らのてかてかの巨体一面に血管が浮き出ているのがわかった。これでは人物写真というより風景写真だ。この男たちは幸せだったんだろうか？　また、この写真を壁に貼った男はどうだったのか？　彼はどんなことを夢見ていたんだろう？　この部屋を使った刑務官たちは、極小のビキニパンツをはいてポーズを取っている写真の男たちをみて、楽しかったんだろうか？

ぼくは大きく息を吸い、半ば息を止めてバーベルを持ち上げ、高々と胸の上にかかげた。と、背中が猛烈に抗議しだした。両腕が勝手に震えだす。まずい。そもそも、ぼくがここにきたのは背中を痛めたからだ。ここでさらに痛めてしまったら大変なことになる。しかも、あの刑務官と張りあいたいというだけの理由で。

ぼくは息を吐き、バーベルを落っことすようにしてもとの場所にもどした。ガシャンと大きな音がした。

壁一面の鏡ごしに刑務官をちらっとみると、こっちをみて満足そうにニヤッと笑ってみせた。ぼくはシャツのボタンをとめて、さっさと立ち去った。

✻ついにキレる

受刑者と同じくらい、刑務官にも目を光らせていないといけないと感じていた。ぼくは巧妙ないやがらせの標的か、少なくとも口実になっていたのだ。いやがらせはいろいろな形で襲ってきた。まず、受刑者の持物検査のときに刑務官が図書室の本を没収し、ゴミ箱に捨てることが多くなったと耳にした。また、図書係の受刑者が毎日のようにチェックポイントで足止めされ、ユニットに送り返されるので、図書室は人手不足になった。

そのうち、二日連続で、ぼくの創作クラスに受講者がひとりもこないという事態が生じた。警備の刑務官にそのことを告げるとメモをみせられたが、そこにはぼくのクラスが休講になったと書いてあった。だれがそのメモをよこしたのかときくと、知らないという。当然ながら、メモには署名がなかった。

その翌週、ようやく授業を再開できたが、見慣れない刑務官がやってきて教室のドアの横に立ち、終始ジロジロみているので、気になってしかたなかった。ほかの講師も同じような目にあっているとのことだった。講師たちはこんなふうに噂しあった。刑務官たちはなんでもいいから口実をみつけて教育センターを指弾するつもりだ。同時に、こちらの神経を逆なでしようとしている。

ぼくになんとしても罪を負わせたいという刑務官たちの思いは、やがて実を結んだ。ある午後、図書室では『アリ・G・ショー』を上映した。ヒップホップ系インタビュアーがコミカルにクソ真面目なゲストを皮肉る番組のビデオだ。その中で、サシャ・バロン・コーエン演じるアリ・Gが木を相手にセックスのシミュレーションをする三秒間の映像が、図書室を非難する報告書のテーマになった。図書室は「不適切な」内容の映像を教材に使った、というのだ。管理部門はその報告書をあまり真剣に受け止めはしなかったが、ぼくは警告を受け、図書室に置く資料の内容をもっと慎重に検討するよう指示された。『アリ・G』は風刺番組です、とぼくは反論したが、「とにかく、そのビデオは教材に使わないように」といわれた。またもや刑務官たちは、ぼくの講習を邪魔し、ぼくに警告を発する方法を見出したのだ。

そんなこんなで、ぼくは精神的に不安定になっていた。そのうえ、一週のあいだに二度もエレベータに閉じこめられた。たしかにエレベータが止まることはたまにあるが、二度目のときはそのせいで講習を中止する羽目になった。ぼくは疑わずにはいられなかった。中央制御室の刑務官がわざとぼくを閉じこめているんじゃないか。それというのも、二度とも停止時間が二十分近くにおよび、それはエレベータの停止時間としては異例なほど長かったからだ。また、刑務官が、ひとりにせよグループにせよ、通常業務の一環として図書室に禁制品が隠されていないか調べにくるたび、ぼくはやや被害妄想気味に彼らを目で追った。わざと何か置いていったり何かやらかしたりして、ぼくをまずい立場に追いやるつもりじゃないかと恐れたのだ。もう、だれを信じたらいいかわからなかった。

しかし、その手のささいないやがらせは大した問題じゃなかった。それらは単なる前兆で、じつははるかに深刻なトラブルが待ちかまえているんじゃないかと思うと、恐ろしくてたまらなかったのだ。いつかＳＩＤの取調室で説明する羽目になるんじゃないか？　なぜ刑務官がぼくの机から麻薬をみつけたのか。なぜ三人の受刑者がぼくからヘロインだかオキシコンティンだかを買ったといっているのか。——ぼくはストレスによる背中の痛みで夜もろくに眠れず、神経が参りかけていた。

最後の挑発は、金曜の朝、早番に出勤した直後だった。ぼくの机の上に、印刷したての報告書がのっていた。ほかでもないチャズルウィット刑務官がしたためたその報告書は、ぼくが意図的にある受刑者に禁制品を与えたと主張していた。与えたとされているのは、ボールペン、鉛筆、マーカー。つまり、ナイフやタトゥーを入れる道具に改造できる（または、そうした目的で売れる）筆記具だ。ぼくのことは、「背が低くやせていてブロンドがかった髪の、図書室勤務の男性職員」と書いてあった。

報告の内容が比較的軽い（麻薬を受刑者に売ったとかいうのとくらべれば）のにはほっとしたが、それでもうろたえた。チャズルウィットは警告を発しているのか？　おれはおまえにどんな罪だって着せられる、と示しているのか？　それとも、ぼくは被害妄想に陥っているのか？　——しかし、いちばん頭にきたのは、まるでぼくが本棚のあいだに棲みついている栄養失調の妖精《レプラホーン》か何かみたいに書かれていることだった。背が低くやせていてブロンドがかった髪の、図書室勤務の男性職員だと？　もうがまんできない。ぼくはついにブチ切れた。

運悪く、ぼくは前の晩も背中が痛くてほとんど眠れず、すでにイライラしていた。時刻は七時四十分。あと二十分で、その日最初の受刑者のグループが図書室にやってくる。シリアルを食べる時間もない。なら、朝食がわりに復讐といくか。

　やや常軌を逸した精神状態で、ぼくは机の引出しをかきまわし、付箋をさがした。ところが、出てきたのはどぎついピンクの付箋ばかり。これじゃだめだ。落ち着いた感じの色でないと。そう、黄色がいい！　きれいな、まさに仕事用という感じの黄色の付箋なら、いうことない。ぼくはあせってさがし続けたが、相変わらずどぎついピンクのものばかり出てくる。全部で六個もある。しょうがない！　元国防長官のドン・ラムズフェルドの言葉を借りれば、「戦場へ連れていけるのは手持ちの軍隊であって、理想の軍隊ではない」。ぼくはピンクの付箋に自分の名前を書いた。それから、頭のおかしい人みたいに、もう一度名前をなぞった。さらにもう一度。そしてアンダーラインを三本引いてから、一枚はがした。自分がゴブリンみたいにニヤニヤしているのを自覚しながら、図書室のドアを勢いよく開けた。おお、チャズルウィットがいる！　すぐそこの廊下に立って、朝のコーヒーが入ったマグカップを持っている。ぼくは近づいていった。

「今度、ぼくのことを報告書に書くときは、ちゃんと名前を書いとけよ」。

　そういいながら、名前を書いた付箋をチャズルウィットの前腕に貼りつけようとした。ところが不運にも、その行為の劇的効果はゼロに近かった。付箋がくっつかなかったのだ、全然。そこで、場違いなほどやさしく、ちょうど母親が子どものひざにばんそうこうを貼ってやるみたいな手つきで、付箋をチャズルウィットのマグカップに貼りつけた。

「なんだよ？」チャズルウィットはきょとんとしていた。

　ぼくは、とくに朝方は滑舌《かつぜつ》が悪い（しかも、めったにないこととはいえ、やや常軌を逸した精神状態であればなおさらだ）。ふと、一度練習しておけばよかった、と思った。決めゼリフを失敗してしまった。ぼくは落ち着きを取りもどし、今度は演劇専攻の大学一年生みたいに明瞭な発音でいった。

「きこえたか。今度、ぼくのことを報告書に書くときには、せめて名前を正しく書けっていったんだ」。

ぼくは自分の名前を異常なほど念入りに書いたピンクの付箋をさし示した。それはマグカップにかろうじてぶらさがっていた。チャズルウィットがぼくをにらんだ。

ぼくは自信を得て続けた。「あと、ついでにいっとくけど、ぼくは小柄じゃない。身長はあんたとほぼ同じだ」。

チャズルウィットはぼくの忠告を聞き入れて、三十秒もしないうちに報告書をもう一通書き上げた。ぼくはまた保安官代理に呼び出された。ただし今回は、「悪い警官」クインの窓のないオフィスだった。さらに、同席者は「いい警官」のマリンではなく、洗練された雰囲気のモリスン警視だった。

すらりとして身だしなみのいい紳士のモリスンは、まさに高官《シニア・オフィサー》といった雰囲気だった。長い顔に悲しげな目、あかぬけた口ひげ、ぱりっとした白い制服——どうみても、この人には立派な馬が必要だ。表向きは交代勤務の指揮官として、またおそらく立会人としてこの場にいるが、じつは単に楽しみを求めてここにいるんじゃないかと、ぼくには思えてしかたなかった。モリスン警視は脚を組み、外交官みたいなしぐさで紅茶をひと口飲んだが、口元が愉快そうに大きくほころぶのを隠そうともしなかった。クインは例によってタフガイを演じた。

「これを読んでもらおうか」。クインは、ぼくが椅子に座るといった。

それは「付箋事件」に関するチャズルウィットの報告書だった。彼は大きいなめらかな文字で、妙に興味をひかれる虚偽の説明をしたためていた。ぼくが常軌を逸した精神状態で挑発したかいあって、チャズルウィットはあの付箋のメモにしたがい、ぼくのことをフルネームで記していた。それによると、ぼくが彼を押したことになっていた。しかも二度（なかなか描写が細かい）。また、ぼくは攻撃的な言葉を連発して脅したことになっていて、ぼくのセリフがまるごと「引用」されているのだが、その口調が彼自身の口調にそっくりだった。さらに、その話のクライマックスで、ぼくは残忍な復讐を誓っていた。ぼくとチャズルウィットのやりとりを記したこの空想的バージョン――意外にもすごくおもしろかった！――によると、こっちが気のきいたジョークのつもりでいった「身長はあんたとほぼ同じ」という言葉が陰険な脅しにすりかえられ、「いいか、マジで復讐してやるぞ。おれはあんたと同じサイズだからな」となっていた。

例によって、チャズルウィットはこの「狂暴な襲撃」を目撃した受刑者の名前をあげていた――が、そのだれひとりとして、ぼくの知るかぎりその場にはいなかった。

「チャズルウィットを脅したのか？」クインがぼくにきいた。

「まさか」。ぼくは笑いそうになるのを必死にこらえた。「ぼくをみてくださいよ、ジャック。ここ何ヵ月もジムにいってないし、背中を痛めてるんですよ。だいたいわかるでしょう。ぼくが人を脅したりすると思いますか？　それも、よりによって刑務官《CO》を。彼は嘘をついてます。そして、暴かれないかぎり、これからも嘘をつき続けるでしょう」。

モリスン警視が、真顔になって口をはさんだ。

「大きなトラブルに発展していたかもしれないんだぞ。彼に殴られずにすんで、運がよかったな」。

「彼こそ運がいいですよ。ぼくを殴らずにすんで」。

これをきいて警視はまた明るい表情になり、ほほえんで紅茶をひと口飲んだ。

「彼に暴行を加えたのか？」クインがきいた。

「ええ、最強の付箋でね」。

「彼を手にかけたのか？」

「どういう意味です？」

「彼にさわったのかときいてるんだ」。

「ええ、まあ」。ぼくは認めた。「付箋を彼の腕に貼ろうとしたときに、さわりました。彼は腕を捻《ねん》挫《ざ》でもしましたか？　ずいぶん華奢《きゃしゃ》なんだな。たしか、ぼくは初め、小柄でやせっぽちのとるにたらないやつだったと思うけど、彼を震え上がらせる男に昇格ですか？」

「手にかけたことは認めるんだな」。

「報告書に書いたことは全部認めます。付箋で彼に軽くふれましたが、身体的脅威を与えるつもりなんてまったくありませんでした。問題は――」

「この施設内で職員が他の職員を手にかけるのを、見過ごすわけにはいかない」。

ぼくはクインをみつめ、クインはぼくをみつめた。モリスン警視は紅茶を飲みほした。そしてぼくはさとった。チャズルウィット刑務官が、あのにぶそうな面をさげてぼくを崖っぷちに追いこんだことを。

その週のうちに、ぼくは無給の停職処分を通告された。チャズルウィットの一味は、ぼくがいつ処分を受けるか知りたくてうずうずしていたらしい。ぼくが加入している組合の委員長のチャーリーに教えろと迫ったそうだ。しかしチャーリーは拒み、それどころか、保安官代理のオフィスまで自分で通告書を取りにいってくれた。くだんの刑務官たちから、ぼくが恥じ入って去っていくところをながめるという楽しみを奪ったのだ。それにしても、出所後の元受刑者に四十三ドルを強奪されて一ヵ月半もたたないうちに、それよりはるかに多くのものを刑務官に強奪されることになろうとは。しかも今回、責める相手は自分しかいないのだ。

❄ナイフに教えられたこと

公園で金を奪われた夜、ぼくは恋人のケイラに電話してその話をしようと思った。顔見知りの人間から金を奪い取られるなんて、めったにないことだ。家に帰り着き、コートを脱いでポケットから携帯電話を引っ張り出しながら、ぼくは頭の中で物語を組み立て、笑える要素を用意した。強盗にあったのは、『ジャッカス ナンバー2』なんかを金を出してみた罰だといおう。自業自得だと。もともとこっけいな体験談だが、若干の脚色も必要だ。それと、あの決めゼリフ、「そういや、まだ二冊、本を借りてたっけ」というひとこともおもしろい。

呼出音二、三回で、ケイラは電話に出た。疲れた声だった。彼女は当時、医学部の一年生で、ほんとうに疲れきっていた。

ぼくはいった。「すごく愉快な話があるんだ。強盗にあったんだよ、ついさっき。いや、全然無事なんだけど、おかしいことに――」

「えっ！」

彼女の声の調子から、事態をすごく深刻に受け止め、心底震え上がっているのがわかった。そこで話を打ち切ればよかったのかもしれないが、ぼくは続けていった。

「最悪にきこえるだろ。けど、これがすごく笑えるんだ」

しかし、強盗がぼくを「本の人」だと認識する場面までいかないうちに、ケイラは取り乱し、声をつまらせた。

「いや、だから、ほんとに笑える話なんだって」。

相手がナイフを隠し持っていることにぼくが気づいたところまでいくと、ケイラは声をあげて泣きだした。

「たしかに、ここは笑えないよね」。ぼくはいった。

五百キロ離れた町の部屋にひとり座って、ケイラは泣きじゃくっていた。時刻は真夜中過ぎ。この一年は彼女にとって、ぼくたちふたりにとって、つらいものだった。ケイラが半ばひとりごとのように「ああ、もう、どうしよう、どうしたらいいの？」というのがきこえてきた。ぼくは彼女をなぐさめようとしたが、だめだった。

「わからない……わからない……」。彼女はもがき苦しむ動物みたいだった。いや、まさに苦しんでいる動物だった。

ぼくはいった。「何もなかったんだ。ほら、ね、大丈夫だから。ぼくはぴんぴんしてる。ここにいて、きみと話してるだろ」。

ケイラは泣きながら必死に何かいおうとして、息を吸いこんだ。

「あなたに何かあったら、どうしていいかわからない。あなたなしではどうしていいかわからない」。

心臓が、文字通り縮み上がった。ぼくは言葉を失った。こんなに取り乱したケイラは初めてだったし、深夜、こんなふうにむきだしの感情をぶつけられるとは思ってもいなかった。彼女の言葉には、思いもかけず差し迫った響きがあった。「あなたなしではどうしていいかわからない」。それは無数の陳腐なラブソングで使い古されている言葉だが、真剣にいわれるとすごく衝撃的だった。

当時のぼくたちにとって、その言葉は特別な意味を持っていた。ケイラは数ヵ月前にフィラデルフィアに移って医学部で学び、人生の新たなスタートを切っていた。離れ離れになったことで、四年間続いたぼくたちの幸福な関係（四年間の大部分は一緒に暮らしていた）が試されることになった。これは一時的な別離なのか、それともふたりの気持ちがしだいに離れていく深刻な前兆なのか？どう考えても自動操縦で永遠に飛び続けるのは無理だから、ふたりの関係についてなんらかの決断を下す必要がありそうだった。

ひとつの可能性は、結婚だった。少なくとも、家族やいろいろな友人からそうするようにすすめられた。しかしぼくは、グルーチョ・マルクス（アメリカのコメディグループ、「マルクス兄弟」のひとり。一九二〇年代から四〇年代半ばにかけて活躍した）の言葉は正しい、という思いを捨てきれずにいた。「結婚はすばらしい制度《インスティテューション》だ。しかし、だれが施設《インスティテューション》になんか住みたがる？」しかも、ぼくはすでに施設で働いていた。グルーチョ以外にぼくがひきつけられた唯一の助言は、もうずいぶん前、思いがけない人物の口から発せられたものだった。その人物はジェシカだ。

それは妙な夜だった。そもそも日暮れがだらだらと続き、空がいつまでも薄い紅茶みたいな色をおびていた。刑務所内もどこかいつもと違っていた。刑務所のどこかでスイッチが入れられて、同時にいくつもの混乱をひき起こしたみたいだった。前の晩には、ある女性受刑者が小走りに図書室にやってきたかと思うと、いきなり野性のオオヤマネコみたいに一メートル以上も飛んでカウンターに乗り、首をそらせ、あっけにとられている見物人たちをみたあと、カウンターの向こう端まではっていって、図書係にかみつきそうになった——図書係は勇敢にも止めようとした——かと思ったら、また飛んで、カウンターからゆうに一メートル半ほど後ろの、ぼくがきちんと整理して並べておいた（はずの）雑誌類に襲いかかった。が、目標をかなり大きく外し、床に転がって、ゲラゲラ笑った。

その夜、図書室は妙に静かだったが、やがて静寂はジャネット・ジャクソンの「ユー・ウォント・ディス」——「スロッブ」かもしれないが、音が大きすぎてよくわからなかった——によって豪快に破られた。五人組の女性受刑者——全員ルックスがよく、性格が悪い——が図書室の奥の部屋を乗っ取って、プライベートクラブみたいにしてしまったのだ。入口には用心棒までいた。用心棒に雇われたのはおべっか使いの巨体女で、ここで頑張れば性悪な美女の仲間に入れてもらえるかも、という期待にすがりついているみたいだった。〈すてきな五人組〉は、ぼくさえそんなものが図書室にあるとは知らなかった年代物のミュージック・ビデオをみつけ、レトロなダンスパーティを催していた。

ぼくはすぐに駆けつけ、巨体の用心棒と鉢合わせした。見覚えのある受刑者だった。少し前に泣きながら、拘束具をつけられた状態でユニットから引きずり出された受刑者だ。自傷行為をしたらしい。その用心棒はぼくをパーティ会場から締め出そうとしたが、考え直して通した。

ダンサーたちは、囚人服に手を加えてクラブ向きの服にみせていた。ズボンのすそを折り上げ、ウェストを折り下げ、シャツのすそをひねって結んで、へその周辺部を露出している。彼女たちは全力で踊っていた。体をくねらせてみえないポールを回り、ストリッパーみたいに腰をくねらせる。実際、五人のうち三人はストリッパーだった（ほかの仕事もしていたが）ことが、あとからわかった。そのひとりが――モニカ・ルインスキーという名で夜の商売をしていたそうだが――プライベートパーティのストリッパーを真似ながら、シャツをさらにじりじりとあげていった。このままいくと、モニカ・ルインスキーにちょっとだけ似ているトップレスの受刑者が、ぼくの図書室でエロティックなダンスを披露することになりそうだ。いや、まさか、と思った瞬間、その女が「こんなダサい服、脱いじゃお」と叫びだした。ほかの女性受刑者たちは、舞台の袖からおそれ入った様子で見守っている。遠くのほうで踊り始める受刑者も出てきた。

ぼくは大声で二、三度、騒ぎをやめるよう注意したが、かき消された。そこでタイミングを見計らい、くねくね動く女たちの体のあいだを荒々しくかき分けて旧式のビデオデッキに突進すると、必死で停止ボタンを押した。この奇襲戦術は司書養成所で教わることができる——かどうかはわからない。

この際、洗いざらい告白するが、じつはそれ以前に、図書室でおとなしめに踊るのをひそかに許可したことがあった。前任者のドン・アマートが知ったら、ぼくの首を絞めていただろう。上司たちが知ったら、きっとぼくは譴責《けんせき》処分になったはずだ。しかし、ぼくは許可せずにいられなかった。音楽をかけておいて、みんなにじっと座っていろというのは残酷に思えた（これは、ぼくが司書の仕事に向いていないという明らかな証拠だ。そんな証拠が必要ならの話だが）。しかし、その夜繰り広げられていたダンス集会はいきすぎだった。ぼくはグループの全員に、その晩はビデオをみるのを禁じるという罰を科した。

ところが、クールな風俗嬢五人組はぼくに復讐を果たすべく、パーティ会場を図書室のカウンターに移すと、ぼくの私生活についてあれこれ質問しだした。ぼくは彼女たちに、服をもとどおり直すようにいった。

「うるさいんだよ、アヴィは」。ひとりが女傑っぽく腕を組んだ。むきだしの腹には誇らしげに緑色のシャムロック（アイルランドの国章に使われるマメ科植物）がタトゥーで描かれていた。パンティのすぐ上あたりに。彼女とは初対面のはずだが、向こうはぼくの名前と正しい発音まで知っていたのでびっくりした。タトゥーがそんなところに入れてあるのにもびっくりした。彼女はいった。

「知ってるよ。あんた結婚してないんでしょ。けど、かわいい大学生の彼女とかいるんじゃない？」

「ちょっとハルビー。そこらへんに奥さん隠してるんじゃないの?」別の女が首をのばしてぼくの後ろやオフィスをのぞきこむ。

哀れな女たちだ。刑務所に入れられているから、しかたなく司書の性生活でも詮索しようっていうのか。ヘロイン中毒のホームレスも、運悪く一二五年間の刑期をつとめることになった受刑者も、この女たちほど惨めじゃないだろう。

「服を直せったら」。ぼくはシャムロックの女にいいながら、視線を彼女の顔より下におろすまいとした。「ぼくを面倒に巻きこもうっていうのか?」

「そうかもね」。彼女は両手を腰にあて、シャムロックをみせびらかした。「けど、全部正直に話したら許したげる」。

ぼくはいま、あつかましい風俗嬢に脅されてるんだ。ぼくはちょっと驚きながらそう思った。そして一瞬、思わず視線を下げてしまった。まばたきを一度、しただけだったのだが……。

「何みてんの、ぼうや?」シャムロックの女はからかうように笑った。さすがはプロ。まばたきに精通している。「これが気に入った?」

ぼくはさっと目をそらし、図書室の前で見張りについている刑務官をみた。しかし、当番のマローン刑務官は注意を全然別のほうに——具体的にいうと、ボストン大学からきているボランティアのかわいい女の子のほうに——向けて、楽しそうにしゃべっていた。自分のトランシーバーについてあれこれ説明し、女の子にさわらせてやっている。

そのとき、ジェシカがこっちにやってくるのがみえた。珍しい。前にも一度カウンターにきたことがあったが、女たちの果てしないおしゃべりにあきれたように天井をあおいで、一分もしないうちに去っていった。ぼくが彼女に対して抱いた「孤独《ソリタリー》」という第一印象、あの冷たい横顔のイメージは、その後も繰り返し裏づけられていた。しかしその夜、ジェシカは珍しく笑みさえ浮かべてカウンターにやってきて、シャムロックの女がぼくのまわりをぐるぐる回っているのをみた。そして会話に加わる気になったらしい。

「こんばんは、アヴィ」。ジェシカはカウンターに向かって立った。「女の子は好き?」

居合わせた女たちはいっせいに「アァ……」と声をもらした。昼のドラマをみながら、感動する場面で声をそろえて感嘆するくせがついているのだ。

「ちょっとお兄さん」。五人組の別の風俗嬢が首を振りながらいう。「そんな、いわれっぱなしでいいの? ちゃんと答えなさい」。

ぼくの「男のプライド」をすり減らそうと、女たちは一致団結している。

シャムロックの女が甲高い声で「好きに決まってるよね~、女の子」といった。

ぼくは、単に退屈していたからか、つい女性の観客の要望に答えてしまうくせがあるのかわからないが、調子を合わせて答えた。

「女の子なんか好きじゃない。ぼくが好きなのは本物の、生きのいいアメリカ女だ」。

集まった女たちから歓声があがり、ぼくはたちまち後悔した。シャムロックの女が疑うようにぼくをみた。

「もっと話して!」後ろのほうから小さなかすれ声が飛んだ。

「いやだ」とぼく。

「いいじゃん」。用心棒をしていた巨体の女がいった。「彼女はいるの?」

ぼくは、この女たちもよく知っている合衆国憲法修正第五条を何度も引き合いに出して、黙秘権を行使した。話を引出せないのがわかると、女たちはぼくの欠点をあげつらって説教を始めた。とはいえ、ぼくについて具体的な事実は何も知らないわけだから、あれこれ憶測し——違ってるなら訂正してごらん、と挑発しつつ——推測した事実をもとに手厳しい意見を述べた。もしかしたら、警官から学んだ戦術かもしれない。

「彼女がいるのは知ってるんだから」。だれかがいう。

「なら結婚しなよ」と風俗嬢のひとり。「怒らせる気はないけど、弱男《よわお》になっちゃだめ」。

「怒りゃしないけど」とぼく。

「あたしも賛成」。シャムロックの女が大きくうなずいた。

驚いたことにその意見は、ぼくの家族や昔指導を受けていたラビの意見と一致していた。表現方法は違うが、内容は同じだ。

しかし、一致していたのはそこまでだった。その後二、三分のやりとりで明らかになったのは、自称「女優兼高級娼婦」であるシャムロックの女が、結婚について三つの信念を持っているということだった。その一、男は結婚すべし。しないやつは弱男である。その二、男は結婚するだけでなく、浮気もすべし。それができないやつは弱男である。その三、結婚と浮気をごっちゃにする男は、弱男である。

彼女によれば、プロポーズして結婚し、よき夫・よき父親であり続ければ、妻から愛されはするが、さらに尊敬されたいと思うなら、ほかの女にも手を出せる男でなければならない。つまりハスラーでなくてはならない（もちろん、浮気している事実を妻に知らせてはならない）。これには居合わせた女たちのほぼ全員が同意し、うなずいた。

見物人のひとりが感想を述べた。「なるほど、そのとおりだ」。

「ただ、ハスラーになるのは容易じゃない」。シャムロックの女がぼくにいう。「たいていの男はうまくやれない。けど、あんたは真実が知りたいんだろ？　なら、これが真実だよ」。

真実を教えてくれっていった覚えはないけど。

「ハスラーになるのはかなり大変よ、アヴィ」。ジェシカがいった。

「この人には無理だと思うけど」。用心棒の女がいった。

「それからもうひとつ」とシャムロックの女。「女を喜ばせる方法を覚えたほうがいいよ。知ってる？女の喜ばせ方。知らないと彼女に逃げられちゃうからね。ほんとだよ」。

ぼくはこれにも答えず、顔をしかめて見張りの刑務官をみた。マローン刑務官の女友達はとっくにいなくなっていて、マローンは天井をながめていた。トランシーバーがカウンターの上にわびしく転がっている。

「それと、もうひとつ」シャムロックの女は、この手の追加条項を無数に用意しているらしい。ぼくは身構えた。

「あのデートナイトってやつ。奥さんとか恋人とデートナイトをするようになったら、迷走してる証拠だからね」。

ぼくは、え、そうなの？という顔をしたにちがいない。シャムロックの女が「デートナイトって何か、知ってるの？　まさか知らないよね？」ときいてきた。

いや、よく知ってる、とぼくは答えた。するとシャムロックの女はいった。

「ここにいる子たちはあたしのいいたいことがわかると思うけど、結婚してる男もあたしたちのとこへくるの。常連ってこと。弁護士とか実業家とか、あんたが一緒に大学にいってたような男たちも大勢くるよ。けど、ある日、男がいうわけ。次の土曜の夜はこられない、なぜなら」ここで彼女は一気に辛らつなあざけりの口調になった。「デートナイトだから、って。バカにすんじゃないっての」。

彼女の仲間が悲しげにうめき、同意を表した。

「けど、いい？　その男たちのほんとうのデートナイトはあたしといるときか、だれか知らないけど追いかけ回してるかわいい子といるときなわけ。そういうものなんだって。奥さんと本物のデートなんかできるわけないんだよ、弱男が」。

「お客にそういうのかい？」ぼくはきいてみた。

「ううん」。彼女はちょっと明るい表情になった。「お客にはいえないよ。ただ、ボロクソにいわれるのが好きな男だって知ってれば別。そういう男には、なんでも思ったままをいうよ」。

シャムロックをみせびらかしている女のいうことなど、商売女特有の皮肉と簡単に片づけてしまうこともできただろう——実際、彼女はゆがんだものの見方をしていた——が、彼女の客やその妻たちもゆがんだものの見方をしているという主張を論破するのは、難しい。彼女の意見は少なくとも妄想的ではない。いってみれば、結婚という戦場の塹壕で働いている女の意見なのだ。結婚についていいたいことがあるのは当然だ。

　それに正直いって、デートナイトやそれによって象徴される「幸せな結婚生活」産業全体にどこか不愉快なものを感じるという点では、ぼくも同意見だった。結婚の素晴らしさを説く人たちは一様に、「幸せな結婚生活には『たくさんの努力《ハードワーク》』が欠かせない」と主張する。アメリカ人は働きすぎだといわれるが、同時にもっと重労働《ハードワーク》をするよう強いられているわけだ。しかもたくさん。しかし、家に帰ってまで深夜勤務につきたいと思う人間がどこにいる？　ひょっとして、現代の結婚生活にたくさんの努力《ハードワーク》が必要なのは、結婚というものが時代遅れの壊れかけた機械だからじゃないのか？　テレビの人気司会者、オプラ・ウィンフリーはあれこれもっともらしいことをいい、「結婚生活の景気後退予防策」を説き、「あなたも外に出なさい――頻繁に！」と熱心に助言するが、なぜみんなオプラ自身が実践している生き方を見習わないんだろう？と思わずにいられない。つまり、そもそも結婚という沼地に足を踏み入れなければいいのだ。恋人との最高にすばらしい関係を、結婚して台無しにする手はない。

　シャムロックの女を初めとする女たちと話したあと――というより、ぼくが彼女たちを追い払ったあと――ジェシカが、棚に本を並べているぼくのほうへそっと近づいてきた。ぼくはジェシカが何かいいたそうなのに気づいた。息子に関することかな、と思ったが、ある意味それは当たっていた。

「ちょっと考えたんだけど……恋人がいるんでしょ？」ジェシカがいった。

「うん」。

隠さずに答えたのは、ジェシカとは知り合いだし、彼女を信頼していたからだ。

「真剣につきあってる？」

「まあ」。

「なら、なぜ結婚しないの？」

ぼくは推論だらけの文化批判を繰り広げた。オプラの話のあたりで、ジェシカはぼくをさえぎっていった。

「わかったわ。でも、いつか、いよいよっていうときに、いまからあたしがいうことを思い出して。いい、いい、それは大事なことよ」。

ぼくは肩をすくめた。「わからないな、その――」

「そのとおり。あなたにはわからないと思う。自分にとって大事なものを何もかも失うって、どんな感じか。でもあたしはわかる。だからいうの」。

反論する気はなかった。

「こんなことをいうのは、あなたがちゃんときいてくれる人だって知ってるから。なんでも真剣に受けとめるでしょ。真剣すぎるくらいに。それはわかってる。だから、これも真剣にきいて。そしてあたしのいうことを忘れないで。それは大事なことよ。誓いを立てて、ちゃんと守りなさい。あたしと同じユニットのバカな女たちのいうことなんか、きかないで。書類に記入して、点線の上に署名しなさい。家族と神様の前で誓いの言葉を――」

「わかった」。ぼくはいった。

「真面目な話よ、アヴィ。あたしをみて。囚人服を着てるあたしのいうことなんか、なんできく必要がある? って思うでしょうね。たしかにそう。あたしは知る価値のあることなんて何ひとつ知らない――けど、いまいったことだけは知ってるの」。

それから数ヵ月後にジェシカは死んだ。息子にあてた手紙と息子のために描いてもらった似顔絵を破り捨てて。彼女にはもういいたいことはなかったのか、助言めいた言葉もまったく残さなかったが、あの言葉だけは残った。「それは大事なことよ」――ジェシカがただ一度、自ら沈黙を破って残した言葉。彼女がこのメッセージを急いでぼくに伝えたがったのは、たぶん、息子にはそれを、というより何ひとつ、伝えることはできないとわかっていたからだろう。おそらく、ぼくだけが、彼女の知恵の断片を受けとめられる人間だったんだろう。

しかし、「それは大事なこと」とはどういうことなのか? 何が大事だというのか? なぜそれは大事なのか? ぼくはそういったことをジェシカにたずねなかった。じつをいうと、答えを知りたくなかったのだ。

ぼくが強盗にあい、ケイラが電話で「あなたなしではどうしていいかわからない」と口走った夜以来、ふたりの関係という問題が心に重くのしかかって、寝つけなくなった。なぜぼくは、あんな真夜中にケイラに電話して「とびきりの」話をしようなんて思ったんだろう? 彼女はひとりきりで、何百キロも離れたところにいたというのに。

それは男のプライドのせいだ。ぼくは、自分が怖くて震え上がったことも、現実にすごく危険な目にあったことも認められずにいた。自分自身でさえ、認められずにいた。しかし、ケイラが率直に感情的に反応してくれたおかげで、ぼくはようやく実際に何が起こったのかを理解し、感じることができた。ぼくは、武器を持った、おそらくは酒に酔った男に遭遇した。ナイフをちらつかせる元受刑者はぼくより優位に立っており、ぼくを襲う動機も持っていた。あの男が、収監されていた刑務所の職員に反感を抱き、復讐してやろうと思ったとしても不思議じゃない。つまり、ぼくはけがをするか、殺される危険があった。ところがぼくはそうした事実をすっとばして、ユーモアを駆使し、その恐ろしい体験から目をそむけようとした。刑務所で働くという決断をした結果、おそらく自分の命を、よりによって自分の命を危険にさらしたという事実を無視しようとしたのだ。

ベッドに横たわり、眠れずにいると、強盗の持っていたナイフがありありと目の前に浮かんだ。ナイフの感触さえわかった。冷たい鋼鉄が肌に触れる感触。ナイフは無機物だが、その背後にある力やそれ自体の持つ圧力は生きている。そいつはぼくじゃないだれかの意志、ぼくには動機のわからない外部の行為者だ。そいつは赤の他人ながら、ぼくの命に対して最も重要な判断を下すことができる。あのナイフに、ぼくは恐怖以上の何かを感じた。喪失の哀しみとでもいおうか。ぼくの人生のあらゆる可能性と、ぼく自身と、ぼくを愛してくれた人たちを失う哀しみ。もしあの男が、ぼくには理解できない思考回路を経てぼくを殺そうと決断したなら、ぼくがその人たちに愛されることは二度となかった……。

これが、ジェシカがいった「それは大事なこと」の意味だった。この世には、自分ではどうしようもないこと、自分では決められないこともある。ときには、最も重要な決断を自分で下せない場合もある。しかし、ジェシカは自分で決められることについていっていたのだ。点線の上に署名しなさい、書類に記入しなさい、誓いの言葉をいいなさい、と。彼女は現代の結婚論を評価するというより、人間の根源的な部分に語りかけていた。持っているものの中でいちばん壊れやすいものを守り、愛を言葉にし、その言葉を紙に書き記し、読み上げ、大事にとっておくようにと。

それはナイフを持った男でさえ奪えないもので——ジェシカも死を意識しつつ息子のために成し遂げようとしたが、できなかったものだ。彼女はいっていた。「あなたにはわからないと思う。でもあたしにはわかる」と。彼女は自分の人生から、そのいわば「ナイフの知恵」を授かった。そしてそれをぼくに伝えようとしたが、ぼくは自分でナイフを目のあたりにするまでわからなかった。なぜ、「それは大事なこと」なのか。

ぼくは強盗にあったことを単なる笑い話としてケイラに伝えようとしたが、そのときの自分には何か大事な気持ちが欠けていた。彼女に電話したいと思った瞬間のほうが、自分に正直だった。ただ、だれに電話すべきかは本能的にわかったが、何をいうべきかはよくわかっていなかった。しかしケイラは違った。いちばん大事な感情を恐れず口にした。彼女がそういう人だからこそ、ぼくは彼女を愛し、受話器を取って彼女の番号にかけたのだ。

ぼくはベッドの横の読書用ランプをつけると、紙に「ジェシカのいったとおりにする」と書いた。そして紙をたたみ、本にはさんだ。それでようやくぐっすり眠ることができた。

＊なんといったらいいか……

チャドニーが出所したとき、ぼくは直接言葉を交わせなかった。刑務所ではよくあることで、人が突然現れたり消えたりする。ある受刑者が、出所まであと一週間ぐらいだろうとか、一ヵ月ぐらいだろうと思っていても、明け方の五時に突然房をノックする音がきこえ、すぐに荷物をまとめろといわれることもある。それを気まぐれに決めるのは、実態のよくわからない外部の力だ。そしてたいていの場合、そういう力を持つ人物たちの都合で、受刑者やヒラの職員は情報から遠ざけられていた。

しかし、チャドニーは突然の出所を予測していたのだろう、ぼくあてに手紙を残していて、あとからそれを同房の受刑者が図書室に届けてくれた。それは正式なビジネスレターの書式できちんとタイプされていた。

拝啓
アヴィ殿
　次に手紙を書くときは、いい知らせを書くよ。どうなるかわからないが、きっとうまくいくと思う。すぐに建設現場かどこかで働き始め、料理学校に願書も出すつもりだ。おれにはプランがある。うまくいくよう祈っててくれ。とにかく、ありがとう！

ほんとうにありがとう!!　それがいいたかった。レシピをひとつ、同封します。盗むなよ。盗んでもすぐバレるからな。

敬具

（署名）

チャドニー・フランクリン　©2006

ぼくはチャドニーの消息を待った。それが届いたのは、晩冬のある日のことだった。ぼくは図書係の面々と一緒に、新しい便利なデータベースに蔵書の情報を入力していた。ピッツはフォレストに命じられて、新設のゲイ・コーナーの棚に本を並べていた。フォレストを「でぶくん《チャンキー》」と呼び、受刑者が十人ほどいる前で「ランニングマシンに乗れ、いますぐ乗れ」と大声でいった罰だ。ぼくも受刑者の図書係たちも、フォレストの考え出したこのユニークな罰がとても気に入っていた。しかも、その罰のおかげで、図書係たちはしだいにゲイ&レズビアン・コーナーに親しみを感じ始めているようだった。

そのコーナーを作ると発表したとき、受刑者の図書係たちは図書室の信用が落ちるといって反対した。しかし実際には、そんなコーナーを作ったら受刑者仲間の中で自分たちの立場が弱くなるんじゃないかと心配していたのだ。

「おれに何をさせる気だよ、あんた?」と抗議したのは、ほんの短いあいだ図書室で働いていたオダムという受刑者だった。オダムは二、三日で解雇になった。なまけ者すぎて手に負えないうえに、アルファベットさえまともに覚えていないとわかったからだ。

ともあれ、その日はみんな楽しそうにピッツに野次を飛ばしていた。ピッツはゲイ関連の本を恐る恐る手に取っては、悲しげにタイトルを読み上げていた。『ホモの世界《モンド・ホモ》』『同性愛ポップカルチャー　基本ガイド』『ものいうコック』等々。そのタイトルをファット・キャットがデータベースに入力していく。ぼくも含めてみんながその状況を楽しんでいた。

やがて、奥の部屋からダイスが出てきて、ぼくの肩をたたいた。

「いついおうかと思ってたんだが……3-1ユニットにいたあんたの知り合い、学校の願書を書きまくってたあいつ——撃たれたそうだ」。

ぼくはピッツのことを笑っている最中で、あまりに明るい気分だったので、ダイスのいったことがぴんとこなかった。

「なんだって?」ぼくはまだ笑顔のまま、聞き返した。

ダイスは同じことを繰り返した。

「『晴れてゲイ』」。ピッツが本のタイトルを読み上げるのがきこえ、受刑者たちがまたどっと笑った。

ぼくはようやくダイスのいったことを理解した。撃たれた。チャドニーが撃たれた。

「知らなかった」。ぼくはいった。

「残念だな、アヴィ。まったくひどい話だ。ほんとに」。

「助からなかったのか?」

「ああ」。

「『同性愛論・入門』」。ピッツが声を張り上げ、また野次が飛んだ。「やれやれ——学者さんが、とうとう論文まで書いちまったのか？」

ぼくはふいに、受刑者たちのけたたましい無遠慮な笑い声にいらだちを覚えた。そこで、今日はもう作業を終えるようピッツに指示すると、自分のオフィスにひっこんだ。

第四章　届いたもの

刑務所で泣く理由はいろいろある。

〈加入儀礼として泣く〉

ダイスはいった。刑務所に入って初日に泣かなかったというやつは、嘘つきだと。そのひとことに、まわりにいた三人の受刑者がうなずいた。その中のひとりは、初日にはストレスで息もできないほどだったと告白した。夜、房のドアに錠をかける音がしたとたんパニックを起こして、房の中をいったりきたりし、ドアをたたいてわめいたという。

「うまく説明できないんだが、房から出たかったわけじゃなく、ただドアに錠をかけないでほしかったんだ。錠がかかってると思うだけで、頭が変になりそうだった。錠のかかった部屋に閉じこめられたことなんて、一度もなかったからな」。そのとき同房だったのは年配の受刑者で、彼に同情してくれたそうだ。「そのじいさんはいったんだ。『ベッドに入って好きなだけ泣け。ちっとも恥ずかしいことじゃないから。泣けば気持ちに区切りがつく』ってな。おれはいわれたとおりにしたよ」。

そうして、彼は〈刑務所の暗がりでひとり泣く者たちのクラブ〉に入った。

〔退屈すぎて泣く〕
ある女性受刑者から、ほんとにそういうこともあるのよ、ときかされた。

〔毎夜、睡眠薬がわりに泣く〕
別の女性受刑者はいった。「昼間はよけいなことを考えないで、自分のやるべきことをやって、これがふつうなんだってふりをしてられる。けど、夜ベッドに入ると、いろいろ考えちゃうんだよね」。考えるのをやめて眠りにつく唯一の方法は、負けを認めて泣くことだ。彼女は笑って、赤ん坊の娘と同じくせが身についちゃった、といった。「とりあえず泣かないと、眠れないんだ」。

〔年中行事的に泣く〕
「クリスマスや復活祭や誕生日がくるたびに泣くの」とジェシカがいったことがある。たとえ出所しても同じように泣くと思う、といっていた。「ここで身についた習慣はなかなか抜けそうにないから」。

〔タイミングよく泣く〕
刑務所にいると、アカデミー賞ものの泣きの演技をよく目にする。受刑者の中には、プロの役者なみにいつでもほんとうに悲しそうに泣けるようになる者もいて、いろいろな重要な場面でその才能を発揮する。裁判所で、ケースワーカーのオフィスで、刑務官に対して、仮釈放監査委員に対して、刑務所図書室の司書に対して。そんな役者のひとりにだまされた女性講師が、ぼくにその話をするためだけに図書室にきたことがある。「もう長いことこの仕事をしてるから、簡単にはだまされない自信があったのに、その男の受刑者はほんとにうまかったのよ」。

上手な嘘泣きってどんなのか知ってる？　とその講師はいって、くろうとの「泣き」の特徴を教えてくれた。

1．本物の涙を出す。顔を手で覆って嗚咽をもらすだけではだめ。

2．うめいたり泣き叫んだり、大げさにやりすぎない。

3．ただ泣きだすんじゃなく、むしろ泣くのをこらえようとして、ついにがまんできなくなって泣く。これならアカデミーのお歴々もきっと気に入る。

ゴシップ屋のマーサは、「タイミングよく泣く」ことを擁護して、こんなふうに説明した。本物の涙だってしょっちゅう流してるけど、だれも気づいてくれない。だから嘘泣きをして、相手が見逃した涙をみせてるんだ。あたしの涙は複製だけど、偽物じゃない。

「それに、嘘でもいったん泣きだすと、ほんとに悲しくなるんだよ」とマーサはいった。

「だけど、泣くことで、だれかから何かを手に入れようとしてるんだろ？」とぼくがきくと、「まあね」と認めた。

〈雨が降ると泣く〉

「（雨が降ると）なんとなく、泣かなきゃって気になるの」といったのは、いろいろなことに影響されやすい、ある女性受刑者だった。

〔自分のオフィスで泣く〕

ダイスからチャドニーの死を知らされたあと、ぼくは机のパソコンに向かい、「ボストン・グローブ」紙に死亡記事を書いていた頃の担当編集者あてにeメールを書いた。なぜか、ぼくがいちばんにやったことはそれだった。

「興味を持ってもらえそうな、ちょっと変わった死亡記事の候補があります」という書き出しのそのメールを、ぼくは「下書き」フォルダに保存した。

そのあと、夕食の休憩時間に、その編集者に電話してチャドニーの死亡記事を売りこんだ。相手はすぐに返事をせず、電話の向こうでひとしきりキーボードをたたいているようだったが、やがて口の中で「うーん、そうだなぁ」といった。婉曲な断りだった。

「その話《ストーリー》はもう、記事になってるみたいだ」。

彼は見出しを読み上げ、思い出した、といった。地元の男性が射殺されたって話で、詳細はよく覚えてないが、その結果五歳の男の子が父親を失い、警察が捜査中ということだった。――そういえば、ぼくもその記事を読んでいた。

編集者はすぐに電話を切っては悪いと思ったらしく、少し間を置いて話題をさがしている様子だったが、

「ところで、刑務所はどうだい?」と、ちょっと皮肉っぽくきいてきた。

「まあまあだよ」。ぼくはふいに、電話なんかするんじゃなかった、と後悔した。

「何かびっくりするような話はないかい？」

ところが、ぼくが答えるより先に、ごめん、緊急の電話が入った、と相手がいった。ぼくはほっとして、それじゃ、と電話を切った。

そのあと、グーグルでチャドニーの事件を検索した。ヒットしたのはきっかり二件で、どちらも似たりよったりの記事だった。ボストン市警のウェブサイトに載った殺人事件の情報と、編集者がいっていた「グローブ」紙の記事。「そのストーリーはもう、記事になった」と彼はいった。「そのストーリー」という表現がひっかかった。「そのストーリー」って何だ？　チャドニーのストーリー？

冷静で現実的な編集者にとって、その答えは明確だ。「グローブ」紙の読者が読むべき「ストーリー」は、チャドニーが殺されたというストーリーであって、彼の人生のストーリーじゃない。それはおそらく、編集者として正しい判断なのだろう。

ぼくは「グローブ」紙に死亡記事を書いていた頃、必ず亡くなった人の声を盛りこもうとした。その人が書いたもの——手紙、小説、エッセイ、本、詩など——をなるべく読んで、記事の中に引用した。なぜかわからないが、亡くなって間もない人の言葉には独特の性質がある。限りがはっきりしたぶん、にわかに価値が増す。ときには、まったく新しい意味をおびることもある。そのことは、チャドニーがぼくに残した手紙にも確実に当てはまった。「次に手紙を書くときは、いい知らせを書くよ。どうなるかわからないが、きっとうまくいくと思う」。

ぼくはグーグルの悲しい検索結果をみつめた。ヒットは二件、ストーリーはひとつ。このストーリーが、この殺人のストーリーが、チャドニーのストーリーになる。それで終わり。ほかには何もない。

ぼくは立ち上がり、ふだんは絶対にやらないことをした。図書室を閉鎖したのだ。ほぼ無意識にそうしていた。たぶん抗議というか、ささやかなストライキのようなものだったんだと思う。それから、いろいろなものを止めたり切ったり閉ざしたりした。自分のオフィスに入って明かりを消し、ドアに鍵をかけた。グーグルの検索ページを閉じ、パソコンをシャットダウンしてまぶしいモニター画面を消した。そして目を閉じ、昔からのクラブに入会した。〈刑務所の暗がりでひとり泣く者たちのクラブ〉に。

※壁に飾られたストーリー

金曜日、早番の出勤時に、ぼくはテッド・コノヴァーの『ニュージャック』を小脇に抱えていた。古本屋でその本をみつけたとたん、これは図書室に置かなくては、と思った。ジャーナリストのコノヴァーが、ニューヨーク州立シンシン刑務所で刑務官として働いた一年間を書き綴った本なのだ。サリーポートを抜け、長い廊下を歩き、中庭を突っ切って職場に向かうあいだ、すれ違う刑務官たちがその本に示した反応は様々だった。ニヤッと笑ったり、ウィンクしたり、親指を上げてみせたりした刑務官もいた。その本、貸してくれないかといった刑務官もふたり以上いた。少数だが、にらみつけてきた刑務官もいた――が、その刑務官たちは日頃からぼくをにらみつけるので、とくに意味はないと判断した。

「怒れる七人」のひとりがその本をみているのに気づいたのは、ぼくが立ち止まって図書室の鍵を開けようとしたときだった。ぼくはその機をとらえ、互いのあいだに根深く横たわる敵愾心《てきがいしん》を解消すべく、声をかけた。

「この本、シンシン刑務所の刑務官《CO》の一年間の記録で、けっこう評判がいいんです。興味ありますか？　よかったら貸しますよ」。

相手はうんざりしたようにぼくをみて、いった。

「そんなもの、おれが読みたがると思うか？」

ぼくは暗い図書室に入り、壁のスイッチを押して蛍光灯の明かりで室内を照らしながら、いまいわれたことを考えてみた。彼はこういいたかったんだろう。実際に刑務官をしている者が、よく知っていることについて読みたいと思うか？　いやというほど知っていることを？　ここ二十年間、明けても暮れても頭を痛めてきたことを？　糞便を顔に投げつけられたり、罵詈雑言を浴びせられたり、足首を捻挫しても忙しいからなかなか治らなかったり、公務員として働いている街には家賃が高すぎて住めなかったり。そんな話、ききたくもない。

しかし、まさに同じ理由でこの本を読みたいと思う刑務官も大勢いるんじゃないかと思った。彼らにとって、自分たちのストーリーを語ることは重要だ。たとえば、サウスベイで働く多くの刑務官にとって、同僚だった故リチャード・ディーヴァー、通称リッキーこそ、彼らのストーリーのヒーローだった。

三月のある夜、ディーヴァーは酒場でケンカの仲裁をした。真夜中を少し過ぎた頃、チャールズタウンの〈サリヴァンズ・パブ〉でのことだった。飲んだくれで口汚い、出所したばかりのフランシス・X・ラング、通称キッカが騒ぎを起こし、ディーヴァーの友人のバーテンダーにいやがらせをした。そして店から出ていけといわれた。ディーヴァーは乱暴なろくでなしの扱いには慣れていたので、ラングに最後通牒《さいごつうちょう》をつきつけ、店の外に連れ出した。そのとたん、ラングが怒りを爆発させ、たちまちディーヴァーとつかみあいになった。ラングはナイフを出してディーヴァーの顔に切りつけ、体を何度も刺したあげく、逃亡した。ディーヴァーはふらふらになって店の中にもどり、マサチューセッツ総合病院に運ばれたが、午前一時をまわって間もなく、死亡した。翌日、警察は、地下の背も立たないような空間に隠れているラングを発見した。

ディーヴァーが殺されたいきさつをきいたとき、ぼくはナイフを持った元受刑者に襲われたときのことを思い出した。一方、刑務官たちは刑務官たちなりにその事件を受け止めていた。

あるベテランの刑務官がこう要約してくれた。「リッキーは刑務官《CO》で、やつを殺したろくでなしは元受刑者《CON》だった。どっちも制服や囚人服は着てなかったが、おれにいわせりゃそんなことは関係ない。要するに、善人の刑務官対クソ野郎ってことだ」。

ふたりが対決したのは刑務所時代のもめごとに片をつけるためだったという可能性も、大いにある。だが、そうであろうとなかろうと、同じことなのだ。同僚たちにとってディーヴァーはよい刑務官であり、正しいことをしていた。ラングは見下げはてた犯罪者で、ささいなことで人を残酷に殺すような卑怯者だった。リッキーには道義があったが、ラングは道義を欠いていた。その点は議論の余地がない。

危険を伴うわりに給料の安い仕事をしている刑務官たちにとって——その仕事は社会でさげすまれることも多いので、なかには職業をきかれると「公務員」とだけ答える者もいる——この殺人事件が意味するものは大きかった。殺人の被害者側に立ったことで、彼らの職業上のアイデンティティの核心が揺らいだ。正しいことをし、長時間つらい仕事をして苦労したあげく、ひどい目にあったのでは割に合わない。

裁判でキッカ・ラングが執行猶予なしの終身刑（マサチューセッツ州では最も重い刑）を宣告されると、法廷を埋めたディーヴァーの家族、友人、大勢の同僚刑務官は歓声をあげ、拍手した。しかし、最後に発言の機会を与えられた被告のラングは、眼鏡をかけた顔に笑みを浮かべてこういったそうだ。「おれがくらったものは、リッキーがくらったものにくらべれば屁みたいなもんだ」と。この、殺人犯でも滅多に口にしない不遜な言葉——ラングが重い精神障害を負っている証拠かもしれないが——は、「ボストン・ヘラルド」紙の一面をでかでかと飾った。「ゆがんだ殺人犯、法廷で被害者の家族をあざける」と。

ある刑務官は怒りをあらわにして、ぼくにこういった。「あれは死刑が必要だっていう絶好の宣伝になった。あの男は悪魔だ。間違いない。みていて背すじがぞっとした」。

「ヘラルド」紙の記事には、非番の刑務官が傍聴席で飛び上がり、拳を宙に突き立てて終身刑の判決を喜んでいる写真が載っていた。しかし、正しいことが証明されたと感じたその瞬間にも、刑務官はだれひとりとして、殺人者の発言が意味するところを忘れてはいなかっただろう。

「おれがくらったものは、リッキーがくらったものにくらべれば屁みたいなもんだ」とは、刑務所で一生過ごすほうが殺されるよりはまし、ということだ。刑務官の中には、これを一種の挑戦と受け取った者もいたにちがいない。

ある刑務官がぼくに語ったように、ラングが殺されるよりもましな運命に恵まれたと思っているとしても、じきに真実は逆だと気づくだろう。刑務所のカフェテリアの列に並んでいるとき、その刑務官はこういった。「ラングがぶちこまれた刑務所の刑務官たちは、必ずあいつに分相応の思いをさせるだろうよ。それは間違いない。そしてここの刑務所にも、それに手を貸したいと思ってる刑務官が何人もいる」。

刑務所はディーヴァーのために立派な追悼式を執り行った。会場には、受刑者の面会場兼講堂が使われた。それより何ヵ月も前に職員全員が集められ、講師のミラーのように受刑者が武器をこっそり捨てるのに手を貸したりしてはいけないと警告を受けた、あの場所だ。あのとき、ぼくたちはふたつの名前を大事にしろといわれた。自分の名前と、保安官の名前を。

ディーヴァーの追悼式には、襟章をつけた人びとが大勢参列した。会場は地元の行政府のあらゆる階層の人びとであふれかえった。安物のスーツを着た市の警察官から、輸入品の高級なスーツを着た州の役人まで。そして軽食がたっぷり用意された。フルーツの盛り合わせ、ランチドレッシングをかけたサラダ、安価なサイコロ型のチーズ、クッキー、ブラウニー、コーヒー。儀仗兵《ぎじょうへい》も参列した。組合の執行部も、市警察と州警察の代表者も参列した。刑務官は礼装で参列した。ディーヴァーの家族は、言葉をかける参列者の沈痛な面持ちで、それとわかった。

ぼくはチャドニーの追悼式のことを思い出した。それは数ヵ月前、ぼくが図書室で催した詩の朗読会と合わせて行われた。そういう、だれでもマイクに向かってスピーチできる形のイベントを利用して、受刑者たちが亡くなった友人や親戚をしのぶことはよくあった。実際の葬儀には参列できないからだ。チャドニーの追悼式では、デュメインが立ち上がり、涙ながらに幼なじみのチャドニーをほめたたえる言葉を贈った。「おれたちはみんな、あんたが大きな夢を持ってたのを知ってる。ここで取り組んでたことをやり遂げられなかったのも知ってる。この世でやり遂げられなかったことが、いろいろあったよな。ビッグ・カズン、いまは天国にいるんだろ。おれのいうこと、きこえてるよな。おれは約束する。あんたを見習って、もっとましな人間になるよ。授かった命を使って、あんたがやり遂げられなかったことを少しでもやり遂げたいと思う。こいつを持って帰って——」デュメインは震える手で原稿をたたんだ。「壁に貼って、絶対忘れないようにする」。そして最後に、チャドニーが好きだった詩を朗読した。創作のクラスで読んだ詩だった。

一方、ディーヴァーの追悼式では、ある刑務官が本物の演壇に立ってディーヴァーの思い出を語った。ディーヴァーは、持ち場だった刑務所内の診療所で、だれもなだめることのできなかったおびえきった女性受刑者を落ち着かせたことがあるという。ディーヴァーはその受刑者と気持ちを通わせることができ、彼女はディーヴァーだけを信頼していた。ディーヴァーがどうやって彼女の信頼を得たかというと、「ひとりの人間として彼女に語りかけ、心と心を通わせた」のだと、その刑務官は語った。

会場のあちこちで、同僚の刑務官たちがうなずいていた。彼らにとっては、自分たちの仕事を知ってもらい理解してもらう、めったにない機会だったんだろう。この話は刑務所の壁にいつまでも掲示されることになった。いま頃、診療所の入口の壁のプレートには、「この治療と癒しの場を、リチャード・T・ディーヴァーの思い出に捧ぐ」と刻まれているはずだ。そしてその下には、第七代大統領アンドリュー・ジャクソンの言葉が引用されているはずだ。「ひとりの勇気ある人間は、多勢の臆病な人間に勝る」と。

スピーチのしめくくりに、その刑務官は新しいプレートの解釈を次のように述べた。刑務官が危険を顧みずにケンカの仲裁をするのは、珍しいことではない。ディーヴァーもあの夜、サリーの店、〈サリヴァンズ・パブ〉でそれをした。それが彼の仕事であり、彼はそうするように訓練を受けていた。しかし、彼が刑務所という環境の中で懸命に思いやりを示そうとしたこと、それこそが勇気ある行動だった、と。

✻最後にまえがきを

ぼくはもう一度、C・C・トゥー・スイートとの関係について考えてみた。あんな罪を犯した人物に思いやりを示すのは、ほんとうに勇気の要ることだ。ぼくはその種の勇気を奮い起こすことができず、一度は逃げようとした。

しかし、そんなふうにC・Cとの関係を終わらせたことが気になってしかたなかった。ぼくはC・Cと、回想録の執筆・編集という作業を通じて前向きな関係を築き、気持ちを通わせていた。彼のストーリーや彼のとっぴな振舞いに慣れ親しみ、それによって彼の心に近づいた。C・Cがアニメの魚のキャラクター、ニモの写真をみつけて五歳の息子にバースデーカードを作るのを手伝った。ぼくは彼の人生について多くのことを知ってしまったから、簡単に彼を切り捨てることなどできなかった。たとえ最低の罪を犯した男でも、幸せを願わずにいられない。いや、むしろそういう罪を犯したからこそ、幸せを願わずにいられない。彼はほかのだれより、幸せを願ってくれる人間を必要としていた。

それにぼくは依然として、C・Cの計画がうまくいくよう、心の中で応援していた。彼の回想録は、少なくともぼくが目を通した部分は十分おもしろかった。彼には語る価値のある物語《ストーリー》があった。回想録を書き上げようという並々ならぬ決心をぼくが台無しにしようとしているなんて、誤解されたくない――が、ぼくが彼とのあいだに距離を取った理由を説明すれば、かえって状況が悪くなるのは目にみえていた。

C・Cは初め、ぼくがいなくてもうまくやっていけそうにみえた。ちょっとした「作家事務所」をつくり、作家先生らしく腕を組んで、髪をコーンロウに編んだ若い新入り受刑者ふたりに原稿を入力させていた。しかし、彼の編集作業はじきに泥沼にはまった。文章を推敲し書き直すのをおろそかにして、細かいことに凝りだしたのだ。コンピュータできれいな字体《フォント》をさがしたり、本の（地図だらけの）表紙をデザインしたり。素人らしく時間を浪費するばかりだった。

しかし、ぼくがついに行動を起こしたきっかけは、フロッピーディスクの件だった。ぼくが協力するのをやめてからというもの、C・Cはぼくが彼専用にオフィスに保管してバックアップを取っていたディスクを使うのを拒み、禁制品のディスクを使うようになった。そしてそれを「法律関係・書類」と題したファイルの中に隠し持っていた。この違反行為にぼくは目をつむっていたが、彼の作品がそんないつ壊れるかわからないディスクの中だけに保存されているのかと思うと、気が気じゃなかった。頼むから別の方法でバックアップを取らせてくれ、と頼んでみたが、断られた。C・Cのプライドが許さなかったんだろう。

もう限界だった。C・C・トゥー・スイートにはいろいろな顔があって、なかにはきわめて悪質な面もあったが、自分のストーリーを真剣に語ろうとしていた。それは合法的な試みであり、価値あるプロジェクトだ。決して「暴露本」なんかじゃない。彼の人生を真面目に語った本だ。もしかしたら、C・Cは自分の人生を語ることで、人生を修復しようとしているのかもしれない。かりにそうでないとしても、ぼくには彼の試みを手伝う義務があるんじゃないか。

C・Cの過去を裁くのは、ぼくの仕事じゃない。それは弁護士や裁判官や陪審員の仕事だ。C・Cが創造的なことをしたいと思っているなら、ぼくにはそれを手伝うことが許されるだけじゃなく、手伝う義務がある。偉大なるチャズルウィット刑務官もいっていたように、ここはクインシー地区の公立図書館じゃない。刑務所の図書室、犯罪者のための図書室だ。図書室の司書という仕事の美点は——美点なんてものがあればの話だが——C・Cのような受刑者に正しいことをする、しかもうまくやりとげる機会を提供できる点だ。その気になりさえすれば、ただの犯罪者以上の存在になれるんだということを、彼らに思い出させることができる点だ。ただ実際には、いうほど簡単じゃないし、単純でもない。

ぼくはC・Cに初めて会ったとき、なぜそんなに熱心に書くのかときいた。すると彼は即答した。身をのりだし、小声でいったのだ。

「ほんとの理由を教えようか？　おれはホームレスだからさ」。

それはピンプの気楽な雑談じゃなかった。小声になったのは、ほかの受刑者にきかれたくなかったからだ。C・Cは回想録を書くことを単なる趣味じゃなく、真剣なビジネスとして考えていたのだ。ぼくは腹を決め、刑務所職員として絶対にやってはいけないと教えられていたこと――受刑者への謝罪――をしようと決めた。実際にC・Cに謝ると、彼は初めよそよそしい態度を崩さなかったが、ぼくが回想録のまえがきを書かせてほしいというと、表情をやわらげた。それは、ふたりの関係がぎくしゃくする前に、ぼくがC・Cから頼まれていたことだった。ただ、C・Cはどうしてもまえがき《プロローグ》とあとがき《エピローグ》の区別がつかないようだったが……。ぼくはまえがきを書くことで、ささやかながらディーヴァーが手本をみせてくれたような勇気を示し、C・Cのプロジェクトに名前を連ねることになるだろう。

その翌週、熱烈な宣伝文ともいえるまえがきの原稿を手渡すと、C・Cは顔を輝かせた。カウンターを飛び越してぼくをハグしそうなくらい、喜んでいた。予想以上の反応だった。彼はぼくの書いたまえがきをもう一度読み、さらにもう一度、声に出して読み上げてから、いった。

「ありがとうな」。

その口調には誠実さが感じられて、ぼくは、あれ?と思った。以前の彼とは全然違う口調で、うますぎる《トゥー・スイート》感じは全然なかった。

「たいしたことじゃないよ」と答えたが、実際、たいしたことをしたわけじゃなかった。ぼくがかつて歩いていた特権者の道には、大げさな推薦状がびっしり敷きつめられていた。それにくらべれば、ぼくが書いたまえがきなんてどうってことはない。あの程度の宣伝文句で事態がどれだけ変わる? 何の役に立つ?

「いや、おれにとってはたいしたことだ。これ、おふくろにみせるよ」。

ぼくはあらためてC・Cをみた。彼はこれまでの人生で、虐待をしたりされたり、悪質な罪を犯したりその餌食になったり、何年ものあいだ街頭でいかがわしい手口で金を稼いだり、ホームレスになったり、終身刑をくらったりと散々な経験をしてきたが、ようやく手に入れたのは、なんということはない好意的なまえがきだった。たぶん彼にとって最初の、そして最後になるかもしれない、好意的なまえがき。ありもしない出版契約の話をしたり、名声を求めたり、絶えずタフガイを気取ったりしていたが、この小柄で髪の薄くなりかけた男が心から望んでいたのは、母親にほめられることだったのだ。彼は公営アパートのきたない廊下に寝ていた少年時代と変わらず、母親が現れてやさしく家に連れ帰ってくれるのを待っていたのだった。

❋刑務所の中庭の照明——クィアと呼ばれる人びと

刑務所内にのけ者がいるというのは、妙な話だ。受刑者たちは一般社会から外れたところで生きていて、いってみれば全員がのけ者だというのに。しかし、刑務所という閉じた社会の中にも、主流派がいて、非主流派がいる。「のけ者の中の、のけ者」が存在する。

ケイティはその最たる例のひとりだった。彼女は3－2ユニットでいちばんクールな女であり、唯一の女だった。いや、厳密にいうと女ではなかったが、とにかく3－2ユニットの一員で、仲間の受刑者たちと一緒に図書室にやってきた。褐色の囚人服のズボンのすそを折り上げて、足首を色っぽく露出していた。カウンターにやってくると、顔に落ちかかる豊かな髪をかきあげ、疲れたような薄い笑みを浮かべた。

それをみて受刑者の図書係たちが怖気をふるったのが、よくわかった。イスラム教に改宗した若いテディは、腕を組み、あごひげのある顔をゆがめた。スティックスはうつむいて忍び笑いをもらした。ピッツはそろそろと後ずさり、大天使ガブリエルのまばゆい姿でもみているみたいだった。常連のスコフィールドはバカみたいにニコニコして、明らかに愛想よく振舞おうとしていたが、同時に背すじをぴんとのばして胸を張り、ピューマを脅して追い払おうとしているようにもみえた。ファット・キャットはいつものように自動車雑誌に顔をうずめたまま、首を振っただけだった。あからさまに否定はせず——本音では否定していたのだが——むしろ中立的な態度を取った。

図書係でひとりだけ、好意的な態度で迎えたのがダイスだった。

「今日はどんな用？」ダイスは笑顔でケイティにきいた。

あとから、ダイスはなぜケイティに好意的だったのか説明してくれた。

「おれは一九七〇年代にニューヨークの42ndストリート（マンハッタン地区の大通り。ブロードウェイと交差するタイムズスクエア近辺は劇場街として有名。一九九〇年代初めまではストリップやポルノの劇場も多く、ピンプやギャングや服装倒錯者が大勢いた）でいろいろ教わった。なんでもみてきたよ」。そういったダイスのサングラスがきらっと光った。


ダイスがみたもの、みなかったものに、ぼくはずっと興味を持っていた。ダイスはサングラスをかけていて、話すときわずかに視線がずれるから、どうみても目が不自由という印象だったが、はたしてほんとうに全然みえないんだろうかと、気になってしかたなかった。とくに、刑務所でどうやってサングラスを手に入れたのかが気になった。

ダイスは続けていった。「一九七〇年代はにぎやかな時代だった。おれにいわせりゃ、ニューヨークがいちばんニューヨークらしかった時代だ。けど、街で出会った最高の連中の何人かは、服装倒錯者《トランスヴェスタイト》だった。それは胸を張っていえる。ここの若造どもは、世の中のことなんて何も知りゃしねえ」。


ケイティという存在をどう受け止めるかには世代間で隔たりがあるようで、意外にも、抵抗なく受け入れているのは年配の受刑者のほうだった。ボートも、いやがるどころか好意的だった。

「刑務所で出会ったいちばんタフなやつらは、ケイティみたいなクィア（レズビアン、ゲイ、トランスセクシュアルなど、セクシュアル・マイノリティの人びと全体を表す言葉）だった。クィアだと、タフになるしかないだろ？　レヴェンワースにもクィアがいたな。まあ、変わってるってだけで害のないやつだった。ただ、気にさわることをいわれるとキレて、相手のはらわたも抜きかねない勢いだった。おれはそいつをただただ尊敬してたよ」。

ボートはぼくにいった。このサウスベイでも最強の受刑者はクィアなんだ。今度紹介してやるよ、と。その翌週、ブライアンという受刑者が図書室にやってきた。彼はおもしろい人物で、自分でもひかえめに認めているように「すごい切れ者」だった。生意気で頭がよくて、言葉に強いなまりがあって、教会の祭壇奉仕者までつとめた模範的な少年が堕落したという感じ。マット・デイモンが映画で演じて有名になった、心に傷を持つボストンのタフなアイリッシュ系の若者のイメージそのものだった。ブライアンの父親は州警察官だったが、不正行為に走った。そのせいでブライアンは、警察の堕落に関する欲にまみれた話をたくさん知っていた。彼はまた大酒飲みでもあった。身長が一九〇センチくらいあって、がっしりした体つきで、手がとても大きかった。腕っぷしの強い受刑者も、彼には逆らおうとしなかった。

ブライアンはだいたいにおいて、ゲイであることを堂々と認めていた。その日、彼は図書室のカウンターにきていたずらっぽく笑いながら、刑務官で「おれと同類の」やつをふたりみかけた、とぼくに話した。すると、そばにいる受刑者たちが眉をつり上げた。

「おれも気をつけないとな」。ブライアンは声をひそめもせず、むしろ徐々に高めながらいった。「隠れやしないが、宣伝したっていいことはないんでね。とくに、こういう無知な連中が多いところでは」。

周囲に立っていた受刑者たちは、この言葉を額面通り、大っぴらな脅しと受けとめた。テディは腕を組んで目を怒らせたりしなかったし、ピッツもすくんだりしなかった。スティックスも忍び笑いをしなかった。だれもがきこえないふりをしていた。ブライアンは自信たっぷりにちょっと笑った。

ケイティはブライアンのように攻撃的ではなかった。少なくとも、表面上は穏やかだった(が、ぼくならあえて彼女と争ったりはしない)。手に負えないクィアというより、古風なクイーンだった。

そしてクイーンらしく、王族が大好きだった。図書室にほんの数冊あった故ダイアナ妃に関する本を読みあさり、二、三日ごとに読んだ内容を教えてくれた。おとぎ話のような求婚、神聖な結婚式、気高い人柄、数々の裏切り、そして苦悩。

しかし、三冊も読むと、図書室のダイアナ妃コレクションは尽きてしまった。ぼくはケイティの要望にこたえようと、その後二週間ほど、歴史に名だたる女性君主に関する本を次々とすすめた。スコットランド女王メアリ、クレオパトラ、スペインのイザベル二世など。しかし、ダイアナ妃コレクションのようには気に入ってもらえなかった。ケイティはダイアナ妃の本をもっと読みたいといった。

ぼくは、ほかにケイティが興味を持ってくれそうな本をさがしたが、ようやくみつけたのはたった一冊、シャーリー・マクレーンの自伝だけだった。それを差し出すと、ケイティはぼくをじっとみて、「冗談きつい」といってから、はっとわれにかえって言い直した。「違うって。気持ちはほんとにうれしいんだけど、これは勘弁して」。

そして、女性誌を山ほど抱えて読書用のテーブルにいき、ギャングふたりの横に座って、髪をかきあげ、光沢のあるページをめくりだした。隣の男ふたりはちらっと目を合わせたが、またそれぞれの読書にもどった。

ケイティはあるとき、ぼくに打ち明けた。「だれも話しかけてくれないの。ひとことも。だけど、それで満足しなきゃね。あの人たちにどう思われてるかなんて、たぶん知らないほうがいいんだろうから」。

大多数の受刑者と違って、ケイティが抱えている問題は他人との衝突ではなく、衝突する相手さえいない究極の孤独だった。

そんな「刑務所の中の刑務所」をもっとあからさまな形で目にしたのは、ある夜の十時頃、一時間ほど残業したあとのことだった。図書室のある第三棟を出ると、中庭の端に並んでいる大勢の男性受刑者が目に入った。彼らは灰色の囚人服を着ていた。ぼくはすでに一年以上刑務所で働いていたが、その間、たったひとりしか灰色の服の受刑者をみたことがなかった。ところが、そのときはたぶん六十人ぐらい、横一列に立っていたのだ。その一団にはどこか、みるものを不安にさせる雰囲気があった。ぼくはちょっとのあいだ足を止めて、その理由をさぐろうとした。

その受刑者たち自身も、ずいぶん動揺しているみたいだった。なかには、まぶしいスタジアム照明の下でびっくりしたように目を見開き、まばたきもせず、何かにとりつかれたように一点をみつめている者もいた。両手をもみあわせている者もいた。しかしほとんどの受刑者は、ただ身をすくめて立っていた。裸で追いつめられた者のように。少数だが、腕で光をさえぎったり、顔をシャツの中にカメみたいにひっこめている者もいた。何かつぶやいたり、忍び笑いをしたり、ニヤニヤしたり、体の一部を絶えずひきつったように動かしている者も二、三人いた。列の最後尾には、長い奇怪な文をしめくくる終止符《ピリオド》みたいに、ふくれ面をした小柄な髪の薄い男が、バスケットボールを脇に抱えて立っていた。

この受刑者たちのユニットのことは、きいたことがあった。保護拘置《プロテクティヴ・カスタディ》ユニット、略してPCユニットといって、同性愛者、仲間の受刑者を密告した者、精神障害者、小児性愛者などが収容されている。のけ者の中ののけ者、刑務所の中の怪物《フリーク》、クィアの中のクィア。刑務所の主流派である一般的な犯罪者から、犯罪者とみなされている受刑者たち。その男たちは——自ら望んだ場合もあるが、たいていは強制的に——その他の受刑者から完全に隔離されている。全員の安全を考慮した上での措置だ。ケイティやブライアンも身の危険を感じれば、このユニットに入るという選択肢が与えられていた。

PCユニットは高層棟の五階にあるが、そこの受刑者がユニットから出てくることはきわめてまれだ。一般の受刑者のあいだでは、PCユニットの怪物をひと目でもみることは、神聖といってもいいほど貴重な経験とみなされていた。たまに、PCユニットの受刑者が特別許可を得て図書室にくることがあった。その場合、他の受刑者は全員退出させられるが、少しでも居残って灰色の謎の生き物をみようとした。そしてその受刑者が去ったあと、ぼくに質問をあびせた。どんなやつだった？　なんていってた？　見た目はどうだった？　さわられそうになったか？　完全にいっちまってたか？　などなど。

灰色の囚人服の受刑者でただひとり、ぼくが接触した男は、精神的にかなり問題があった。彼は法律関係の調べ物をするために図書室にきたのだが、判例や法律文のコピーを何十枚も取ったあと、

「おれは訴訟をぶっつぶす」とぼくにいった。そして、ある書類をとても大事そうに取り出し、コピーを取ってくれといってから、こう説明した。この書類があればおれの訴訟をつぶすことができる。これがあれば完全に証明できるんだ。〈トカゲ大王〉が地球に到着し、ＣＩＡの助けを借りてひそかに合衆国政府を乗っ取ったってことを。

ぼくはその書類をみた。彼の名誉のためにいうが、その印刷されたウェブサイトのページには、たしかにそう書かれていた。ぼくは、そのことが彼の訴訟事件になぜ役立つのかと質問した。すると彼はため息をつき、イライラしたような表情でぼくをみた。おまえほどものを知らない人間には会ったことがない、まったく救い難いな、とでもいいたそうだった。「なぜって、やつらにおれを裁判にかける権利がなくなるからに決まってるだろ。合衆国憲法と合衆国政府がトカゲに支配されることが明らかになればな」。たしかに筋は通っていたが、間違った情報に基づいているのが問題だった。

そんな灰色の囚人服の男が全員、広い中庭に立ち、衆人の目にさらされていた。ドラマティックに幕が上がり、彼らはこれから、一九七二年のミュンヘン・オリンピック、バスケットボールの悪名高い決勝戦、アメリカ対ソ連の試合以来、最高の熱戦を繰り広げようとしていた。しかし、中庭のまばゆいスタジアム照明を浴びて立つ男たちをみていると、もう目的は達せられたんじゃないかという気もしてきた。この男たちを注目の的にすることこそが、目的だったんじゃないかと。

ぼくは後ろを振り返って、巨大な棟の外壁に並ぶ房の窓をながめ、女性受刑者のいる高層棟を見上げた。習慣で、つい十一階の窓に目がいく。講習中に、ジェシカが中庭にいる息子をながめていた窓だ。ジェシカの窓、教室の窓は暗かった。それは昼間の世界で使われる窓、勤務時間中の活動に関係のある窓だが、いまは夜で、勤務時間外だ。

房の窓という窓には明かりがついていて、それぞれにひとりないしは二、三人の人影がみえた。下のほうの階の窓の中は比較的よくみえて、受刑者が指さしたり、笑ったり、にらみつけたり、おもしろそうにながめているのがわかった。ほんの二、三分で、刑務所じゅうに情報が伝わったようだ。中庭に面した房にいる受刑者は、男も女もみな窓辺に立っていた。観覧席は満員だ。中庭に面していない房の受刑者は、あとで仲間から詳しい報告をきくことだろう。中庭にいるPCユニットの受刑者たちのほうも、自分たちがみられ、話題にされ、観察され、バカにされているのがよくわかっているはずだ。

これには、刑務所の独特な構造も関係している。十八世紀末に建てられた、イタリア、ナポリに近いサント・ステファノの刑務所は馬蹄形の多層の建物で、当時の劇場の建築様式を真似ていた。しかしその造りは、この手の建物の最も顕著な例にすぎない。刑務所は、全体がよく見渡せるように設計される。それは保安上の必要性からだ。しかし、ときに期せずして生の舞台をみているような効果を生むことがある。

ぼくの目の前で繰り広げられている光景も、そうだった。刑務所ではまれにみる集団体験の例だ。受刑者の一般集団がひとつになって、まぶしいスタジアム照明の下で行われる刑務所版奇人変人ショーを見物しようとしていた。そのショーを観客としてみた者たちはきっと、あの連中にくらべれば自分たちはまともだと感じることができるだろう。

痛々しいほどぶざまなバスケの試合が始まると、ぼくは中庭の端を歩きだした。最後に振り返ったときに目に入ったのは、3－1ユニットのある窓の中で受刑者の一団が文字通り重なりあって倒れ、笑い転げている光景だった。窓から外をながめるのでも、ジェシカの場合とは全然違う。ジェシカの場合、それは強烈に個人的な経験であり、彼女自身をさらに孤独の中に閉じこめる経験だった。一方、ＰＣユニットの奇人変人ショーは、多数派の受刑者が残酷な行為を通じて絆を強める経験であり、受刑者が刑務所の窓から外をみて自分たちの運命はそれほどひどくないと感じられる、類まれな機会でもあった。

ブライアンやケイティといったクィアの受刑者たちには、選択肢が与えられている。この奇人変人ショーの舞台に立つか、観客席にとどまるか。

その翌日、ぼくはダイアナ妃の伝記一冊と、はっきりゲイ関係とわかる本を何冊か、目立つところに並べることにした。以前、友人で同僚のメアリ・ベスからきいた話では、1－2－1ユニットのある受刑者が、点呼のときにタオルをスカートみたいに腰に巻きつけて、往年のジャズ歌手、ジョセフィン・ベイカーみたいにはね回り、大げさにまばたきし、唇をすぼめ、受刑者にも刑務官にもにじり寄ったりしたところ、だれもがおもしろがったということだった。

あとになって、その若い受刑者が図書室にやってきたとき、きみのおもしろいパフォーマンスの話が知れ渡ってるよ、と教え、役者か何かやってたの？ときいてみた。

「まさか、あれはふざけてやっただけだよ。ほら、場を明るくするために」。彼はそういってほほえんだ。

彼は、ぼくが目立つように展示したゲイ関係の本には目もくれず、読み古されてボロボロになったスティーヴン・キングの『シャイニング』を借りると、ぼくにウィンクしていってしまった。

❊苦難の狭間

ぼくが出会った変わり者の受刑者の中でも、だれより刑務所の環境になじめずにいた人物は、ぼくが最も親近感を抱いた相手だった。その男、ジョシュ・シュリーバーに初めて会ったのは、雲のたれこめた雨の午後、三時三十分からの図書室利用時間だった。図書室では相変わらず、ひとりでも多くの受刑者をひきつけようとしていて、その日は『スーパーマン2』を上映した。

ジョシュをみたとたん、ユダヤ系だとわかった。彼は外見といい態度といい、ぼくの祖母が好意的に「アイデル」と形容するタイプだった。「アイデル」とはイディッシュ語で「穏やかな」「品のいい」という意味だ。二十代のジョシュはこざっぱりしていて社交的でハンサムで、少年っぽい雰囲気があり、茶色いくせっ毛を短く切りそろえ、セルフレームの眼鏡をかけていた。彼をみていると、イェシバーや正統派ユダヤ教徒のサマーキャンプで出会った少年たちを思い出した。実際、刑務所にも近いブルックライン地区のイェシバーで一緒だった生徒にとてもよく似ていたので、親戚じゃないかと思ったほどだ。ジョシュ・シュリーバーのような男が刑務所の図書室に入ってくるなんて、めったにあることじゃない。ぼくは興味をそそられた。

図書室利用時間が終わって受刑者たちがカウンターにＩＤカードを取りにきたとき、ぼくはジョシュと話してみたいという衝動を抑えきれず、彼のカードをちらっとみながら声をかけた。

「『スーパーマン』って、ほんとうはどんな話か知ってるかい?」

　彼は笑って首を横に振った。

「漫画の『スーパーマン』を創ったのは、クリーヴランド出身のふたりのユダヤ系の青年だったんだ。話の内容は、やせっぽちで神経質そうな眼鏡男でも、腕っぷしの強い正義の味方になれるってことだった。わかるだろ?」ぼくはそういいながら、彼にIDカードを返した。

「ああ、わかる」。

　ぼくはよけいなことをいってしまった。ジョシュの素状を明かすようなことを、ほかの受刑者たちの前でいうべきじゃなかった。ジョシュも困ったような顔をしていた。

　あとから、ジョシュのいるユニットで犯罪者社会復帰プログラムの仕事をしている同僚のメアリ・ベスに、「1－2－1ユニットのユダヤ系の男は何者?」ときいてみた。

　彼女はすぐにだれのことか察して、ジョシュの経歴を簡単に話してくれた。彼はボストン西部の郊外の出身で、悪癖から脱け出せなくなった。ヘロインだ。罪状は窃盗罪と住居侵入罪。どちらも金に困った麻薬中毒者が犯しがちな罪だ。あとひと月もしないうちに刑期を終えて街にもどる、つまり保護監察つきで釈放される予定だが、更生は彼自身に任されている。社会復帰訓練所や薬物更生施設には入らない。

　メアリ・ベスの話では、ジョシュはとても愛想がよく、だれとでもうまくやっていけるが、少し愛想がよすぎるらしい。人に気に入られたいという気持ちが強すぎて、どんな命令にも必要以上に真面目に従ってしまう。監禁のときはすぐに房にもどるし、だれともどんな問題も起こさない。その従順さにつけこんで――かつ、彼が特異な存在で仲間がいないのを察して――ある刑務官が彼を利用しようと決めたらしい。

その刑務官は、ジョシュの受刑者仲間がみている前で彼に自分の代理を命じ、刑務官の助手というあやしげな立場につかせた。つまり、本来は刑務官しかやってはいけない仕事をジョシュにやらせた。受刑者を房から呼んでこさせたり、ときには監禁を手伝わせることさえあった。ジョシュは刑務官にさからう勇気がなかったので、いわれるままに働いた。しかし、そうした特殊な命令に従ううち、受刑者仲間のあいだで信用を落とし、暴力を振るわれる危険が出てきた。

それまで、ジョシュは同じユニットの白人受刑者たちになんとか受け入れてもらっていたが、ほんとうに親しいとはいえないそれらの友人たちからいつも「ユダ公」と呼ばれ、自分の立場を思い知らされていた。彼は完全なカモというわけではないが、市街地出身のイタリア系やアイルランド系のタフガイとは違っていた。ゲストとして「入場」が許されているものの、入れてもらうには神経をはりつめて努力し続けないとだめだった。新たに刑務官の助手にされたことで、本格的に孤立し、危険にさらされることになった。だれもが、シュリーバーはユダヤ人の追従者であるばかりか、たれこみ屋でもあると考えるだろう。

それはジョシュにとって最悪の状況だった。そういう目でみられるようになれば、メチャクチャに殴られたり刺されたりしても不思議じゃない。シャバにもどったとたん、撃ち殺されるかもしれない。実際、刑務官の助手にされていくらもたたないうちに、同房者が彼に敵対的な態度を取るようになったので、争いを避けるためにふたりは別々の房に入れられた。公式には「同房不可者リスト」と呼ばれる彼の敵のリストには、五人の名前が並んでいた。敵の数としては、かなり多い。

ぼくはジョシュのことが気の毒になった。彼には味方が必要だ。そこで、次に1－2－1ユニットを訪ねたとき、彼の房にいってみた。ジョシュはぼくが図書室以外の場所にいるのをみて驚いたようだった。ぼくは自己紹介をしてから、いった。

「きみも同類だってね」。

ジョシュは笑って、「ああ、同類だ」といった。

ぼくは自分の経歴を話した。正統派ユダヤ教徒として育ち、イスラエルのイェシバーでも学んだと。それから彼にいった。イタリア系やアイルランド系の連中とつるむのもいいけど、もし本来の自分を失いたくないと思うなら、図書室にきてぼくと話せばいい。そして最後に、悪名高いユダヤ的なダメ押しをした。「無理にとはいわないけどね」。

ぼくたちはまた話そうと約束した。ジョシュは心から楽しみにしているようにみえたが——彼はだれにでも好かれようとするから、真偽のほどはわからない。

しかし結局、話す機会がないまま、ジョシュは出所することになった。ぼくはたまたま刑務所のロビーを通りかかって、彼が自由に向かって歩きだす瞬間を目にした。ジョシュは私服姿で、ジーンズにセーター、黒の革ジャケットを着ていた。ぼくはちらっと彼と話し、幸運を、といった。ちょうどそのとき、迎えの車が到着した。

車を運転してきたのは、ぼくも知っている男だった。前に1－2－1ユニットにいたヤク中の男で、よく図書室から新聞を盗んだやつだ。新聞泥棒はおきまりのジョークのつもりらしかったが、ぼくは楽しめなかった。そいつはロビーに入ってくると、歯の欠けた口をニーッと広げてぼくに笑いかけた。「よう、アヴィ、『リヴィア・ジャーナル』は持ってきてくれたかい？」

「相変わらずだな、ヘズコック」。ぼくは応じた。

ぼくにはすべてが読めた。ジョシュは、メアリ・ベスや社会復帰プログラムの指導員たちになんといったにせよ、これから1-2-1ユニットの昔の仲間とクスリをやってハイになろうとしている。出所祝いの一服というわけだ。ぼくはジョシュの肩をつかんで揺さぶってやりたかったが、かわりに顔を近づけていった。「悪い友だちとはつるむな。それしか道はないだろう、ジョシュ。さもないと、命を落とすか——よくてもここへ逆もどりだぞ」。

刑務所で働きだした当初だったら、受刑者にこんなあからさまな言い方はしなかっただろう。しかしそのときは、そういうことをいえるだけでなく、いう責任があると感じた。ぼくはいつのまにか、厳しいが思いやりのある刑務所の指導員になっていたらしい。ジョシュはうつむいた。だが、それだけだった。彼はヘズコックと連れだって闇の中に消えた。

ジョシュは運がよかった。一ヵ月後、刑務所に舞いもどってきたのだ。ぼくは正直、彼がそんなに長くシャバでもつとは思っていなかった。ジョシュがふたたび収監された週に、ぼくは彼の房を訪ね、ゆっくり会う約束をした。彼はユダヤ教の教本を勉強したいといい、さっそくこんな質問をした。

ユダヤ教の伝統では、シブア（死者の埋葬から七日間の服喪期間）のあいだ家の中の鏡をすべて覆っておくことになっているが、それはなぜか？

細かいことだが、興味深い質問だった。ぼくはイェシバー出身者で元死亡記事ライターでもあるから、回答者としてまさに適任という気がした。それは妙な習慣で、明確な理由はわからなかったが、ぼくはこう答えた。鏡に映る像に対して、根深い恐怖が伝承されてきたことは間違いない。とくに、喪中の家ではそれでなくとも霊が動き回っていると考えられるから、鏡によってさらに不安がかきたてられるのだろう。

しかし、もっと直接的な心理学的理由もある。遺族の関心をうわべだけの世界からそらし、自らの思考、記憶、魂、限りある命などに向けるということだ。シブアのあいだ、遺族は現世の事物にわずらわされる必要はない。世俗的な問題はすべて、友人が処理してくれる。喪に服す七日間は内なる空間に身を置いて、たとえば髪をきれいに整えようとか、尻が大きすぎるんじゃないかとか、そういうことは気にしなくていいのだ。

ジョシュは、じきにめぐってくる過越し祭《ペサハ》の最初の夕食、セデルについても質問した。ぼくはいった。出エジプトがユダヤ人にとってどんな意味を持つか、それを理解するには、「エジプト」という言葉の意味を知らねばならない。ヘブライ語ではエジプトのことを「ミツライム」という。ラビたちが例によってこれを語呂合わせで解釈すると、「苦難の狭間《メイツァアル》」という意味になる。つまりミツライム、エジプトとは、鉄器時代に存在した特定の国でもなければ、大昔に起こった（おそらく本当は起こらなかった）出来事でもない。精神の状態なのだ。

ぼくはジョシュにいった。「いってる意味、わかるだろう？『苦難の狭間』については、きみもよく知ってるはずだ。そこから脱け出すのはとても難しい。奇跡に近い。だけど、脱出は可能なんだ」。

ジョシュは子どもの頃から、伝説の二世紀の賢者、ラビ・アキバに親近感を抱いてきたとぼくに語った。とくに、その偉大なるラビの劇的な殉教に心を奪われてきた。

これをきいて、はっとした。ぼくは精神科医ではないが、収監されているヘロイン中毒の受刑者から、生涯のヒーローは捕まって投獄されて皮膚を剝がれた（真っ赤に熱した鉄の道具で一層一層剝がされた）正義の人だときかされたら、こう考えずにいられない。拷問を受けても神を棄てることを拒んだ男の中に、彼は何をみたのだろう？と。

ラビ・アキバに執着するということは、自分がじきに死ぬことを予測している、あるいは望んでいる兆候である可能性が高い。喪中の家の鏡に関する質問と合わせて考えると、不気味な事実が浮かび上がってくる。この男は二十九歳にして、自分はもうすぐ死ぬにちがいないと考えているのだ。

ぼくはなぜかジョシュにひきつけられ、この男に気を配ってやらねばと強く感じた。同時に、そう感じることに後ろめたさも覚えていた。なぜジョシュには、ほかの受刑者よりも同情してしまうのか？　彼は受刑者の中でも恵まれた境遇にいた。薬物中毒から脱け出せずにいたものの、愛情豊かな家族から気遣われていて、よく家族の話をした。周囲に模範となる人も何人かいたし、安定した生活とはどんなものか知ってもいた。ほかの多くの受刑者とは違って、スラム街のみなし子ではなかったのだ。

それでも、ぼくはジョシュの身を案じないではいられなかった。年も近く、妹の名前（ちょっと変わったヘブライ語の名前）も同じだった。ジョシュもぼくと同じように郊外のコミュニティで、同じように将来を期待されて育った。彼の口調、ユーモアのセンス、文化的関心、悩みなども、ぼくにはなじみの深いものばかりだった。

　しかし、同時に、ジョシュをみていると戸惑うこともあった。ほぼ二年前、ぼくは友人の結婚パーティでラビのブルーメンソール師と出くわしたのをきっかけに、冗談半分に昔の預言者たちのことを考え、刑務所で働くかどうか決める参考にした。預言者の多くが罪を犯したり、投獄されたり、犯罪者の中で過ごした経験があるということに気づいたのだ。それは、なぜかわからないが重要なことに思えた。

　そして、そのことはぼくがジョシュに対して感じている気まずい親近感とも関係があるんだろうかと、考えずにいられない。預言者たちは一線を越えて犯罪者の世界に踏みこんだが、その結果、犯罪者の中に本質的な人間性を見出して安心したかというと（これを実践しているのがハリウッド映画で、犯罪者をまつりあげ、「彼らもわれわれと変わらない」ということをドラマティックに描いてみせる）、そうではなく、人間の中の本質的な犯罪者をみることになった。より陰気な真実、つまり「われわれも彼らと変わらない」という真実を暴いたのだ。預言者たちが一線を越えたときに発見したのは、犯罪者の世界がとてもなじみ深いものにみえ、「正しい」とされている世界にとてもよく似ていることだったのだ。

　これこそが、あの夜、中庭の照明に浮かび上がった見世物的光景の背後にあった、不穏な真実ではないのか？　あのとき、受刑者の主流派は、単なる残酷な喜び以上のものを感じながら、保護拘置《PC》ユニットののけ者たちがどぎつい照明にさらされているのをみていた。自分たちはまだましで、あの連中ほどのけ者じゃないと感じていた。つまり、犯罪者でさえ、何らかの方法で犯罪者からうまく距離を置こうとする。しかしぼくは、ジョシュを、彼の顔を、彼の人生をみつめたとき、うまく距離を置くことができなかった。

ジョシュはぼくに語った。自分は典型的な「よきユダヤ人青年」だったと。みんなから好かれていて、コミュニティの母親たちは彼を自分の娘に引き合わせたがった。「ぼくは理想の花婿候補だったんだ」とジョシュはちょっと笑っていった。ただ、ひとつだけ問題があった。それは彼のひそかな趣味だった。大学でヘロインを覚えて以来、薬物にはまってしまったのだ。それでもしばらくは、薬物中毒を隠して生活していた。

「初めは、大学生としてうまくやってたんだ。すばらしい恋人もいた。きれいな子だった」。

彼女はジョシュが麻薬常用者だとはまったく知らなかったが、ある夜、秘密は文字通り漏れてしまった。デート中に、ジョシュは席を外してトイレにいき、ひそかに手早く注射を打った。そして席にもどると、彼女が悪魔でもみるような目で彼を凝視した。その表情にジョシュは震えあがった。いまでも思い出すと恐ろしくなるような、まさに悪夢の瞬間だった。彼は正体を見破られ、罪を暴かれたのだ。視線を下げると、腕の注射針の跡から血が流れているのがみえた。よりによって、彼女と囲んでいた食卓で。

その夜、ジョシュが失ったのは恋人だけではなかった。その経験を恥じるあまり、彼は自暴自棄に陥った。「何もかもが変わってしまった」と彼はぼくに語った。そのとき以来、自分のことをシユリーバー家のジョシュとしてみなくなった。息子、孫、友だち、隣人としての自分を捨てた。

「決めたんだ。自分はもうあのコミュニティの一員じゃない、自分はみんなを徹底的に失望させてしまった、自分はみんなが思っているのとはまるで違う人間だ。これがぼくだ、ほんとうのぼくだ、ぼくはジョシュなんかじゃなく最低のヤク中だ。そう決めたとき、すべてが終わった。ぼくは完全にその人物になった。それまでは案外とふつうの生活を送っていたのが、一気に堕ちて、市街地の廃屋で暮らすようになった。たった一週間でだよ、アヴィ」。

ジョシュは泣いていた。

ぼくはいった。「ジョシュ、そのときはたしかにそう決めたんだろうけど、いま自分でいったように、決めたのはきみなんだ。つまり、きみには決める力があるんだ。いまなら、別の決断だってできるんだよ」。

自分のいったことがはたしてジョシュの役に立つのか、まったくのたわごとにすぎないのか、ぼくにはわからなかった。

ジョシュがいきなり立ち上がった。みると、妙な、ちょっとぞっとするようなわざとらしい笑みが顔にはりついていた。

「そういえば」ジョシュは陽気な、いかにもスポーツ好きらしい口調になっていった。「昨日のフランコーナのコメント、みたかい?」

レッドソックスの監督、テリー・フランコーナのことらしい。

「いや、みてないけど。何ていったんだい、フランコーナは?」ぼくは聞き返した。

「それがもう最高でさ……」。

ジョシュは何かにとりつかれたみたいに、レッドソックスの世界で起こっているメチャクチャな悪ふざけについて延々としゃべった。すごく楽しそうに、エピソードやジョークを次々に繰り出し、ときどき実況放送の真似をして話をおもしろくする。次には、昔知っていた「イカレた女の子」について話しだし、息も切らずにしゃべり続けた。結果、ぼくたちはその前の会話からはるかに、大海ひとつ分くらい遠ざかってしまった。ジョシュは自分の現実的な問題について絶対に話したくなかったのだ。ひょっとしたら、ぼくに説教されていると思ったのかもしれない。ひょっとしたら、そのとおりだったかもしれない。

その日、ジョシュはさっきの深刻な会話を中断したくせに、図書室を出ていくとき、ぼくにいった。いきなり強引に話題を変えて悪かった、また「ああいう話」をしたい、と。

「ほんとに？　話したくなければ、無理に話さなくていいんだよ。謝る必要もないし」。ぼくはいった。

ぼくは、厳しいが思いやりのある指導員にはやはりなりきれなくて、ジョシュの現実に関する話はいったん打ち切ってもいいと思っていた。ジョシュにも自分にも、逃げ道を用意していたのだ。しかし、ジョシュのほうがこだわった。

「いや、マジで話したいんだ。ここではあんたがおれのラビになってくれよ」。そういってウィンクした。

正直、このひとことは、ぼくの口の中に吐き気がするほどいやな味を残した。ラビなんて、ぼくがいちばんなりたくないものだ。ジョシュはそれを知っていた。以前にぼくがそういったから。だからこそ、ラビになってくれなんていったのだ。それが、ぼくに泣かされたことに対する、彼のささやかな復讐だったんだろう。

ある午後、一時的にサリーポートに閉じこめられているとき——その日、ぼくは実家にいって両親と過越し祭の夕食《セデル》をともにすることになっていた——ラビたちが過越し祭の休暇についていっていたことを考えた。ユダヤ人がエジプトから脱出した物語は、自分がその旅をしたつもりで語らねばならない、自分の身に実際に起こったこととして語らねばならない。ラビはそういっていた。イスラエル民族がエジプトから脱出した物語は、もしかしたら事実と異なるのかもしれない。しかし、ぼくの家族がその物語を自分たちの物語として延々と語り継いできたことは事実だ。

上階の房にいるジョシュは、家族と出エジプトの物語を語りあいはしないだろう。彼は依然、決めかねている。自分にとっての「苦難の狭間」を克服し、生きてその物語を語るかどうかを。

ぼくはそれまでにも、大勢の受刑者が自分の人生の物語《ストーリー》を解き明かそうとし、そのストーリーを語る中で自分の役割を決めようとしている姿をみてきた。なかにはジェシカのように、人生のストーリーをすべて残して去ることを選んだ者もいた。チャドニーは真剣に将来のストーリーを思い描いていたが、その決意は結局、他者によってたたきつぶされた。C・C・トゥー・スイートは、まさにその瞬間、ジョシュと同じく房の中に座っていたが、自分のストーリーを一ページ一ページ、せっせと書きつづっていた。

ぼくはサリーポートが開くのを待った。なんだか、いつもそこが開くのを待っているような気がした。刑務所で働きだして二年近くたつというのにまだ、人を閉じこめるその機械の単純さに畏怖の気持ちを抱いてしまう。監禁と自由をへだてているのはたいしたものではない。基本的には、スイッチと老朽化したスチール製のドアだけだ。ドアは低くうなるようなモーター音とともにガタガタ開き、ガシャンと大きな音をたてて閉まる。映画に出てくる刑務所のドアと同じだ。刑務所に勤めてかなりたっても、毎日仕事を終えてロビーに足を踏み出すときの安堵感、ささやかな自由を経験する瞬間の喜びは、決して色あせない。

その夜、刑務所のロビーにはほとんど人がいなかった。ぼくは警備のサリーの前を世間話もせずに通り過ぎ、一時間後には実家でセデルの席についていた。

その夜

チャドニーは車の後部座席にいた。十七歳の弟のダライアスが助手席にいて、ダライアスの彼女が運転していた。二月下旬の夜、九時半を回った頃で、場所はボストンのロクスベリー地区だった。路面は凍結していた。気温が低すぎて雪すら降っていない。三人はチャドニーが身を寄せている実家に向かっていたが、チャドニーが翌日の昼食用に何か買いたいといったので、食料雑貨店に寄ることにした。チャドニーは建設現場で働きだしたばかりだった。

三人はメイプル・ストリートとワシントン・ストリートの交差点にある店の前に車を停めた。そこからウォートン・ストリートにあるチャドニーの実家までは、一キロも離れていなかった。車が停まると、チャドニーは急いで店に入っていった。ダライアスの彼女は電話をするため車に残った。ダライアスは車から出て、店の前にいた女の子たちとしゃべり始めた。店から出てきたチャドニーは、数人の若者があたりをうろついているのに気づいた。彼らはダライアスをにらんでいた。

チャドニーには通りの向こう側にいる連中がよくみえたので、真っ先にヤバいと気づいた。そこは実家から二、三ブロックしか離れていないが、敵対しているギャングの縄張りだったのだ。緊張感が走る。ちょうどそのとき、ダライアスも若者たちに気づき、身を固くしてにらみ返した。言葉が飛びかう。チャドニーは弟に駆け寄ると、さっと腕をつかみ、車のほうに引っ立てた。そして、こちらをにらみつけている連中に向かって、「大丈夫だ、すぐに消えるから」といった。

ダライアスはしぶしぶ助手席に乗りこみ、チャドニーも後部座席に乗りこんで急いでドアを閉めた。次の瞬間、四つのことが同時に起こった。チャドニーがダライアスの彼女に車を出せとどなり、車がタイヤをきしませて発進し、だれかが発砲し、ガラス窓が割れた。

銃声は騒音と騒ぎに吸いこまれ、少量の毒薬が酒に溶けるように消えてしまった。車はメイプル・ストリートを疾走した。ダライアスは敵に尾行されているかどうか確認しようと後ろを向き、次の瞬間パニックに襲われた。目を大きく見開いて、ののしる。

「嘘だ嘘だ嘘だクソックソックソ」。

「何？　どうしたの？」彼女がきいた。

ダライアスは答えられなかった。言葉が出てこない。息もできない。動けない。ダライアスの彼女はバックミラーをみた。

「いやーっ」。彼女は叫び、急ハンドルを切り、メイプル・ストリートから二、三ブロック入ったところにあわてて車を停めた。道の向こうには、ナザレ・バプティスト教会があった。

チャドニーは前かがみになっていて、シートの後ろが血まみれだった。銃弾は彼の後頭部に命中していた。まるで射殺刑のように。チャドニーはおそらく、何が起こったかもわからないまま息絶えただろう。前の座席では、ふたりのティーンエイジャーがパニックに陥っていた。ダライアスの彼女はボストンの出身ではないので、病院への道順がわからなかった。ダライアスはショック状態で、考えることもしゃべることもまばたきすることも、息をすることさえできずにいた。それでもなんとか911に電話した。救急車を待つあいだ、ふたりは泣きじゃくり、錯乱状態だった。チャドニーは、教会の隣に停めた車の後部座席で息を引き取った。

❋すべき仕事

最後にC・C・トゥー・スイートに会ったとき、彼が笑顔をみせたのはほんのつかのまだった。その日の彼は、図書室に入ってきた瞬間から様子が変だった。カウンターに近づいてくる姿をみると、めずらしく服の着方がだらしなく、髪はちりちりで櫛も入れていなくて少しのびすぎだし、ひげもまばらに生えていた。

「調子はどうだい?」そう声をかけてきたC・Cは疲れきっているようにみえた。

C・Cが差し出した手を握りながら、ぼくは反射的に後ろめたさを感じて周囲を見回した。C・

Cは単刀直入にいった。

「今日はゆっくりできないんだ。仕事をしないと」。

C・Cはひとりカウンターの前に立ち、口をきつく結んで首を振りながら、「やつらには参る」といって、指でカウンターをたたいた。

しかし突然、これといった理由もなしに不安が消えたらしく、C・Cはニッと笑って背すじをまっすぐのばした。明らかに、ちょっとしたパフォーマンスを始める気だ。C・Cは拳で軽く空をパンチしてから、言葉のパンチを繰り出した。

「ピンプがピンチ！」

C・Cは楽しそうだった。あたりを見回し、言葉遊びに気づいた者がいるか確かめようとしたが、近くにはだれもいなかった。

C・Cは言葉遊びをバージョンアップした。「ビッチのせいでピンプがピンチ！」

今度もだれもきいていなかったが、C・Cは気にとめなかった。大勢の聴衆にもてはやされたいのはやまやまだが、やむをえない場合はひとり遊びでも満足できるのだ。

C・Cはまた真顔になって、「仕事が山積みだ」といった。

なんとなく、ぼくはそれを法律関係の書類を準備する作業がたくさんあるという意味にとった。しかし、もちろん、彼が取り出したのは原稿だった。ぼくはうっかりしていた。彼にとって重要なのは法的防御ではなく、物語防御、アポロギア（自己の動機、信念、行動を説明し正当化するために書かれた作品。弁明書）なのだ。C・Cは壁にもたれて、弁護士や判事や刑務官や人をバカにしたマスコミ報道の世界——彼を見下す人びとによって彼の物語が形成される世界――で、別のバージョンを語ろうとあがいていた。

「アヴィ、今日の裁判はきつかった」。

「怖いのかい?」刑務所ではタブーの質問だったが、ぼくができるいちばんましな質問だった。

「いや」。C・Cは肩をすくめ、目をそらした。「平気さ。本物のしぶといピンプには、どうってことない」。

ぼくはそれ以上追及せず、C・CのIDカードを受け取ってインクカートリッジを渡した。

❇刑務所図書室の解体

それは上からの命令だった。刑務所の教育センターが、図書室を改装したいので中を空っぽにするように、と指示してきたのだ。蔵書は全部段ボール箱に入れ、本棚はすべて分解すること。机、椅子、コンピュータはすべて室外に移動すること。つまり、図書室全体をバラバラにして、改装作業がすんだら復元するように、ということだ。カーペットを新しくするらしい。

ぼくの職務はそれまでごくふつうのものだったが、突然、解体作業を仕切ることになった。それは複雑で不快でやっかいな職務だった。

しかし、これはずいぶん前からの懸案事項で、カーペットはボロボロになっていた。約十五年間、何千時間にもわたって人が出入りしたんだから、きれいなままのはずがない。汚れがたくさんしみついていたし、ところどころずたずたに切れてしまってダクトテープで補修してあった。そして腐ったリンゴみたいなにおいがした。ダイスなんか、「このカーペット、腐ってるぞ」といっていたくらいだ。

そんな状態だと風紀も悪くなるし、図書室はほったらかしにされているという印象を与えてしまう。刑務所内で落書きが著しく増えるのは使い古されたようにみえる空間で、落書きが増えると規律が乱れる傾向があった。また、図書室のカーペットが汚いと対外的なイメージダウンにもつながる（図書室はもちろん、警官や役人の立ち寄り場所だった）。

図書室の改装プロジェクトに着手した当初は、一日か二日で作業を終えられるだろうと思っていた。ところが結局、二週間半もかかってしまい、さらに復元に五日かかった。

まず、改装を監督することになった二、三人の刑務官が話し合いでリーダーを決め——ひとりは主張が通らなくて軽いかんしゃくを起こした——そのあと、作業が始まった。初めは、受刑者の図書係五名とぼくとフォレストだけで取りかかったが、一時間もすると仕事量の膨大さがはっきりしてきて、担当刑務官から作業員をもっと使うようにいわれた。

ぼくは受刑者をただ働きさせることに日頃から抵抗を感じていた。それはどこか間違っているような、奴隷を使うのに似すぎているような気がしてならなかった。図書係は一応、わずかだが日当をもらっている。しかし、この分解修理の仕事では、受刑者にはいっさい報酬が出ないことになっていた。そのことを友人の刑務官に話すと、こういわれた。「きいたことないか？　受刑者は『社会への借金を支払っている』って。だから服役中にも働くべきだし、そのほうがやつらのためにもいいんだ。受刑者に報酬をやる必要なんてない。借りがあるのはやつらのほうなんだから」。それでもぼくが、受刑者をただ働きさせるのはどうかと思う、というと、彼はいった。「いいか、やつらはひどいへまをやらかしたんだ。だから、信用を取りもどすチャンスをやらないと。仕事をもらってそれをしっかりこなせば、ここを出ていくときに胸を張って『ちゃんと刑期をつとめた』っていえるだろう。そのチャンスはだれにも奪えないはずだ」。

実際、募集をかけると、図書室の解体を手伝いたいという受刑者が押し寄せ、列を作った。そこで一日か二日、水面下で調整が行われた。その間、ケースワーカーや刑務官がぼくのオフィスにやってきては、お気に入りの受刑者を推薦した。家が近くてよく知っている受刑者とか、応援している受刑者とか、理由は曖昧だが目をかけてやる責任を感じている受刑者とか。そして十人ほどが選出されたが、そのあとも作業量が増えるにつれて増員された。

初めのうちは、本を全部棚から下ろして、カーペットを敷いていないリノリウム貼りの床部分に積み上げていた。そして、二万冊以上ある本を大まかに分類しておくことにした。ところが、この大仕事の最中に、カーペットを替えるだけでなく壁も塗り直すので床に本を積み上げておかないように、と通達があった。そこで二日がかりの仕事をやり直す羽目になった。本はすべて段ボール箱にしまい、やはり大まかに分類しておいた。作業をしているぼくたちは本の洪水に飲みこまれそうで、まるでだれかがダムに小さい穴でも空けたみたいだった。棚が全部空になると、洪水はますます激しくなった。図書室の中をちょっと歩こうとしただけで、本の山につまずいた。

本をすべて箱にしまうと、床から天井まであるスチールの本棚を、固定ボルトを外して片づける作業に入った。固定ボルトを外したら、本棚を慎重に倒さねばならない。スチールの枠は驚くほど重いので、十五人がかりでそろそろと倒し、ボルトを外して分解してから運び出すなり積み上げるなりした。刑務所では受刑者の一日の予定がきっちり決まっていて作業に使える時間が限られていたし、どこかのユニットで暴力沙汰が起こるたびに受刑者全員が監禁されてしまうので、本棚を分解する作業は何日もかかった。

また、この作業をするには全員が息を合わせる必要があった。細かく確認しながら行う作業なので、協力して慎重に進めないと、だれかがけがをするのは必至だった。実際、ひとりの受刑者が、倒しかけたスチールの枠で肩を強打し（もう少しで頭に当たるところだった）、床にたたきつけられるという事故が起こった。作業員のあいだに意思の疎通が欠けた結果だ。しかも、その受刑者が転倒したとき、ほかの二、三人がとっさに枠から手を離して助けようとしたため、ぐらついた枠に残りの人間が必死でしがみついたものの、一歩間違えば枠全体が倒れるところだった。もしそうなったら全員がけがをしただろうし、とくに床に倒れていた受刑者は重傷を負ったはずだ。

しかし、事故が起きたのはその一回きりで、結局、リーダーの統率力をみんながあらためて認めることになった。

リーダーのスウィーニー刑務官は背が低く、がっしりしていて、髪が薄く、ガムを二枚まとめてかみながら顔をゆがめて笑うクセがあった。たいていの刑務官は、受刑者が骨折って働いているそばに突っ立って作業の指示を飛ばすだけだが、スウィーニーはシャツの袖をまくって一緒に働いた。そして汗をかくと、アンダーシャツ一枚になり、受刑者にもそうするようすすめた。受刑者たちは彼を尊敬していた。

とくに忙しかった日、ぼくたちは作業を終えると、ばらした本棚のまわりに座って他愛ない雑談にふけった。そこには受刑者が五人、刑務官が三人とぼくがいたが、もし事情を知らない人が入ってきたら、だれが職員でだれが受刑者かわからなかったと思う。それは、全員が同じような白いアンダーシャツに作業ズボンという格好だったから、というだけではない。立場に関係なく仲よくしゃべったり、肩をもたせあったりしていたからだ。親しさがボディランゲージにくっきり表れていた。もしふいに保安官代理が現れたら、刑務官たちはぱっと立ち上がって姿勢を正したにちがいない。

受刑者が全員、点呼のために去ったあと、刑務官たちは昼食の相談をした。ひとりが、受刑者にも「職員レベルの」昼食を取り寄せてやったらどうか、と提案した。高級とはいえないが、受刑者の食事よりはずっとましだから、と。スウィーニーも賛成したが、ほかの刑務官たちがいなくなると、ぼくのところにきていった。「作業が全部終わったら、連中に何かごちそうしてやるといい。チキンマックナゲットとかフライドポテトとか、ちょっとしたものをな。ただし、必ずここで食わせて、ほかの連中にはいうなと口止めするんだ」。ぼくはスウィーニーがフィーダーであることにも驚かなかったし、その役目をぼくに委ねたことにも驚かなかった。彼は親切だが、愚かではなかった。

作業が終わって二、三日たった頃、手伝いにきていた受刑者のひとりが図書室に立ち寄って、いった。「もっとここで働きたかったよ。先週は、なんかいつもと違う雰囲気だった」。ほんとうにそのとおりだった。規則でガチガチに固められた刑務所の日常が、図書室解体プロジェクトのあいだだけは少しやわらいでいた。あのときほど、ふだんの刑務所がどれだけ芝居がかっているか、はっきりわかったことはない。制服や囚人服が舞台衣装みたいに思え、本棚という舞台装置を解体することで脚本まで帳消しになったような気がした。そして、受刑者も職員もつかのま、その空間を別の現実で自由に埋めることができた。

しかし、図書室は完全に改装され、作業は終わり、受刑者はごほうびの食べ物を（ひそかに）分けあった。舞台装置がふたたび組み立てられ、役者はふたたび舞台衣装を身につけ、配役ももとどおりになった。一、二週間もすると、鼻につんとくる真新しいペンキのいいにおいも消えた。みんな、図書室がきれいになったことなど——実際、以前とくらべてはるかにきれいになったのだが——すぐに忘れてしまい、何も起こらなかったかのように日々が過ぎていった。

エリアの気持ち

その日は、図書室のカウンターの奥での悪ふざけがひときわ騒々しかった。受刑者の図書係の顔ぶれも、時を経て少し変わっていた。クーリッジは別の刑務所に移送され、ピッツとスティックスは出所した。ダイス、テディ、ジョンらは刑務所内の争いに巻きこまれ、図書係の仕事を取り上げられてしまった。図書係のまとめ役は、依然ファット・キャットだった。彼は３-２ブロックで暴行事件を起こしたにもかかわらず、図書室の仕事に返り咲くことができたのだ。その日もキャットはいつもどおり無言の支配力を発揮して、静かに座って雑誌を読みながら、半ば閉じたようにみえる目を光らせていた。

比較的新入りの図書係がふたり、いつも一緒に行動していて、まるで図書室専属のお笑いコンビみたいになっていた。ひとりは老獪なベテラン受刑者のボート、もうひとりはいちばんの新入りで若い道化者のネークイースト。妙な取り合わせだった。ボートはアイルランド系とイタリア系の血が混じった白髪まじりの元三流ギャングで、元殺し屋という可能性もあった。FBIに撃たれた脚（弾が一発、入ったままになっている）が麻痺しているため、杖にすがって歩き、ネークイーストがボケると鋭いツッコミを入れる。

ネークイーストは童顔の二十歳の黒人で、頭のよさをうかがわせる反面、無邪気でとんでもない楽天家。ボートのまわりを文字通りぐるぐる走り回って、受刑者や職員の真似を次々とみごとに演じてみせる。ふたりは自分たちの芸にたいそうご満悦だった。

たしかに彼らはおもしろいが、うるさいと感じることのほうが圧倒的に多かった。また、ふたりの友情はまたたくまに、刑務所にありがちなうざったい師弟関係に変わりつつあった。ネークイーストがうっとりと耳を傾けるそばで、ボートが昔やった銀行強盗やギャング仕事のことや、悪名高い〈機関銃男〉ことスティーヴィー・フレミやホワイティ・バルジャーとの小競り合いについて、得々と語る。ホワイティ・バルジャーはFBIの指名手配リストの上位に名を連ねる凶悪犯だが、ボートは地元でのあだ名を使ってジミーと呼んだ。

しかし、ぼくはそうした騒ぎにうんざりしていた。

そこで思い切ってカウンターを離れ、本棚のあいだに入っていくと、そこには図書係の中でいちばん孤独を好むエリアがいた。彼は静かに本を棚に並べていた。初め、ぼくをみてむっとしたようにみえたが、驚いただけだったらしい。内気そうに笑って、ため息をつき、ぼくにたずねた。「とうとう、あの騒ぎに我慢できなくなったかい?」

エリアの口調には若干の不満が感じられた。ほぼ二年間、いつ気づくかと思って待っていたが、やっと気づいてこっちにきたな、とでもいいたげだった。

棚がところどころ空いていたので、ネークイーストが部屋の向こう側にいるのがかろうじてみえた。ボートから借りた杖にすがって前かがみになり、体を小刻みに震わせながら、イライラするほどゆっくりと、わざと弱々しい足取りで歩いている。ズボンを卑猥なほど上まで引っ張り上げ、シャツをたくしこんでいる。分厚い眼鏡もボートから借りて、鼻先まで下げてかけている。

「わしゃ歩けん。薬を飲まんと。わしの薬はどこだ? 目もみえん」。ネークイーストはいかにもボストンの喫煙者らしいボートのしゃがれ声を真似て、驚いたことにユダヤ人の老人みたいな口調でしゃべっていた。「膀胱《ぼうこう》がはちきれそうじゃ」。

眼鏡を取られて何もみえないボートも含め、見物人たちがおかしそうに笑った。

「この、どアホ」。ボートが楽しそうにいう。

ぼくはエリアの横にある段ボール箱に手をのばして返却された本を取り出すと、彼の隣で棚に並べ始めた。

「うちのチビの写真、みるかい?」エリアがいつものように小声でいった。

そして、手あかのついた写真を差し出した。はじけるような笑顔の四歳の女の子が写っている。

エリアはすぐに写真を胸ポケットにしまい、それと同時に笑顔も消した。ぼくたちは黙って本の整理を続けた。ぼくはエリアに〈フォーティ〉というあだ名の由来をきいてみたが、エリアがなかなか答えないので、きいてはいけないことだったんだと気づいた。

少しして、エリアはやっと答えた。「飲んだくれのあだ名だよ。四十オンス（約一・二リットル）は飲めるっていう……。けど、おれはそんなあだ名は嫌いだから、忘れようとしてる。まあ、つけられちまったものはしかたないが」。

ぼくたちはさらに本を棚に並べる作業を続けた。ぼくは横目でエリアの静かな仕事ぶりを観察した。本を一冊手に取り、シャツの袖か、昔のハンカチみたいに小さくたたんでポケットに入れてあるペーパータオルでほこりを落とす。あるいは、軽く息を吹きかけてほこりを飛ばす。それから表紙をみて、目をこらし、タイトルを注意深く小声で読み上げて、データベースから印刷したリストと照らしあわせる。そして両手で、デューイ十進分類法にもとづく正確な位置に本をしっかりとおさめる。そのあと、いま置いたばかりの本の位置を微調整して、ほかの本の中で安全かつ居心地よさそうにみえるようにしてやる。さらに、まわりの本のほこりもちょっと払い、並び順が間違っていないか、別の分野の本が紛れこんでいないか調べる。そこまですんだら、次の本を箱から取り出し、同じ作業を繰り返す。

エリアの仕事ぶりは、几帳面なんてものじゃなかった。本を扱うしぐさに愛がこもっていて、とても上品だった。ぼくは、彼がカウンターから離れたところにいるのを何度もみたことを思い起こした。ときには、図書室の片隅で彼が作業をしているのをなんとなく感知していただけ、ということもあった。そのあいだずっと――全部合わせたらいったい何百時間になるだろう?――彼はこの作業を黙々と禁欲的に繰り返していたのだ。

ボートの声が図書室の向こう側からきこえてきた。「なんだ、このジャマイカ野郎。とっととバナナボートに乗って島に帰っちまえ」。

みると、ネークイーストが盲人みたいにボートの顔をさわっていた。「なんだって、お若いの? わしは耳が遠いんだ。それにズボンにもらしちまった」。

またも、ゲラゲラ笑う声。

「このジャマイカ野郎、っていったんだよ」。

エリアが身をこわばらせ、目をつむり、ため息をついて、首をちょっと振った。そしてまた仕事にもどり、本を正しい位置におさめた。ぼくはふいに、エリアに対して申し訳ない気持ちでいっぱいになった。二年ものあいだ、ややもすると不安定になりがちな彼の心が、図書室のカウンター近辺で行われているああした悪ふざけによって繰り返し乱されていたのも知らず、悪ふざけを黙認してきたのだ。

ぼくはそのことをエリアに謝った。彼は小首をかしげてぼくをみると、苦笑いを浮かべた。「そんなこと、気にしてないよ」。エリアは肩をすくめた。それはささやかなやさしい嘘で、互いに正そうとは思わなかった。エリアがつけたしていった。「けど、ありがとう」。

ぼくたちは黙って本の整理を続けた。ぼくは、エリアの穏やかなリズムを乱す気はなかった。エリアがこうして本棚のあいだにいるのは、しゃべらなくていいし、いろいろ質問されずにすむからだ。ぼくたちは段ボール一箱分の本を並べ終えて、次の箱にとりかかった。それは永遠に終わりそうにない作業で、救世主を待ち続ける男、という例のユダヤのジョークと同様、際限がなかった。しかし、エリアはそれでかまわないと思っているようだった。むしろ、その際限のなさに慰めを見出しているみたいだった。

刑務所では、時間は独特の意味を持つ。「時間はいくらでもある」というのが、エリアを初め受刑者がよく口にする言葉だった。これが刑務所で日常的に使われるときの意味は、「刑務所にいるんだから、忙しいわけがない」ということだが、同時に皮肉な意味もこめられている。自分にあるのは時間だけで、ほかには何もないということだ。受刑者には常に膨大な時間があるが、時間に付随する意味とは縁がない。大多数の受刑者は、時間に関するかぎり、コウルリッジの詩に登場する気の毒な老水夫みたいなものだ。「どちらをみても水ばかり、なのに一滴も飲めはしない」。時間は限りなくあるが、それは心に栄養を与えてくれる類の時間ではない。季節も、休日も、周期もない。少なくとも、他者と共有できるものは何もない。

雪が中庭に降り積もると、冬。同房者の体臭がひときわきつくなると、夏。しかし、それ以上の意味は何もない。雪が降っても子どもとそり遊びができるわけでもないし、スキーやフットボールができるわけでもないし、クリスマスコンサートをききにいけるわけでもない。雪は雪でしかないのだ。

刑務所で味わえる季節感といえば、賭けをするときぐらいだ。スーパーボウルの賭けで緊張感が増すと、冬。NCAAのトーナメントに賭けると、春。それが刑務所のクリスマスであり、復活祭だ。そうした、もの悲しい幕間の余興みたいなものを除けば、刑務所での時間にはどんな印もついていないし、コミュニティで時間を共有することもない。刑務所での時間は個人的なもので、唯一の休日、刑期の終わりという休日に向かって進んでいく。各個人が、自分だけの終末論的カレンダーにしたがって生きている。そのカレンダーの唯一の休日は最後の日、つまり刑務所で過ごす時間が終わる日だ。

このことは、刑務所で働く職員にはきわめて実際的な問題となる。明日からクリスマス休暇、というときも、あるケースワーカーが善意で教えてくれたように、「メリー・クリスマス」と受刑者にいってはならない。そんなことをいっても意味がないし、そのケースワーカーいわく、「(受刑者の)顔をひっぱたくようなもの」だから。刑務所では、季節なんて気にとめず、話題にもしないのがいちばんだ。そして実際、きまって胸が痛むのは、休暇の前に、いや週末にさえ、図書室を「閉店」するときだ。鍵を閉めるぼくをみつめる受刑者の表情は一様に悲しげで、ときには痛々しいほど悲しそうなので、そんなときには、受刑者の多くにとって図書室がどんな意味を持っているか、ちょっとわかったような気がした。

エリアの気持ちに気づいたあとの二、三日間、ぼくは「図書室では騒がないこと」という方針を貫いた。ぼくはエリアと一緒に本棚のあいだに入り、何時間も黙々と本の整理をした。すると、沈黙の音調がきこえた。ちょうど、祖母との会話を録音したテープをきいたときみたいに。静まり返った図書室で聞き取れるのは、壁の中や天井裏で導管がたてる音、デジタル音、天井の換気口から刑務所の空気が一定のペースで噴出される単調な音——そして、かすかに聞き取れる人の声。ときおりくぐもった叫び声が、刑務所のどこかの片隅からきこえてくる。そうした音がすべて、通風管を経た空気と一緒に図書室にたまっていく。それらの音の特色は、絶えず循環しているのに決してきいてもらえないということだ。

図書室がほんとうに静まり返っているのは、ディア島とリバティ・ホテルを訪ねたあとで深夜に立ち寄ったとき以来だった。そしてあの夜と同じように、図書室はその静けさゆえにいつもとは違う顔をみせた。

エリアはよく「刑期をつとめる《ドゥーイング・タイム》」という言葉を使った。彼のいわんとすることはわかった。刑務所で過ごす時間は祝福もされないし、たたえられもしないし、ほんとうの意味で「生きる」ことさえできない。自分の手を使って繰り返し行う《ドゥ》単調な仕事、たとえば洗濯したり本を並べたりすることに似ている。「刑務所にいる」のと「刑期をつとめる」のは違う。エリアはみごとに「刑期をつとめて」いるのだと、ぼくは気づいた。

エリアは本棚に本を一冊並べるたび、刑務所の秩序に背く行為をしていたのだ。彼の仕事には、ささやかだが対人的な行為が含まれていた。それは彼自身が創り出した行為であり、彼が番号を付された単なる物体ではないことを保証する行為だった。そう、彼は人間であり、主体であって、物事に自分なりの秩序を与えることができた。

エリアは一冊一冊の本のほこりを払い、慎重にていねいに並べた。彼には、無限の循環の中で自分がどこにいるかがわかっていた。そしてこれっぽちも急がなかった。「終わらせること」にこだわらず、ひたすら「行うこと《ドゥーイング》」に集中した。一冊一冊本のほこりを払い、正確な位置におさめることで、彼は見知らぬだれかに、たぶん敵にさえも、手を差しのべていたのだ。身分を明かさず、間接的に、親切に。彼のおかげで、ほかの者たちはさがしているものをみつけることができた。エリアは図書室を使って物事を正していたのだ。段ボール箱ひとつごと、本棚一段ごと、本一冊ごとに。

エリアだけじゃない。図書室にやってくる者はみな、何かをさがしていた。そして、彼らのさがしているものはそこに、本棚のあいだにあった。本棚のあいだで、エリアは自分の居場所をみつけ、ジェシカは紙で作った花を髪にさして似顔絵を描いてもらい、不安がっている同房者に慰めのリボンを贈った。ダンキンドーナツでぼくが会った若い風俗嬢はそこに座って美術書に見入り、チャドニーは最初のいくつかのレシピを覚えた。何百人という受刑者がそこで足を止め、何かをさがしたときには、何をさがしているのか自分でもよくわからないままに。

図書室で静かに本を整理しながら、ぼくもまた彼らと同じように、ここにやってきたことを思い出した。何なのかよくわからない何かをさがして、やってきたことを。

この仕事に就いて二年近くたっても、ぼくはまだ自分の仕事の目的を、しいては図書室の目的を見出そうとしている最中だった。しかし、エリアを見習いさえすればよかったのだ。彼は本を並べながら、ただ出所までの日数を指折り数えているんじゃない。きちんと図書室の仕事をこなし、一冊ごとにタイトルを指でたどり、そっとほこりを払い、メモを取り、本を整理し、慎重に棚に並べ、沈黙を守る――そんなエリアの姿をみているうちに、ぼくは秩序がいかに形成されるかわかってきた。秩序は大がかりな計画——ぼくがしばしば心を奪われてきたもの——によってではなく、ささやかな行為をていねいに何度も繰り返し、みがき上げていくことで形成されるのだ。

　それから間もないある日、ぼくは野の花が一面に咲いているディア島の草深い丘に座って、大西洋をながめながらツナサラダをのせたセサミベーグルを食べていた。ぼくはチャズルウィット刑務官を侮辱した罰として、無給の停職処分を受けていた。春の訪れがようやく肌に感じられる季節になっていたが、ボストン港は波が高く、春の気配に協力的ではなかった。大西洋が近景に黒々と広がっていた。

　ぼくはあっという間にサンドイッチを食べてしまった。そして、過去の亡霊にとりつかれているみたいなディア島の雰囲気のせいか——あるいは、子どもの頃、イスラエルなまりを直すために何時間も窓のない部屋に座って、言語療法士からgirl《ガール》という単語をむりやり何度もいわされたトラウマのせいか——ぼくの思考はヨハネの黙示録に向かった。そう遠くもない未来に、大洪水で最初に沈むのはどこだろう？　ディア島？　それとも埋立地のサウスベイ？

　愚問だった。もちろん、ディア島が真っ先に沈むに決まっている。湾に浮かんでいるんだから。この島のすぐ南東に突き出しているナンタスケット半島の先端の町、ハルでは、すでに水位が上がっている。島が沈むのは時間の問題だ。ぼくはピクルスを二口半で食べた。そのとき、背中に鋭い痛みが走った。ぼくはあおむけに寝て両手両足を少し広げ、ヨガの「屍のポーズ」——ポーズともいえないが——を取った。まともに取れるヨガのポーズは、これひとつきりだ。

十九世紀からこの島にあった刑務所に、思いをはせる。それは廃墟となって、この人工の丘の中に眠っている。ぼくはまた、司書の最低限の仕事に言及しているはるか昔のあの文章を思い出した。「昼間労働に明け暮れる囚人たち全員に、毎夕最低一時間、本が読める明かりを供給するべきである」。供給、provision《プロヴィジョン》という言葉の語源は、「予見」を意味するラテン語のprovisio《プロヴィジオ》だ。波音をききながら、ぼくはチャドニーのことを考えた。彼は五歳の息子を遺し、自分の殺害を伝える新聞記事を遺して逝った。そしてエリアはこの瞬間にも、サウスベイの刑務所図書室で本棚に本を並べているだろう。

マイク・ピッツは出所する少し前、IDカードの入所当時の写真をぼくにみせて、刑務所で何年も過ごしたいまのほうがずっとましだろう?と誇らしげにいった。

「おれはもう、そのデブとは違う。体も締まったし、この図書室で頭に知識も詰めこんだ。シャバに出ていく準備はできてるよ」。

ところが、出所から数ヵ月後のある晴れた日に「ボストン・ヘラルド」紙に載ったピッツの写真は、ぶくぶく太って惨めそのものだった。脂肪吸引に失敗した被害者として載っていたのだ。

そして偉大なるクーリッジは、「ボストン・グローブ」紙に写真が載った。マサチューセッツ州上位裁判所の法廷に、ぱりっとした白いYシャツにネクタイをして立っている写真だ。その記事は驚くべきストーリーを伝えていた。クーリッジが自らを弁護し、ふたりの裁判官に、八ヵ所でみつかった山ほどの盗品が彼のものであると警察が確認した事実を証拠から外させたというのだ。盗品はATMカード、財布、丸鋸、コンピュータなどで、持ち主が悪事のかぎりを尽くしたことをうかがわせた。裁判所の記録によると、「文章上達法に関する複数の本」もみつかったらしい。「グローブ」紙の記者は、長いこと路上犯罪者だった男が、「インタビューを受けた被告側弁護士数名もよく知らなかった細かい州法を根拠に」プロの訴追者を繰り返し出し抜いたことに驚きを表していた。そしてクーリッジは、初めてぼくと会ったときに約束したとおり、ナポレオンの一枚上手をいって攻勢に出ようとしていた。州に対し六万六千ドルを要求しているのだ。もらいそこねた給料の補償金に、中古のSUVを買うのに必要な金額を上乗せして。しかし、彼にはほかにも係争中の事件があるので、刑期はまだ二十年残っている。

ぼくは友人のヨニのことも考えた。ヨニは、人類学者になってヒッピーの研究をしたいと思いついた。大学の博士課程に入学したいま、ヨニは夢をかなえられるかもしれない。腰布《サロン》一枚にカウボーイハットという姿で、はるかアーカンソー州の丘陵地帯をさまよい、マリファナでハイになった月崇拝者たちと一緒に生活するという夢を、自然科学の名のもとに実現できるかもしれない。

では、ぼくの次なるステップは？

ぼくは荒れる海の音に耳をすませた。シルヴィア・プラスが嘆きながらみつめた「さかりのついた波」が、この悲しい小さな島を侵食する音に。そして、図書室の本からこぼれ落ちた手紙の数々を思い浮かべた。とくに、届かなかった書きかけのあの手紙――「お母さんへ、わたしの人生は」。ジェシカが書いた、届かなかった手紙のことも考えた。ジェシカは幼かった息子を教会に置き去りにし、二十年近くたってから刑務所で再会した。ぼくはまた、チャドニーの息子が波を止めようとしたときの話も思い出した。ジェシカは黙って座り、手をきちんとひざの上に重ねて窓の外をみていた。それは刑務所の高層棟の十一階の窓だった。彼女はそのとき、母親ならだれでもすることなのにずっとできなかったことをしていたのだ。息子が庭《ヤード》で遊ぶのを見守る、ただ見守るという行為を。彼女はきれいに化粧をして似顔絵を描いてもらったが、結局それを息子に渡すことはしなかった。ぼくはまたエリアのことを考えた。本をあとからあとから、正しい順番どおりに並べているエリアのことを。

「本は郵便箱ではない」と、アマートの剝がせない注意書きは告げていた。

明かりを供給する。

ぼくは波音に合わせて息をした。ようやく心が決まった。ぼくにはやり残した仕事があった。

※ある日曜日の「直径」

チャドニーの母親のマルシア・フランクリンは、ぼくと電話で話しながら泣いた。そして、ぼくが渡したいものの内容を話すと、ロクスベリー地区の自宅に呼んでくれた。チャドニーが、撃たれた頃身を寄せていた実家だ。

ぼくはその日、早めに家を出た。日曜日だった。午前中はマルシアが教会にいくので、会うのは昼過ぎということにしてあった。マルシアの家にいく前に、ぼくはロクスベリーを車でさっと回ってみた。とはいえ、チャドニーに関わりのある場所はほんの数ヵ所しか知らない。刑務所、実家、彼が撃たれた交差点の店。それと、彼の話に出てきた場所が二、三ヵ所。チャドニーについてぼくが知っているのは、彼の思い描いていた将来に関することがほとんどで、彼のそれまでの実人生の舞台だった通りの名前などは知らなかった。彼の実家近辺を車で走りながら、ぼくは刑務所の外での彼の生活についてほとんど何も知らないことに気づいた。あんなに長い時間、いろいろな話をしたというのに。

チャドニーが撃たれた現場の前には、クリスパス・アタックス・プレイスという名前のついた狭い道が通っていて、車がびっしり駐車していた。この道の名前の由来は、一七七〇年のボストン虐殺事件でイギリス兵の銃弾を受けて死亡した五人のうち、最も有名な人物だ。アメリカの神話によると、クリスパス・アタックスは「最初にイギリスの支配に挑み、最初に命を落とした」人物であり、独立革命のひとり目の犠牲者とされている。その近くにはアタックスを描いた大きな壁画があるが、いかにも昔風のアフリカ系アメリカ人のイメージで、実際には一市民に過ぎなかったのに、目を怒らせ、マスケット式銃剣を手に突撃の構えを取っている。

さらに一分ほど通りを進むと、デイル・ストリート七十二番地の前を通る。ここはマルコムXが十代の頃に暮らしていたところだ。また、角を曲がった向こうには、マーティン・ルーサー・キング・ジュニアがボストン大学で神学を学んでいたときに住んでいた家がある。そのあたりの通りには、主義を貫いて死んでいった人びとの亡霊が大勢さまよっていた。

チャドニーの母親が教会で祈っているあいだ、ぼくは自分なりのテキストを読んで黙想にふけることにした。テキストといっても聖書ではなく、イスラエルの詩人、イェフダ・アミハイの「爆弾の直径」という詩だ。この詩は、どの創作クラスでも教材に使った。図書室で行った詩の朗読会で、デュメインがチャドニーをほめたたえる言葉のあとに朗読したのもこの詩だった。

その爆弾の直径は三十センチ
有効範囲の直径は約七メートル
四人が死に、十一人が負傷した
痛みと時間の輪は
さらにその外側へと広がり
病院ふたつと墓地ひとつにおよんだ
しかし、爆弾で死んだ若い女性が
百キロ以上も離れた故郷の町に葬られたので
痛みの輪はさらに広がった
彼女の死を嘆き悲しむ孤独な男性は
遠い国の片隅にいたので
悲しみの輪は世界にまで広がった
さらに、泣きじゃくる孤児たちについては
何もいうまい
だがそのために
悲しみは神の御座にまでおよび

さらにその先へ、輪は際限もなく
神もなく、どこまでも広がっていくのだ

詩の冒頭で、詩人は冷やかな数値計測の手法を使って、突然の暴力的な死の恐ろしさを的確に表現している。読者は、そうした具体的・客観的な情報を手がかりに、殺戮の規模の大きさを想像することができる。しかし、詩人も最後に述べているように、そうした計測の範囲をどこまでも広げていくと、あまりに大きくなってしまい、人間はおろか神にさえも計り知れないものになってしまう。

ぼくはロクスベリー地区をあちこち車で走りながら、走行距離計《オドメータ》を使って自分なりに予備的計測をしてみた。チャドニーが撃たれた場所から〇・五キロのところに、母親と暮らしていた実家があった。そこは、彼が子どもの頃、都会の真ん中を走るシカを目撃したところでもある。撃たれた場所から一・五キロのところには、チャドニーがバナナプリンの材料を買ったマーケットがあった。二・五キロのところには、生のローズマリーを売っているいちばん近いマーケットがあった。三キロのところには、チャドニーが収監されていた刑務所。二・五キロのところにチャドニーが生まれた場所があり、一・五キロのところに通っていた学校があった。別方向に一・五キロのところにはグレイター・ラブ・タバナクル教会があり、そこでチャドニーの母親が彼の魂のために祈っていた。さらに別方向に約一・五キロのところには、チャドニーが新たなキャリアをめざして「調理師免許・資格取得コース」をとろうとしていたロクスベリー地域短期大学《コミュニティ・カレッジ》があった。チャドニーの妹は、約三十キロ離れたウェルズリーという静かな郊外に住んでいる。約一一〇キロ離れたコネティカット州のある町には、チャドニーの五歳になる息子がいる。その子は、「ボストン・グローブ」紙の記事によれば、「神様はなぜパパを呼び寄せたの？」と母親にたずねたという。

この喪失の輪はいったいどこまで広がるんだろう？　まったくわからない。つまるところ、それは詩人のアミハイがいうように「際限のない輪」であり、どこまで広がるかなんてだれにもわからないのだ。

ぼくはチャドニーの実家がある通りを車で走りながら、助手席に置いてある折りたたんだ紙をみた。それはチャドニーが書いたもので、いまではカイトと同じだった。だれかが書いて図書室の目立たない隅に置き去りにした、短い手紙。ぼくが職業上、捨てるように訓練されてきた類のもの。だが、今回は大喜びで職務規定に背いた。これまで見当違いのメモを数限りなく没収してきたし、書きかけのまま送られなかったどうしようもない手紙も数限りなくみてきたが、ここにあるのは最高によく書けた手紙だから、きちんと届けようと思っている。ささやかなものだが、とにかく届ける。チャドニーの家族、とくに彼の息子にとっては、今後永遠に黙して語らない父親の言葉のかわりに、わずかながら受け取ることのできる言葉だ。

「本は郵便箱ではない」というアマートの注意書きの余白に、「いや、本は郵便箱だ」と落書きする自分を、ぼくは何度も想像してきた。

ぼくがチャドニーの母親のマルシアを訪ねるのは、いろいろな意味で異例のことだった。まず、白人の若者であるぼくが、（マルシアに敬意を表して）きちんとした身なりをし、低所得者が大勢暮らす地区の真ん中を（借りた）サーブで走っている。サーブには、ケンブリッジ地区の居住者であることを証明する駐車許可シールが貼ってある。たいしたことじゃない、と思いこもうとしてみたが、車を停めてマルシアの住んでいる共同住宅の入口へ歩き出したとたん、そんな幻想は吹き飛んだ。周囲の人びとがそれまでやっていたことをあからさまに中断して、ぼくをジロジロみたのだ。軽蔑のまなざしも数人から感じたが、大方はもの珍しさからみているようだった。

　年配の男たちが錆ついた車の修理をしている。フードつきパーカを着てアクセサリーをジャラジャラつけた若い男が何人か、真っ白いスニーカーをはいて、角のリカーショップの前の踏段に座ったり、得意そうに歩き回ったりしている。真っ白いスニーカーが、ゴミだらけの通りでやたらと目立つ。リカーショップの割れた窓には板が打ちつけてあって、壁は落書きだらけだ。男たちにジロジロみられているのを感じながら、ぼくはマルシアのもとへ向かった。

　しかし、この訪問のもっと異例なところは、刑務所の職員であるぼくが元受刑者の家族の家を訪ねている点だ。そういうことはめったにない。

　入口のブザーを押すと、マルシアが電子ロックを解除してくれ、アパートの玄関でにこやかに迎えてくれた。スウェットパンツの裾を左右のソックスにたくしこみ、射殺された息子の写真がプリントされた特大サイズのTシャツを着ている。Tシャツには「安らかに眠らんことを《Rest in peace》」を表すRIPという頭文字と、チャドニーの生年月日、死亡年月日がプリントされている。路上で撃たれたりして死んだ人の思い出の品を作る、専門の店が何軒もあるのだ。Tシャツの写真のチャドニーは両腕を横に大きく広げ、掌を上に向けて、陽気に「かかってこい」というような格好をしている。首を少しかしげ、タフガイらしく無頓着そうな表情をしている。

囚人服でなく私服姿のチャドニーにそんな形で初めて会うのは、複雑な気分だった。写真のチャドニーは刑務所にいたときと印象が違い、もっと健康的にみえた。

マルシアのアパートはこぢんまりしていて、きれいに片づいていた。ブラインドが下りていて、部屋の中は薄暗い。額入り・額なしの家族の写真や、聖書の引用文が壁を飾っている。すぐそばに小さな四角い鏡がぼんやりと光を反射していて、その表面に獲物を求めてうろついているような黒ヒョウの絵が描いてあった。後ろには水槽があって、にごった水の中に空気が送られる音やモーターの低い連続音がひびいている。テレビがつけっぱなしで、チャンネルはケーブル局のブラック《B》・エンターテインメント《E》・テレビジョン《T》に合わせてあった。あとから、マルシアと古い写真を取りに別の部屋へいったとき、もう一台のテレビもつけっぱなしになっているのに気づいた。マルシアはひとり、テレビの音声が飛びかうアパートで暮らしているのだ。たぶん、そうしていると寂しさが少しは紛れるんだろう。

マルシアは安楽椅子に腰かけ、ぼくはその正面のソファに座った。マルシアがテレビの音量を下げた。画面にはヒップホップのミュージックビデオが流れていた。体をほんの少しだけ隠す衣装をつけた幽霊みたいな女たちが、自信満々の若い男たちにこびている映像がちらちらする横で、ぼくはマルシアと話した。

ぼくはチャドニーが書いたものを取り出した。彼が図書室に置いていったカイトだ。マルシアはたっぷり時間をかけてそれを読んだ。そして涙を浮かべ、息子の言葉が書かれた紙をそっとたたむと、コーヒーテーブルに置いた。

「ラミネート加工して、とっておくわ」。

あの子が殺されたのは天の定めだったのよ、とマルシアはいった。「聖書にもあるわ。人は、いつどこで死ぬか、自分ではわからないって。チャドニーの場合はそのとおりだった」。

ぼくは、チャドニーが書いたその俳句のような短い作品は宗教的な詩だと思う、といった。マルシアはその紙をふたたび手に取ってながめてから、ゆっくり声を出して読んだ。

飛行機が空高く飛び
おれはひとり立っている
日曜の朝、中庭《ヤード》に

「なぜ宗教的だと思うの？」マルシアがきいた。

ぼくは説明した。じつは、創作クラスでこの三行詩の課題を出したとき、受講者が取り組みやすいように最後の一行だけは決めておいた。ただ、ぼくが黒板に書いた最後の一行は、「月曜の朝、中庭《ヤード》で／に」だった。中庭《ヤード》とは刑務所の中庭《ヤード》のことだ。「月曜の朝」というフレーズを選んだのは、「月曜の朝の憂うつ《マンデー・モーニング・ブルーズ》」なんていう言い回しがあるように、また一週間働くことを思って憂うつな気分になる、という意味を含んでいるからだ。それに刑務所では、月曜の朝は大騒ぎになる。週末のあいだ房に閉じこめられていた受刑者たちが解放されるためだ。

しかし、チャドニーはぼくが提示した「月曜の朝」を「日曜の朝」に変えていた。日曜となると、意味も大きく変わってくる。チャドニーが「月曜」を「日曜」に変えたとき、ぼくはすぐに気づいて、それは日曜が主の日であることと関係があるのかな、と思ったりした。チャドニーにきいてみるつもりだったが、忘れてしまった。

だが、それだけじゃない。安息日にひとり寂しく空を見上げるというイメージには、宗教的な内観もこめられていた。上空を飛ぶ飛行機が、天に向かう自由と力とを連想させるのとは対照的に、彼自身は完全に地に縛りつけられたように感じながら、たったひとり、囚われの身で刑務所の中庭にたたずんでいる。そこにはある種の切望が感じられた。チャドニーの「プラン」の下で静かに燃えていた炎といってもいい。彼はめったにその話をしなかったが、気持ちは理解できた。

マルシアは、息子が教会のそばで死んだことがせめてもの慰めだといった。「あの子が地上で最後に目にしたものは教会だったかもしれない、って思ってね」。

マルシアの話では、チャドニーは子どもの頃、ピエロになりたがっていたそうだ。そんな息子にせがまれて、イエローページでピエロの仕事をさがしたこともあった。チャドニーはまわりの人たちを楽しませるのが大好きだった。

五人きょうだいの上から二番目だったチャドニーは、母親に代わってなんでもやった。料理に掃除、幼い弟や妹を寝かしつけることまで。しかも全力でやった。たとえばオーブンを掃除するときは、わざわざ分解して汚れをきれいにこそげ落とした。チャドニーは家の中を必ずきれいに居心地よく整えて、一日の長い仕事を終えて帰ってくる母親を迎えた。マルシアはベス・イスラエル病院で清掃員をしていた。

「家に帰ってきたら、何もかもきれいに片づいててほしいものでしょ。チャドニーはいつもあたしのその期待に応えてくれたわ。頼まなくてもね。あの子は、何をすべきかちゃんとわかってたの」。

チャドニーは出所後、建設現場で働きだした。そして毎晩、翌日の昼食を用意した。ていねいにツナサンドを作り、ていねいにラップで包んだ。ほかにも一、二品用意して、サンドイッチと一緒に冷蔵庫に入れ、翌朝さっと持って出られるようにしていたと、マルシアは話してくれた。

チャドニーが撃たれ、病院に運ばれて死亡が確認されたあと、マルシアは家に帰ってきて冷蔵庫を開けた。そこには彼のサンドイッチが――まだ新しいまま――ていねいに作ってラップで包んだ状態で入っており、すぐに持ち出せるようになっていた。マルシアはそれを手に取って、じっとみた。それはほんの数時間前、生きていたチャドニーが心をこめて作ったものだった。

ぼくはチャドニーの死について知りたいことがいくつもあったが、あえてマルシアにたずねはしなかった。もしきいたとしても、きっと彼女には答えられなかったと思う。チャドニーは犯人と顔見知りだったのか？　昔の抗争と関係があるのか？　刑務所でのもめごとと関係があるのか？　現場を目撃したが互いに沈黙のおきてを守っている（または、怖くて口をつぐんでいる）人間は、何人ぐらいいるのか？

銃弾は弟のダライアスに向けて発射されたのか？　ダライアスはギャングの一員なのか？　ダライアスは復讐を企てているのか？　もしかしたら、彼はすでに復讐を果たしたかもしれない。もしかしたら、チャドニーを殺した犯人が来週にも刑務所の図書室にきて、おもしろい本はないかとたずねるかもしれない。

それから二、三週間後、ぼくはふたたびマルシアの家を訪ねて話をし、チャドニーの写真をみせてもらった。しばらくマルシアと過ごし、いとまを告げる頃には外が暗くなっていた。建物を出たとき、後ろから声をかけられた。

「よう、あんたサウスベイの人間か？」

ぼくは後ろを振り向いた。見覚えのない男がひとり、建物の前の階段に腰かけて、にらむようにこちらをみていた。

「まあ、あそこの人間っていうか、あそこで働いてる。ぼくに会えてうれしいってわけでもなさそうだね」。場をやわらげようとしたが、相手はこっちをにらみつけたままだ。

「ああ、あんたのことは覚えてる。図書室にいただろ」。

「当たり。ええと、名前は？」

相手は皮肉っぽく笑って首を横に振った。暗がりでも、刺すようなまなざしでぼくをジロジロみているのがわかった。

「よく覚えてる。おれに大事なコピーを取らせてくれなかったよな。あんたもあそこのほかの連中と同じだ」。

そうだ、ようやく思い出した。この男は図書室で大騒ぎを演じたんだった。法律関係の重要な作業をぼくに邪魔された、コピーを六十枚欲しかったのに取ってもらえなかったといって。図書室では、コピーは一度にひとり十枚までという決まりで、しかるべき理由があれば少し多めに取ってあげることもあったが、コピー用紙とインクが恒常的に不足していた。

ロクスベリー地区の暗い裏道で、名前も知らないその男はぼくを激しく責め立てるようにいった。刑務所では何度も何度も権利を侵された。あそこでおれがどんなひどい目にあったか、あんたにわかるはずがない。おれには、刑務所の人間で何人か、恨んでるやつがいる。受刑者と職員、両方だ。そいつらが万一おれの縄張りに現れたら、絶対「痛い目にあわせる」。

ぼくは思った。もし、自分がそのひとりだとしたら、非常にまずい。ここでもし何かあったら、警察は間違いなく不審がるだろう。ぼくがなぜこんな場所に、こんな時間帯にのこのこやってきたのか。あたりにはだれもいない。ぼくと、ケンカ腰の、たぶん酔っている元受刑者だけだ。

その男に背を向けてまっすぐ車に向かい、そのまま走り去ろうかとも思った。だが、チャドニーの身に起こったことを思い出した。背を向ければ、相手をあからさまに無視したことになるうえ、自分の身も危険だ。それよりも、この男となんとか話が通じれば、そのほうがいくらか安全だ。ぼくは相手に一歩近づいた。

まずコピーのことを謝り、続けていった。「あんたのコピーを断った理由は、いつも紙が不足してたから、それだけなんだ。バカみたいにきこえるだろうけど。あんたに頼まれただけコピーを取ったら、だれかが一枚もコピーを取れなくなる。そしたら、なんていわれるかわかるだろう? 『おまえに法律関係の作業を邪魔された』っていわれるんだ。実際、そうだしね。ぼくの仕事は、ひとりひとりが平等に物を手に入れられるようにすることなんだ」。

相手はまだぼくをにらみつけたまま、いった。

「あんたは自分から体制の一部になった。そして体制から金をもらってる――だから責任を果たさなきゃ、ってわけか。なのにこんなとこまでやってきて……何のつもりだ?」

どうも雲行きがあやしい。ぼくは撤退作戦を思いついた。電話セールスみたいにしゃべってみよう。

「忌憚《きたん》のない意見をありがとう」。まずは、バカみたいに礼をいう。「信じてもらえるかどうかわからないけど、ぼくはあの図書室をいまよりずっといいものにしたいと思ってるんだ。だから、いたらないところがあったら、どう改善すればいいか教えてもらえると助かる」。

ぼくは手を差し出した。相手はそれをうさんくさそうな目でみたが、とりあえず握ってくれた。少し力が強すぎたけれど。

「もういかないと」。ぼくはいった。

このひとことを、それほど心からいったのは初めてだった。

「けど、ほんとに意見をありがとう。マジで、図書室を改善したいっていつも思ってるんだ」。

「ふうん」。

「言い忘れたけど、ぼくはアヴィ・スタインバーグ」。

「マイクだ。マイク・トゥリー」。相手は、ちらっと木をみていった。

変わった名前だね、とぼくは胸の中でつぶやいた。

「また会えてよかったよ、マイク・トゥリー」。ぼくは車に向かった。

車で家に向かうあいだ、ぼくは真夜中にこっそり国境を越えて自国にもどるような気分を味わった。パトカーが二台、サイレンを大音量で鳴らし、フルスピードでぼくの車を追い越していった。図書室の新規利用者を迎えにいくんだな、と思った。

チャドニーが撃たれた交差点を通りかかったとき、ぼくはオドメータを0にリセットした。そしてチャドニーが最後に書いた詩のことを考えた。それは、ぼくたちの堕落した世界とは別の世界を希求する詩だった。ぼくは運転しながら、チャドニーが幼い息子について書いたその詩を思い起こした。疑問符がとても多い詩だった。ぼくはそれをずっと忘れずにいようと心に誓った。

きみはどこからきた?
おれの知らないところから
愛に満ちあふれたところ、
真の喜びに輝いているところから
きみはどこからきた?
そして、ここはどこだ?

家に着いて、オドメータをみた。ぼくが住んでいるところは、チャドニーが撃たれた街角から五・五キロ離れていた。

＊「プロローグ」

刑務所図書室の司書をやめて——奇跡のように効果てきめん、背中の痛みがたちまち消えた——間もないある日、ぼくはコプリー広場をボストン市立図書館の荘厳な建物に向かって歩いていた。五月の下旬で、ライラックの花の香りがラッシュアワーのいろいろなにおいをなんとか押しのけてただよっていた。ボストンの春を彩るライラックは短命で、たいていは一日ともたないが、その日は満開だった。

そういえば作家のホーソーンは、ボストン初の監獄の隣に咲いた野バラについてこんなふうに書いていた。「野バラは、監獄に入る囚人や刑場に向かう死刑囚にかぐわしい香りとはかなげな美しさを差し出していた。それは、自然の女神が深奥では罪人をあわれみ、やさしい気持ちで見守っているという、しるしのようにもみえた」。ホーソーンが描き出した監獄の横の野バラの茂みが、ぼくには刑務所の図書室の絶妙な比喩《メタファー》のように思えた。野バラも図書室も、ささやかな美を無償で罪人に与えている。そして、ぼくと同じく宿命論者だったホーソーンも気づいていたように、ささやかな無償の提供物である野バラ（本）は、はかない象徴《しるし》にすぎず、それ以上の意味は持たない。

図書館を訪れるのはほぼ一ヵ月ぶりで、その間ずっと寂しかった。ぼくは、ボストンの壮大な大理石造りの本の殿堂に向かって、階段をのぼった。アメリカ全域で公立図書館が次々と閉鎖されていく一方で、刑務所——図書室つきの——は次々と建設されている。それが、ここ三十年以上にわたってアメリカ国民が選んできた道だ。宿命論者のホーソーンは、新世界のユートピア的な夢が、監獄を造るという容赦ない必要性によって早々にくじかれるだろうと予測したが、まさかこれほど多くの刑務所が建設されるとは思いもしなかったのではないか。アメリカは世界史上最大の犯罪者収容施設を有している。この国の人口は世界人口の五パーセントだが、受刑者数は全世界の刑務所にいる受刑者数のじつに二十五パーセントを占めている。アメリカの都市ひとつ分の人口が服役中で、投票権を持っていないのだ。ホーソーンは監獄を「文明社会の黒い花」と表現したが、現代の施設をみたらなんと書くだろう?

とはいえ、ボストン市の中央館にあたるボストン市立図書館は健在で、昔と変わらず美しい。中に入ると、利用者たちがどことなく刑務所の図書室の常連と似ていて、ふと気づいた。日中の図書館・図書室には共通の雰囲気があって、それは刑務所だろうと自由世界だろうと変わらない。図書館・図書室は、孤独を好む人びと、居場所のない人びとにとっての安息の地なのだ。

利用者にはいろいろなタイプがいる。猛烈な勢いでペンを走らせ、リーガルパッドを思考で埋めている人。何かにとりつかれ何かをせずにいられない、統合失調気味の人。陰謀論を信じる人はテーブルに本を山と積み上げ、歴史に関する修正主義的な見解を念入りに書き記そうとしている。やせた女性が生真面目な表情で、ルーペを使って大著を調べている。あるいは、フェドーラ帽にネクタイ(タイピンつき)でめかしこんだ老人が、恐ろしくゆっくりした足取りで通り過ぎる。千鳥格子のスポーツジャケットは、一九六〇年代、ジョンソン政権の時代にはよく似合っていたのだろうが、いまでは裾がひざの近くまでたれている。ほかにもいろいろなタイプがいる。怒っているような顔つきの、あごひげをたくわえた変人たち。昼寝をするためにきている人たち。Ｍａｃのパソコンを持ちこんでいる大学院生。ｅメールを読んでにたついている司書。

いちばん大きい二階の閲覧室、ベイツ・ホールでは、だれもが平等だ。頭上には、高さ十五メートルの壮大な丸天井。壁の上部に並ぶアーチ型の窓は、位置が慎重に計算されているらしく、光は天からじかに流れこんでくるのだとあらためて思い出す。何列にも並んだ読書用の机には、それぞれに緑色のシェードのランプが置かれていて、果てしなく続く青信号がすばらしく肯定的なメッセージを発してくれているような気分になる。ちょうど、ブロードウェイに青信号が連なって、マンハッタンを車で飛ばすときのようだ。

すぐそばの机で、だれかがこちらに向き直る気配がした。

「ちょっと」。

振り返ると、ひとりの男がニコニコして大げさに手まねきしていた。向こうはこっちを知っているみたいだから、こっちも知っているはずだが、見覚えがない――と思ったが、近づいてみてわかった。

「大将じゃないか」。男はうれしそうに小声でいった。アルだ。元アバヴグラウンド・プールのセールスマンで、冬に刑務所の図書室で出会ったアル。

「おれのこと、わかんなかっただろ！」アルは、ぼくが隣の席に座るといった。「おれはちゃんと覚えてたぞ、刑務所のミスター司書」。

「もちろん、覚えてたさ。忘れるはずないだろ？」

すぐにアルだと気づかなくても、しかたなかったと思う。アルは奇術師みたいに、真っ白くてたっぷりしたトウブというアラブの民族衣装を身にまとい、トウブと同じくらい真っ白に洗い上げたエア・ジョーダンのスニーカーをはいていた。あごひげも生え始めていた。

以前にアルがいっていたことを思い出した。「おれは、どこのチームだろうと前年度にワールドシリーズで優勝した野球チームのキャップをかぶることにしてるんだ」。アルは偉大な存在に懸命にあやかろうとしている男だった。たぶん、それも一種の楽観主義なんだろうが、ぼく自身は野球ファンなので、もう少し特定のチームに忠実な形で楽観主義を表明したい気がする。ともあれ、アルは自分の言葉に忠実に、その日はセント・ルイス・カーディナルズの真新しい赤いキャップを頭にのせていた。

キャップだけでなく、アルの頭は何層にも覆われていた。カーディナルズのキャップの上から赤いパーカのフードをかぶり、その上にでかいヘッドホン（ｉＰｏｄに接続）をしている。キャップの下の頭には白いシルクのドゥーラグ（髪型を保つのに使う布）を巻き、その下に白いクフィ（アフリカ全域で男子が着用する、縁なしの丸くて浅い帽子）をかぶっている。合計五品目がアルの頭を包んでいるのだ。ぼくが通りかかるまで、アルは英語の対訳がついたアラビア語のコーランを読んでいたらしい。コーランの横にはアラビア語の辞書があった。

アルとあいさつを交わそうとしたが、愉快な待ちぼうけをくらった。アルが、頭を覆っているものをひとつひとつ、几帳面にはがそうとしたからだ。ひとつはがすたび、それに伴う雰囲気も脱ぎ捨てていった。まず、パーカのフードとヘッドフォンとキャップという、都会風の装いを取り去った。すると白いドゥーラグが現れた。ドゥーラグはぴったり髪を覆って、右肩に堂々とたれている。着ている白いトウブとよく合っていて、あとは宝石を散りばめた短剣さえ手にすれば、誇り高いムーア人の歩哨になれそうだ。アルはドゥーラグを外し、白い手編みのクフィをあらわにした。今度は、巡礼《ハッジ》に出かけたイスラム教徒みたいになった。

敬虔なムスリムだとは知らなかったよ、とぼくはアルにいった。

「教皇はカトリックなんだろ？　なら、おれがムスリムでどこがおかしい？」

いつもながら、アルのいうことは機知に富むジョークなのか、ただのナンセンスなのか、よくわからなかった。

「マルクスはどうした？　いってたよね。宗教なんて大衆を制するために考え出された偽物のイデオロギーだとか……」。

「ほっとけ。人間には信仰が必要だ」。アルは小声でいった。

星やプールを売る仕事についてもきいてみたが、アルはなんとも気まずそうな顔をした。きっと、そういうことは卒業したか、だめになったんだろう。あるいは、刑務所の中だけのほら話だったのかもしれない。

「いまでも売ってやるよ……もしよかったら」。星のことをいっているのか、アバヴグラウンド・プールのことをいっているのか、わからなかった。もしかすると両方かもしれない。あえてきかなかった。

「いや、いいんだ」。ぼくはいった。

刑務所内の近況をちょっと話したあとで、ぼくはジョシュなど何人かの受刑者に関する心配事を話し、彼らとは今後も連絡を取り続けるつもりだといった。アルはまた一層ずつ頭を装備し直し、ぼくたちは連れ立って閲覧室の出口に向かった。アルは、ぼくが創作クラスで披露した笑い話をまだいくつか覚えているといった（ぼくはよく授業の初めに笑い話をした）。それはうれしいな、とぼくは礼をいった。

「いや、マジで、書きとめておいたんだ。あんたの話、すげえ深い《シリアス》と思ったから」。

「たしかに、笑い話は深い。意見が合ってうれしいよ」。

ふたりで凱旋門をかたどった出口を抜け、立ち並ぶ柱と手すりを過ぎて、シエナ産のくすんだ黄色の大理石でできた通路に入った。そして、壁画に描かれたアイスキュロスとウェルギリウスとプラトンに見下ろされながら、大階段を下り始めた。アルがぼくの腕をつかんだ。バランスを取って歩くのに助けが要るようだ。ぼくたちは階段の途中にすえられた二体のライオン像を通り過ぎた。たしかに、図書館には守ってくれるライオンが必要だ。かつてエディ・グライムズという刑務官がぼくにいったように、「剣はペンを守る」から。

ぼくはアルに次々と心配事を話したが、アルがちゃんときいているかどうかはわからなかった。階段を下りきって、上部がアーチになっている正面入口を出た。元受刑者と自由に歩き回るのは、妙な感じがする。だれにも見張られず、なんの制約もなく、チェックポイントもない。ぼくたちは建物の正面についている錬鉄のカンテラの下で立ち止まった。暖かい春の風に乗って、いろいろなにおいが運ばれてくる。綿菓子のにおい、ハンバーガーのにおい、バスのにおい。そしてときおり、下水のにおい。その日は土曜日だった。ぼくはもうユダヤ教の伝統に従っていなかったが、その気持ちのいい安息日を満喫するため、家まで四十五分間の道のりを歩いて帰ろうと思った。

ぼくが刑務所に残してきた人びとに関する心配事をあれこれ話すあいだ、アルはコプリー広場の向こうにそびえるトリニティ教会と、ジョン・ハンコック・センターの窓ガラスに映るトリニティ教会をみつめていた。

だが、ようやく口をはさんだ。

「おもしろい笑い話を教えてやろう。もともとあんたが教えてくれた話だが、あんたはもう一度きいたほうがよさそうだ」。

アリはその笑い話をほぼ正確に再現してみせた。

「ある商人が、商売敵からスモモを一袋買った」。

ぼくはニヤリとした。どんな話か思い出したのだ。

「ところが、商人が袋を開けてみると、スモモは腐りかけていた。彼は商売敵のところへもどり、金を返せといった。だが相手はだめだといった。そこで、ふたりでラビのところへいって、争いをおさめてもらうことにした。

ラビはふたりの商人にはさまれてテーブルにつくと、袋の中身をテーブルの上に空けた。それから眼鏡をかけて、何もいわず作業に取りかかった。ゆっくりと慎重に、スモモをひとつずつ食べては、首を横に振った。

しばらくして、スモモを買った商人がいった。『それで、ラビ、どう思われますか?』

ラビは最後のひとつを食べようとしていたが、顔を上げ、きびしい口調でいった。『おまえたち、わたしの時間をむだにせんでくれ。わたしをなんだと思っている？　スモモの専門家だとでも思っているのか？』」

「書きとめておいたっていうのは、ほんとうみたいだね」。ぼくはいった。

「いっただろ、深い話だって」。

「この話のツボはなんだと思う？」

「ちゃんと考えたよ。いいか、正解を教えてやろう。この世では、すべてに答えが出せなくてもかまわないってことさ」。アルはいった。

「おもしろいな。ぼくは、ラビを騙っている腹をすかせた泥棒の話かと思った」。

「何いってるんだ。あんた、何もわかっちゃいないな」。

アルは心底腹を立てているみたいだった。

「これは、頭はいいが肝心なときに役に立たない男の話なんだ。な？　何かについてあれこれしきりに考えたからって、それについて何かわかったってことにはならない。あんたはラビの学校にいったかもしれないし、イマーム（イスラム教で「指導者」を表す言葉。モスクでの集団礼拝の先導役や、学問の権威者などをさしていう）か何かかもしれないが、だからってスモモのことをよく知ってるとは限らないんだ」。

アルはいかめしい顔つきでぼくをみた。ぼくたちは階段をさらに何段か下りた。そしてぼくは、彼の解釈を受け入れることにした。

歩道のへりまできて、アルはようやくぼくの腕を離したが、そのときになって初めて、アルがどれだけきつくしがみついていたかわかった。アルがイスラム式の別れのあいさつを始めたので、ぼくもそれに合わせた。まず、交互に相手の頬に軽くキスをする動作を、アルが満足そうな顔をするまで続けた。四十回、いや五十回はしたんじゃないかと思う。それからギャング式に抱きあったあと、拳と拳を合わせ、握手をして別れた。アルはタクシーで、ぼくは徒歩で、別々の方向に去った。

訳者あとがき

いわれてみれば確かにありそうだけど、いわれるまでは考えたこともなかった……そんなものがたまにある。たとえば、刑務所の図書室。

そして、「いわれてみれば確かにありそうだけど、いわれるまでは考えたこともなかった……そんなもの」って、絶対におもしろそうだ。たとえば、刑務所の図書室。

というわけで、ボストンの刑務所の司書をしていたハーバード出身の若者が書いたエッセイときいたときは、もう耳がぴくぴくしてしょうがなかった。

ページをめくったら、いきなり「受刑者の中で、いちばん司書に向いているのが風俗《ピンプ》の男。逆にまったく向いていないのがサイコキラーと詐欺師……」。

あ、そうかもと思って読んでいると、映画をみての帰りに、刃渡り十五センチほどのナイフを突きつけられ、金を脅し取られたときのエピソード。

「あれ?」相手が唐突にいった。なぜか、声の調子が少し変わっている。「あんた、刑務所《ベイ》で働いてる?」

ぼくの体の関節という関節が緊張した。喉《のど》が締めつけられる。ほらみろ。仕事が家までついてきたじゃないか。監獄熱は妄想なんかじゃなかった。

この場合、こう答えるのが正解だ。「ベイ？　なんのことかな？　シーフードの店？　きいたことないな」。

しかし、そうは答えず、振り返って相手をみた。背が高く、やせている。長い腕にがっしりした肩。青い目出し帽をかぶり、その上にすりきれた黒いフードをかぶっている。

ぼくはいった。「うん、図書室の司書をしてる」。

「そうだ！」男はもろスペイン語なまりでいった。「思い出した。本の人だろ！」

相手は出所した知り合いの受刑者だったのだ。こういう状況も、いわれてみれば確かにありそうだけど、まず普通の人は考えつかない。あるとすれば、O・ヘンリーの短編か、お涙頂戴のハリウッド映画くらいだろう。しかし、ここに描かれてる世界はO・ヘンリーの世界でもなければ、ハリウッド映画の世界でもない。現実のボストンの刑務所だ。

そんな世界で著者は様々な受刑者と出会う。

・大変なほら吹きで、キリスト教のいろいろな教派とイスラム教とのあいだをいったりきたりする一方、異様に法律に詳しいクーリッジ。

・ときにはひとりで地図にじっと見入り、逃亡をくわだてているようにみえるが、それは過去へ、人生の失われた場所へもどっていくための手段。ピンプとしての自分の過去を回想録にまとめようとするC・C。

・テレビの料理番組のホストになると宣言し、ひたすら料理のレシピと番組の演出その他に情熱を燃やすチャドニー。

それこそユニークで個性的な連中が次々に登場する。それも舞台は刑務所の図書室。ここはいろんなものを盗み出すことができる場所だ。「本、雑誌、紙、マーカー、木の椅子の背もたれから剝ぎ取ったナイフ大の破片など、固定されていないものはなんでも盗まれた。そうした盗品はどれも、のちに刑務所の大きな闇市場で売ることができる」。

「刑務所の図書室は、九九・九パーセントの受刑者にとっては無用の長物だが、マルコム（X）のような人間を再び輩出する可能性があるというだけで存在価値がある」という人もいる。しかしそれは〇・〇一パーセントにすぎない。

そんな世界での作者の経験、出会いのなかで、最も印象的なのはジェシカだろう。彼女は創作の講習に出席するものの、いつも窓の外ばかりみていて、ろくに授業に参加しようとしない。その理由がやがて明らかになっていく。じつは彼女が捨てた実の息子が同じ刑務所に入っていて、彼がバスケットをしている姿をながめているのだ。作者はそれを知って、なんとかしてやりたいと思う……。

これだけで一編の小説になりそうなエピソードだ。

こういった、まさに人生の凝縮されたエピソードがつづられ、その一方で、作者の生い立ちが語られていく。裕福で敬虔なユダヤ教の家に生まれ、高校まで優等生として未来を嘱望されながら大学で落ちこぼれて、卒業後、フリーで「ボストン・グローブ」紙で死亡記事を書くうちに、この刑務所で働くことになった作者の経験が、じつにリアルに、ユーモラスに、切実に描かれている。そして、背景をしっかり支えているのが、カフカ、ホーソーン、シルヴィア・プラスなどなど。ノンフィクションのような、小説のような、自伝のような、カフカのような、シェイクスピアのような不思議な作品。しかし、最初から最後まで一貫しているのは、いかにも現代的なウィットと、適度なセンチメンタリズムだろう。

最後になりましたが、この本を運んできてくださった編集の八木志朗さん、原文とのつきあわせをしてくださった井上里さん、原文の解釈でアドバイスをくださったジョージ・ハンさん、ユダヤ教のことで相談にのってくださった母袋夏生さん、そして細かい質問にていねいに答えてくださった著者のアヴィ・スタインバーグさんに心からの感謝を！

金原瑞人

二〇一一年三月二十四日

装丁…………斉藤よしのぶ
地図作製……長田知華

【著者紹介】

アヴィ・スタインバーグ Avi Steinberg

エルサレムで生まれ、アメリカのクリーヴランドとボストンで育つ。「ボストン・グローブ」紙、「ニューヨーク・レビュー・オブ・ブックス」誌、「ニューヨーク・タイムズ・マガジン」、「パリス・レビュー」誌、ウェブマガジン「サロン」を初め、数々の刊行物に寄稿している。

【訳者紹介】

金原瑞人（かねはら・みずひと）

1954年岡山市生まれ。翻訳家・法政大学教授。訳書に『豚の死なない日』（白水社）『青空のむこう』（求龍堂）『ブラッカムの爆撃機』（岩波書店）『国のない男』（NHK出版）『墓場の少年』（角川書店）など。エッセイに『翻訳のさじかげん』（ポプラ社）、編著書に『12歳からの読書案内』（すばる舎）などがある。

野沢佳織（のざわ・かおり）

翻訳家。上智大学英文学科卒。訳書に、『ロジーナのあした』『〈天才フレディ〉と幽霊の旅』（以上、徳間書店）『アメリカン・ゴッズ』（共訳、角川書店）『リビアの小さな赤い実』（共訳、ポプラ社）などがある。

刑務所《けいむしょ》図書館《としょかん》の人《ひと》びと ハーバードを出《で》て司書《ししょ》になった男《おとこ》の日記《にっき》

2011年 5 月10日　第 1 刷発行
2011年12月30日　第 3 刷発行

著　者　アヴィ・スタインバーグ

訳　者　金原瑞人　野沢佳織

発行者　富澤凡子

発行所　柏書房株式会社
東京都文京区本駒込 1-13-14（〒113-0021）
電話（03）3947-8251（営業）
（03）3947-8254（編集）

ＤＴＰ　有限会社共同工芸社

印刷・製本　共同印刷株式会社

ISBN978-4-7601-3980-4